Barolo • Barbaresco

Atlas der Lagen, Weine, Produzenten

Herausgeber: Carlo Petrini

Slow Food Editore

Hallwag Verlag, Bern und München

Die italienische Originalausgabe ist unter dem Titel
ATLANTE DELLE VIGNE DI LANGA
bei Slow Food Editore, Bra (Italien) erschienen

Verantwortlicher Herausgeber
Carlo Petrini

Mitarbeit
Vittorio Manganelli

Autoren
Felice Campanello, Gianni Fabrizio, Armando Gambera,
Vittorio Manganelli, Marcello Marengo, Marco Mascarello,
Francesco Mastrocola, Alessandro Monchiero, Carlo Petrini,
Gigi Piumatti, Piero Sardo, Andrea Vannelli

Redaktion
Bianca Dotta Minerdo, Mavi Negro, Grazia Novellini

Karten
Davide Gandino, Francesco Perona

Gestaltung
Stefano Pallaro

Fotos
Tino Gerbaldo, Bra

Übersetzung aus dem Italienischen
Stefano Albertini mit Studio Albertini, Britta Nord

Lektorat
Martin Waller, Werkstatt München

Umschlaggestaltung
Robert Buchmüller

Umschlagbild: Hans-Peter Siffert, Zürich
Fotolithos: Ponti, Boves
Druck und Bindung: L'Artistica, Savigliano (Italien)

ISBN 3-7742-5275-0

Hallwag

Inhalt

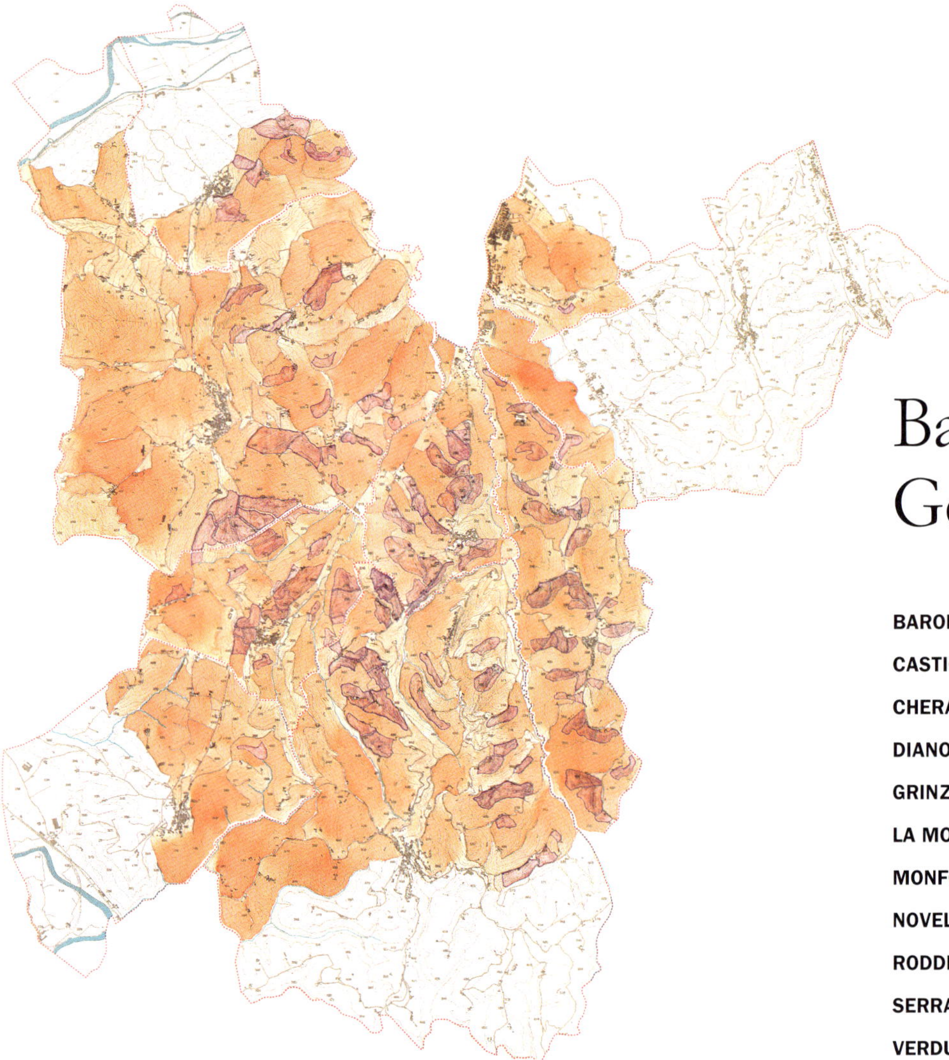

Barolo-Gebiet

BAROLO

CASTIGLIONE FALLETTO

CHERASCO

DIANO D'ALBA

GRINZANE CAVOUR

LA MORRA

MONFORTE D'ALBA

NOVELLO

RODDI

SERRALUNGA D'ALBA

VERDUNO

Barbaresco-Gebiet

BARBARESCO

NEIVE

SAN ROCCO SENO D'ELVIO

TREISO

Barolo und Barbaresco

Aus der Notwendigkeit heraus, die Spitzenlagen der Langhe zu beschreiben und abzugrenzen, veröffentlichten wir bereits 1990 ein Buch über das Barolo-Gebiet als ersten Band eines Gesamtüberblicks über die großen Weinberge der Langhe. Seither hat sich, nicht zuletzt durch das Inkrafttreten neuer nationaler und regionaler Bestimmungen, bei der Abgrenzung von Crus, also genau definierten Einzellagen, einiges getan, und die beträchtlichen gesetzlichen Lücken in diesem Bereich sind inzwischen, wenn auch nicht immer auf dem direktesten Weg, weitgehend geschlossen.
Es ist jedoch nicht Sinn und Zweck dieses Buchs, den Weg der Gesetzgebung von damals bis heute nachzuzeichnen; unser Anliegen ist es vielmehr, die Besonderheiten der großen Weinberge der Langhe im Detail zu beschreiben, dem Leser einen Einblick in die Arbeit und das Engagement der Erzeuger und der Winzer zu vermitteln, zu verdeutlichen, warum die Langhe zu einem der wichtigsten Weinbaugebiete der Welt zählen, und die Stimmen derer sprechen zu lassen, die die Geschichte des letzten Jahrhunderts nicht nur erlebt, sondern maßgeblich mitgeschrieben haben. Dieses Werk entspringt dem Informationsbedarf mehrerer Gruppen: der Erzeuger, die sich Klarheit über die Einstufung ihrer Rebflächen verschaffen möchten, der Behörden, die bisher nicht in der Lage waren, diesen Bereich mit der gebotenen Genauigkeit und Sorgfalt zu regeln, und der Konsumenten – vor allem im Ausland –, die Einzelheiten über die Herkunftsgebiete der Weine erfahren möchten, die bei Kennern in der ganzen Welt geschätzt und begehrt sind.

Die Quellen

Dieser Atlas befasst sich mit den Nebbiolo-Rebflächen in den Barolo- und Barbaresco-Anbaugebieten, denen seit jeher die besten Lagen vorbehalten sind. Ausgangspunkt der Recherche waren die – leider sehr wenigen – aus der Vergangenheit überlieferten Texte über die bevorzugten Anbaugebiete der Langhe; denn unserer Ansicht nach muss sich der Ruf einer großen Einzellage über viele Generationen hinweg behauptet haben, um Bestand zu haben – erst recht in einer Gegend, in der der Weinbau auf eine tausendjährige Tradition zurückblickt.
Das auf Grund seines wissenschaftlichen Anspruchs und seines Umfangs für uns nützlichste Werk war die von Lorenzo Fantini Ende des 19. Jahrhunderts verfasste Gesamtdarstellung des Weinbaus in der Provinz Cuneo mit dem Titel *Monografia sulla viticoltura ed enologia nella provincia di Cuneo*; trotz der Hinweise auf die Qualität der verschiedenen Anbauflächen findet sich dort jedoch keine Klassifikation der Lagen.
Auf einen Teilbereich beschränkt, aber sehr aufschlussreich ist auch der Aufsatz *Sulla delimitazione delle zone a vini tipici* von Ferdinando Vignolo Lutati mit einer detaillierten Karte der landwirtschaftlichen Nutzfläche in der Gemeinde Castiglione Falletto Ende der Zwanzigerjahre des 20. Jahrhunderts, in der die mit Nebbiolo bepflanzten Flächen als solche gekennzeichnet sind. Es vergingen noch einmal 50 Jahre, bevor Renato Ratti in seiner *Carta del Barolo* eine Bewertung der großen Weinberge des Barolo-Gebiets vornahm und damit erstmals eine systematische und erschöpfende Beschreibung dieser Anbauzone vorlegte.
Neu und wichtig an dieser *Carta* ist vor allem die präzise Bestimmung der erstklassigen Einzellagen, der historischen Unterbereiche und derjenigen Teilflächen, die sich durch besondere Qualität auszeichnen, und zwar unter Berücksichtigung der "örtlichen Traditionen": Für jeden einzelnen Weinberg und jedes einzelne Weingut recherchierte Ratti Berichte und Erinnerungen von Zeitzeugen.
Dies war, was das Barolo-Gebiet anbelangt, die – inhaltliche und methodische – Grundlage unserer Arbeit. Deshalb freuen wir uns, dass wir dank der Genehmigung der Erben die *Carta del Barolo* von Renato Ratti in diesem Band vollständig neu abdrucken können.

Die Methoden

Im September 1989 begannen wir mit den eigentlichen Recherchen im Barolo-Gebiet: In jeder Gemeinde, manchmal sogar Ortsteil für Ortsteil, baten wir die ältesten Winzer, sich mit uns zu treffen; einige von ihnen wurden zusätzlich einzeln befragt. Die Ausbeute waren Tonbandaufnahmen mit einer Laufzeit von über 500 Stunden. Aus den Gruppen- und Einzelinterviews ergaben sich nicht nur Aussagen über die Qualität der Weinberge, sondern auch einzigartige Schilderungen des Familien- und Dorflebens, einmalige Zeugnisse erschütternder Menschlichkeit: erzählte Geschichte, durchdrungen von der unauslöschlichen Erinnerung an das Elend, mit dem die Landbevölkerung der Langhe bis zum Ende der Fünfzigerjahre zu kämpfen hatte.

Die Bedeutung der Angaben zu den großen Weinbergen, die wir in diesen Interviews erhielten, wurde uns kurz darauf von den Weinerzeugern bestätigt: Keiner bezweifelte die Urteile dieser alten – teilweise über 80-jährigen – Bauern, von denen einige nach der Reblausplage Anfang des 20. Jahrhunderts mit groß angelegten Aufpfropfungen den Neubeginn gewagt hatten.

Diese ersten Recherchen wurden durch Begehungen der Weinberge, Bodenanalysen und eine historisch nicht unbedeutende Sammlung von Biographien großer Persönlichkeiten aus der Geschichte des Barolo ergänzt und Anfang 1990 abgeschlossen – ihre Ergebnisse bilden das Grundgerüst des vorliegenden Atlas.

Genauso gingen wir bei der Beschreibung des Barbaresco-Gebiets vor (bei der wir nicht auf ältere Arbeiten zurückgreifen konnten): ein Blick auf die Geschichte, Interviews mit den alten Winzern, Recherche in den Gemeinden, Erarbeitung neuer Karten, ausgedehnte Begehungen der Weinberge.

Zusätzlich zu den Karten, auf denen die geographische Lage der Weinberge eingezeichnet ist, haben wir in einer Art Steckbrief die Hanglage, wo nötig die Bodenqualität, die Grenzen, die Höhenlage und die Ausdehnung jedes einzelnen Weinbergs festgehalten. Wo dies von Interesse ist, werden darüber hinaus Aussagen von Zeitzeugen und besondere Eigenschaften von Weinen angeführt.

Die Klassifikation der Weinberge

Anstatt die Weinberge in einer Rangordnung zu klassifizieren, haben wir uns darauf beschränkt, die historisch und qualitativ bedeutendsten Einzellagen entsprechend hervorzuheben. Eine Klassifikation kann – und muss – dann vorgenommen werden, wenn die genaue Eingrenzung der Lagen vollständig abgeschlossen ist und wenn bei Degustationen Unterschiede zwischen Weinen aus verschiedenen Lagen festgestellt werden können. In der jetzigen Situation ging es ausschließlich darum, Konsumenten und Betrieben Hinweise darauf zu liefern, wo die Weinberge zu finden sind, welches die besten Lagen sind und welche Kellereien die Trauben aus der jeweiligen Lage verarbeiten.

Während unserer Recherchen ist uns eine sehr schöne Definition von "Cru" über den Weg gelaufen; Paolo Cordero di Montezemolo sagte nämlich: "...ein großer Wein wird von vielen als Kunstwerk betrachtet; in Wirklichkeit ist er jedoch ein Werk der Natur: ein Werk der Sonne, des Klimas, der Bodenbeschaffenheit und so weiter. Ein Werk des Grundes, sozusagen ein gründliches Werk."

Neben den Beschreibungen der Weinberge mit den entsprechenden Gemeindekarten, den Biographien herausragender Persönlichkeiten und dem Überblick über die jeweiligen Erzeuger haben wir eine ganze Reihe von Zeitzeugen zu Wort kommen lassen. Diese Beiträge bilden ein wichtiges Element des vorliegenden Werks, nicht nur, weil sie der Dreh- und Angelpunkt unserer Recherchen sind, sondern auch, weil sie die Welt der eigentlichen Protagonisten in der Geschichte des Barolo und des Barbaresco vor unseren Augen lebendig werden lassen. Deshalb liegt uns viel daran, diese Äußerungen so originalgetreu wie möglich wiederzugeben und sie damit fortbestehen zu lassen – einerseits natürlich, um den Fortschritt zu dokumentieren, vor allem aber, um der Vergangenheit den schuldigen Tribut zu zollen, einer Vergangenheit, ohne die auch die modernsten Untersuchungsmethoden kaum mehr als ein kostspieliger Zeitvertreib wären.

Die Beiträge

Das vorliegende Buch trägt selbstverständlich den Entwicklungen der letzten Jahre innerhalb der Gemeinden Rechnung. Außerdem wurden die Angaben zum Grenzverlauf der einzelnen Weinberge, vor allem im Barolo-Gebiet, entsprechend den seit den ersten Recherchen vor zehn Jahren aufgetretenen Veränderungen berichtigt.

Ab 1995 wurde die Arbeit im Barbaresco-Gebiet fortgeführt, zunächst in Erwartung einer wie auch immer gearteten Unterstützung durch die zuständigen Behörden nur mit halber Kraft, dann immer zielstrebiger, weil klar wurde, dass die Interviews und die Gespräche mit den Erzeugern die ideale Grundlage für eine detaillierte Bestandsaufnahme der Produktionsbedingungen in diesem Gebiet boten. Die Methoden waren die gleichen: Einsicht in Karten und Pläne, Begehungen der Weinberge, Treffen mit Vertretern der Gemeindeverwaltung und immer wieder die Gegenüberstellung mit den Aussagen der Winzer. Vom Herbst 1999 bis zum Frühjahr 2000 wurde schließlich das Material zusammengestellt; dies ist also das Ergebnis von zehn Jahren Arbeit, die wir als sinnvoll und Gewinn bringend, aber in keiner Weise als abgeschlossen betrachten.

Viele der alten Leute, mit denen wir Interviews geführt haben, leben nicht mehr. Ihnen haben wir es zu verdanken, dass wir ein kleines Kapitel in der langen Geschichte der Spitzenweine der Langhe schreiben konnten.

BAROLO

Nebbiolo, Barolo und Barbaresco

Geschichte der Rebsorte Nebbiolo

Dass die Nebbiolo-Rebe ihren Ursprung im Piemont hat, kann mit Fug und Recht behauptet werden – auf jeden Fall in dem Sinn, dass sie hier seit Jahrhunderten angebaut wird. Die Frage, wann genau sie in diesem Landstrich heimisch wurde und ob sie sich aus anderen Rebsorten entwickelte, ist müßig, da womöglich ohnehin alle Rebsorten aus Georgien oder Mesopotamien stammen. Auch die These, dass Nebbiolo im Pinot nero seinen Stammvater habe, scheint ziemlich aus der Luft gegriffen: Zwar besitzen beide Rebsorten sehr ausgeprägte Geruchs- und Geschmackseigenschaften, aber daraus eine Verwandtschaft ableiten zu wollen, ohne genetische Ähnlichkeiten vorweisen zu können, erscheint doch reichlich kühn.

Hochwertige Trauben wurden in dieser Gegend ohne Zweifel schon in vorchristlicher Zeit angebaut, doch das Vorkommen der Nebbiolo-Rebe an sich ist erst seit 2000 Jahren belegt.

Der Name, früher *nebiolo* geschrieben, leitet sich wohl vom lateinischen Wort für Nebel *nebia* ab, vielleicht tatsächlich, weil die Lese zu einer Zeit stattfindet, da die ersten Nebel vom Fluss Tanaro zu den Gipfeln der Hügel aufsteigen. Vielleicht – manche halten das für wahrscheinlicher – spielt der Name auch darauf an, dass im Herbst der Reif die Trauben wie mit einem leichten Nebelhauch, *nebbiolina*, umhüllt.

Die offizielle Geschichte beginnt dagegen 1431. In jenem Jahr erweiterte Odoninum de Bancho, Notar in Serralunga, das auf 1402 oder noch früher zurückgehende lokale Gesetzbuch, die *Statuti di La Morra*, um einen Absatz über die Rebsorte *nebiolium* und ihren Zwilling *pignolium*.

Jener 1. Dezember 1431 war also der Geburtstag der Bezeichnung *Nebbiolo* für einen Rebstock, der in den Langhe seinen natürlichen Lebensraum gefunden hatte und aus dessen Trauben ein schon damals hochgelobter und sehr begehrter Wein gewonnen wurde. Demjenigen, der einen solchen Rebstock, *arbore allevata vel ad filagnos, in bussono et domestica* (der in niedrigen Sträuchern oder an Spalieren erzogen wurde), beschnitt, drohte nach dem Gesetzbuch von La Morra eine Strafe von fünf Lire. Ein anderer Absatz sah vor, dass Rückfalltätern die rechte Hand abgehackt werden sollte und noch schwerere Vergehen mit dem Tod durch den Strang geahndet würden.

Eigentlich wurde die Bezeichnung *Nebbiolo* jedoch schon früher gebraucht, und zwar ein kleines Stück außerhalb der Langhe, im Roero, genauer gesagt in Canale: Hier wurde bereits **1303** von einer *Wagenladung gutem, reinen Nebiolio-Wein* berichtet.

Welche Bedeutung schon damals die landwirtschaftlichen Nutzflächen und vor allem die Weinberge besaßen, kann man an den Karten und Plänen jener Zeit ablesen, auf denen unbekannte tüchtige Landmesser ab dem 16. Jahrhundert die Lage der Anbauflächen eintrugen und die Namen der Ortschaften vermerkten; Ortsnamen, die um das Jahr 1000 herum geprägt wurden und häufig heute noch gebräuchlich sind.

Anerkennung und gesetzliche Schutzmaßnahmen

1926 trat in Italien ein Gesetz in Kraft, das typische Weine bestimmter Gebiete schützen sollte. Doch zu dieser Zeit gab es in den Langhe und besonders im Barolo-Gebiet schon seit über 50 Jahren eine Diskussion darüber, wie man Verfälschungen vorbeugen könnte.

Seit dem Tod der Marchesa Falletti (1864) waren nicht einmal zehn Jahre vergangen, als in der Ratssitzung in Barolo am 27. Oktober **1873** der Gemeinderat Ghisolfi das Wort ergriff: "Es ist allseits bekannt und, da sind sich viele einig, dem Gemeinwohl mehr als abträglich, dass unter dem Namen Barolo in großem Stil Weine angeboten werden, die meilenweit von den inzwischen überall anerkannten Qualitätsstandards entfernt sind ... Ich beantrage, dass der hier versammelte Rat dagegen einschreitet, indem er binnen kürzester Frist eine Liste erstellt, in der alle Käufer von Barolo-Trauben der letzten Ernte mit Vornamen, Zunamen und Wohnort aufgeführt sind."

30 Jahre später, **1903**, entsteht im Auftrag der Provinz Cuneo die erste *Carta Vinicola*, auf der die einzelnen Herkunftsgebiete der Weine verzeichnet sind – eine für die damalige Zeit ebenso revolutionäre Idee wie die von Ghisolfi, die darum folgenlos bleibt. 1904 fordert der Abgeordnete Teobaldo Calissano aus Alba, Vorsitzender des piemontesischen Winzerverbands und Minister für Post- und Telegrafenwesen in der Regierung Giolitti, ein Gesetz zum Schutz von Weinbezeichnungen, ebenfalls ohne Erfolg.

Am 16. November **1908** versammeln sich in Barolo unter dem Vorsitz von Professor Cavazza aus Barbaresco Winzer und Fachleute, um einen Maßnahmenkatalog zum Schutz der Nebbiolo-Weine und zur genauen Abgrenzung des Barolo-Gebiets auszuarbeiten; zur Durchsetzung der Forderungen wird die Vereinigung "Pro Barolo" gegründet. **1909** beschließt die Landwirtschaftsversammlung in Alba, das Herkunftsgebiet etwas genauer, aber immer noch nicht sehr genau einzugrenzen, und zwar auf die Gemeindegebiete von Barolo, La Morra, Serralunga, Castiglione, Perno und Grinzane, dazu kommen Teile von Verduno und Monforte sowie ein sehr kleiner Teil in der Gemeinde Novello. Diano, Roddi und Cherasco werden nicht erwähnt. Diese Einteilung war bereits 1896 vom Landwirtschaftsministerium vorgeschlagen und 1903 in der *Carta Vinicola* des Landwirtschaftsamts der Provinz Cuneo erfasst worden. Am 2. September 1909 werden diese Grenzen von der Versammlung in Alba offiziell bestätigt, zur Unzufriedenheit der Gemeinde Barolo, die eine Beschränkung der Herkunftsbezeichnung Barolo auf ihre Nebbiolo-Reben angestrebt hatte. 1920 formiert sich in Asti die Liga der Piemonteser Weinbaugemeinden; ihr Ziel ist es, den Schutz typischer Weine zu erwirken, um die Gründung von Winzergenossenschaften zu fördern und den bereits bestehenden Unterstützung zu gewähren.

Für die **Genossenschaftskellereien** kommt diese Hilfe zu spät: Sie müssen in den Zwanzigerjahren mangels Subventionen der Regierung alle schließen. Im Zuge der seit Ende des 19. Jahrhunderts bis zur großen Krise 1929 in den Langhe sehr starken Genossenschaftsbewegung waren viele dieser *Cantine Sociali* entstanden: in Barbaresco, Castiglione Falletto, Monforte, Barolo, La Morra und nicht zuletzt in Alba, deren am 2. Oktober 1904 gegründete Kellerei später von Alfredo Prunotto übernommen wurde.

Am 18. März 1926 wird schließlich ein Gesetz verabschiedet und damit der erste, wenn auch zaghafte Schritt auf dem Weg zum Schutz typischer Weine getan; im darauf folgenden Jahr arbeitet man in Alba die ersten Entwürfe für eine Vereinigung zum Schutz der Barolo- und Barbaresco-Weine aus, und 1934 wird dieses *Consorzio per la Difesa dei Vini Barolo e Barbaresco* dann offiziell gegründet. Hitzige Diskussionen sind in diesen Jahren an der Tagesordnung, hauptsächlich geschürt von den Winzern und Produzenten aus Castiglione Falletto und Barolo, die sich betrogen fühlen. Der Kompromissvorschlag, innerhalb des Konsortiums eine Unterscheidung zwischen Barolo und Barolo Classico einzuführen, scheitert, und im Nachhinein erkennt man auch, dass er wenig sinnvoll gewesen wäre. Einen Beitrag leistete auch der Chemiker, Warenkundler

und Botaniker Ferdinando Vignolo Lutati, der 1930 eine geologische Karte des Barolo-Gebiets, die *Carta geologica della zona del Barolo*, sowie eine Karte der Wein- und Ackerbauflächen seiner Heimatgemeinde Castiglione Falletto erstellte.
In den Dreißiger- und Vierzigerjahren passierte nicht viel. Die Weinberge erholten sich nur langsam von der Reblausplage, die fast alle Rebstöcke vernichtet hatte. Alte Winzer erinnern sich heute noch mit Wut und Stolz daran, wie die Bauern sich in diesen Jahren an neuen, Gewinn bringenden Erziehungsmethoden versuchten und Nebbiolo-Reben auf amerikanische Stöcke pfropften, die gegen die Reblaus resistent waren.
Die faschistische Diktatur gab mit ihrem Streben nach wirtschaftlicher Autarkie und dem unglückseligen Kampf um das Getreide dem Weinbau keine Chance; daran änderten auch die Werbekampagnen für die vom Regime ausgerichteten Traubenfeste (1933 in La Morra) und Weinmessen (in Alba) nichts.
Die Kriegsjahre taten ein Übriges. Der Neuanfang war schwierig, und der damals eingeschlagene Weg muss heute als verfehlt angesehen werden. Man setzte auf Quantität statt auf Qualität und produzierte gesichtslose Weine von Trauben ohne jede Identität. Das Ansehen der Arbeit in Weinberg und Kellerei war auf einem Tiefpunkt angelangt.
In den Fünfzigerjahren setzte eine massive Landflucht ein: Der Traum vom Glück war untrennbar mit einer Stelle bei Fiat in Turin oder bei Ferrero in Alba verknüpft – bis in die Neunzigerjahre hinein. Doch obwohl auch der Staat diese Entwicklung unterstützte, beharrten einige Winzer und Weinerzeuger darauf, dass ihr Weg der richtige sei.
Nach jahrelangem Warten und endlosen Diskussionen wurde Barolo und Barbaresco am 23. April 1966 die geschützte Herkunftsbezeichnung **Denominazione di Origine Controllata** (DOC) verliehen. Die vorerst letzten wichtigen gesetzlichen Bestimmungen datieren vom 1. Juli und vom 3. Oktober 1980, als Barolo und Barbaresco zur **Denominazione di Origine Controllata e Garantita** (DOCG) aufgewertet wurden.

Weitere DOC- und DOCG-Weine aus Nebbiolo
Die Rebsorte Nebbiolo trägt je nach Anbauort verschiedene Namen: *Spanna* in den Provinzen Novara und Vercelli; *Picotèner* oder *Picotendro* im Aostatal und im Canavese; *Chiavennasca* im Veltlin. Aus den in den Langhe angebauten Nebbiolo-Reben (deren Anteil in den jeweiligen Produktionsbestimmungen festgesetzt ist) werden neben den DOCG-Weinen Barolo und Barbaresco die DOC-Weine Langhe Nebbiolo, Nebbiolo d'Alba, Roero und Langhe Rosso erzeugt.
Außerhalb der Langhe entstehen aus Nebbiolo, häufig in Kombination mit anderen Rebsorten, folgende Weine: im Aostatal der DOC Valle d'Aosta Donnas; im Piemont (außer den vor kurzem zur DOC erhobenen Albugnano, Canavese, Colline Novaresi und Coste della Sesia) Carema, Gattinara (DOCG), Boca, Bramaterra, Ghemme (DOCG), Fara, Lessona und Sizzano; in der Lombardei Valtellina (auch Sforzato) und Valtellina Superiore (DOCG) mit den Unterbereichen Sassella, Grumello, Inferno und Valgella.

DIE REBE

Nebbiolo ist aufgrund seiner hervorragenden genetischen Eigenschaften (geschmackliche Komplexität, hoher Tanningehalt, Langlebigkeit) die edelste unter den Rebsorten der Langhe. Dieser Traube sind die besten Lagen vorbehalten, das heißt die 200 bis 450 Meter über dem Meeresspiegel liegenden Südhänge der 15 Anbaugemeinden. Es handelt sich um eine sehr wuchsstarke Rebe, die schwach zurückgeschnitten werden muss – heute ist fast überall ein Guyot-Schnitt auf zehn bis zwölf Augen üblich. Das üppige Wachstum erfordert beständige Laubarbeiten, um eine optimale Belichtung und Belüftung zu gewährleisten. Die Pflanze braucht auch deshalb so viel Raum, weil die ersten zwei bis drei Augen nicht treiben, was eine dichte Pflanzung unmöglich macht: Der Abstand zwischen zwei Rebstöcken muss mindestens einen Meter betragen, während der Abstand zwischen den Rebzeilen geringer ausfallen kann. Von der

Wüchsigkeit der Rebe zeugen noch, vor allem in La Morra, alte Nebbiolo-Rebstöcke, die nach der so genannten Tiràsce- oder Tirasse-Methode geschnitten sind: Lange, dicke verholzte Triebe wachsen an ihnen, von denen Fruchtruten abgehen. Heute sind die Probleme üppigen Wachstums und mangelnder Austriebsfähigkeit der ersten Augen durch genetische Selektion und die Regeneration viruserkrankter Klone weitgehend überwunden; bei den heute gezüchteten Klonen ist auch ein stärkerer Rückschnitt möglich.

In der Provinz Alba werden von jeher **vier Varianten** von Nebbiolo angebaut: **Michet**, eigentlich eine virusinfizierte Form von Lampia, aufgrund ihrer Qualitätseigenschaften (Rebstock mit geringem Ertrag, hoher Gehalt von Polyphenolen im Most) jedoch weiter gezüchtet; **Lampia**, die größere und relativ lange Trauben ausbildet und eine ausgewogene, konstante Weinqualität gewährleistet; **Rosé**, heute aufgrund der mangelhaften Weinqualität (hoher Zucker- und Apfelsäuregehalt, geringer Gehalt an Polyphenolen und vor allem an Anthozyanen, was die Farbintensität verringert) kaum noch angebaut; **Bolla**, nach dem Züchter in Santa Maria di La Morra benannt, heute wegen ihrer zu hohen Ertragsleistung nicht mehr zugelassen.

Das mittelgroße Blatt ist drei- bis fünflappig mit deutlichen Buchten. Die Traube ist je nach Sortenvariante und Klon mittelgroß bis groß, pyramiden- oder fast walzenförmig.

Die **Beeren** sind mittelgroß und rund bis leicht oval. Das Fruchtfleisch ist süß und saftig, die Haut ist dünn, aber fest und reich an Tanninen. Bedingt durch eine weißliche, wachsartige Reifschicht auf den Beeren spielt die dunkelviolette Farbe im Herbst ins Graue. Durch die frühe Blüte – Anfang April – und die sehr späte Reife – zwischen Anfang und Ende Oktober – ist Nebbiolo eine äußerst empfindliche und witterungsabhängige Rebsorte.

Die Lese, der im Juli und August häufig eine Behangausdünnung vorausgeht, erfolgt manuell; unbrauchbare Beeren werden während der Lese und, wenn nötig, vor dem Keltern ausgesondert.

Klone und Unterlagen

Klone wurden hauptsächlich von der am weitesten verbreiteten Nebbiolo-Variante Lampia gezüchtet, es existieren jedoch auch Klone der Varianten Michet und Rosé.

Heute werden in erster Linie folgende Klone verwendet, die jeweils spezifische Eigenschaften aufweisen:

CN 36 (vom Institut für die Verbesserung der Weinrebe des Nationalen Forschungszentrums C.N.R. in Turin gezüchtet): In La Morra selektierter Lampia-Klon; für Weine von mittlerer Alterungsfähigkeit; in der Praxis kaum verwendet.

CN 111 (vom Institut für die Verbesserung der Weinrebe des C.N.R. in Turin gezüchtet): In La Morra selektierter Rosé-Klon; relativ hohe Ertragsleistung, hohe Wüchsigkeit, ausgeprägter Duft, geeignet für Weine von geringer bis mittlerer Alterungsfähigkeit.

CN 142 (vom Institut für die Verbesserung der Weinrebe des C.N.R. in Turin gezüchtet): In Neive selektierter Lampia-Klon; geringe Ertragsleistung, reich an Tanninen, gute Struktur, für Weine von hoher Alterungsfähigkeit.

CN 230 (vom Institut für die Verbesserung der Weinrebe des C.N.R. in Turin gezüchtet): In Neive selektierter Lampia-Klon; tendenziell hohe, bei angemessener Behangausdünnung ausgewogene Ertragsleistung.

R 1 (von der Zuchtgenossenschaft Vivai Cooperativi Rauscedo gezüchtet): In der Gemeinde Barolo selektierter Lampia-Klon; relativ hohe Ertragsleistung, für Weine von mittlerer Alterungsfähigkeit.

R 3 (von Vivai Cooperativi Rauscedo gezüchtet): In Barolo selektierter Michet-Klon; geringe Ertragsleistung, für Weine mit hoher Alterungsfähigkeit.

Die **Unterlagsreben** müssen angesichts des Kalkgehalts im Boden von etwa zehn Prozent eine hohe Kalkverträglichkeit aufweisen. Am weitesten verbreitet ist Kober 5 BB (wurzelt gut, relativ hohe Ertragsleistung), verwendet werden jedoch auch 420 A (geeigneter für magere Böden, schwachwüchsig), SO4 (ausgeprägte Wüchsigkeit und hohe Kalkverträglichkeit), 157/11 (wurzelt sehr gut) und 161/49 (langsames Wachstum, aber hohes Qualitätspotenzial).

DIE BÖDEN

Das für unsere Untersuchung relevante Gebiet wird im Süden von den Ausläufern der Ligurischen Alpen, im Westen vom Fluss Tanaro, im Osten vom Fluss Bormida di Spigno und im Norden vom Tanaro und den Hügeln der Provinz Asti begrenzt. Der vom lateinischen lingua, Zunge, abgeleitete Name Langhe verweist auf die äußere Form dieses Gebiets: eine lange Reihe dicht gedrängter, relativ steiler Hügel, die, zum Großteil in Nordostrichtung verlaufend, von Ligurien zum Tanarotal hin abfallen. Die südlichsten dieser Hügel sind auch die ältesten, sie entstanden vor etwa 30 Millionen Jahren in dem als Eozän bezeichneten Zeitalter – in der Entwicklungsgeschichte unseres Planeten, die vor 4,6 Milliarden Jahren begann, kein besonders hohes Alter. Die Entstehung der Langhe hängt mit geologischen Vorgängen zusammen, die auch zur Bildung der Alpen führten. Durch die Kollision des Südkontinents Gondwanaland, der den afrikanischen, den südamerikanischen und den ozeanischen Block umfasste, mit dem Nordkontinent Laurasia (das heutige Asien, Nordamerika und Europa) wurden die mächtigen Faltengebirge aufgeworfen, die wir heute kennen: Alpen, Himalaja, Atlas. Gleichzeitig bildete sich eine ganze Reihe von Binnenmeeren. Das heutige Piemont lag zu dieser Zeit fast ganz unter der Wasseroberfläche einer im Norden, Osten und Süden von den vortertiären Felsen der Alpenkette begrenzten großen Meeresbucht, dem so genannten piemontesischen Tertiärbecken. In dieser mit Meerwasser gefüllten Senke, die von den Ligurischen Alpen zum westlichen Piemont hin abfiel und dann in Richtung Biella am Fuße der Walliser Alpen wieder anstieg, entstanden im Miozän, vor 15 bis sieben Millionen Jahren, durch kontinentale Ablagerungen (Konglomerat, Sandstein, Ton) die Teile der Langhe, die uns in diesem Buch beschäftigen, nämlich die Gebiete um Barolo und Barbaresco. Dieses Gelände, zur heutigen Ebene von Cuneo hin abfallende Gesteinsschichten mit einer Neigung von etwa 15 Grad in den für uns interessanten Teilen, wurde im Pliozän durch die beständige Druckeinwirkung des afrikanischen Blocks aus dem Wasser gehoben und bildete zunächst ein ausgedehntes, mehr oder weniger sumpfiges Gebiet. Im Quartär, vor ungefähr 1,5 Millionen Jahren, kam es durch eine weitere Anhebung des Geländes über die Ebene von Alessandria und durch veränderte Niederschlagsverhältnisse zu heftigen Erosionen. Das lockere Sedimentgestein wurde tief in Nordostrichtung eingeschnitten, was den Hügeln der Langhe ihre heutige Form gab.

Die senkrecht zum Verlauf der Täler nach Nordwesten und Südosten ausgerichteten Hänge der Hügel weisen eine asymmetrische Form auf: Die Südostflanken sind steiler, aber auch kompakter als die nach Nordwesten liegenden Hänge, die sanfter abfallen und weniger Stabilität aufweisen. Dort dringt bei starken Niederschlägen Wasser in die Zwischenräume der Gesteinsschichten und verursacht dadurch Erdrutsche.

Die in den geologischen Zeitaltern Helvetium und Tortonium entstandenen Böden im Barolo- und Barbaresco-Gebiet sind Sedimentböden aus lehmig-kalkigem Mergel in Kombination mit mehr oder weniger dicken Schichten aus graublauem Sandstein (Marne di Sant'Agata, in dem Gebiet selbst als tov bekannt, bestehend aus 30 Prozent Sand, 55 Prozent Ton und 15 Prozent Kalk), mehr oder weniger kompakten Sandschichten sowie graubraunem und gelblichem Sandstein (Arenarie di Diano) oder Schichten aus Sand und graurötlichem Sandstein im Wechsel mit grauem Mergel (Lequio-Formation). Die Marne di Sant'Agata in La Morra und Barolo begünstigen elegante, duftige Weine mit etwas kürzerer Reifezeit, die Arenarie di Diano (in Castiglione Falletto und Teilen von Monforte d'Alba) und die Lequio-Formation (in Teilen von Monforte d'Alba und in Serralunga d'Alba) bringen dagegen robustere, langlebigere

Weine mit höherem Alkoholgehalt hervor. Im Barbaresco-Gebiet herrschen hauptsächlich Böden der Marne di Sant'Agata aus dem Tortonium vor. Wegen ihres hohen Kalkgehalts sind die Böden der Langhe basisch (mit pH-Werten um 8) im Gegensatz zu denen des nahe gelegenen Roero, die sandiger, weniger kalkig und daher saurer sind.

DAS KLIMA

Messungen in dem insgesamt durch ein gemäßigtes Kontinentalklima gekennzeichneten Gebiet zeigen, dass die Temperaturen in der Gegend um Barbaresco etwas höher liegen als in den Barolo-Gemeinden, was die Reifezeit der Trauben um etwa eine Woche verkürzt.
In den Langhe werden im Mai mit 100 Millimeter die höchsten Niederschlagsraten erreicht, es folgen April (mit etwa 80 Millimeter) und September (mit knapp 70 Millimeter). Regenfälle spielen daher eine nicht unerhebliche Rolle, sowohl in der Blütezeit (wo sie teilweise beträchtliche Ertragseinbußen verursachen können) als auch bei der Ernte (wo lange Niederschlagsperioden zu Schimmelpilzbefall beziehungsweise zum Faulen der Trauben führen oder allgemein die Qualität herabsetzen können, wie dies im Erntejahr 1994 der Fall war). Heftige Niederschläge kurz vor der Lese können einen Abfall des Säuregehalts ohne entsprechende Zunahme des Zuckergehalts zur Folge haben. Da die Nebbiolo-Rebe jedoch sehr widerstandsfähig ist, wirken sich die wenigen Niederschläge zwischen Ende September und Anfang Oktober normalerweise nicht negativ auf die Beeren aus, die in der Regel vollständig reifen. In den Langhe folgt meistens auf einen regnerischen Frühling ein warmer und häufig trockener Sommer, was einerseits die Widerstandskraft der Nebbiolo-Rebe auf eine harte Probe stellt, andererseits für gehaltvolle Beeren sorgt. Die Sonneneinstrahlung ist in diesem Gebiet außerordentlich intensiv, es herrschen also optimale Bedingungen für die Photosynthese.
Ein weiteres nicht unbedeutendes Witterungsphänomen ist Hagel, der sowohl die Qualität als auch die Quantität der Trauben negativ beeinflussen kann: In besonders hagelreichen Jahren werden Einbußen von insgesamt 20 bis 30 Prozent registriert, wobei in einigen Gebieten die Ernte vollständig vernichtet wird, wie dies 1986 und 1995 der Fall war. Glücklicherweise ist nie das gesamte Gebiet vom Hagelschlag betroffen, sondern es werden immer nur einzelne Hänge geschädigt.

DIE WEINBEREITUNG

Die Methoden der Weinbereitung variieren von Erzeuger zu Erzeuger sehr stark; wir können daher nur die grundsätzlichen Vorgänge beschreiben, die mit wenigen Ausnahmen überall gleich ablaufen.
Das Entrappen, also das Entfernen der Kämme und Stiele sowie das Zerquetschen der Beeren, erfolgt heutzutage gleichzeitig in einem so genannten Einmaisch- und Abbeerapparat. Die von einigen Erzeugern noch bis in die Neunzigerjahre hinein eisern beibehaltene Praxis, einen Teil der Stiele während der Gärung in der Maische zu belassen, ist heute nicht mehr üblich.
Um den Gärprozess einzuleiten, verwenden nicht alle Kellermeister Reinzuchthefen, da die Gärung bei Nebbiolo in der Regel relativ bald von selbst einsetzt, wenn die Temperatur des Mostes nicht allzu niedrig ist: Sie beträgt normalerweise 13 bis 17 Grad. Einige Erzeuger verwenden für die alkoholische Gärung verschiedene Arten von offenen Holzbottichen mit einem durchschnittlichen Fassungsvermögen von 30 bis 80 Hektolitern; die meisten greifen auf die inzwischen sehr gebräuchlichen hohen Stahltanks zurück. In beiden Fällen wird sorgfältig darauf geachtet, dass der während der Gärung aufsteigende Trester nicht trocken wird, weil sich dann die in den Schalen befindlichen Stoffe nicht lösen können und die Gefahr besteht, dass der Most essigstichig wird; deshalb wird der sich an der Oberfläche bildende Tresterhut – manuell oder maschinell – untergestoßen und der Most mit einer Pumpe umgewälzt. Die Dauer der Mazeration, das heißt der Maischung mit Schalen und Kernen, und der alkoholischen Gärung, das

HL75
HL75

heißt der Umwandlung von Zucker in Alkohol und Kohlendioxid, beträgt je nach Entscheidung des Kellermeisters zehn bis 30 Tage.
In den letzten zehn Jahren haben auch in den Kellereien der Langhe Horizontalpressen mit Rotationszylindern Einzug gehalten, mit denen der Gärprozess auf wenige Tage verkürzt werden kann. Der Einsatz dieser von italienischen Erzeugern zuweilen despektierlich betoniera, Zementmischer, genannten Maschinen bei der Weinproduktion war und ist sehr umstritten: Manche behaupten, dass bei einer Mazeration von nur zehn Stunden die Schalen nicht genug Tannine abgeben; andere meinen, man könnte auf diese Weise rundere und angenehmere Weine erzeugen, weil die Bitterstoffe, die häufig entstehen, wenn der Most zu lange auf den Schalen steht, vermieden werden könnten.
Anstatt der früher üblichen Stahlbetonwannen werden heute überall wärmeregulierte Edelstahlbehälter verwendet, bei denen Reinigung und Temperaturkontrolle leichter zu handhaben sind und die daher eindeutig eine Qualitätsverbesserung darstellen. Als es noch keine technischen Möglichkeiten gab, die Gärtemperatur unter Kontrolle zu halten (die nicht über 35 Grad steigen darf), kam es, selbst in ausgezeichneten Jahrgängen, fast regelmäßig zu einem Anstieg des Gehalts an flüchtigen Säuren, sodass in seltenen Fällen schon junge Weine Essignoten aufwiesen, was natürlich ihre Qualität erheblich beeinträchtigte. Der Grund dafür ist, dass durch zu hohe Temperaturen Essigsäurebakterien aktiviert werden, die den Zucker statt in Alkohol in Acetaldehyd und anschließend in Essigsäure umwandeln.
Mit – hohen oder flachen – Stahlbehältern kann der Temperaturverlauf während der gesamten Gärung genau geregelt und so der Gärprozess nach den jeweiligen Erfordernissen gesteuert werden: Bei einer sehr kurzen Mazeration (zum Beispiel zwei bis drei Tage) müssen die Temperaturen von Anfang an sehr hoch sein, während sie bei einer Mazeration von 15 bis 18 Tagen niedriger gehalten werden können. Bis vor wenigen Jahren war es üblich (und teilweise ist es das noch heute), die Wannen oder Fässer von außen mit kaltem Wasser zu kühlen oder gar mit Eis gefüllte Plastikbeutel in den Most zu werfen.
Schon beim Anbau der Trauben, aber auch bei ihrer Verarbeitung, vor allem beim Abstich, wird **Schwefeldioxid** (SO_2) zur Sterilisierung und Konservierung eingesetzt. Trinkfertiger Wein enthält 60 bis 90 Milligramm Schwefeldioxid pro Liter, von dem der größte Teil jedoch gebunden vorliegt, der Anteil an freiem und damit wirksamem SO_2 schwankt zwischen zwölf und 20 Milligramm.
Nachdem die alkoholische Gärung abgeschlossen ist, steht der Kellermeister vor einer weiteren Entscheidung: Muss die **malolaktische Gärung** – das heißt die Umwandlung der sauren Apfelsäure in die mildere Milchsäure – sofort oder erst im Frühling erfolgen? Im ersten Fall wird der Wein, entweder direkt in den wärmeregulierten Behältern oder durch eine Erhöhung der Raumtemperatur im Gärkeller, auf etwa 20 Grad erwärmt. Im zweiten Fall wartet man einfach den natürlichen Anstieg der Außentemperaturen ab, was bedeuten kann, dass sich diese Gärungsphase unter Umständen bis zum Sommer hinzieht. Beide Methoden sind üblich; Erzeuger, die für die Reifung große Fässer verwenden, neigen dazu, die malolaktische Gärung schlicht zu "vergessen", weil sie darauf vertrauen, dass dieser Prozess sich unter natürlichen Bedingungen automatisch vollzieht. Allerdings gab es auch schon Jahrgänge, in denen besondere Umstände den spontanen Ablauf der malolaktischen Gärung verhinderten und daraufhin extrem saure und schroffe Weine abgefüllt wurden.
Wer Kellereien in den Langhe besucht, wird verblüfft sein, wie unterschiedlich es in den verschiedenen Betrieben aussieht. Am einen Ende des Spektrums stehen Erzeuger, bei denen Barolo und Barbaresco ausschließlich in großen Fässern mit einem Fassungsvermögen zwischen 2000 und 10 000 Litern reifen und Stahlwannen nur zur Mazeration und zur alkoholischen Gärung verwendet werden. Das andere Extrem bilden Betriebe, in denen die großen Fässer vollständig

durch kleine Holz- und Stahlbehälter verdrängt worden sind, die normalerweise 225 bis 600 Liter fassen (gelegentlich wird auch mit noch kleineren Holzgebinden experimentiert).

Zwei weitere wichtige Faktoren sind die Art des Holzes und die Dauer der Fassreifung. Während die Fässer bis vor wenigen Jahren fast ausschließlich aus slawonischer Eiche (sehr selten aus Kastanienholz) gefertigt waren, ist jetzt die französische Eiche groß im Kommen, und zwar nicht nur die klassischen Barriques, sondern auch größere Behälter. Was die Nutzungsdauer der Holzbehälter angeht, so kann man davon ausgehen, dass die Fässer aus slawonischer Eiche in der Regel zehn bis 20 Jahre im Einsatz sind und die aus französischer Eiche etwas häufiger (etwa alle zehn Jahre) ausgewechselt werden. Barriques werden ein bis vier Jahre verwendet.

Es ist ein natürliches Phänomen, dass bei besonders niedrigen Temperaturen kristallines Kaliumtartrat im Wein ausfällt, der so genannte Weinstein. Daher widmen die meisten Erzeuger dem Abstich vom Fass große Aufmerksamkeit. Vor der Flaschenabfüllung wird der Wein von den sich am Gefäßgrund absetzenden Weinsteinkristallen in neue Behälter abgezogen, um Trub in der Flasche zu verhindern. Sollten sich aber dennoch gewisse Ablagerungen dieser Art in der Flasche befinden, ist dies kein Grund zur Besorgnis: Diese Substanzen sind unschädlich und haben in der Regel keinen Einfluss auf den Geschmack des Weins.

Die Alterung im Holzfass

Die traditionelle Reifung im Holzfass ist ein Muss für jeden großen Rotwein, der für eine lange Alterung vorgesehen ist.

Früher wurden verschiedene Hölzer verwendet, heute geht der Trend eindeutig in Richtung **Eiche** (Quercus sessilis, Quercus pedunculata, Quercus alba), hauptsächlich aus Zentralfrankreich, Slawonien, Osteuropa und den USA.

Während der Lagerung des Weins im Fass laufen sehr komplexe Vorgänge ab, die immer noch nicht vollständig erforscht sind. Als relevante Aspekte werden auf jeden Fall der Austausch von Gasen durch das Holz, der entscheidend vom Alter und von der Größe des Fasses abhängt, und die Wirkung des Sauerstoffs auf den Wein angesehen.

Der langsam durch das Holz dringende Sauerstoff wirkt vor allem auf die Polyphenole im Wein ein und löst zwei für die Reifung wichtige Reaktionen aus: erstens die Kondensation von Tanninen und Anthozyanen und zweitens die Polymerisation der Tannine. Der erste Vorgang ermöglicht eine dauerhafte **Stabilisierung** der Farbstoffe, die so vor dem Zerfall geschützt werden. Die Verbindung der Tannine untereinander führt zur Bildung von Polymeren mit höherem Molekulargewicht, durch die der Wein einen Teil seiner Adstringenz verliert und im Geschmack weicher und runder wird.

Nicht minder bedeutsam ist jedoch die Lösung der im Holz enthaltenen Substanzen im Wein (insbesondere die Lösung der Polyphenole und ihrer Derivate). Eichenholz enthält in erster Linie zwei Arten von Polyphenolen: Lignine und Tannine.

Lignine sind wasserunlösliche Polymere, die zu der Gruppe der Polyphenole gehören; bei ihrer Aufspaltung entstehen die Vorläufer vieler Aromastoffe, die später im Geruch des Weins festzustellen sind, besonders wenn dieser in kleinen, gerösteten Holzfässern ausgebaut wurde.

Die **Tannine**, die bis zu zehn Prozent des trockenen Holzes ausmachen, sind vornehmlich solche, die durch Hydrolyse in Ellagsäure zerlegt werden können. Das Verhalten der Tannine im Wein ist sehr komplex, eng mit der Kondensation der Farbstoffe und der Entwicklung der Polyphenole insgesamt verknüpft und daher maßgeblich für die Alterungsfähigkeit des Weins.

Barolo und Barbaresco sind Weine, deren Polyphenolstruktur durch ausgeprägte, raue Tannine und zarte Anthozyane gekennzeichnet ist und die daher unbedingt eine angemessene Zeit im Holzfass reifen müssen, um lange in der Flasche altern zu können.

Die allmähliche Sauerstoffzufuhr im Holzfass ist Voraussetzung dafür, dass die Farbe sich stabilisiert und die polymerisierten Tannine weicher wer-

BAROLO
96 g° 13,5

den. Es leuchtet daher ein, dass die Art des Holzfasses, vor allem im Hinblick auf Größe und Ausführung, eine herausragende Rolle spielt.

In "traditionellen" Holzfässern mit großem Fassungsvermögen ist aufgrund des geringen Kontakts des Weins mit dem Holz und des festen Zusammenhalts zwischen den Dauben nur ein langsamer und, abgesehen vom Abstich, eingeschränkter Gasaustausch möglich; daher brauchen die Weine lange, um vollständig zu reifen und warme, ausgeprägte Farbtöne zu entwickeln. Aus den gleichen Gründen und wegen der langjährigen Nutzung der Fässer sowie der Art ihrer Fertigung kann das Holz auch nur wenige Substanzen an den Wein abgeben.

Kleine Holzfässer ermöglichen hingegen einen intensiveren und gleichmäßigeren **Gasaustausch**, der zu einer rascheren und vollständigeren Polymerisation der Tannine und Anthozyane führt, sodass die Weine eine "jüngere" und sehr beständige Farbe und bereits nach kurzer Zeit eine ausgewogene Tanninstruktur aufweisen. Durch das günstigere Verhältnis zwischen Oberfläche und Fassungsvermögen sowie das Fertigungsverfahren (die Dauben werden über Feuer gewölbt und anschließend **geröstet**) lösen sich die Holzbestandteile gut im Wein, und zwar umso besser, je neuer das Fass ist. Die Wahl des Holzes übt also großen Einfluss auf den Stil des Weins aus.

FLASCHEN, KORKEN UND ETIKETTEN

Handelsübliche Behältnisse für Barolo und Barbaresco sind **Bordeaux-** und **Burgunderflaschen** in den verschiedensten Varianten, wobei die Produktionsbestimmungen der Fantasie insofern Grenzen setzen, als sie "eine Albeisa-Flasche oder eine alten Gebräuchen und Traditionen entsprechende Flasche" vorschreiben. Viele Erzeuger verwenden daher die Flasche mit dem Namen Albeisa (das heißt aus Alba), die einer im 19. Jahrhundert gebräuchlichen Variante der Burgunderflasche nachempfunden ist. Nach den Produktionsbestimmungen ist die Abfüllung und Vermarktung von Barolo und Barbaresco auch in halben Flaschen (0,375 Liter) zulässig, diese Praxis hat sich jedoch noch nicht durchgesetzt – vielleicht weil die Erzeuger befürchten, dass sich der Wein mit der Zeit anders als in den normalen Flaschen entwickelt. Es kommen also hauptsächlich herkömmliche 0,75-Liter-Flaschen und Magnumflaschen (1,5 Liter) auf den Markt; doppelte Magnumflaschen (drei Liter) sind selten.

Bis die Produktionsbestimmungen dies verboten, waren auch 12,5-Liter-Behälter (quarto di brenta) gebräuchlich, in denen die Erzeuger ihre besten Auslesen über eine lange Zeit hinweg lagerten, um den Alterungsprozess zu verlangsamen.

Damit die Weine auch für eine lange Kellerlagerung gerüstet sind, müssen die **Korken** von erstklassiger Qualität sein: hellbraun, mit kompakten, elastischen, regelmäßig angeordneten Fasern. Der Durchmesser beträgt 24 bis 25 Millimeter, die Länge meist 45 bis 55 (gelegentlich bis zu 60) Millimeter. Durch die stetig sinkende Qualität des verfügbaren Korks und den gleichzeitigen Anstieg der Flaschenweinpreise bekommen die Erzeuger immer öfter zu hören, dass der Wein "nach Korken schmeckt" und sehen sich wie die Abfüller in anderen Weinbaugebieten gezwungen, Alternativen, etwa Silikonverschlüsse, zu testen. Bei der Degustation von Weinen mit Silikonkorken stellten wir keine Qualitätsminderung fest; allerdings sind nach den aktuellen Produktionsbestimmungen noch keine anderen Verschlussmaterialien als Kork erlaubt.

Die ersten für Barolo gedruckten **Etiketten** gehen auf den Anfang des 19. Jahrhunderts zurück; Barbaresco-Etiketten gab es erst 50 Jahre später. Sie waren sehr einfach gehalten und ließen weder den Jahrgang noch den Namen des Erzeugers erkennen; gängig waren auch Metallringe, auf denen handschriftlich die Ortsbezeichnung des Weins, etwa Cannubi 1776 oder Nebiolo Barbaresco 1871, vermerkt war. Mit dem Beginn des 20. Jahrhunderts erscheinen auf ersten Etiketten der Name des Betriebs, der Ort der Herstellung oder der Weinberg, aus dem die Trauben stammen: Von schwar-

zer Schrift auf weißem Grund geht man über zu goldener Schrift auf schwarzem Grund und umgekehrt. Nach und nach werden Schnörkel, Wappen und andere Verzierungen hinzugefügt, die das Aussehen der Flasche verschönern sollen. Natürlich brüsten sich die Erzeuger auch mit Gold- und Silbermedaillen der Messen und Ausstellungen in London, Paris und Wien, mit dem Status als Hoflieferant oder mit der Ausrüstung von Expeditionen zum Nordpol. Ratschläge zur Lagerung, Entkorkung, Serviertemperatur und zu passenden Speisen fehlen ebenso wenig wie Informationen über Gärmethoden und Hinweise auf die sorgfältige Auslese der Trauben, die schonende Maischung und den Barrique-Ausbau. Heute präsentiert sich das Spektrum der Etiketten von Barolo- und Barbaresco-Weinen äußerst vielfältig: Es reicht von historischen Schildern, an denen seit Jahren nichts geändert wurde, bis zu den Aufklebern der neu gegründeten Betriebe, die mit einfachen farbigen Grafiken oder Kreationen örtlicher Künstler auf sich aufmerksam machen und auch jüngere Konsumenten ansprechen wollen.

MARKT UND NACHFRAGE

Die Verkaufszahlen von Barolo und Barbaresco werden in keiner offiziellen Statistik erfasst, deshalb sind genaue Angaben zu den Exportquoten und vor allem zur Verteilung auf die verschiedenen Länder schwierig. Man kann aber wohl davon ausgehen, dass sich der Exportanteil in den letzten Jahren auf etwa 80 Prozent der Produktion eingependelt hat. Die Nachfrage auf den traditionellen Märkten in Europa, nämlich Deutschland, der Schweiz und England, sowie in Nordamerika ist stabil; wachsendes Interesse ist auf den asiatischen Märkten von Japan, Korea und Singapur zu verzeichnen, auch in der Hinsicht, dass Weine mittlerweile als Spekulationsobjekte dienen.

Vor 20 Jahren sah die Situation noch ganz anders aus: Die Nachfrage nach Barolo und Barbaresco war so gering, dass die Kellereien den Wein nicht loswurden und teilweise an Käufer von Dolcetto und Barbera verschenkten; die Preise waren für ein Produkt dieser Qualität äußerst niedrig, und auch die Trauben wurden so schlecht bezahlt, dass viele Winzer ihre Nebbiolo-Rebstöcke ausgruben, um selbst in den guten Lagen Dolcetto oder Moscato anzubauen. Die erhöhte Aufmerksamkeit der Fachpresse und gute Jahrgänge wie 1985, 1989 sowie das schon zur Legende gewordene Jahr 1990 hatten einen explosionsartigen Anstieg der Nachfrage nach Barolo und Barbaresco zur Folge. Dies führte auch zu einer enormen Steigerung der Engros-Preise für die Trauben: 1995 hatten sie sich verdoppelt, 1998 waren sie im Vergleich zu 1988 auf etwa das Fünffache angewachsen und damit so hoch wie nie zuvor.

Im Ausland hat sich die Nachfrage in den letzten Jahren deutlich erhöht; auf dem italienischen Markt, auf dem Barolo und Barbaresco traditionell zwar ein hohes Ansehen genossen, aber häufig im Keller verstaubten, ändert sich die Situation langsam: Die jetzige Käufergeneration scheint größeren Wert auf Qualitätsweine zu legen als die Generation ihrer Eltern, die mit weniger anspruchsvollen Tropfen zufrieden war. Wenn man allerdings bedenkt, dass von den 20 Prozent im Inland abgesetzten Weinen wiederum mindestens 80 Prozent von ausländischen Touristen gekauft oder in Restaurants konsumiert werden, fällt auf den italienischen Konsumenten nur noch ein Anteil von vier Prozent, bei einer durchschnittlichen Produktion von zehn Millionen Flaschen entspricht dies etwa 400 000 Flaschen im Jahr.

DIE DEGUSTATION VON BAROLO UND BARBARESCO

Die Farbe

Nach Abschluss der alkoholischen Gärung ist die Farbe des Nebbiolo-Weins ein nicht sehr kräftiges Rubinrot mit eher leuchtend roten (oder sogar dunkelroten) als orangefarbenen Schattierungen. Mit der Zeit verliert der inzwischen zu Barolo oder Barbaresco gewordene Wein durch die Ablagerung der Anthozyane – der für die Farbe verant-

wortlichen Polyphenole – etwas an Intensität und färbt sich granatrot, dann orange und nach vielen Jahren schließlich ziegelrot. Die granatrote Färbung hält sich allerdings sehr lange, mindestens einige Jahre, wenn nicht Jahrzehnte.
Ein guter Indikator für den Alterungsgrad ist der Rand (der blasse, manchmal sogar farblose Streifen, den man beim Neigen des Glases erkennt): je breiter der Rand, desto höher das Alter.
Die Erzeuger der Langhe leiden manchmal unter gewissen Minderwertigkeitskomplexen gegenüber farbintensiveren Weinen wie Dolcetto, Barbera oder Cabernet Sauvignon, obwohl es dazu eigentlich keinen Anlass gibt: Burgundischer Pinot noir ist normalerweise noch heller als Barolo und Barbaresco, ohne dass ihm deshalb der internationale Erfolg versagt geblieben wäre.

Der Geruch

Die Geruchseigenschaften sind wahrscheinlich das Faszinierendste an Barolo und Barbaresco. Wie bei allen großen Weinen beeindruckt am meisten die Intensität des Buketts und die Vielfalt der Duftnoten, die sich durch die Sauerstoffeinwirkung im Glas, vor allem aber mit der Alterung in der Flasche entfalten. Von allen Rebsorten der Langhe ist Nebbiolo diejenige, mit der Weinkenner am häufigsten den typischen Geschmack und Geruch der Langhe verbinden; es mag fast unmöglich sein, einen Barbaresco Asili von einem Rabajà zu unterscheiden, und äußerst verzwickt, einen Barolo Cannubi und einen Barbaresco Montestefano auseinander zu halten – einen großen Nebbiolo-Wein aus Barolo oder Barbaresco erkennen geübte Gaumen aber sofort.
Weinverkoster nennen bei Degustationen unzählige verschiedene Geruchsnoten, die – außer mit der subjektiven Sensorik des Verkosters – sicherlich mit den Ausbaumethoden und dem Herkunftsgebiet der Trauben zusammenhängen. Zu den am häufigsten erwähnten Düften zählen die von reifen kleinen roten und schwarzen Früchten, insbesondere Pflaume, Johannisbeere, Himbeere, Heidelbeere, Erdbeere, Brombeere, Kirsche (süß oder sauer, manchmal auch in Alkohol), aber auch Konfitüre. Es folgen verschiedene Blumen (vor allem Rose und Veilchen, frisch oder welk), Gras, Heu, Tabak, Teer, Chinarinde, Lakritze, Pinie und Harz, Weihrauch, Minze, Basilikum, Kampfer, Eukalyptus, Pfirsich, feuchte Erde, Pilz, Trüffel, verschiedene Gewürze wie Zimt, Nelkenblüten und Pfeffer, des Weiteren Kakao, Schokolade, Leder, Gebäck, Milch (bis hin zu Käse und Eiskaffee). Außerdem werden, meist als Zeichen mangelnder Finesse, verschiedene Gemüsesorten angeführt wie Rhabarber, Gemüsesuppe, Chicorée, Artischocke. Die Duftnoten, die eine zu lange Lagerung verraten, reichen von Kaffee über Marsala bis zu Madeira. Vor allem bei den in kleinen Eichenfässern ausgebauten Weinen finden sich alle mit Holz verbundenen Geruchsnoten wie Vanille, geröstet, geräuchert, Zigarrenschachtel und würzig. Interessanterweise können einige Düfte, vor allem kräuterwürzige und frische, gleichzeitig auf die Lage, aus der die Trauben stammen (wie zum Beispiel Ginestra in Monforte), wie auch auf den Barrique-Ausbau zurückgeführt werden.
Als negative Eigenschaft wird der Geruch nach verbrauchter Luft angegeben, das heißt der unangenehme, schmutzige, unfeine Eindruck, den ein muffiger Raum oder auch Schimmel hinterlassen und der durch einen Mangel an Sauerstoff im Wein verursacht wird.
Unserer Ansicht nach ist es nicht notwendig, Barolo und Barbaresco lange vor dem Servieren zu entkorken; da sich der Geruch jedoch innerhalb weniger Minuten merklich – meist zum Besseren – verändert, sollte der Wein beim Verkosten auf jeden Fall langsam mit Sauerstoff in Berührung gebracht werden.

Der Geschmack

Barolo und Barbaresco zeichnen sich durch eine beträchtliche Intensität und Nachhaltigkeit des Geschmacks aus; als Hauptmerkmale treten ausgeprägte Tannine, eine gute Säure sowie ein hoher Alkoholgehalt hervor, der dem Gaumen Wärme und Weichheit vermittelt. Bei jungen Weinen wird

die Ausgewogenheit durch die Tannine beeinträchtigt, deren Adstringenz und Bissigkeit die durch den Alkoholgehalt bedingten weichen Noten übertönen. Die Tanninstruktur ist andererseits ein wichtiger Faktor für den Erfolg dieser Weine. Alle großen Rotweine weisen relativ starke Tannine auf, aber wenige präsentieren sich so samtig, geschmeidig und reichhaltig wie gute Jahrgänge von Barolo und Barbaresco. Außerdem darf man nicht vergessen, dass der Tanningehalt sich direkt proportional zur Dauer der Mazeration, der Gärtemperatur und dem Alkoholgehalt verhält. Je höher diese Werte sind, desto mehr der harten, rauen Bestandteile der Tannine werden abgegeben, desto größer ist also der Anteil der Substanzen, die nicht leicht freizusetzen sind und doch für Langlebigkeit sorgen.
Man findet auch Barolo- und Barbaresco-Weine, bei denen der Alkohol überwiegt und die Wärme fast am Gaumen brennt, weil der Wein nicht ausreichend strukturiert ist.
In Zahlen ausgedrückt, kann sich der **Tanningehalt** auf drei Gramm pro Liter und mehr belaufen (wenig andere Rebsorten weisen eine derart hohe Nachhaltigkeit am Gaumen auf); der Säuregehalt beträgt insgesamt fünf bis 5,5 Promille (und damit etwas mehr als bei Weinen von Cabernet Sauvignon und etwas weniger als bei solchen von Sangiovese), der Alkoholgehalt liegt zwischen 13,5 und 14,5 Prozent (und damit ausgesprochen hoch), der Extraktanteil schwankt zwischen 26 und über 30 Gramm pro Liter (in diesem Bereich liegen auch viele andere erstklassige Weine; dieser Wert ist nur im Zusammenhang mit den vorangegangenen Faktoren relevant).
Das wichtigste Geschmacksmerkmal von Barolo und Barbaresco ist jedoch zweifellos die Nachhaltigkeit: die Tatsache, dass diese Weine besonders lange, das heißt mehrere Sekunden, für die Geschmacks- und Geruchsorgane wahrnehmbar bleiben.

Die Langlebigkeit

Beim Reden über Wein fällt oft der Begriff der Alterungsfähigkeit – manche sprechen lieber von der notwendigen Reifezeit in der Flasche. Gemeint ist damit die Fähigkeit eines Weins, sich mit der Zeit zu verbessern beziehungsweise sich ohne Beeinträchtigung der Geruchs- und Geschmackseigenschaften weiterzuentwickeln, ohne seinen ihm eigenen Charakter zu verlieren. In diesem Sinne erreichen Barolo und Barbaresco bis auf einige Ausnahmen nach zehn bis 30 Jahren ihren optimalen Reifegrad – vorausgesetzt, der Jahrgang ist gut, der Erzeuger versteht sein Metier und die Lagerräume sind geeignet. Wenn diese drei Voraussetzungen erfüllt sind, kann man die Lagerzeit durchaus auf 40 Jahre oder mehr ausdehnen und danach Weine genießen, die keineswegs überaltert schmecken, sondern im Gegenteil die Eigenheiten der Nebbiolo-Traube vollendet zur Geltung bringen. Natürlich kann auch ein junger Wein schon hervorragend schmecken, aber seine wirklichen Geruchs- und Geschmacksqualitäten entfalten sich erst nach einigen Jahren. Überdies brauchen die Tannine Zeit, um (durch die Polymerisation) runder zu werden und ihre Aggressivität zu verlieren.
Andererseits gibt es durchaus auch Barolo- und Barbaresco-Weine, die 40 und mehr Jahre nach der Ernte zwar noch in gutem Zustand sind, da sich aber durch die Oxidation die süßen Aromen verstärken und die Tannine spürbar abflachen, hat sich der Charakter dieser Weine doch deutlich verändert.
Bei besonders guten Jahrgängen werden diese allgemeinen Regeln außer Kraft gesetzt. So präsentieren sich Weine der Jahrgänge 1958 und 1961 (um nur zwei Beispiele zu nennen) auch heute noch außerordentlich harmonisch, geradezu vollkommen; allerdings ist das Entwicklungspotenzial dieser Weine jetzt wohl erschöpft, sie können sich nicht mehr weiter "verbessern". Auch der Jahrgang 1971 dürfte in den nächsten Jahrzehnten für einige angenehme Überraschungen gut sein. Natürlich kann man die Langlebigkeit dadurch erhöhen, dass man, wie dies einige Erzeuger bereits tun, bei den für sehr lange Lagerung vorgesehenen Flaschen alle 15 bis 20 Jahre die Korken erneuert.

Trinktemperatur, Dekantieren, Gläser

Die empfohlene **Trinktemperatur** für Barolo- und Barbaresco-Weine liegt zwischen 18 und 20 Grad; vor allem ältere Jahrgänge können aber auch etwas wärmer zu genießen sein, und umgekehrt gilt – besonders für junge Weine –, dass auch kühlere Temperaturen nicht abträglich sind. Eine zu hohe Temperatur verstärkt die Wahrnehmung des Alkohols zu Lasten der Tannine, während bei niedrigen Temperaturen Geruchs- und Geschmacksnoten weniger zur Geltung kommen und die Adstringenz stärker hervortritt.

Bei älteren Flaschen sollte man zum **Dekantieren** eine Karaffe verwenden, um zu verhindern, dass der möglicherweise vorhandene Bodensatz ins Glas gelangt oder sich wieder im Wein löst. Bei besonders reifen Weinen ist jedoch die Verwendung eines Dekantiergefäßes mit schmaler Öffnung angebracht, weil der plötzliche und ungehinderte Kontakt mit der Luft zu übermäßiger Oxidation und einem Verfall des Weins führen kann. Andererseits ist der Sauerstoffkontakt für die Wahrnehmung der Geruchs- und Geschmackseigenschaften bei Barolo und Barbaresco in jedem Fall unabdingbar, weshalb sich auch bei jungen Weinen das Umfüllen in Karaffen empfiehlt.

Das **Glas** muss Puristen zufolge tulpenförmig sein, das heißt relativ weit, nach oben hin verengt und am Rand leicht nach außen gewölbt. Unserer Ansicht nach ist die Form des Glases nicht derart entscheidend; viel wichtiger ist, dass das Glas beim Schwenken des Weins genug Raum bietet, damit sich das Bukett entfalten kann.

Barolo

DIE GEBURT DES BAROLO

Castiglione Falletto

Die Nebbiolo-Rebe wurde bereits vor 1000 Jahren erstmalig erwähnt; die Bezeichnung *Barol* (ohne das o am Ende) taucht dagegen erst im 18. Jahrhundert auf, und zwar in der Korrespondenz zwischen dem Londoner Botschafter des savoyischen Königshauses und englischen Kaufleuten. Zu dieser Zeit befand sich England im Krieg mit Frankreich und hatte daher französische Weine mit einem Importverbot belegt. Genua verlangte für den Transport und das Einschiffen piemontesischen Weins in seinem Hafen jedoch üppige Abgaben, und Nizza, der einzige Seehafen der Savoyer, lag zu weit weg und war über Land schlecht erreichbar. Die Gelegenheit, Barolo nach jenseits des Ärmelkanals auszuführen, blieb daher ungenutzt. Die eigentliche Geschichte des Barolo beginnt jedoch während des Ri-

sorgimento in den Kellern der Burg der Marchesi Falletti. Karl Albert, der König von Sardinien-Piemont, und Graf Camillo Cavour begründeten den Ruhm dieses Weins, da er auf ihren Gütern produziert wurde – sie tranken ihn nunmal auch selbst sehr gern. Seinen Namen verdankt der Barolo jedoch einer Frau: Giulietta Vitturnia Colbert di Maulévrier, die Gattin von Tancredi Falletti, bestand darauf, dass ihr Nebbiolo-Wein nach seinem Herkunftsort benannt werden müsse. Eine Anekdote veranschaulicht, wie beliebt der Barolo damals war: Um den Hof des Königs Karl Albert mit Wein zu versorgen, schickte die Marchesa eine lange Karawane von Ochsenkarren auf den Weg, von denen jeder mit einem länglichen, flachen 600-Liter-Fass Barolo beladen war. Die Anzahl der Karren entsprach Opera Pia Barolo zusammengeschlossen sind. Um deren wachsende Ausgaben zu finanzieren, wurden die Güter im 20. Jahrhundert Stück für Stück verkauft. Die Marchesa war auch mit Camillo Benso di Cavour befreundet, den sie scherzhaft le petit terrible Camille nannte. 1832 war der junge Camillo Benso vom König zum Bürgermeister von Grinzane ernannt worden, dem Ort, in dem die Familie Cavour 542 Piemonteser Tagwerk (über 200 Hektar) teils eigenes, teils gepachtetes Land bewirtschaftete und ihre Burg hatte. Als Verwalter seiner Güter ließ Graf Cavour die Weinberge neu anlegen und die Keller in Ordnung bringen. 14 Tagwerk wurden mit Pinot nero bepflanzt, weil Cavour ein großer Liebhaber der Burgunderweine war; ebenfalls aus Frankreich importierte er den Weinexperten

Serralunga

der Anzahl der Weingüter im Besitz der Familie – es sollen so viele gewesen sein, wie das Jahr Tage hat, abzüglich der 40 Tage für die Fastenzeit, denn die Marchesa war sehr katholisch, mithin 325 Karren. Angesichts des riesigen Besitzes der Falletti in Barolo, der sich von Vergne über die Hügel von La Morra, Castiglione Falletto und Serralunga bis nach Alba erstreckte, erscheint diese Zahl durchaus plausibel. Beim Tod ihres Mannes 1838 war die 53-jährige Giulietta die einzige Erbin dieser ausgedehnten Ländereien. Da sie keine Kinder hatte, gründete und unterhielt sie mit ihrem Geld eine Vielzahl wohltätiger Einrichtungen (Waisenhäuser und Erziehungsanstalten für junge Mädchen, Krankenhäuser und nicht zuletzt das Pensionat in Barolo), die heute in der gemeinnützigen Körperschaft Oudart, der ausgezeichnete "moderne", das heißt der Mode in Burgund entsprechende Weine kreierte. Daraufhin wandte sich die erzkatholische Marchesa Falletti an ihren Freund, den Liberalen und Frauenheld Cavour, um Oudarts Fachkenntnisse auch für ihre Weinberge und Keller nutzbar zu machen. So geschah es, dass mit Hilfe moderner Verfahren aus den traditionellen Nebbiolo-Trauben der Barolo entstand. Weil Karl Albert dem Barolo der Marchesa schon seit längerem unwiederbringlich verfallen war, beschloss der König, sich dem Weinbau und der Weinwissenschaft zu widmen, und zwar, wie es sich für einen König gehört, gleich in ganz großem Stil: Er erwarb die Burg in Verduno mit den dazugehörigen Gütern und dann die Burgen in Roddi und Santa Vittoria. Anfang der

Dreißigerjahre des 19. Jahrhunderts begann Karl Albert, die ausgedehnten Besitztümer (1800 Piemonteser Tagwerk, also etwa 685 Hektar) neu zu ordnen, die auch Flächen im Gemeindegebiet von Bra und insgesamt 14 Weingüter umfassten. Zwischen 1818 und 1843 ließ er in Pollenzo die so genannte Agenzia errichten, einen seinerzeit hochmodernen landwirtschaftlichen Gebäudekomplex. Die Burg wurde restauriert, eine Kirche gebaut, eine Eisenbrücke über den Tanaro gespannt, der Park mit den Befestigungsmauern wieder hergerichtet und die Keller in den Tuffstein gehauen. In dem Il Moscatello getauften Komplex produzierte man unter der Leitung des Generals (und Weinexperten) Paolo Francesco Staglieno hauptsächlich "Sciampagna". Karl Albert starb 1849; bereits 1865 zwei Medaillen ausgezeichnet: für einen Barolo des Jahrgangs 1869 und einen Barolo Secco des Jahrgangs 1871. Giovan Battista Burlotto aus Verduno erhält 1881 in Turin die Goldmedaille, die erste von insgesamt 32. In La Morra erzeugt der Apotheker und Bürgermeister Andrea Tarditi zusammen mit seinem Sohn Giuseppe neben Langhe-Weinen einen viel gelobten Wermut aus Barolo; die Weine von Luigi Calissano aus Alba treten bereits 1879 den Weg nach Frankreich an, um dann Anfang des 20. Jahrhunderts nach Südamerika und in die Vereinigten Staaten exportiert zu werden. In Barolo keltern Giacomo Borgogno und der berühmte Betrieb Barale e Rinaldi erfolgreiche Weine, während die Opera Pia sich weiter ihrem wohltätigen Werk widmet. In Serralunga macht Dottor Giuseppe

Grinzane Cavour

wurden seine Güter an die Gesellschaft Bosco e Compagnia verpachtet. 1867 wurde Il Moscatello an Francesco Cinzano verkauft. Aber Pollenzo blieb savoyisches Land, und Karl Alberts Sohn Viktor Emanuel II. kam oft hierher – wohl auch deshalb, weil in Fontanafredda *Bela Rosin* wohnte, Rosa Vercellana, mit der er später eine unstandesgemäße Ehe einging. Sein Sohn Emanuele, Graf von Mirafiore, und sein Enkel Gastone machten aus Fontanafredda einen großen Weinbetrieb und ließen 1878 die neue Kellerei bauen. Die Kunst der Weinbereitung war inzwischen kein Privileg der Adeligen mehr, sondern wurde ebenso erfolgreich von wohlhabenden Bürgern, Rechtsanwälten und Apothekern betrieben. So wird Matteo Fissore aus Bra auf der Ausstellung 1873 zum wiederholten Mal mit Cappellano mit seinem Barolo Chinato von sich reden, genauso wie das junge Mädchen Virginia Ferrero, genannt *Tota*. In Santa Maria di La Morra legt der Cavalier Luigi Parà mit Unterstützung des Direktors der neu gegründeten Weinschule in Alba, Professor Domizio Cavazza, einen Versuchsweinberg an, dessen Pflanzsystem nach ihm, Parà, benannt wird.

Die Geschichte der Jahrhundertwende ist von dem Engagement vieler, vieler *Barolisti* geprägt; zahlreiche andere folgen – trotz der Reblausplage, die die Weinberge ruiniert, und trotz der Wirtschaftskrise des Jahres 1929. Die meisten unter ihnen werden in den einzelnen Kapiteln unter der Rubrik *Große Namen der Vergangenheit* erwähnt, in der Kurzbiographien der Väter des heutigen Barolo zusammengestellt sind.

Die Produktionsbestimmungen

Barolo wurde per Erlass vom 1. Juli 1980 mit dem DOCG-Siegel ausgezeichnet, für das folgende Anforderungen gesetzlich vorgeschrieben sind:

- Als Rebsorte ist nur Nebbiolo in den drei Varianten Michet, Lampia und Rosé zugelassen.
- Die Trauben müssen aus dem Gebiet der Gemeinden Barolo, Castiglione Falletto, Serralunga d'Alba oder aus bestimmten Teilgebieten der Gemeinden Monforte d'Alba, Novello, La Morra, Verduno, Grinzane Cavour, Diano d'Alba, Cherasco und Roddi stammen.
- Innerhalb der oben genannten Gebiete sind nur die Lagen zugelassen, deren Ausrichtung und Bodenbeschaffenheit (vornehmlich Ton-Kalk-Böden) geeignet sind.
- Der Ertrag an Trauben darf maximal 80 Doppelzentner pro Hektar umfassen; die Menge des produzierten Weins darf nach der vorgeschriebenen Reifezeit 65 Prozent des Traubengewichts nicht überschreiten.
- Der Wein muss im Herkunftsgebiet der Trauben gekeltert und abgefüllt werden; Ausnahmen gelten für Betriebe, die in den Provinzen Cuneo, Asti und Alessandria bereits Barolo erzeugt haben.
- Der natürliche Alkoholgehalt muss mindestens 12,5 Prozent, der Alkoholgehalt des abgefüllten Weins mindestens 13 Prozent, der Säuregehalt mindestens fünf Gramm pro Liter und das Trockenextraktgewicht mindestens 23 Gramm pro Liter betragen.
- Der Wein muss nach dem 1. Januar des Erntefolgejahres mindestens drei Jahre (Barolo Riserva mindestens fünf Jahre) altern.
- Es darf maximal 15 Prozent jüngerer oder älterer Barolo zugesetzt werden.

Gemeinde	Eingetragene Betriebe	Rebfläche (ha)	Zulässige Traubenproduktion (DZ)	Zulässige Weinproduktion (hl)	Anteil am DOCG-Bereich
Barolo	90	163,6465	12.993,15	9.095,21	13,10%
Castiglione Falletto	55	126,9446	10.118,61	7.083,03	10,16%
Cherasco	1	1,8500	148,00	103,60	0,15%
Diano d'Alba	8	22,5905	1.773,88	1.241,72	1,81%
Grinzane Cavour	31	23,6143	1.889,14	1.322,40	1,89%
La Morra	227	383,6390	30.411,69	21.288,18	30,70%
Monforte d'Alba	122	208,3518	16.383,51	11.468,46	16,67%
Novello	44	52,3005	4.159,08	2.911,36	4,19%
Roddi	17	11,6460	931,68	652,18	0,93%
Serralunga d'Alba	98	200,9548	15.969,60	11.178,72	16,08%
Verduno	57	54,0911	4.327,29	3.029,10	4,33%
GESAMT	750	1.249,6291	99.105,63	69.373,94	100,00%

Eckdaten der Produktion in den Gemeinden des Barolo-Gebiets (Stand: 1998)

Im Verzeichnis der Erzeuger, die Nebbiolo für Barolo verarbeiten, waren 1998 750 Kellereibetriebe mit einer Rebfläche von insgesamt 1250 Hektar (durchschnittlich 1,67 Hektar pro Betrieb) eingetragen; im gleichen Jahr wurden 99 105 Doppelzentner Trauben geerntet und 69 374 Hektoliter Wein erzeugt. 1998 wird sich die Barolo-Produktion schätzungsweise auf 7 612 933 Flaschen belaufen (gegenüber 6 665 467 im Jahr 1994, 5 027 867 im Jahr 1995, 6 192 267 im Jahr 1996 und 7 361 600 im Jahr 1997).

Jahr	Im Verzeichnis eingetragene Rebfläche (ha)	Tatsächliche Produktion (Flaschen)	Ertrag an Wein (hl/ha)
1967	644,79	4.353.600	50,64
1968	644,79	4.052.933	47,14
1969	688,96	4.341.600	47,26
1970	780,09	5.280.000	50,76
1971	868,17	5.595.200	48,34
1972	981,34	0	-
1973	1.016,29	6.642.800	49,02
1974	1.061,21	6.962.800	49,21
1975	1.076,48	5.035.333	35,08
1976	1.065,44	3.799.467	26,75
1977	1.092,75	3.969.867	27,25
1978	1.112,62	4.223.467	28,47
1979	1.113,29	7.092.400	47,78
1980	1.111,70	7.238.933	48,84
1981	1.195,74	6.233.867	39,10
1982	1.183,43	7.479.467	47,40
1983	1.307,02	7.476.533	42,90
1984	1.247,70	4.310.400	25,91
1985	1.256,04	7.260.533	43,35
1986	1.208,03	3.710.933	23,04
1987	1.181,17	6.317.600	40,11
1988	1.178,69	6.710.533	42,70
1989	1.166,15	5.050.400	32,48
1990	1.163,54	6.110.667	39,39
1991	1.175,63	6.836.933	43,62
1992	1.169,37	6.544.533	41,97
1993	1.178,63	6.408.000	40,78
1994	1.189,62	6.665.467	42,02
1995	1.184,93	5.027.867	31,82
1996	1.238,73	6.192.267	37,49
1997	1.253,60	7.361.600	44,04
1998	1.249,63	7.612.933	45,69

Die Rebfläche des Barolo-Gebiets

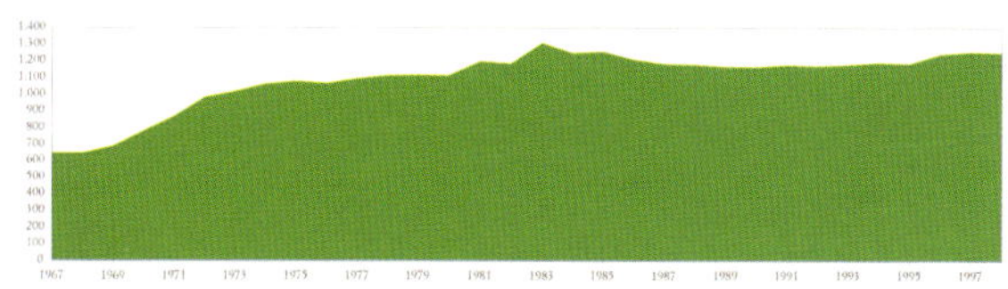

Die Barolo-Produktion

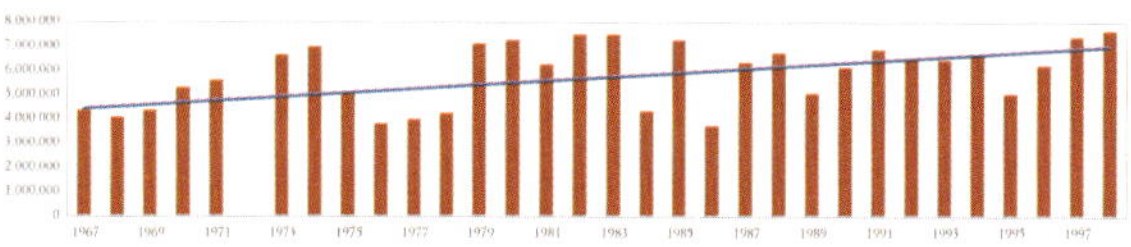

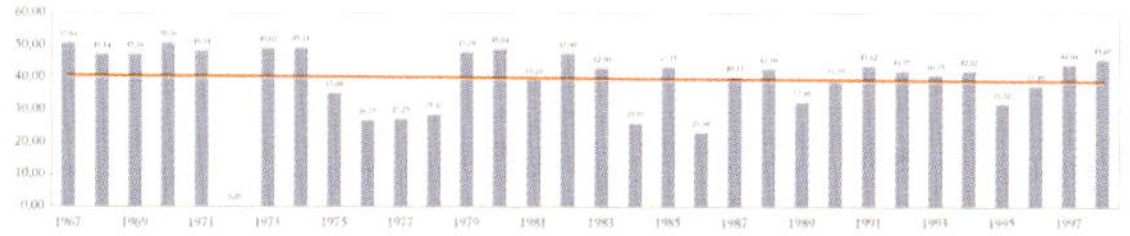

Anteile der Gemeinden am DOCG-Bereich Barolo

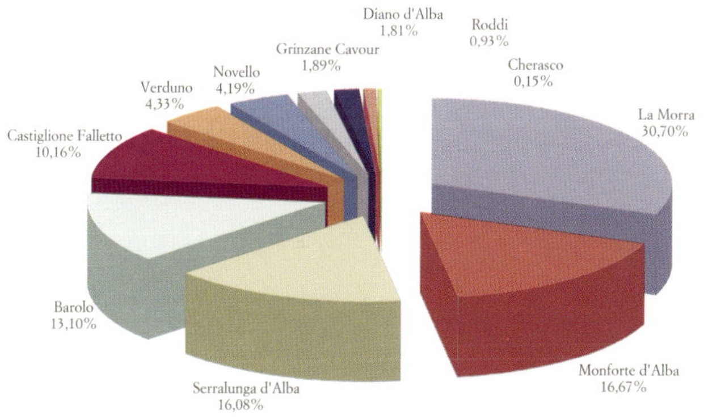

BAROLO

Barolo

Inmitten eines weiten, ganz vom Weinbau beherrschten Beckens liegt der Ort Barolo, der dem wohl berühmtesten Wein Italiens seinen Namen gegeben hat. Hier, genauer gesagt an den Hängen des Weingartens Cannubi, stand die Wiege jenes großartigen Gewächses, das alsbald die Welt erobern sollte. Der Name Barolo geht auf den keltischen Ausdruck *bas reul* zurück, was so viel wie "niedrig gelegener Ort" bedeutet. Auf eine Besiedlung in frühgeschichtlicher Zeit deuten auch zahlreiche neolithische Gebrauchsgegenstände und Faustkeile hin, die in der nahe gelegenen Senke Conca della Fava gefunden wurden.

Im Unterschied zu den meisten umliegenden Ortschaften kann sich Barolo keiner stolzen Lage auf einer Hügelspitze oder einem Bergrücken rühmen. Es befindet sich auf einer Art Hochebene, umgeben von mächtigeren Erhebungen. So kommt es, dass Barolo mit seiner Burg erst im letzten Moment sichtbar wird, wenn man von Alba aus über die alte Landstraße auf den Ort zusteuert. Reist man hingegen von Novello oder La Morra aus an, so stößt man zunächst auf die Kapelle San Pietro delle Viole und gleich darauf auf die finstere Burgruine des Castello della Volta im Ortsteil Vergne. Schaurige Geschichten ranken sich um dieses von den Jahrhunderten gezeichnete und doch unverwüstliche Bauwerk: So weiß der Volksmund zu berichten, dass sich allnächtlich düstere Gestalten in der Ruine versammeln, Totengeister unglückseliger Menschen, die hier einst ein orgiastisches Fest gefeiert hätten, zur Strafe aber vom Erdboden verschluckt worden wären. Lediglich einer habe entkommen können, ein Spross des Hauses Falletti, der dem munteren Treiben beim *bal dij patanu,* dem "Ball der Nackten", nur zugeschaut habe. Doch die finstere Mär hat private Investoren jüngst nicht davon abhalten können, den Versuch einer Restaurierung der Ruine zu wagen. In der gut erhaltenen Burg von Barolo hingegen braucht man

keine Angst vor Gespenstern zu haben. Das Bauwerk geht auf das 10. Jahrhundert zurück, als Berengar I., König der Provence, seinen Vasallen das Recht zubilligte, zum Schutz gegen die Sarazenen Wehrtürme und andere Festungsanlagen zu errichten. Im Jahr 1250 wurde die Burg von den Falletti erworben, einflussreichen Kaufleuten aus Alba, die es im 17. Jahrhundert mit Girolamo III. zunächst zur Grafen-, dann im 18. Jahrhundert mit Girolamo IV. zur Markgrafenwürde brachten. Die letzten Vertreter dieser Dynastie waren Carlo Tancredi, der zweimal zum Bürgermeister von Turin gewählt wurde, sowie seine Gattin, die berühmte Giulia Colbert di Maulévrier, Vorkämpferin einer legendären Generation von *Barolisti*, die dem örtlichen Wein erst zu seinem Ruhm verhalfen und dem Dorf damit ein Vermögen bescherten. Zu ihnen gehörten die Borgogni, die Rinaldi, die Mascarello und die Pira, um nur einige Namen zu nennen.

Die 1971 in Gemeindebesitz übergegangene Burg ist heute ein Muss für jeden Touristen, der nach Barolo kommt. Ihr heutiges Erscheinungsbild spiegelt die Veränderungen wider, die das Bauwerk im Verlauf seiner jahrhundertealten Geschichte durchlebt hat: Zu reinen Verteidigungszwecken erbaut, wurde es später in einen fürstlichen Landsitz umgewandelt, um schließlich einem religiösen Orden als Refugium zu dienen. Heute beherbergen die Kellerräume, in denen die Markgräfin Giulia einst feierlich die "Könige des Weins" kürte, die Enoteca Regionale del Barolo. Auf dem Platz vor der Burg ist die Pfarrkirche San Donato, einst Privatkapelle der Falletti, eine Besichtigung wert. Mit seinen geringen Ausmaßen nimmt sich das Gebäude neben den gewaltigen Burgmauern recht bescheiden aus. Unterhalb des Presbyteriums befinden sich die Grabmäler der Fallettis, die vom ausgehenden 16. Jahrhundert bis zum Erlöschen der Dynastie hier bestattet wurden.

Die Weinberge

Der Ort Barolo, historisches Zentrum des berühmten Anbaugebiets und Sitz der Enoteca Regionale, repräsentiert sämtliche Gemeinden, die Anteil am festgelegten DOCG-Bereich haben. Innerhalb des Gemeindegebiets von Barolo genießt der ruhmreiche Weingarten Cannubi eine unangefochtene Spitzenstellung. Sie ist nicht nur durch sein historisches Prestige bedingt, sondern auch dadurch, dass andere berühmte Weinberge wie Brunate oder Cerequio größtenteils schon zu La Morra gehören. Außerdem ist zu bedenken, dass viele Weinerzeuger der Gemeinde Barolo, allen voran die Borgogno und die Bartolo Mascarello, traditionsgemäß auf eine Assemblage von Trauben verschiedener Weinberge anstatt auf Einzellagenweine setzen.
Das Tal von Cannubi wird von zwei Hügelketten flankiert, die mit bedeutenden Weingärten bedeckt sind: Auf der Seite, die in Richtung Monforte weist, handelt es sich um die Lagen Castellero, Zuncai und Monrobiolo, an der Grenze nach La Morra (und bis in diese Gemeinde hineinreichend) finden sich die exzellenten Weinberge Brunate, Cerequio und Sarmassa.
Die hiesigen Böden fördern die Produktion

DOC und DOCG	Rebfläche in Hektar	Anteil an der Gesamtrebfläche der Gemeinde	Anteil am DOC-Bereich
Barolo	**163,6455**	**62,13%**	**13,10%**
Dolcetto d'Alba	55,7750	21,18%	2,98%
Barbera d'Alba	35,2471	13,38%	2,04%
Langhe Chardonnay	4,7867	1,82%	1,87%
Weitere DOC-Weine	3,9300	1,49%	
GESAMT	263,3843	100,00%	
Weitere DOC-Weine			
Langhe Rosso	0,7800	0,30%	1,11%
Langhe Nebbiolo	0,6300	0,24%	2,52%
Langhe Freisa	1,9900	0,76%	3,32%
Langhe Bianco	0,5300	0,20%	1,99%
Piemonte Grignolino	0	0%	0%

von Weinen, in denen sich das feine Aroma der Gewächse von La Morra mit dem wuchtigen Körper derer von Castiglione Falletto und Monforte paart. Die Weinberge Bricco delle Viole und Fossati im Osten der Gemeinde sind mit 400 Metern recht hoch gelegen – die von dort stammenden Gewächse können folglich eher durch ihr feines Aroma als durch ihre Struktur überzeugen.
Die Mehrzahl der eben genannten Namen ist einem Weinliebhaber sicherlich längst geläufig. Mit der nun folgenden eingehenden Beschreibung der Geographie der einzelnen Weinberge möchte dieser Atlas seinen Beitrag dazu leisten, einen kultivierten Weintourismus zu fördern, der sich durch Kenntnis, Aufmerksamkeit und Neugier auszeichnet.

Die Weinproduktion im Überblick

90 Erzeuger, die auf insgesamt 164 Hektar jährlich 9095 Hektoliter Wein produzieren; dies entspricht 13 Prozent der Produktion des gesamten Barolo-Gebiets.

DIE WEINBERGE

BRICCO VIOLE
BRUNATE
CANNUBI
CASTELLERO
CEREQUIO
FOSSATI
LE COSTE
LISTE
MONGHISOLFO ODER CANNUBI BOSCHIS
MONROBIOLO ODER BUSSIA DI BAROLO
MUSCATEL ODER CANNUBI MUSCATEL
PAIAGALLO
PREDA
SAN LORENZO ODER CANNUBI SAN LORENZO
SAN SEBASTIANO
SARMASSA
VALLETTA ODER CANNUBI VALLETTA
VIA NUOVA
VIGNANE
ZUNCAI

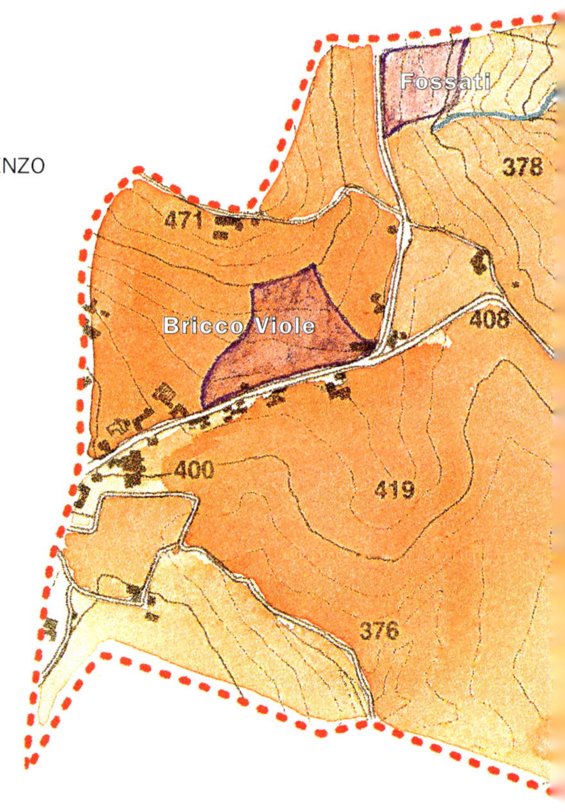

BAROLO-GEBIET

BEDEUTENDE LAGEN

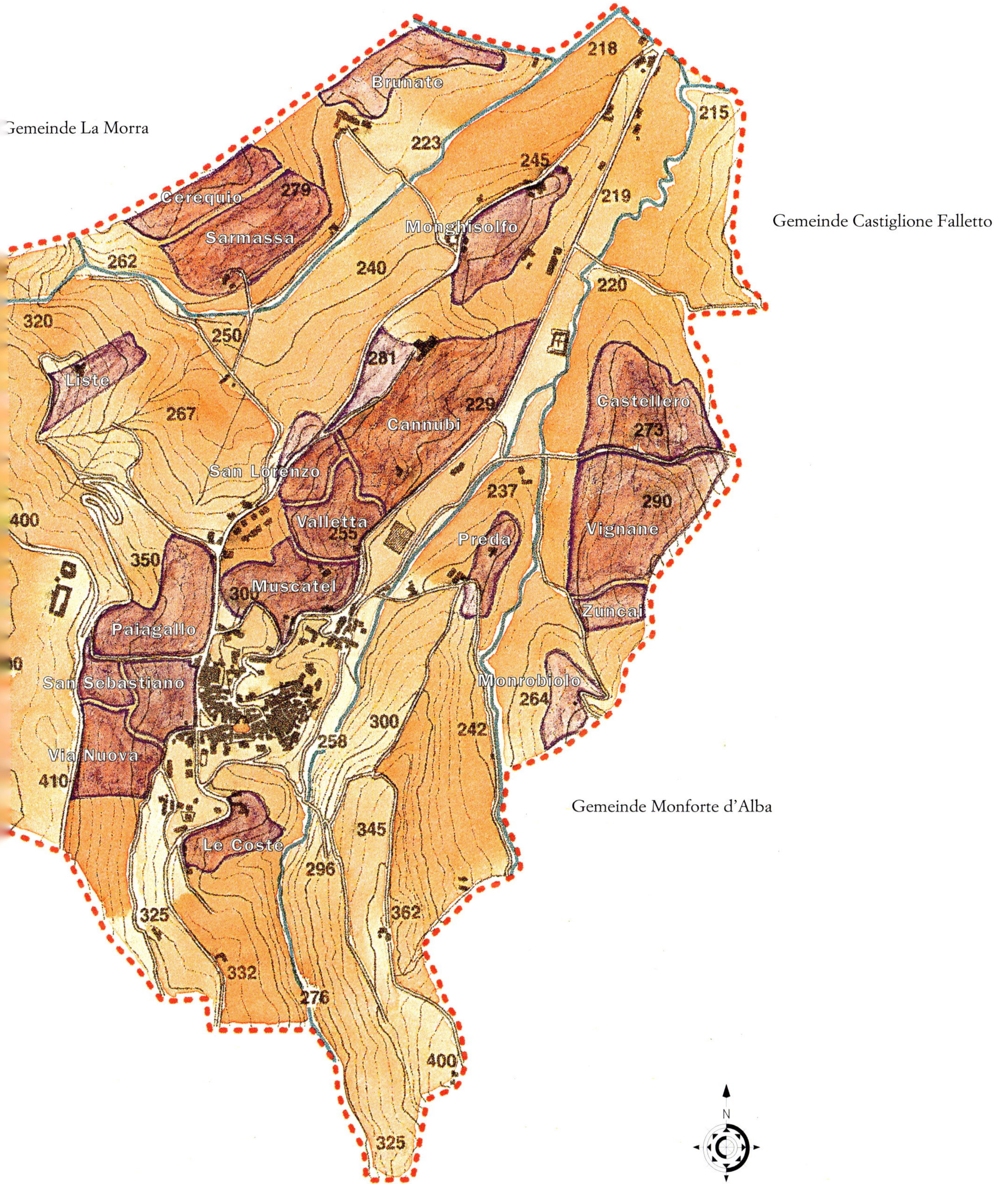
Gemeinde La Morra
Brunate
Cerequio
Sarmassa
Monghisolfo
Gemeinde Castiglione Falletto
Liste
Cannubi
Castellero
San Lorenzo
Valletta
Vignane
Preda
Muscatel
Zuncai
Paiagallo
San Sebastiano
Monrobiolo
Via Nuova
Le Coste
Gemeinde Monforte d'Alba

Bricco Viole

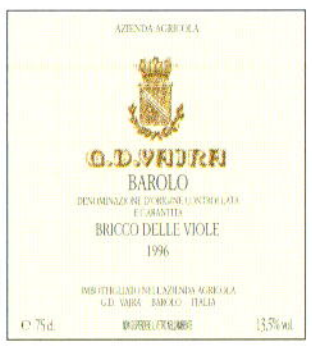

Der Name dieses im Gemeindeteil Vergne gelegenen Weingartens rührt daher, dass hier die ersten Frühlingsveilchen (italienisch *viola*) der Gegend blühen. Auch in der Welt der Düfte des Barolo ist ja oft von Veilchen die Rede. Die Hänge des recht großen Weinbergs Bricco Viole weisen zumeist in südliche Richtung, wobei wir die tieferen Lagen für die besten halten, da sie besser vor den kalten Bergwinden geschützt sind. Die Anbauflächen, gut sichtbar von der Straße aus, die von Vergne aus nach La Morra führt, befinden sich im Besitz mehrerer Kellereien, die bereits manch beachtlichen Wein von dieser Lage bereitet haben.

Die wichtigsten Weine

*Barolo Bricco delle Viole – G. D. Vajra, Barolo

*Barolo Bricco delle Viole – Giovanni Viberti, Barolo

Brunate, Cerequio, Fossati

Drei Anbaugebiete, die teilweise zum Gemeindebezirk von La Morra gehören: Brunate und Cerequio im unteren Hügelbereich, Fossati entlang der Provinzstraße von Vergne nach La Morra. Wir verweisen daher auf die entsprechenden Beschreibungen im Kapitel über La Morra, möchten aber auch an dieser Stelle die herausragende Bedeutung der Weinberge Brunate (oder Brinate) und Cerequio hervorheben, die zweifellos zu den besten Crus des gesamten Barolo-Gebiets gehören.

Die wichtigsten Weine

*Barolo Crus Vigneti Brunate – Francesco Borgogno, Barolo

*Barolo Brunate – Marchesi di Barolo

*Barolo Vigneto La Brunata – Francesco Rinaldi & Figli, Alba

*Barolo Brunate-Le Coste – Giuseppe Rinaldi, Barolo

Cannubi

Das älteste Exemplar eines Weins aus den Langhe befindet sich im Besitz der Familie Manzone in Bra und trägt die Aufschrift "CANNUBI 1752". Die kostbare Flasche beweist, dass der Weingarten Cannubi, auch Canubbio oder Cannubio genannt, schon vor dem großen Siegeszug des Barolo höchstes Ansehen genoss. Die Reputation dieses Anbaugebiets hat nie in irgendeiner Weise Schaden genommen, im Gegenteil: Immer schon hat es die Kellereien der Umgebung mit größtem Stolz erfüllt, wenn sie einen Cannubi vorweisen konnten, sei es, indem sie Rebgut von dort einkauften, sei es – besser noch –, indem sie selbst eine Parzelle darin besaßen. Mitunter geschah es sogar, dass Weine anderer Herkunft mit dem Namen Cannubi versehen wurden – ein Etikettenschwindel, von dem sich manch einer das große Geschäft versprach. Weit verbreitet war es hingegen bei den kleinen Winzern, Cannubi-Trauben mit solchen zu vermischen, die von weniger renommierten Anbauflächen stammten. Über derartige Assemblagen liegen zahlreiche Zeugnisse vor: "Pira [ein 1980 verstorbener hoch angesehener Winzer] hat immer Trauben von Cannubi und Vignane zusammengemischt, weil der Cannubi früher weich wird und Duft entwickelt; aber der Vignane reift nie aus, der bleibt immer unreif." (Natale Ronzano, genannt *Talin*) – "Einmal hat die alteingesessene Familie Donati Trauben von Le Coste zum Cannubi gemischt, weil der Wein von Cannubi dadurch besser wird, besonders in trockenen Jahren." (Donato Camerano) – "In trockenen Jahren muss der Cannubi mit Trauben von woanders her vermischt werden, er hat sonst kaum Mostgewicht, ihm fehlt was. Regnet es dagegen, wird das der beste Wein, den man sich vorstellen kann." (Bruno Boschis)

Wir wären aber schlechte Chronisten, würden wir nicht noch einmal mit allem Nachdruck darauf verweisen, dass die Vorrangstellung des Weingartens Cannubi stets über jeden Zweifel erhaben war. Immer schon waren die hier gelesenen Trauben die teuersten, und die Erfahrung aus zahllosen Jahrgängen beweist, dass es auch die besten sind: "Cannubi wird immer gut; vielleicht gibt es mengenmäßig einmal ein schlechtes Jahr, aber nie, wenn es um Qualität geht." (Natale Ronzano)

Herrscht über die Vorrangstellung des Weingartens Cannubi also weitgehend Übereinstimmung, so wird man beim Versuch, seine Grenzen exakt zu bestimmen, durchaus mit unterschiedlichen Auffassungen konfrontiert. Wahrscheinlich hat gerade die Berühmtheit des Namens mit der Zeit dazu geführt, dass die Grenzen des Gebiets immer weiter gezogen wurden und mittlerweile nicht mehr mit denen des ursprünglichen Kernbereichs übereinstimmen. Alle von uns befragten Winzer waren sich darin einig, dass der eigentliche Weinberg Cannubi vom Gut Viganò bis zur ehemaligen Parzelle Canonica oberhalb des Friedhofs reicht. So haben wir es auch getreu in unsere Karte übernommen.

Doch, wie gesagt, hat sich daneben seit geraumer Zeit eine großzügigere Verwendung der Bezeichnung Cannubi eingebürgert: So gebrauchte Lorenzo Fantini bereits vor über 100 Jahren in seiner prächtigen *Monografia sulla viticoltura ed enologia nella provincia di Cuneo* für den Weinberg Monghisolfo auch den Namen Cannubi Boschis; und Renato Ratti ließ die Bezeichnung Cannubi schon im Jahr 1972 für den traditionellen Muscatel-Bereich gelten, um sie später sogar auf das gesamte historische Weinbaugebiet zu übertragen, das die von Muscatel bis nach Monghisolfo reichende Hügelkette umfasst. Mögen die Meinungen über die Grenzziehung des Bereichs Cannubi also recht unterschiedlich sein, so bleibt doch festzuhalten, dass in einem wichtigen Punkt vollkommene Übereinstimmung herrscht: darin nämlich, dass sich die Reben sämtlicher Weinberge, die sich mit dem Namen Cannubi schmücken, durch eine herausragende Qualität auszeichnen. Ob das Lesegut nun von Muscatel, Valletta, San Lorenzo, Cannubi oder Monghisolfo stammt, es gilt grundsätzlich als gleichwertig, selbst wenn es innerhalb der genannten Weingärten auch Flächen geben mag, die aufgrund ihrer speziellen Lage weniger begünstigt sind. "Früher haben die Höfe den Talgrund von Cannubi oder Valletta vorwiegend als Weideland oder für den Anbau von Mais verwendet, später gab es

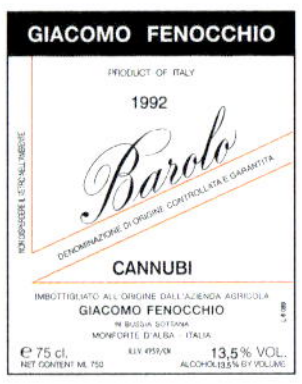

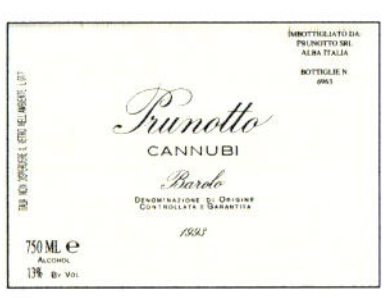

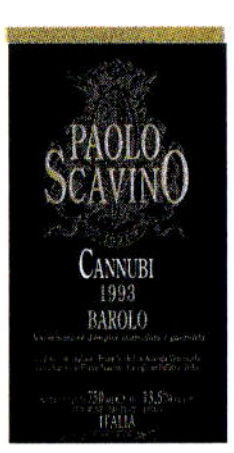

ein paar Pfirsichgärten, und dann wurde bis in die Talsohle Nebbiolo gepflanzt. Da unten, also auf den untersten 50 oder 60 Metern, reifen die Trauben in normalen Jahren nicht so gut", so Bruno Boschis, genannt *Brunone*, ein allseits als großer Kenner des Barolo-Gebiets anerkannter Winzer, der seit über 60 Jahren im Weinberg steht. Seine interessante Aussage zeigt, wie sich in diesem Teil der Langa die Art der Bodennutzung fortwährend wandelte. Heute werden in den tiefen Lagen des Cannubi-Tals, die fast eben verlaufen, teilweise Barbera-Reben angebaut.

Wenden wir uns aber wieder der schwierigen Frage zu, wie der Weingarten Cannubi nun eigentlich abzugrenzen ist: Der Umstand, dass hierüber zwei völlig unterschiedliche Auffassungen bestehen – zum einen eine durch die Tradition begründete Sichtweise, die das Anbaugebiet strikt begrenzt wissen will, zum anderen eine großzügigere Auslegung, die von der Qualität der Trauben ausgehend eher auf kommerzielle Erwägungen ausgerichtet ist –, stiftet ein wenig Verwirrung. Einige Kellereien bereiten aus Trauben der Weinberge Monghisolfo oder Muscatel Weine, die sie unter Berufung auf Renato Rattis Klassifizierung mit der Aufschrift Barolo Cannubi versehen; andere bezeichnen den Monghisolfo mit gutem Recht als Cannubi Boschis, und wieder andere verwenden den Namen Cannubi für Gewächse, bei denen Trauben dieser Lage mit solchen aus anderen Gebieten verschnitten wurden.

Wie auch immer man dazu stehen mag, die meisten der von uns befragten Winzer stimmen darin überein, dass der Weingarten Cannubi in jenem Streifen anzusiedeln ist, der zwischen den beiden Gehöften Ferrere und Viganò liegt; auf der einen Seite wird er durch die Staatsstraße Alba–Barolo, auf der anderen durch die Straße nach Crosia begrenzt. Als die besten Lagen gelten diejenigen, die dem Friedhof zugewandt sind. Es sei aber nochmals betont, dass auch aus den Trauben der anderen Gebiete, die sich nur dank eines weiter gefassten Verständnisses der Bezeichnung Cannubi diesem Weingarten zugehörig fühlen dürfen, erstklassige Tropfen bereitet werden. Und man kann es natürlich auch positiv sehen: Wie nirgendwo sonst in Italien hat es hier der klangvolle Name eines nur rund 40 Piemonteser Tagwerk (15 Hektar) großen Weinbergs vermocht, auch der Produktion in den umliegenden Anbauzonen Flügel zu verleihen.

Die wichtigsten Weine

*Barolo Cannubi – Fratelli Serio e Battista Borgogno, Barolo
*Barolo Cannubi – Giacomo Brezza & Figli, Barolo
*Barolo Vigneto Cannubi – Commendator G.B. Burlotto, Verduno
*Barolo Cannubi – Michele Chiarlo, Calamandrana
*Barolo Cannubi – Guido Damilano, Barolo
*Barolo nei Cannubi – Poderi Luigi Einaudi, Dogliani
*Barolo Cannubi – Giacomo Fenocchio, Monforte d'Alba
*Barolo Cannubi – Marchesi di Barolo
*Barolo Cannubi – E. Pira & Figli (Chiara Boschis), Barolo
*Barolo Cannubi – Prunotto, Alba
*Barolo Vigneto Cannubbio – Francesco Rinaldi & Figli, Alba
*Barolo Cannubi – Paolo Scavino, Castiglione Falletto
*Barolo Vigneti in Cannubi – Tenuta Carretta, Piobesi d'Alba

Cannubi

Castellero

Dieser im Nordosten des Ortes Barolo gelegene Weingarten schmückt den ersten Hügel eines Höhenzugs, der sich bis nach Castiglione Falletto erstreckt.

Die 15 Piemonteser Tagwerk (knapp sechs Hektar) große Anbaufläche ist einheitlich nach Westen ausgerichtet. Stellt der Höhenkamm nach oben hin eine natürliche Grenze dar, so gehen die unteren Lagen in fast ebenes Gelände über, in dem vorwiegend Chardonnay und Pinot nero gedeihen. Unmittelbarer Nachbar und nur durch einen Feldweg getrennt ist der Rebgarten Vignane, der gewissermaßen als die Fortsetzung von Castellero betrachtet werden darf.

Auch die Trauben von Castellero wurden früher recht häufig mit Rebgut anderer Herkunft verschnitten: “Ich weiß noch, dass zu Zeiten der Cantina Sociale diese Trauben immer wieder mit solchen von woanders her vermischt wurden, aus Gegenden, die weniger lehmhaltige Böden hatten.” (Baldo Demagistris)

Die wichtigsten Weine

*Barolo Castellero – Barale Fratelli, Barolo

*Barolo Castellero – Giacomo Brezza & Figli, Barolo

Le Coste

Die Nebbiolo-Trauben, die zwischen dem Haus von Battista Rinaldi und der Straße nach Rivassi gedeihen, galten schon immer als die besten. Das bestätigte uns Bruno Boschis. Hierfür sind mehrere Faktoren verantwortlich: zum einen die sonnenbeschienenen Hänge, die geradewegs nach Süden ausgerichtet sind, zum anderen die erstklassigen Böden, die denen von Cannubi recht ähneln. Die Anbaufläche umfasst nur knapp zehn Piemonteser Tagwerk (vier Hektar) und liegt in einer Höhe, die maximal 300 Meter erreicht. Ein stattliches Gutshaus aus dem frühen 20. Jahrhundert, das sich über dem Weingarten erhebt, beherbergt die Kellerei des Giuseppe Rinaldi. Wie bereits erwähnt, pflegte die Winzerfamilie Donati früher ihre im Gebiet von Le Coste gelesenen Nebbiolo-Trauben mit solchen aus Cannubi zu vermischen. Diese Art der Weinbereitung war im ausgehenden 19. Jahrhundert offenbar gang und gäbe, sodass Lorenzo Fantini in seiner *Monografia sulla viticoltura ed enologia nella provincia di Cuneo* die Bezeichnung "Cannubio-Le Coste" verwendete.

Die wichtigsten Weine

*Barolo Le Coste – Giacomo Grimaldi, Barolo

Liste

Von der kurvenreichen Provinzstraße Alba–Narzole, die sich vom Castello della Volta herabwindet, kann man den knapp zehn Tagwerk (vier Hektar) großen, nach Osten ausgerichteten Weingarten Liste unterhalb der Strada Vicinale del Pascolo gut sehen. Die Winzer sind sich darin einig, dass die besten Rebflächen unterhalb des Guts Borgogno liegen. Die Lagen hingegen, die sich oberhalb davon oder gar in Waldesnähe befinden, scheinen dagegen recht kühl und feucht zu sein, wie Natale Ronzano zu berichten weiß: "Überall nur Löcher! Dem Boden fehlt es an Festigkeit, vielleicht gibt es hier einen unterirdischen Wasserlauf!"

Die wichtigsten Weine

*Barolo Liste – Giacomo Borgogno & Figli, Barolo

Monghisolfo (oder Cannubi Boschis)

Es ist hinlänglich bekannt, dass sich der Name eines Landstrichs häufig von dessen ehemaligen Besitzern herleitet. Der Weingarten Monghisolfo etwa war ursprünglich Eigentum des Geschlechts Ghisolfo; später wechselte er in den Besitz der Familie Boschis, denen das gleichnamige Gut (heute trägt es den Namen Rinaldi) gehörte. So erklärt sich, warum für das renommierte, fast sieben Hektar große Gebiet zwei verschiedene Bezeichnungen gebräuchlich sind. Mit seinen nach Süden und Südosten weisenden Hängen reicht der Weingarten Monghisolfo bis an die Straße nach Crosia; des Weiteren grenzt er an den Weinberg Vezza, der mit seiner weniger günstigen Exposition zu Cannubi überleitet. Die Bezeichnung Cannubio Boschis begegnet uns schon in der bereits erwähnten Monographie Lorenzo Fantinis über die Weinkultur der Provinz Cuneo: In dieser wertvollen Schrift, die gegen Ende des 19. Jahrhunderts verfasst wurde, werden gleich vier Gebiete unterschieden, die für sich den Namen Canubbio in Anspruch nehmen. Renato Ratti dagegen klassifizierte im Jahr 1972 den Weinberg Cannubi Boschis als Unterbereich, der sich durch besondere Qualitätsmerkmale auszeichnet. Inmitten des Anbaugebiets befindet sich die Kellerei Rinaldi, auch bekannt als *l'Palas*, der Palast.

DIE WICHTIGSTEN WEINE

*Barolo Cannubi Boschis – Sandrone, Barolo

Monrobiolo (oder Bussia di Barolo)

Dieser Lagenname scheint schon recht alt zu sein, doch gesellte sich ihm mit den Jahren die Bezeichnung Bussia di Barolo hinzu, da direkt oberhalb der schon zur Gemeinde Monforte gehörende Weinberg Bussia Soprana liegt, der Monrobiolo weitgehend ähnelt.

Die Lage eignet sich nur zu einem Teil für den Anbau von Nebbiolo-Reben, die ja bekanntlich viel Sonne benötigen. Diese aber finden sie in ausreichendem Maße nur auf den höchstens vier Hektar umfassenden Hanglagen, die nach Südwesten ausgerichtet sind.

Auf den übrigen Flächen gedeiht zumeist Dolcetto; die Böden bestehen abwechselnd aus dunklem Lehm oder weißlichem, krümeligerem Mergel.

DIE WICHTIGSTEN WEINE

*Barolo Bussia – Sylla Sebaste, Barolo

Muscatel (oder Cannubi Muscatel)

Der Weinberg Muscatel liegt auf den ersten Erhebungen jener Hügelkette, die bis nach Monghisolfo reicht und sich zu Recht als das "vornehme Herz" des Barolo-Gebiets bezeichnet – auch wenn die eine oder andere Bausünde begangen wurde. Die fünf Hektar Rebland, auf dem auch ein Haus namens Gancia steht, weisen eine südliche bis südöstliche Exposition auf und grenzen unmittelbar an den Weingarten Valletta. Die Böden von Muscatel sind im Vergleich zu denen der umliegenden Gebiete etwas kompakter und nährstoffreicher, und so zeichnen sich die auf ihnen gedeihenden Trauben durch eine ganz hervorragende Qualität aus. Für den Namen des Weinbergs gibt es unterschiedliche Erklärungen: Mal heißt es, dass hier in den Zeiten vor der Reblauskatastrophe die Muskateller-Rebe recht verbreitet war, mal wieder, dass diese Sorte als Unterlagsrebe für Nebbiolo-Trauben Verwendung fand. Die Bezeichnung "Cannubi Muscatel" jedenfalls, die heute zahlreiche Etiketten ziert, wurde in den Siebzigerjahren von Renato Ratti eingeführt. Der Weinberg befindet sich zu einem großen Teil im Besitz der Kellerei Marchesi di Barolo.

Paiagallo

Der Weingarten Paiagallo – beziehungsweise Peiragallo oder Pelagallo – erstreckt sich über ein rund 20 Piemonteser Tagwerk (knapp acht Hektar) großes, 300 bis 400 Meter hoch gelegenes Gebiet. Nach oben hin wird er durch die Provinzstraße Novello–Barolo begrenzt, nach unten durch die Straße von Barolo nach Monforte. Im Norden stößt er an einen Landstrich namens Drucà (was im Dialekt so viel wie "Gefallener" heißt, und tatsächlich befand sich hier einst ein Friedhof), im Süden schließen die Weingärten San Sebastiano und Via Nuova an. Die Hänge weisen in Höhe des Gehöfts Mirafiore nach Osten, wenden sich dann mehr in südöstliche und südliche Richtungen, um jenseits des steilen, mitten durch den Weingarten führenden Sträßchens nach Paiagallo wieder nach Osten zu schwenken. Im Schutz eines kleinen Abhangs gelegen, von dem aus sich im Übrigen die Bassa Langa wunderbar überblicken lässt, erfreuen sich die Lagen von Paiagallo eines recht günstigen Mikroklimas.

DIE WICHTIGSTEN WEINE

*Barolo La Villa Paiagallo – Fontanafredda, Serralunga

Preda

Dieser Weingarten liegt mit seinen durchgehend nach Südosten ausgerichteten Hängen gegenüber den Lagen Vignane und Zuncai, unterscheidet sich von diesen jedoch durch einen etwas helleren, tuffhaltigeren Boden.

Inmitten des Weingartens liegt das Gut Preda, das früher dem angesehenen, 1980 verstorbenen Winzer Pira gehörte. Dieser war freilich der Ansicht, dass die hier gelesenen Trauben allzu raue Barolo-Weine ergäben, weshalb er sie gerne mit solchen von anderen Lagen verschnitt. Auch Natale Ronzano, *Talin* genannt, einer jener erfahrenen Winzer alten Schlags, denen man leider immer seltener begegnet, arbeitete hier einst als Halbpächter.

Die niedrigeren Lagen von Preda werden auch nach der Straße, die durch die Talsohle führt, Coste di Rosa genannt; die Qualität des hiesigen Rebguts ist etwas ungleichmäßig, in guten Jahren aber durchaus bemerkenswert.

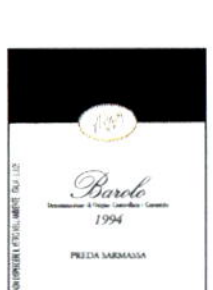

DIE WICHTIGSTEN WEINE

*Barolo Preda Sarmassa – Lodovico Borgogno, Barolo

Le Coste

San Lorenzo (oder Cannubi San Lorenzo)

Der Name dieses nur rund acht Tagwerk (drei Hektar) großen Weinbergs stammt von einer Kirche, die einst in Zeiten der Pest hier stand – direkt neben dem Seuchenlazarett und dem Friedhof. Bruno Boschis erinnert sich: "Beim Umgraben stieß man schon immer mal wieder auf Arm- oder Beinknochen."

Die längs eines Höhenzugs oberhalb des Weingartens Cannubi Valletta gelegenen Hänge sind nach Südosten in Richtung Bussia ausgerichtet. Jenseits der Straße wendet sich die Exposition mehr in südwestliche Richtung und fällt zum Weingarten Sarmassa ab; dies sind eigentlich die Rebflächen, die man im engeren Sinne als San Lorenzo bezeichnet.

Die Böden dieses Weinbergs weisen eine ähnliche Beschaffenheit auf wie die der Gebiete Cannubi, Cannubi Muscatel, Cannubi Valletta und Cannubi Boschis: Sie bestehen aus weißlichem sandigen Mergel, der im Piemont *tov* genannt wird, und sind ziemlich locker, trocken und eher karg; nährstoffreicher, dunkler Lehm ist nur in geringem Maße vorhanden. Einer solchen Bodenbeschaffenheit ist es im Zusammenspiel mit einem äußerst günstigen Mikroklima zu verdanken, dass aus den Trauben von Cannubi San Lorenzo ganz vorzügliche elegante Weine bereitet werden, die sich schon jung wunderbar genießen lassen, sich aber auch bestens für lange Lagerung eignen.

Die wichtigsten Weine

*Barolo Cannubi San Lorenzo – Camerano e Figli, Barolo

*Barolo Cannubi San Lorenzo-Ravera – Giuseppe Rinaldi, Barolo

San Sebastiano

Der zwischen Via Nuova und Paiagallo gelegene Weinberg San Sebastiano erstreckt sich über ein zehn Tagwerk (knapp vier Hektar) großes Gebiet und ist jeweils zur Hälfte nach Osten und nach Südosten ausgerichtet.

Die Böden sind relativ nährstoffreich, vergleichbar etwa mit denen der Weingärten Castellero und Vignane. Die auf solchem Grund wachsenden Reben neigen dazu, reichlich Früchte zu tragen – ganz anders etwa als in Cannubi, wo der von den DOCG-Bestimmungen festgelegte Maximalertrag von 80 Doppelzentnern pro Hektar ohnehin kaum zu erreichen ist.

In San Sebastiano ist es also Sache der Winzer, die Erträge zu begrenzen und so für bessere Qualität zu sorgen.

Sarmassa

Dies ist eine historische Lage, die von den alten Winzern stets dafür gepriesen wurde, ein ideales Terrain für Nebbiolo zu sein. "Die hier gedeihenden Nebbiolo-Trauben galten schon immer als ebenso gut wie die von Cannubi", klärte uns Donato Camerano auf. So haben wir auch erfahren, dass die ehemalige Cantina Sociale di Barolo, eine Winzergenossenschaft, die im Jahr 1929 aufgelöst wurde, den Weingarten Sarmassa der höchsten Kategorie zugeordnet hatte.

Allerdings nehmen jene Rebflächen, die tatsächlich als herausragende Lagen gelten und in unserer Karte eingezeichnet sind, lediglich einen Teil des gesamten als Sarmassa bezeichneten Gebiets ein: Dieses erstreckt sich nämlich über die Talsohle hinweg bis zu den gegenüberliegenden Hängen, wo der Hof Sarmassa liegt, dem hier einst rund 20 Hektar Land gehörten.

Die besseren Lagen von Sarmassa befinden sich jedoch dort, wo genug Sonne scheint. Vom Wildbach Rio Fossati ausgehend, weisen sie zunächst geradewegs nach Süden, um sich dann mehr dem Südosten zuzuwenden; der weitere Geländeverlauf bedingt dann erneut eine südliche und schließlich wieder eine südöstliche Ausrichtung. Im oberen Bereich grenzt Sarmassa an den nicht minder berühmten Weingarten Cerequio.

Die rund zehn Hektar große Anbaufläche liegt in einer Höhe von 250 bis 300 Metern, die Böden sind reich an jenem viel zitierten weißlichen Mergel, der hier gemeinhin als *tov* bezeichnet wird: ein eher sand- und nährstoffarmer Boden, der einen zu üppigen Ertrag der Reben verhindert. Zudem herrscht im Weingarten Sarmassa ein so günstiges Mikroklima,

Sarmassa

dass "Sarmassa immer einer der ersten Gärten ist, in denen der Schnee schmilzt." (Natale Ronzano, genannt *Talin*)

Inmitten des Weinbergs befinden sich die Güter Bergeisa und *Marenda*, wobei hinter Letztgenanntem die besonders wertvolle Parzelle *d'la Mandorla* liegt.

Die wichtigsten Weine

*Barolo Sarmassa – Silvio Alessandria, La Morra
*Barolo Sarmassa – Bergadano, Barolo
*Barolo Bricco Sarmassa – Giacomo Brezza & Figli, Barolo
*Barolo Sarmassa – Giacomo Brezza & Figli, Barolo
*Barolo Sarmassa – Marchesi di Barolo
*Barolo Vigna Merenda – Giorgio Scarzello e Figli, Barolo

Valletta (oder Cannubi Valletta)

Der Weingarten Valletta liegt in einer Mulde und erfreut sich dadurch eines besonders günstigen Mikroklimas. Die Hänge des zehn Piemonteser Tagwerk (knapp vier Hektar) großen Areals weisen in östliche, südöstliche und südliche Richtung. Im Westen grenzt Valletta an den Weingarten San Lorenzo, im Norden an Cannubi, im Süden an Muscatel und im Osten mit seinem tiefstgelegenen Abschnitt an die Staatsstraße Alba–Barolo. Hier erreichen die Trauben nicht immer einen optimalen Reifegrad, ganz im Gegensatz zu den mittleren und höheren Lagen, die erstklassiges Rebgut liefern. Im Herzen von Valletta befindet sich das Gutshaus des berühmten Commendator Burlotto aus Verduno, der an der Schwelle vom 19. zum 20. Jahrhundert seinen Barolo in der ganzen Welt bekannt machte.

Auch dem Lagennamen Valletta wird gerne die Bezeichnung Cannubi vorangestellt, sodass die Aufschrift Cannubi Valletta heute recht verbreitet ist. Zwar haben wir gegen solch eine Etikettierung keine grundsätzlichen Einwände, doch wollen wir im Interesse einer sachlich korrekten Kundeninformation hoffen, dass der ursprüngliche Namensbestandteil Valletta im Zuge dieser Entwicklung nicht verloren geht.

DIE WICHTIGSTEN WEINE

*Barolo Cannubi Valletta – Marchesi di Barolo

Via Nuova

Der 15 Tagwerk (knapp sechs Hektar) große Weingarten Via Nuova geht im oberen Teil in die Lage Paiagallo über und wird im Süden durch einen steil abfallenden Feldweg von einem Weinberg namens Terlo getrennt, der nicht nur für Nebbiolo, sondern auch für seine ausgezeichneten Dolcetto-Trauben bekannt ist. Für die Einheimischen verbindet sich mit dem einheitlich nach Osten ausgerichteten Cru Via Nuova vor allem die Erinnerung daran, dass der Weingarten einst Besitz des ehemaligen italienischen Staatspräsidenten Luigi Einaudi war. "Manchmal kam er hierher, um seine Reben zu bewundern, auf der Piazza hingegen sah man ihn fast nie, denn er wollte nicht erkannt werden", erinnert sich Teobaldo Prandi. In Via Nuova kann man ein heute selten gewordenes Rebenerziehungssystem bestaunen. Hierbei sind die Weinstöcke untereinander durch dicke Stränge von mehrere Jahre alten Trieben verbunden: Jede Rebe breitet sich über die benachbarten fünf oder sechs Pflanzen aus. Der Grund für diese Erziehungsmethode ist nicht ganz einfach zu erklären, doch dürfte er mit der charakteristischen Eigenart der Nebbiolo-Reben zu tun haben, niemals aus den ersten zwei bis drei Augen auszutreiben, sondern erst aus den darauf folgenden.

DIE WICHTIGSTEN WEINE

*Barolo Costa Grimaldi – Poderi Luigi Einaudi, Dogliani

Vignane

Die Rebflächen von Vignane können als die Fortsetzung des Weingartens Castellero gelten, von dem sie sich in puncto Hangausrichtung und Bodenbeschaffenheit kaum unterscheiden. Der rund zehn Hektar große Weinberg liegt 250 bis 300 Meter hoch. Zwar wächst hier von alters her Nebbiolo, aus dem Barolo gekeltert wird, doch erreichen diese Weine nach Aussagen der örtlichen Winzer nicht die Eleganz eines Cannubi: "Die Vignane-Weine entwickeln zwar einen höheren Alkoholgehalt, nicht jedoch das gleiche Bukett wie ein Cannubi." (Bruno Boschis) – Und Natale Ronzano meint lapidar: "Ein Vignane ist schon sehr gut, mit einem Cannubi aber nicht zu vergleichen."

Zuncai

Zuncai ist der letzte Weingarten auf jener vorwiegend nach Südwesten ausgerichteten Hügelkette, auf der auch Vignane und Castellero liegen.
Am oberen Ende stößt die knapp vier Hektar große Rebfläche an die Grenze zur Gemeinde Monforte, nach unten reicht sie bis zur Straße nach Vignane und seitlich markiert ein kleines Tal, das bis nach Bussia Soprana hinaufführt, den Abschluss.
Die eher kompakten, rötlichen Böden bestehen zu einem großen Teil aus Lehm und sind somit recht nährstoffreich und kühl.
Entsprechend neigen die Reben dazu, hohe Erträge zu liefern.
Baldo Demagistris fasst zusammen, worin sich alle von uns befragten Winzer einig waren: "Zuncai hat von allen Anbauflächen dieses Höhenzugs die besten Lagen."

DIE WICHTIGSTEN WEINE

*Barolo Bricco Zuncai – Franco Molino, La Morra

Cannubi

Empfohlene Adressen

Einwohner: 682
Höhe: 301 Meter

AUSKÜNFTE

Rathaus (Municipio)
Piazza Caduti
per la Libertà, 3
Tel. 0173 56277

Castello di Barolo
Piazza Falletti
Tel. 0173/56277

DIE ERZEUGER

Barale Fratelli
Via Roma, 6
Tel. 0173/56127
Diese Kellerei, eine der ältesten am Ort, bereitet Barolo-Weine mit ungewöhnlich guter Alterungsfähigkeit, wie eine kürzlich erfolgte Verkostung eines 1961er Tropfens eindrucksvoll unter Beweis stellte. Der Stolz Sergio Barales sind die Barolo-Crus Castellero und Bussia, daneben finden sich ein normaler Barbaresco und ein Barbaresco Rabajà im Angebot.

Giacomo Borgogno & Figli
Via Gioberti, 1
Tel. 0173/56108 – 56344
Eine jener Kellereien, die einen wesentlichen Beitrag zur Entwicklung des Barolo geleistet haben. In den zurückliegenden Jahrzehnten pflegte man hier den Wein erst in Holzfässern und danach einige Jahre lang in Glasballons reifen zu lassen, bevor man ihn endgültig auf Flaschen zog. Auf diese Weise kamen zahllose Weinfreunde in den Genuss, Barolo-Gewächse verkosten zu dürfen, die nach einer Alterung von 30 bis 40 Jahren einen "idealen Reifegrad" (so die Borgognos) aufwiesen. Neben einem normalen Barolo sind die Auslesen Classico und Liste zu haben.

Giacomo Brezza & Figli
Via Lomondo, 4
Tel. 0173/56191 – 56354
Die umtriebige Familie Brezza, allen voran der junge Enzo, lässt sich auch durch die

Belange ihres Hotels und ihres Restaurants nicht davon abhalten, sich mit Hingabe ihrem 25 Hektar großen Weinland zu widmen. In der Kellerei werden jährlich rund 100 000 Flaschen abgefüllt, vor allem Barolo-Gewächse, die sich durch ihre Langlebigkeit auszeichnen, wie etwa die Crus Sarmassa, Bricco Sarmassa, Cannubi und Castellero.

Damilano
Via Roma, 31
Tel. 0173/56105 – 509187
Nach einer gewissen Durststrecke scheint die neue Betriebsleitung fest entschlossen zu sein, mit Spitzenweinen ins Rampenlicht zurückzukehren. Die Trümpfe sind dabei sicherlich der normale Barolo und der Cannubi.

Marchesi di Barolo
Via Alba, 12
Tel. 0173/564400
Noch heute kann der von der Familie Abbona geleitete Betrieb Besitzungen sein Eigen nennen, die einst den Markgrafen Falletti gehörten. Eine Besichtigung der historischen Kellerei lohnt sich allein schon wegen der mit kostbarsten Jahrhundertweinen bestückten Lagerräume. Hier findet man alles, was in der Weinproduktion des Piemont Rang und Namen hat. Stolz des Hauses sind natürlich die Barolo-Gewächse, die sich mit so klangvollen Lagenbezeichnungen wie Brunate, Cannubi, Cannubi Valletta, Coste di Rose, Estate Vineyard, Millennium oder Sarmassa schmücken dürfen. Unter den Nebbiolo-Weinen verdient jedoch auch der Barbaresco Creja Beachtung.

Bartolo Mascarello
Via Roma, 15
Tel. 0173/56125
Der ebenso gescheite wie gebildete Bartolo Mascarello erweist sich als würdiger Nachfolger seines Vaters Giulio, über den in diesem Buch ein eigener Beitrag zu lesen ist. Dabei bereitet er in seiner Kellerei lediglich einen einzigen Barolo, eine stets in großen Fässern ausgebaute Assemblage von hauseigenen Lagen in Cannubi, Rué und San Lorenzo (Gemeinde Barolo) sowie Torriglione (Gemeinde La Morra). Bartolo ist nämlich fest davon überzeugt, auf diese Weise einen Barolo von gleich bleibend guter Qualität garantieren zu können.

E. Pira & Figli
Chiara Boschis
Via Vittorio Veneto, 1
Tel. 0173/56247
Mit ausgeklügelter Kellertechnik gelingt es Chiara Boschis, der für Weine von Cannubi eigenen natürlichen Eleganz noch eine ganz besondere Note hinzu-

zufügen. So prunken ihre Barolo-Gewächse mit intensivem Duft und zeichnen sich eher durch Fruchtigkeit als durch ausgeprägte Tannine aus. Der Erfolg gibt ihr Recht; ihre 15 000 jährlich produzierten Flaschen Barolo Cannubi finden reißenden Absatz.
Sicherlich bilden diese Weine einen sonderbaren Kontrast zu denen des im Jahr 1980 verstorbenen, renommierten Winzers Pira, der seine Etiketten noch voller Stolz mit der Aufschrift "mit den Füßen gestampft" versah.

Giuseppe Rinaldi
Via Monforte, 3
Tel. 0173/56156
Sitz der Kellerei ist ein herrschaftliches Gutshaus, das zu Beginn der Zwanzigerjahre am Ortsrand von Barolo errichtet wurde. Wartete Beppe Rinaldi bis 1992 vor allem mit einem normalen Barolo und einem vorzüglichen Riserva Brunate auf, so setzt er seither auf Verschnitte von jeweils zwei seiner insgesamt vier eigenen Lagen. Auf diese Weise kreierte er den Brunate-Le Coste und den San Lorenzo-Ravera. Ein Charakteristikum von Beppe Rinaldis Kellermethoden besteht darin, dass er den Most während der Gärung lange auf der Maische stehen lässt, der Ausbau erfolgt dann stets in großen Fässern aus slawonischer Eiche.

Luciano Sandrone
Via Alba, 57
Tel. 0173/56239
Luciano Sandrone ist einer jener "kleinen" Winzer, die in den Achtzigerjahren für Furore sorgten: Erregte er schon mit seinem ersten, im Jahr 1978 abgefüllten Barolo großes Aufsehen, so stellte er auch danach sein außerordentliches Können als Kellermeister wiederholt unter Beweis. Sein ganzer Stolz sind der Cru Cannubi Boschis sowie der Barolo Le Vigne, ein Verschnitt von verschiedenen Lagen.

Giorgio Scarzello e Figli
Via Alba, 29
Tel. 0173/56170
Der kleine, zu Recht hochgelobte Betrieb erweitert derzeit seine Anbauflächen, sodass ab dem Jahrgang 1999 die Jahresproduktion von 5000 auf 12 000 Flaschen ansteigen wird. Am Herstellungsverfahren, für das lange Gärzeiten auf der Maische und die Verwendung großer Holzfässer kennzeichnend sind, wird sich freilich nichts ändern. Neben einem normalen Barolo wird der Cru Vigna Merenda angeboten, der in manchen Jahren ein herausragendes Niveau erreicht.

Tenuta la Volta
Località La Volta, 13
Tel. 0173/56168
Diese Kellerei befindet sich direkt neben dem Castello della Volta, also in einer strategisch kaum zu überbietenden Lage. Spitzenprodukte des Hauses sind der Barolo Vigna La Volta sowie der Verschnitt Langhe Rosso Vendemmiaio, der ebenfalls einen Anteil Nebbiolo enthält.

G. D. Vajra
Via delle Viole, 25
Frazione Vergne
Tel. 0173/56257
Das Streben des diplomierten Agronoms Aldo Vaira galt stets der Perfektion – und er weiß, worauf es dabei ankommt. Seine Weine zeugen von einem unermüdlichen Forschergeist und von jenem ganz eigenen Stil, mit dem sich die Kellerei seit Beginn der Achtzigerjahre ei-

nen Namen gemacht hat. Dabei sind Aldo Vairas Kellermethoden, mag sein Betrieb auch noch so modern und funktional ausgestattet sein, durchaus als traditionell zu bezeichnen. Abgesehen vom normalen Barolo sollte man sich vor allem die Crus Bricco delle Viole und Fossati nicht entgehen lassen. Auf einen weiteren Barolo von der Lage La Volta darf man gespannt sein.

ÜBERNACHTUNGSMÖGLICHKEITEN

Hotel Barolo
Via Lomondo, 2
Tel. 0173/56354
Drei Sterne, 31 Doppelzimmer mit Bad, Fernseher und Telefon, einige mit Whirlpool. Das Hotel befindet sich an der Ortseinfahrt, umgeben von Reben. Jedes Zimmer ist nach einem Barolo-Cru benannt. Hervorragendes Frühstück. Das angegliederte Restaurant Brezza bietet typische Speisen der Langhe, zu denen die guten Weine des Hauses und andere renommierte Gewächse gereicht werden.

SPEISELOKALE

La Cantinella
Via Acquagelata, 4/a
Tel. 0173/56267
Das Lokal bietet löblicherweise drei verschiedene Degustationsmenüs (zu 38 000, 45 000 und 60 000 Lire), sodass hier auch Gäste mit weniger prall gefülltem Geldbeutel speisen können. Gute Auswahl an regionalen Weinen, in erster Linie Barolo.

Locanda del Borgo Antico
Piazza del Municipio, 2
Tel. 0173/56355
Das Lokal hat neben dem professionellen Service eine raffinierte Küche mit bisweilen ungewöhnlichen Gerichten zu bieten. Von den beiden Weinkarten ist eine ausschließlich Barolo-Gewächsen vorbehalten – keinen der großen Crus wird man dort missen. Die rund 70 000 Lire für ein vollständiges Mahl (ohne Wein) sind hier gut ausgegeben.

EINKAUFSMÖGLICHKEITEN

Enoteca Regionale del Barolo
Piazza Falletti
Tel. 0173/56277
In den schönen Räumlichkeiten des Schlosses wird hier eine – sicherlich noch verbesserungswürdige – Auswahl an Barolo-Weinen aus dem gesamten Anbaugebiet geboten.

Enoteca il Bacco
Via Roma, 87
Tel. 0173/56233
Die von Franco Cravero mit Herz betriebene Enoteca hat beileibe nicht nur Wein zu bieten, der freilich mit den besten Etiketten vertreten ist.

Emilio Pietro Abbona

1877-1966

Commendator Emilio Pietro Abbona wurde 1877 in Barolo als drittes von neun Kindern geboren. Schon in frühester Kindheit packte er im väterlichen Betrieb Cavalier Felice Abbona & Figli mit an. Tüchtigkeit und das Glück, über "eigene Weingärten auf dem Hügelzug Cannubio und in weiteren erstklassigen Lagen von Barolo" zu verfügen (wie es in einem Dokument von 1914 heißt), hatten dem väterlichen Betrieb bereits zahlreiche europäische Ehrungen beschert (Goldmedaillen auf den Weltausstellungen in Wien 1873, Turin 1884, Paris 1901 und Brüssel 1910). Doch erst in den Dreißigerjahren gelang auf internationaler Bühne der Durchbruch, als die Weine der Abbona mit dem Etikett "Società Anonima Vini Classici del Piemonte" – und dem Zusatz "già Opera Pia" (ehemals Opera Pia), der der Kellerei den Anschein edler Herkunft und Tradition verlieh – die italienischen Gesandtschaften in Helsinki und Bagdad eroberten, wo sie fortan die "üblichen französischen Weine" ersetzten. Es folgte die Londoner Gesellschaft Williams Standring, die im Februar 1934 den "hinreißenden Barolo" orderte, der an Bord des Motorschiffes Rex ausgeschenkt worden war, und die, um ganz sicher zu gehen, in ihrer Bestellung die beiden auf dem Etikett abgebildeten Schlösser von Barolo und Serralunga anführte.

Unterstützung beim Ausbau des Unternehmens fand der scharfsinnige Landmann Pietro Emilio bei seinen Schwestern Marina und Celestina, die sich um die Öffentlichkeitsarbeit und die Kassenbücher kümmerten.

Nachdem bereits Paolo Monelli in der Zeitung *La Nuova Stampa* vom 29. April 1949 nach einem Besuch bei Commendator Abbona die Arbeit eines Önologen mit der eines Künstlers verglichen hatte, schrieb Ernesto Caballo 1954 in der *Gazzetta Sera*: "... ein Autodidakt in seiner Kunst, der keine Kostproben oder Beratungen braucht, um die Vorzüge eines Weins zu beurteilen – es genügt ihm, von weitem sein Aroma zu erschnuppern und seine Farbe zu beobachten." Wenngleich zahlreiche Anerkennungen wie Medaillen, Auszeichnungen und Zeitungsartikel die Beliebtheit seines Weins dokumentieren, bleibt die vielleicht schönste ein Brief von Luigi Carnacina, dem Fürsten unter den Küchenchefs Italiens, der 1962 an den "lieben Commendatore" schrieb: "Der faszinierende 1953er Barolo ist von mir als 'unschlagbarer Wein' gepriesen worden." Und weiter: "Ich habe einen Beitrag über Speisen und Weine Italiens verfasst, der von der Accademia della Cucina Italiana herausgegeben wird, und ich habe diesen faszinierenden Marchesi di Barolo als den besten Wein Italiens beschrieben! Und das ist wirklich so!"

Emilio Pietro Abbona starb im Jahr 1966, kaum drei Jahre später folgte ihm seine getreue Schwester Celestina – da beide nicht verheiratet waren, hatten sie ihr ganzes Leben in den Dienst ihrer Mission stellen können. Heute führen ihre Erben die Kellerei des Großonkels und der Großtante unter dem Namen Marchesi di Barolo weiter, womit ein italienisches Sprichwort Recht behält, demzufolge "Arbeit adelt".

Cesare Borgogno

1900-1968

Cesare Borgogno war 15 Jahre alt, als ihn seine Mutter Giulia nach einigen Lausbübereien aus dem Internat in Mondovì nahm und zurück nach Barolo zur Arbeit in dieWeingärten holte. Schon sein Vater Giacomo hatte seinerzeit seine Ausbildung abbrechen müssen, um persönlich die Geschicke des Betriebs in die Hand zu nehmen, die vorübergehend der kurzsichtigen und vor allem alles andere als sparsamen Obhut des Pfarrers der Annunziata-Kirche in La Morra anvertraut worden waren. Die Borgognos waren eine Familie von Weinkaufleuten, hatten aber auch Winzer und Grundbesitzer hervorgebracht. Kurzum, Cesare Borgognos Leidenschaft für die Bereitung und den Verkauf von Wein war ihm bereits in die Wiege gelegt worden.

Als jüngstes von fünf Kindern kam er am 28. April 1900 in Barolo zur Welt. Mit elf Jahren verlor er seinen Vater und wurde bald darauf in die Verantwortung genommen. Rasch erlernte er die schwierige Kunst des Weinbaus und erwarb all jene Kenntnisse, die ihm sein ganzes Leben lang von Nutzen sein sollten.

1920 übernahm er die Leitung des Betriebs, nachdem sich seine Geschwister anderen Tätigkeiten zugewandt hatten. Er steigerte die Verkaufszahlen und verkaufte sein Produkt auch über die Landesgrenzen hinaus. Die ersten Nachkriegsjahre waren hart. Vielen Betrieben brachte die Wirtschaftskrise den finanziellen Ruin, und die Menschen wanderten massenweise nach Amerika aus. In dieser Zeit schaffte es Borgogno nicht nur, sich über Wasser zu halten, sondern obendrein den Grundstein für seinen späteren Erfolg zu legen.

1937 war ein Schlüsseljahr für Cesare Borgogno, als er Maria Chiavassa heiratete, seit kurzem Grundschullehrerin im Dorf. Mit einem chromblitzenden Fiat Balilla machten sich die beiden Frischvermählten auf eine lange, abenteuerliche Fahrt durch Frankreich, die sich schon bald als sehr viel wichtiger als eine klassische Hochzeitsreise erweisen sollte. Im August 1937 kamen die jungen Brautleute nach Burgund. Hier, inmitten der Chardonnay- und Pinot-noir-Rebzeilen und angesichts der ehrwürdigen Weinkeller von Beaune, reiften in Cesare Borgogno zwei Überzeugungen heran, die ihn für den Rest seines Lebens begleiten und fortan seine Weine kennzeichnen sollten. Zum einen wurde ihm klar, welch hohe Qualität die Nebbiolo-Rebe und welch außergewöhnliches Potenzial der daraus erzeugte Barolo hatte. Zum anderen – was viel wichtiger war – erkannte er, dass die Alterung in der Flasche auch für den Barolo eine entscheidende Verbesserung darstellte. Konnte der Pinot noir aus Burgund seine Qualität über eine lange Zeit bewahren, so sollte doch der tanninreiche Barolo mit seinem hohen Säure- und Alkoholgehalt erst recht dem Zahn der Zeit widerstehen. Hier begann die große Zeit Cesare Borgognos, die nur einige Jahre lang durch den Krieg und den Partisanenkampf in den Langhe unterbrochen wurde. In jenen Jahren wurden einige Jugendliche aus Barolo anlässlich einer Razzia festgenommen. Das deutsche Kommando drohte mit Repressalien gegen den Ort, und der Rektor des Internats, Don Massé, wurde in Turin ins Gefängnis

gesteckt, weil er einem verletzten Partisanen Unterschlupf gewährt hatte. Cesare Borgogno war es dann, der mit seiner Redekunst und so manches Mal auch mit zwei Flaschen Barolo die Lage zum Guten wendete. Im Juli 1944 beschuldigten deutsche Truppen während einer Razzia die Firma Borgogno, mit den Partisanen zu kollaborieren, und beschlagnahmten rund 12 000 Flaschen 1939er Barolo und über 6000 Flaschen Barolo Chinato. Der Vorfall wurde später vom ersten Bürgermeister nach der Befreiung, Giulio Mascarello, bestätigt.

In der Nachkriegszeit wuchs das Ansehen des Betriebs in Italien, aber auch in Argentinien, wo er durch italienische Emigranten bekannt gemacht wurde. Sogar bis in die Vereinigten Staaten und ins benachbarte Frankreich drang sein Ruhm. Gerade aus Frankreich kam dann 1955 die Klage vom *Institut des Appellations d'Origine*, das die Aufgabe des Namens Borgogno verlangte und dies mit einer möglichen Konkurrenz zu den Weinen aus Burgund (italienisch Borgogne) begründete. Doch Borgogno, der einen Weinlieferungsvertrag vorlegen konnte, den sein Großvater Giuseppe mit dem Internat Collegio per i figli dei militari di Racconigi im Dezember 1848 abgeschlossen hatte, gewann in allen drei Instanzen.

In den Jahren des so genannten Wirtschaftsbooms entfaltete sich der Betrieb zu voller Blüte, und die Kapazität der Kellerei wurde mehr als verdoppelt. Die Philosophie jedoch blieb dieselbe: sorgfältige Auswahl der Trauben, Assemblage der Trauben verschiedener Lagen, gut strukturierte, tanninhaltige Weine und eine lange Reifezeit in Flaschen.

Cesare Borgogno, der nie daran gedacht hatte aufzuhören, verstarb im Juli 1968. Nun ist es an seinen Enkeln, das Werk ihres Großvaters fortzusetzen.

Giulio Mascarello

1895-1981

Giulio Mascarello ist ein Platz in der Ahnengalerie der großen Weinerzeuger des Albeser Landes sicher, und das nicht nur wegen seiner internationalen Reputation, sondern vor allem, weil er als einer der Ersten seinen Weg als kleiner Erzeuger von Qualitätsweinen machte – ein Produzententypus, der heutzutage ganz entscheidend den Charakter der Weinlandschaft der Langhe prägt.
Der 1895 als erster Sohn einer kinderreichen Winzerfamilie geborene Giulio wurde zunächst, nachdem er seine Studien im Konvikt der Opera Pia Barolo abgebrochen hatte, zu einem Bäcker nach Genua geschickt. Doch viel wichtiger für den jungen intelligenten Giulio war die Zeit an der Schule des Arbeiterbundes und der Camera del Lavoro in Genua, wo er neben Gerechtigkeitssinn und Toleranz auch Sprachgewandtheit und Stil entwickelte.
Während des Ersten Weltkriegs wurde er gemeinsam mit anderen Neutralisten, Anarchisten und Sozialisten auf die Insel Sant'Antioco verbannt.
Seine Heimkehr nach Barolo schilderte er in einem Beitrag zu dem Buch *Il mondo dei vinti* (Die Welt der Besiegten) so: "1919 entließen sie mich. Ich komme in Alba an, zwei Soldi in der Tasche, eine Pferdekutsche bringt mich nach Gallo, dann zu Fuß nach Barolo. Dieser Geruch von Heu in der Nase lässt mich wieder aufleben. Ich gehe ins Haus, über dem Feuer kocht eine köstliche Gemüsesuppe. Ich sage mir: 'Barolo ist nach wie vor der schönste Fleck auf Erden'. Ich beschließe, für immer in Barolo zu bleiben und werde Weinerzeuger."
Genau am 1. Januar 1920 gründete er seine Kellerei. Sein Cousin Cesare Porta lieh ihm 10 000 Lire, und sein Onkel Bartolomeo, der viele Jahre lang Kellermeister in der kleinen Cantina Sociale di Barolo gewesen war, bürgte für ihn. Wie viele andere Genossenschaftskellereien in den Langhe, war auch die Cantina Sociale ein Opfer der Untätigkeit und der Boykottpolitik der Zentralregierung geworden – was den Start des jungen Mascarello wiederum erleichterte. Zu seinen ersten Kunden zählten viele alte Bekannte aus seiner Zeit in Genua. Damals wurde der Barolo zumeist von Privatleuten in großen Korbflaschen gekauft (nur zehn Prozent zog man auf Flaschen), die mit Etikett, Banderole und Anweisungen zur Flaschenabfüllung geliefert wurden. Um seine Kundschaft zu pflegen, "ging man auf Reisen", wie es so schön hieß, doch es gab auch viel Schriftverkehr, und das gehörte zu Giulio Mascarellos eindeutigen Stärken. Ein Brief an seinen Freund Fantino in Monforte aus dem Jahr 1926 belegt nicht nur das stilistische Können dieses bäuerlichen Autodidakten, sondern auch seine politische Weitsicht. In diesem Brief ging er auf die Vorbereitungskurse ein, die auf Anordnung der faschistischen Partei alle Jugendlichen besuchen mussten, die kurz vor der Einberufung zur Armee standen. Giulio Mascarello vertrat die Ansicht, dass "jene Kurse zu nichts anderem dienen als zum Einbläuen des neuesten, rein nationalen Produkts der disziplinierten Verblödung ... Wo die

Disziplin, die gerade so sehr in Mode bei uns ist, beginnt, da hören Logik und Vernunft auf."

In den Dreißigerjahren kaufte die kleine Kellerei zwei Piemonteser Tagwerk Rebland in der Gegend von Cannubi, dann in San Lorenzo und in Rué. Diese neuen Weingärten erlaubten, zusammen mit der kleinen Parzelle namens Bussia di Barolo in der Gegend von Monrobiolo und den Trauben des Ortsteils Torriglione, die von Verwandten väterlicherseits angebaut wurden, eine solide Assemblage für die Barolo-Herstellung. Die Zusammenstellung von Trauben verschiedener Weingärten ermöglichte eine gleich bleibende Qualität des Produkts, unabhängig von trockenen oder besonders feuchten Jahrgängen. Die großen *barolisti* jener Zeit verstanden sich meisterhaft auf diese Kunst.

Giulio Mascarello schätzte Dottor Cappellano aus Serralunga, zu jener Zeit das Vorbild aller Weinerzeuger, und mit Cesare Borgogno verband ihn eine enge Freundschaft. Doch blieb er seiner Linie treu: Er blieb der Kleinproduzent, der er sein wollte, auch wenn sich ihm zahlreiche Gelegenheiten geboten hatten, seinen Betrieb zu vergrößern. Gleichzeitig hinderte ihn seine kleine bäuerliche Welt in Barolo nicht daran, sich zu seiner sozialistischen Gesinnung zu bekennen. In der Zeit des Partisanenkriegs war er aktives Mitglied des Nationalen Befreiungskomitees (CLN – Comitato di Liberazione Nazionale), und nach der Befreiung wurde er Bürgermeister.

In den Nachkriegsjahren trat Sohn Bartolo in den Betrieb ein, der die festen Lebensüberzeugungen seines Vaters mit auf den Weg bekommen hatte. Ein riesiger Erfolg wurde dann der Barolo Mascarello, der ein solches Ansehen in Italien und im Ausland errang, dass sich bereits um die Mitte der Sechzigerjahre das Verhältnis zwischen großer Korbflasche und Weinflasche umkehrte.

Im Jahre 1981 verstarb der ehemalige Bäckergeselle, redliche Weinbauer und Kellereiexperte in seinem geliebten Barolo im stolzen Alter von 86 Jahren, nicht ohne den Bauern der Gegend einen Weg über seinen Tod hinaus gewiesen zu haben.

Battista Rinaldi

1918-1992

Er nannte sich Giovan Battista, Gibì oder Giovanni Battista, doch auf dem Standesamt ist er einfach als Battista Rinaldi, geboren 1918 in Barolo, eingetragen. Und wenn er schon mit einem Spitznamen genannt werden soll, dann passt noch am ehesten der, den ihm seine Freunde bei den Gebirgsjägern gaben: "Colonnello" (manchmal auch abgewandelt in "Capitano" oder "Comandante"). Denn er war ein ernster Mensch, der nicht zu Späßen oder flotten Sprüchen neigte, ja, man kann sogar sagen, dass er ziemlich bärbeißig war, barsch, entschlossen und kompromisslos, bisweilen starrköpfig. Seine Familie kam aus Diano d'Alba und hatte 1870 zusammen mit der Familie Barale das Weingut *'l Palas* von einem Gutsverwalter der Falletti erworben, jenem Boschis, nach dem eine der besten Lagen des Barolo-Gebiets benannt ist: Cannubi Boschis. Auf diesem Gut kam Battista Rinaldi zur Welt. Als sein Vater Giuseppe sich wenige Jahre später von den Brüdern trennte, zog die Familie in das schöne Haus, das noch heute Sitz der Kellerei Giuseppe Rinaldi ist. Als Erster aus Barolo und als Klassenbester absolvierte Rinaldi die Ausbildung an der Weinbauschule in Alba und trat 1944 in den Familienbetrieb ein, den er schon drei Jahre später nach dem Tod des Vaters vollständig übernahm. Neben der Kellerei erbte er acht Hektar ausgezeichnete Rebflächen in Brunate, Le Coste und Ravera, zu denen er in den folgenden Jahren kleinere Gebiete, vor allem in Cannubi San Lorenzo, hinzukaufte. Battista Rinaldi erzeugte große Weine, nicht zuletzt jenen Riserva Brunate, den er in der Regel mindestens zehn Jahre in großen Flaschen in seinen geräumigen Kellergewölben lagerte, bevor er ihn abfüllte. Besonders in Erinnerung sind die Jahrgänge 1958 und 1971 geblieben, in denen außergewöhnliche Ergebnisse erzielt wurden, doch auch die normale Barolo-Produktion war aufgrund der Güte der Weinberge und der auf das Wesentliche reduzierten Kellermethoden immer erstklassig.

Von 1970 bis 1975 war Rinaldi Bürgermeister von Barolo und schaffte es in dieser Zeit, sich einen Traum zu erfüllen: Die Gemeinde konnte dank der Beteiligung von 92 ortsansässigen Familien und zahlreichen ehemaligen Schülern des Collegio Barolo die Burg von Barolo erwerben.

In den Jahren seiner Amtszeit, die durch eine strikte Einhaltung der gesetzlichen Vorschriften und eine eher zurückhaltende Erteilung von Baugenehmigungen gekennzeichnet war, setzte sich Rinaldi stark für eine öffentliche Enoteca in der Burg ein. Bereits 1971 konnte die Enoteca Comunale ihre Pforten öffnen; die Gründung der Enoteca Regionale del Barolo, in der alle elf Gemeinden vertreten sind, zog sich hingegen bis 1982 hin.

Die Enoteca Regionale, deren erster Vorsitzender Rinaldi auch wurde, stellte einen Meilenstein in einer Entwicklung dar, in deren Verlauf die Barolo-Region auf internationalem Niveau mit den berühmtesten französischen Anbaugebieten gleichziehen konnte.

Battista Rinaldis Leben war in hohem Maße von den Kriegserfahrungen und seinem Einsatz als Gebirgsjäger geprägt. Mit seinen Kameraden von den Alpini verband ihn eine enge Freundschaft, die auch während der langen Jahre seiner Krankheit anhielt, an der er schließlich 1992 starb.

PIAZZA
FALLETTI

Rebveredelung mit Nebbiolo-Reisern

Bruno Boschis,
genannt Brunone
Geboren 1910
Veredler in Barolo

Als Junge arbeitete ich als Hilfsknecht auf dem Land, manchmal in Novello, manchmal in Monforte, und alle paar Jahre wechselte ich meinen Herrn. 1928 arbeitete ich ein ganzes Jahr lang für 1500 Lire, 1929 waren es 3000 Lire. Als wir dann 1932 in die Aie Sottane kamen, haben wir zum ersten Mal unseren eigenen Wein gekeltert. Vor 1935, kurz nach der Reblauskatastrophe, sah man weit und breit nur noch brach liegende Felder. Dann wurden neue Rebstöcke gepflanzt: Mit bloßen Händen räumten wir den Schnee beiseite und gruben die Erde um. Schritt für Schritt wurden die Weingärten wieder so wie früher, nur besser organisiert.

Die Professoren Ferrari und Monticelli, die nach Barolo kamen, um vor den Bauern zu sprechen, hatten folgende Theorie: "Willst du den Bottich haben voll gutem Most, musst du den Boden der Rebstöcke lüften im August." Heute verwenden einige Bauern Unkrautvertilgungsmittel und haben vor zehn Jahren zum letzten Mal umgegraben. Früher wurde nach der Zeit des Schnitts ein- bis zweimal Kupfersulfat gespritzt, heutzutage hören sie gar nicht mehr auf damit. Leider sind die Weingärten nicht mehr so langlebig wie früher, weil die Bauern so oft mit dem Traktor durchfahren. Die Erde wird platt gewalzt wie eine Straße und die Weinstöcke leiden darunter.

Ich fing 1939 mit dem Veredeln an. 1935 hatten wir unser Land neu bestockt, und ich hatte dem Mann zugesehen, der unsere Reben veredelte. Im Jahr darauf probierte ich es auch und sah zu, wie das Edelreis anwuchs. Ich besuchte auch einen Kurs in Rebschnitt und Rebveredelung: Die Urkunde, die wir nach der Prüfung von der Weinbauschule bekamen, verlieh uns das Recht, diese Tätigkeit für Dritte auszuüben. Ich habe fast alle Weinberge des Barolo-Gebiets veredelt. Wenn ich abends heimkam, warteten immer sechs, sieben Leute auf mich und fragten: "Und, wann kommst du zu mir?" Einmal ging ich nach Lu Monferrato, um Grignolino-Reiser aufzupfropfen: 1000 Weinstöcke an einem Tag! Ich spaltete den Rebling, pfropfte das Edelreis auf, und ein Helfer brachte den Verband an.

Ich veredelte 120 Stöcke pro Stunde, heute bin ich langsamer. Aufgepfropft wurde von März bis zum 8. Mai: Nebbiolo, Dolcetto, Neirano, in Bene Vagienna auch Merlot.

Ich hatte eine kleine Rebschule, in der ich Setzlinge auf Amerikanerreben zog. Vor der Reblauskatastrophe 1932 kam man anders zu den Setzlingen: Ein Rebling wurde umgebogen, in die Erde gesteckt, und dann schlug er Wurzeln. Meistens fiel die Wahl auf Dolcetto-Reben, auf die dann Nebbiolo-Reiser gepfropft wurden. Inzwischen veredelt man maschinell mit der so genannten englischen Kopulation, und in die Rebzeilen kommen Setzlinge. *(Frühjahr 1990)*

Barolo zu Beginn des 20. Jahrhunderts

Im Jahr 1919 begann die Opera Pia diejenigen Weingüter zu verkaufen, die den geringsten Ertrag brachten. Es heißt, es seien 2000 Piemonteser Tagwerk [fast 800 Hektar] für damalige 3,5 Millionen Lire verkauft worden. Es gab zahlreiche Käufer: Die Società Anonima Vini Classici, die später in Marchesi di Barolo umgetauft wurde, hat den größten Teil gekauft. Der traditionsreiche Besitz erstreckte sich von Vergne über Cannubi, Brunate, Rocca, Cascina Luciani und Batasiolo auf der einen Seite bis hin nach Serralunga und Castiglione auf der anderen. Mein Großvater erzählte, dass sich die Marchesa Colbert zur Burg der Volta hinauffahren ließ, von dort oben konnte sie all ihre Ländereien bewundern.

Die Oberleitungsbuslinie Alba–Barolo hatte ihren Stützpunkt an der ersten Kurve des Dorfs. Er bestand aus einem Büro, einem Schutzdach und einer ein Meter hohen Rampe. Die Weinhändler verwendeten die Buslinie, um Korbflaschen, Kisten und Bütten zu transportieren. Denn sie diente neben der Personenbeförderung auch als Güterwagen. Ich glaube, sie wurde 1910 in Betrieb genommen und fuhr bis zum Krieg. Die Oberleitungsmasten säumten die Straße bis nach Alba, mit einer Abzweigung nach Fontanafredda.

Donato Camerano
Geboren 1908
Angestellter in Barolo

1928 zogen wir mit einem Festwagen, der die Burg von Barolo darstellte, und 70 Komparsen durch die Straßen Albas. Es kamen Bühnenbildner aus Turin, die den Karren der Savigliano schmückten: mit Markgrafen, Pagen und Höflingen, alles in allem etwa 20 Personen. Vor dem Karren, der von zwei Ochsen mit je einem Ochsentreiber gezogen wurde, gingen die Herolde, Fahnenträger und Hellebardisten. Neben dem Karren stolzierten 18 Ritter hoch zu Ross – sämtliche Pferde Barolos! In jenem Jahr hatten wir auf der Trüffelmesse unseren großen Auftritt und belegten den zweiten Platz!

Auf der kleinen Piazza [im Zentrum von Barolo] lag das Restaurant-Café Svizzero, das seinen Namen dem Chalet-artigen Aussehen verdankte. Es war zwischen 1875 und 1880 aus dem Material errichtet worden, das bei der Renovierung der Burg übrig geblieben war. Unter dem Café befand sich die Winzergenossenschaft – seit 1902, glaube ich. Während der großen Krise, um 1930 etwa, wurde sie dann geschlossen. Die Geschäfte liefen schlecht, weil es kein Geld mehr gab, und viele Mitglieder fingen an, selber zu verkaufen. Die Genossenschaft hatte anfangs acht Mitglieder, 1908 waren es 36. Der erste Vorsitzende war Molinati, der letzte Canonica. Produziert wurde nur Barolo, und zwar erster, zweiter und dritter Wahl. Brunate und Cannubi zum Beispiel waren erste Wahl, Pugnane zweite, aus Novello, Fava und Umgebung kam die dritte Wahl. Ich erinnere mich, dass sie einen Kellermeister und einen Helfer hatten. Zur Lesezeit halfen alle Mitglieder: Sie kelterten nach dem Abendessen so lange mit den Füßen, bis sie zu müde dafür waren. *(Frühjahr 1990)*

Nachhilfe in Sachen Weinbau

Früher pflanzte man die Weinstöcke dichter als heute, im Abstand von 70 oder sogar 50 Zentimetern, und die Rebzeilen waren weiter voneinander entfernt: Zwischen der einen und der nächsten konnten bis zu fünf oder sechs Meter liegen, denn dort hinein säten wir Getreide, Mais und Saubohnen.

Heutzutage werden alte Stöcke durch Setzlinge ersetzt, aber früher machten wir das so: Mit der Hacke bereiteten wir Furchen vor, bogen die alte Rebe hinein und bedeckten sie mit Erde, bis nur noch die Spitzen der Triebe herausschauten. Dann überließen wir sie zwei, drei Jahre lang sich selbst, damit sie nur wenig austrieb und Kräfte sammelte. Oder man pfropfte Nebbiolo-Reiser auf Muskateller-, Neirano-, Servavilla-

Baldo Demagistris
Geboren 1916
Weinbauer in Barolo

no- und Dolcetto-Reben. Manche zogen Stecklinge, aber das war selten. Schon am Holz erkennt man, ob es sich um eine gute Nebbiolo-Rebe handelt: Es muss hart und rot sein und beim Schneiden nicht zu weich, ansonsten ist sie keine erste Wahl.

Die Reben selbst behandelten wir kaum: Wenn es kein besonders verregnetes Jahr war, wurde nach der Getreideernte gewässert und mit Schwefel gespritzt.

Ich erinnere mich, dass wir bei der Lese nur zwei oder drei Bottiche Nebbiolo-Trauben am Tag ernteten, da die Trauben alle von Motten befallen waren. Im Stall wurden die Trauben dann sortiert. Heute sind sie schöner. Die Lesehelferinnen kamen aus den Bergen und aus dem Tal: In La Morra und Barolo gab es dann einen ganzen Haufen Frauen. Sie schliefen in den Ställen und auf den Heuböden. *(Frühjahr 1990)*

Falscher Mehltau

Teobaldo Prandi
Geboren 1907
Weinbauer in Barolo

1915, ich war sieben Jahre alt, ist die Weinlese ausgefallen. Peronospora [falscher Mehltau] hatte alles vernichtet; die Bauern spritzten Kupfersulfat ohne Kalk, das sollte besser wirken. 1915 hat es 60 Tage am Stück geregnet, das erzählte mir später auch meine Mutter. Gehagelt hat es damals kaum. Jetzt zerstört der Hagel ja manchmal ganze Ernten. Wenn ein Gewitter aus La Morra heranzieht, muss man immer mit Hagel rechnen. Mein Vater verkaufte Nebbiolo-Trauben, er verhandelte mit den Firmen aus Barolo, ohne auf die Piazza zu gehen, der Zuckergehalt spielte keine Rolle.

Auf der Piazza Savona in Alba gab es im Herbst kein Durchkommen, überall Karren voller Butten. Die Käufer – hauptsächlich Weinhändler – probierten die Trauben: "Wie viel willst du dafür haben? Vier Soldi mehr als den Durchschnitt?" Der Durchschnitt war der Marktpreis vom Tage oder der letzten Tage. Wer nach Alba hineinfuhr, musste Zoll bezahlen.

1922 hat mein Vater seine Trauben nicht verkauft. "Dieses Jahr machen wir unseren eigenen Barolo", sagte er mir. Das Jahr war fürchterlich trocken gewesen, im Mai hatten die Stöcke erst winzige Augen. Wir haben eine einzige Butte Trauben geerntet und ein Fass Barolo daraus gemacht, der immer süß blieb, einfach nicht trocken wurde. Der Rebschnitt war in jenem Winter einfach, und im folgenden Herbst, also 1923, hatten wir so viele Trauben, dass wir gar nicht wussten, wohin damit. 1924 war ein außergewöhnlich guter Jahrgang, gut auch die folgenden Jahre bis 1927. 1928 war nicht so besonders, 1929 wieder in Ordnung. 1930/31 kam dann die Reblaus, die einfach alles wegfraß. Es hat sie auch schon vorher gegeben, und ganz langsam hat sie sich eben ausgebreitet. "Scheint so, als würden die Rebstöcke gelb", hieß es erst, und dann starben Jahr um Jahr ganze Weinberge ab. Wir mussten alles umgraben und neu bestocken, diesmal mit Amerikanerreben als Unterlage. Wir bekamen sie von einem gewissen Mazza aus Alba. Vor der Reblaus machten wir uns beim Rebschnitt abgetrennte Triebe zurecht und gruben sie an einem kühlen Ort ein, wo sie Wurzeln schlugen. Im nächsten Jahr wurden sie dann richtig eingepflanzt. Oder wir machten einen Absenker, das heißt, wir gruben einen langen Trieb eines alten Stocks in die Erde ein, der schlug dann da Wurzeln, und im Jahr darauf trennten wir ihn einfach von der Mutterpflanze.

Ich war die Reblaus-Meldestelle für das ganze Dorf: Wenn die Feuchtigkeit auf 75 Prozent stieg, begann schon der kritische Bereich. Wenn es brenzlig wurde, läutete ich die Glocken. Den Bauern blieben ein paar Tage Zeit, Kupfersulfat zu spritzen, aber es regnete regelmäßig. *(Frühjahr 1990)*

Frauenarbeiten

Maria Alessandria,
genannt Marianin
Geboren 1900
Weinbäuerin in Barolo

In Ponte Rocca gab es das Circolo: Von Santa Maria aus ging ich dorthin tanzen, wenn mein Vater mich ließ. Eines Tages wollte der Priester von Santa Maria meiner Mutter die Kommunion nicht mehr erteilen, weil sie uns zum Tanzen gehen ließ. Daraufhin wollte sie, dass wir zuhause blieben, aber ich sagte ihr: "Können wir nicht vielleicht doch tanzen gehen, wenn uns mein Bruder begleitet?"

Im Circolo habe ich meinen Mann kennen gelernt – er war der Besitzer des Lokals. Nachdem er mich gesehen hatte, hörte er eines Tages, wie wir sagten, dass wir Verwandte in der Nähe besuchen wollten, und da fragte er, ob er uns nicht begleiten könnte. Ich hatte schon eine ganze Menge junger Männer kennen gelernt, aber nie irgendetwas mit einem angefangen. Ich hab' auf den Richtigen gewartet, und Bartolomeo war so tüchtig! Wir haben 1926 geheiratet, im Frühling, und dann bin ich hierher gezogen, nach Rocca. Er hatte schon Vater und Mutter verloren.

Das Circolo wurde geschlossen, auch weil die Faschisten an der Macht waren, aber schön war's gewesen. Man tanzte nur samstags und sonntags, zu den Klängen eines Pianola: Du hast an der Kurbel gedreht, und schon erklangen zwei, drei Arien.

Bartolomeo war Jahrgang 1894, und ich half ihm bei der Landarbeit, indem ich die Frauenarbeiten verrichtete: *scarsoré* (Ausgeizen), *tòrse* (Drehen), Lesen. Außerdem habe ich meine zwei Kinder großgezogen und mich ums Haus gekümmert.

Don Merlo, der Pfarrer von Barolo, war schrecklich – einfach die ganz alte Schule! Einmal hab' ich mich mit ihm angelegt, weil er wollte, dass meine Kinder donnerstagmorgens, wenn keine Schule war, zur Messe gingen. Die armen Kinder, von so weit her! Ich hab' sie donnerstags einfach schlafen lassen.

Im Dezember 1944 hat mein Sohn Michele den Pfarrer von La Morra bei einer dringenden Besorgung nach Alba mit der Kalesche begleitet. Don Grasso hat von dieser Episode später in seinen Memoiren berichtet, und da erst habe ich erfahren, dass er so eilig nach Alba musste, um mit den Deutschen über den Austausch von zwei Frauen und einem Partisanen gegen drei deutsche Soldaten zu verhandeln. Die Anfahrt mit meinem Sohn war unverdächtiger.

Damals schenkte man den Kindern zu Neujahr *Cherniele* [Süßigkeiten aus gezuckertem Brotteig]. Sie zogen dann von Haus zu Haus und sangen "*Bondì, bon an, dene 'l Capdan*".

Mein Gott, dass ich so alt werden durfte! *(Sommer 1990)*

Wir verloren zwar den Barolo, retteten aber unsere Kinder

Es war während des Krieges. 240 Holzkisten mit je 50 Flaschen 1935er Barolo standen zum Versand bereit. Erst im letzten Augenblick erfuhren wir, dass die Brücken bombardiert worden waren. Der Hof der Borgognos war zu klein für die ganzen Kisten. Doch Canonica hatte einen großen Keller, also haben wir gefragt, ob wir die Kisten gegen eine Miete bei ihm einlagern dürften. Eines Tages fuhr ein Laster mit Deutschen, die nicht wussten, wo's nach Bra ging, durch Barolo. Sämtliche Ortsbewohner haben sich versteckt. Eine Dame aus Turin, die ihre beiden Hunde spazieren führte, hat

Maria Chiavassa
Geboren 1906
Grundschullehrerin
in Barolo

ihnen Rede und Antwort stehen müssen. Dummerweise hatten sich ausgerechnet zu diesem Zeitpunkt die Partisanen in Barolo versammelt. Als sie die Deutschen bemerken, eröffnen einige von ihnen – wahrscheinlich vor Schreck – das Feuer. Genau vor unserem Haus auf der kleinen Piazza. Die Deutschen schießen zurück, einige von ihnen werden verletzt, und da sie nicht wissen, gegen wie viele sie stehen, kehren sie um. Zwei Tage später sind sie wieder da und wollen sich für den Partisanen-Angriff revanchieren. Sie betrinken sich mit Wein und schießen in ihrem Rausch einfach so in der Gegend herum. Dann ziehen sie durch den Ort und entdecken den Wein im Keller der Familie Canonica. Sie fahren mit ihrem Laster in den Hof und laden so viele Kisten auf, wie nur draufgehen. Vom Fenster meines Hauses aus kann ich sie sehen und sag' mir: "Ich muss einfach irgendetwas tun, was sag' ich sonst meinem Mann? Dass ich ihnen einfach zugeschaut habe?" Mit Pantoffeln an den Füßen gehe ich hinaus und spreche mit dem Hauptmann, der einen Dolmetscher dabei hatte. Ich sag' ihm, dass die Sachen mir gehören, nicht den Partisanen. Nicht nur, dass es nichts genützt hat, nein, da beim ersten Mal nicht alle Kisten auf den Laster passten, kamen sie am Montag drauf noch einmal zurück. Sie näherten sich unserem Keller und ich versuchte, sie abzulenken, aber die wollten einfach den Keller mit unserem Wein vollständig leerräumen, was sie dann auch bis zur letzten Flasche getan haben.

Einige Tage später kommt mein Mann zurück, und das Erste, was er mich fragt, ist, ob ich den Namen des Hauptmanns wissen würde, aber leider hatte ich in all dem Durcheinander schlicht vergessen zu fragen. Wir hatten einen Freund namens Engesten, der seit mehr als zehn Jahren als Ingenieur bei Lancia arbeitete und während des Krieges eingezogen worden war, auch wenn er mit denen nichts am Hut hatte. Mein Mann hoffte, dass wir über ein Treffen mit Engesten wenigstens an einen Teil der gestohlenen Flaschen wieder herankommen würden. Über den Ingenieur gelang es uns immerhin, den Namen des Kommandanten in Erfahrung zu bringen. Der sagte aber einfach: "Nichts zu machen, das ist Kriegsbeute. Wenn ihr wirklich Schadenersatz haben wollt, können wir den Bewohnern von Barolo eine Strafsteuer auferlegen." Als mein Mann das hörte, sagte er: "Ich will nicht, dass die Einwohner von Barolo sagen können, ich sei schuld daran, dass sie zahlen müssen – wenn ich mit dem Leben davonkomme und mir der Wein bleibt, den ich noch im Keller habe, kann ich zumindest weiterarbeiten." Dann fragte er allerdings den Kommandanten, ob es wenigstens möglich wäre, die Gefangenen von Barolo freizulassen, die jung und unschuldig waren – die saßen nämlich zusammengepfercht im Gefängnis und warteten eigentlich nur noch darauf, nach Deutschland gebracht zu werden. Als sie ihn dann durch die offene Tür erblickten, riefen sie: "Das ist doch der Borgogno! Der kann nur wegen uns gekommen sein!" *(Sommer 1990)*

BAROLO

Castiglione Falletto

Nimmt man in Alba die Straße nach Monforte, so errreicht man nach ungefähr zwölf Kilometern auf dem Kamm eines Höhenzugs, der sich mitten durch das Herz des Barolo-Gebiets zieht, den Ort Castiglione Falletto. Von dort aus bietet sich ein grandioser Ausblick über die Lagen der Gemeinde bis hin zu den berühmten Weingärten von La Morra und Barolo. In südöstlicher Richtung erkennt man die Anbauflächen von Serralunga und Monforte, in deren geometrisch angeordneten Rebzeilen wie ein Farbklecks der Weiler Perno liegt.

Von Castiglione Falletto gingen wiederholt Entwicklungen aus, die in sozialer wie in kultureller Hinsicht für die gesamte Region von weitreichender Bedeutung waren. Hier wurde gegen Ende des 19. Jahrhunderts die erste Winzergenossenschaft gegründet – in einer Gegend, deren Bewohnern man Verschlossenheit und Individualismus nachsagt, eine wirklich bahnbrechende Initiative. Aus dieser Winzergenossenschaft ging in den Fünfzigerjahren zunächst eine weitere Cantina Sociale und schließlich die heutige Cooperativa Terre del Barolo hervor. Von unschätzbarem Wert sind auch die Leistungen des Chemikers und Naturforschers Ferdinando Vignolo Lutati, der nicht nur *das* Standardwerk über die Flora der Langhe verfasste, sondern darüber hinaus als Erster das Barolo-Gebiet fest umriss.

Das Wohnhaus des Gelehrten beherbergt heute ein Restaurant und liegt direkt an jenem Platz, der an Festtagen als Spielfeld für den in den Langhe so beliebten Volkssport *Pallone a pugno*, eine Art Faustball, dient.

Das alles überragende Bauwerk von Castiglione ist die mächtige mittelalterliche Burg mit ihren drei Ecktürmen, über die erstmals im Jahr 1001 berichtet wird. Zu dieser Zeit überließ Kaiser Otto III. den Festungsplatz samt einigen umliegenden Ländereien dem Grafen von Turin Odaldengo Manfredi als Lehen. 1225 ging die Burg in den Besitz von Bertoldo Falletti über, der sieben Jahre später von Kaiser Friedrich II. zum Vikar des Monferrato ernannt wurde – und so legt sie bis heute zusammen mit den Burgen von Serralunga und Barolo beredt Zeugnis über die unangefochtene Vormachtstellung ab, die das Geschlecht Falletti über mehrere Jahrhunderte hinweg im Umland einnahm. Seit 1860 befindet sich das Bauwerk im Besitz der Grafen Vassallo von Castiglione.

Am imposantesten wirkt die Burg aus der Ferne: Trutzig wacht sie über den Weingarten Rivera, dessen Rebzeilen vom Süden her bis nah an ihre Mauern heranreichen. Hat man in den Gassen von Castiglione erst einmal den Geruch von vergärendem Most geatmet, der aus allen Kellern zu strömen scheint, so ist man bestens eingestimmt, um die umliegenden Weingärten zu erkunden: Man braucht nur ein wenig der Provinzstraße nach Monforte zu folgen, um schon bald die Weinberge Meriondino und Serra mit ihren der Abendsonne zugewandten Hanglagen bewundern zu können; ebenfalls eine Augenweide sind auf der anderen Straßenseite die Rebflächen von Le Rocche, die dort, wo das Gelände steil zum Flüsschen Perno hin abfällt, unversehens enden. Selten findet man eine Landschaft, die in so vollkommener Weise von Menschenhand gestaltet wurde.

Die Weinberge

Der Gemeindebezirk Castiglione Falletto, der vollständig innerhalb des DOCG-Bereichs Barolo liegt, verfügt über 16 große Weinberge. Sie verteilen sich auf die beiden Flanken eines lang gestreckten Höhenzugs, der den Übergang zwischen zwei recht unterschiedlichen Weinlandschaften markiert: Zeichnen sich die Weine der nach Westen, also in Richtung Barolo und La Morra weisenden Hänge durch einen höheren Alkoholgehalt und durch eine vielschichtigere Struktur aus, so sind den Gewächsen der dem Osten, also den Orten Perno di Monforte und Serralunga d'Alba zugewandten Lagen ein intensiveres Bukett und ein eleganterer Körper eigen.

Der größte Teil der Rebflächen erfreut sich einer westlichen bis südwestlichen Ausrichtung. Auf der gegenüberliegenden Seite des Höhenzugs weist im Gebiet nördlich von Castiglione lediglich der Weingarten Pernanno östliche und südöstliche Hanglagen auf; südlich des Ortes wendet sich das Gelände dann zunehmend der Mittagssonne zu, sodass die Nebbiolo-Trauben hier einen optimalen Reifegrad erreichen können.

DOC und DOCG	**Rebfläche in Hektar**	**Anteil an der Gesamtrebfläche der Gemeinde**	**Anteil am DOC-Bereich**
Barolo	**126,9446**	**57,36%**	**10,16%**
Dolcetto d'Alba	50,9055	23,00%	2,72%
Barbera d'Alba	28,8830	13,38%	1,67%
Langhe Chardonnay	6,7000	13,05%	2,61%
Weitere DOC-Weine	7,8620	3,03%	
GESAMT	221,2951	100,00%	
Weitere DOC-Weine			
Langhe Rosso	2,8450	1,29%	4,04%
Langhe Nebbiolo	2,1181	0,96%	8,47%
Langhe Freisa	1,8700	0,85%	3,12%
Langhe Bianco	0,6700	0,30%	2,51%
Piemonte Grignolino	0,3589	0,16%	2,19%

Die berühmtesten Lagen der Gemeinde Castiglione Falletto sind zweifellos die des Weingartens Rocche. Zwar erstreckt sich dieser über einen recht schmalen Streifen Land, doch pflegten einige Winzer einen so großzügigen Umgang mit dem Lagennamen Rocche, dass er bisweilen auch auf die deutlich zu unterscheidenden Rebflächen Pira und Rivera übertragen wurde.
Der Weinbau liegt zu einem großen Teil in den Händen kleiner landwirtschaftlicher Betriebe, die zumeist nicht selbst vinifizieren, sondern ihre Trauben an die Cooperativa Terre del Barolo abführen, eine in sozialer Hinsicht sehr bedeutende Winzergenossenschaft, die in der Ebene an der Grenze nach Gallo Grinzane ihren Sitz hat.

Die Weinproduktion im Überblick

55 Erzeuger, die auf insgesamt 127 Hektar Rebfläche jährlich 7083 Hektoliter Wein produzieren; dies entspricht zehn Prozent der Produktion des gesamten Barolo-Gebiets.

DIE WEINBERGE

BRICCO BOSCHIS
CODANA
FIASCO
LIPULOT
MERIONDINO
MONPRIVATO
MONTANELLO
PARUSSI
PERNANNO
PIRA
RIVERA
ROCCHE DI CASTIGLIONE
SCARRONE
SERRA ODER BRICCO ROCCHE
VIGNOLO
VILLERO

BAROLO GEBIET

BEDEUTENDE LAGEN

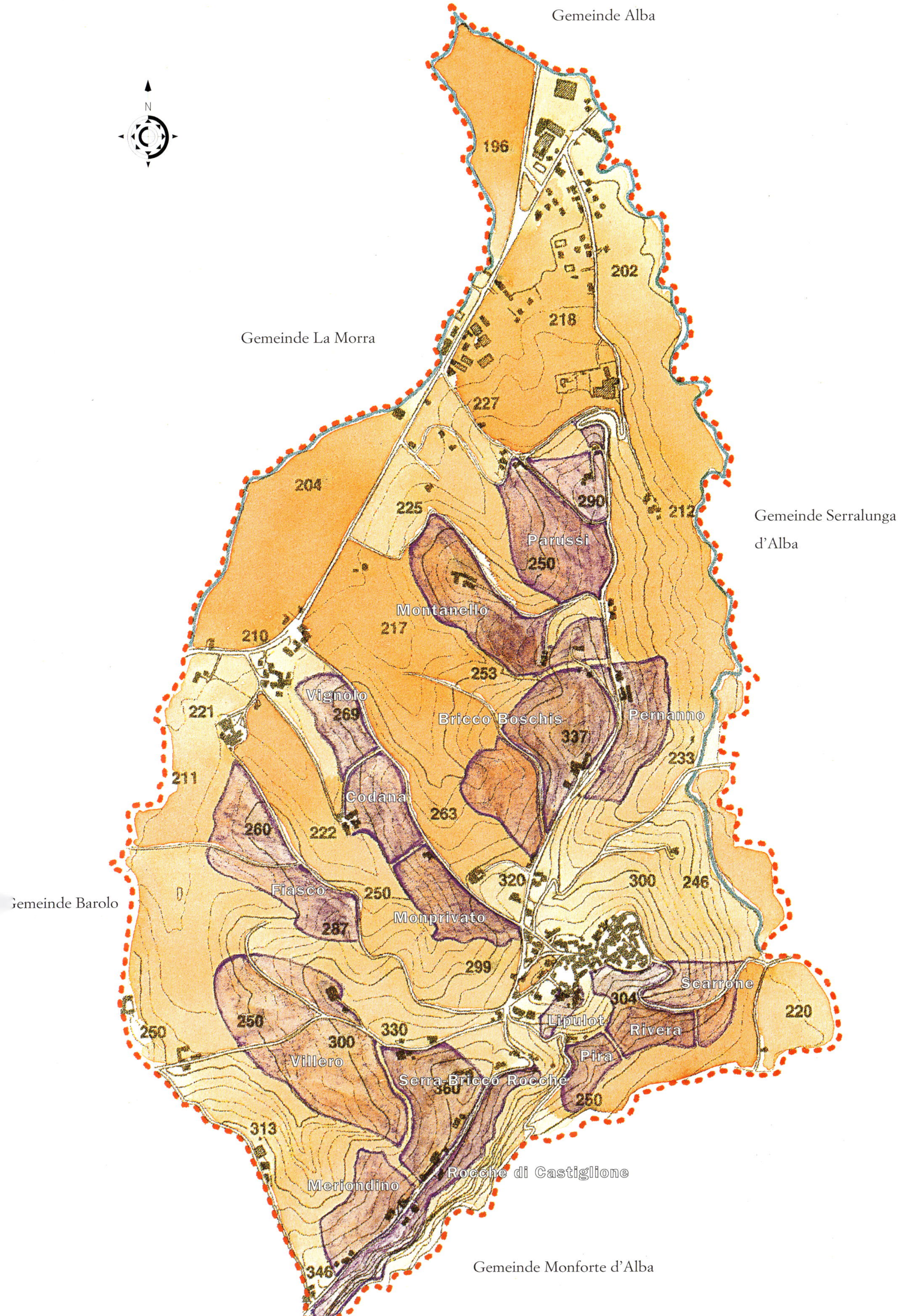
Gemeinde Alba
N
Gemeinde La Morra
Gemeinde Serralunga d'Alba
Gemeinde Barolo
Gemeinde Monforte d'Alba
196
202
218
227
204
225
290
212
Parussi
250
Montanello
217
210
253
Vignolo
269
Bricco Boschis
337
Pernanno
221
233
211
Codana
263
260
222
320
300
246
Fiasco
250
Monprivato
287
299
Scarrone
304
220
Lipulot
Rivera
250
330
300
Pira
Villero
Serra-Bricco Rocche
360
250
313
Rocche di Castiglione
Meriondino
346
250

Bricco Boschis

Vom Gut Boschis aus betrachtet, ist dieser Weingarten mit seinen sanft zum Tal hin abfallenden, in westliche bis südwestliche Richtung weisenden Hanglagen geradezu eine Augenweide. Das Areal ist nach einem 340 Meter hohen Hügel *(bricco)* benannt, der sich hinter dem Hof erhebt; die Nebbiolo-Reben wachsen allerdings nur auf durchschnittlich 300 Meter Höhe. Im Nordosten grenzt der weitläufige Rebhügel unweit des Ernestina-Hofs an den Weingarten Montanello, im Osten an die Lagen von Pernanno und die Provinzstraße Alba–Dogliani, die auch seine Südgrenze markiert. Den eher kühlen, kalkig-lehmigen Böden verdanken wir Barolo-Weine, die selbst in trockenen Jahren einen angemessenen Alkohol- und Säuregehalt entwickeln.

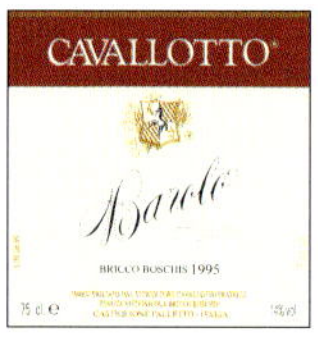

Die wichtigsten Weine

*Barolo Bricco Boschis – Fratelli Cavallotto, Castiglione Falletto

Codana

Das rund vier Hektar große Areal kann als die Fortsetzung von Monprivato betrachtet werden; zur anderen Seite hin grenzt es an den Weingarten Vignolo. In einem höchst reizvollen kleinen Tal im unteren Bereich des Weinbergs verstecken sich die vier Häuser des Weilers Codana, die dem Nordhang des Bricco del Fiasco zugewandt sind.

Die Hänge von Codana sind nahezu einheitlich nach Südwesten ausgerichtet und erreichen eine Höhe von rund 250 Metern. Die Böden weisen einen hohen Anteil an weißlichem Mergel auf, doch werden sie zum Tal hin zunehmend kühler und nährstoffreicher, sodass sie sich dort besser für den Anbau von Dolcetto und Barbera eignen.

Die wichtigsten Weine

*Barolo Codana – Cantina Terre del Barolo, Castiglione Falletto

*Barolo Codana in Castiglione Falletto – Giuseppe Mascarello e Figlio, Monchiero

Fiasco

Dieser schöne Weingarten erstreckt sich oberhalb des Gehöfts Garbelletto Superiore. Auf seiner Nordseite wird er durch die kleine Straße begrenzt, die vom Hof aus nach Castiglione führt. Der Weinberg erreicht eine Höhe von gut 250 Metern, die Ausrichtung ist vorwiegend westlich/südwestlich. Die aus geologischer Sicht zu den Marne di Sant'Agata Fossile zählenden Böden sind wie die gesamte Westseite der Gemeinde Castiglione reich an kalkhaltigem Mergel. Fast die Hälfte des Weingartens Fiasco, dessen

Areal rund 15 Piemonteser Tagwerk (knapp sechs Hektar) umfasst, ist für Nebbiolo geeignet. Landschaftlich überaus reizvoll ist eine Fahrt auf den kleinen Sträßchen, die den Ort Castiglione mit der Provinzstraße Alba–Barolo verbinden.

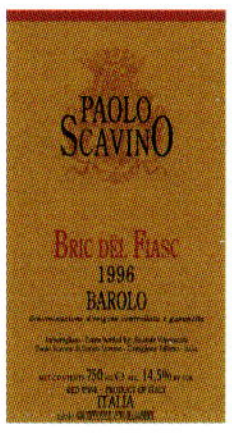

DIE WICHTIGSTEN WEINE

*Barolo Bricco Fiasco – Azelia, Castiglione Falletto

*Barolo Bric dël Fiasc – Paolo Scavino, Castilglione Falletto

Lipulot

Dieser Weinberg, der sich von den letzten Häusern des Ortes Castiglione talwärts bis zum Gut Pira und dessen gleichnamigen Weingarten erstreckt, ist zwar recht klein, dafür aber von ausnehmender Schönheit. Die Hänge des durchschnittlich 300 Meter hoch gelegenen Geländes weisen in südwestliche bis südöstliche Richtungen, könnten also kaum besser ausgerichtet sein.
Schenkt man den älteren Bewohnern von Castiglione Glauben, so stehen die Nebbiolo-Trauben von Lipulot denen der renommierten Lage Rocche in nichts nach; eine endgültige Beurteilung ist allerdings derzeit noch nicht möglich, da die hier gelesenen Trauben bislang noch nicht separat vinifiziert wurden.

Meriondino

Der Weingarten Meriondino kann als die Fortsetzung des Anbaugebiets Serra im westlich der Staatsstraße Alba–Dogliani, fast an der Gemeindegrenze zu Monforte d'Alba gelegenen Gebiet betrachtet werden, wo er bis zum Fontana-Hof reicht. Die durchwegs unterhalb 300 Meter gelegenen Rebzeilen weisen einheitlich nach Westen und sind somit das, was man in den Langhe als s*orì d'la seira* (Abendweinberg) bezeichnet. In den niedriger gelegenen Abschnitten wird vorwiegend Dolcetto angebaut. Auf dem Bergrücken markiert die Staatsstraße das Ende des Gebiets, jenseits davon liegt in Höhe des Guts Borgogno der lang gestreckte, schmale Weingarten Rocche di Castiglione.

DIE WICHTIGSTEN WEINE

*Barolo Mariondino – Armando Parusso, Monforte d'Alba

Monprivato

Der Weingarten Monprivato, für seine erstklassigen Reben bekannt, ziert einen Teil jener Hänge, die in einem langen Streifen von Castiglione Falletto bis hinab zu den Häusern von Garbelletto Inferiore reichen. Das Areal ist etwa 16 Piemonteser Tagwerk (gut sechs Hektar) groß, die Hänge weisen ein-

Monprivato

heitlich nach Südwesten. Der obere Teil des durchschnittlich auf etwa 300 Metern gelegenen Weinbergs wird durch die Grasso-Straße begrenzt, die in ihrem weiteren Verlauf an den Lagen Codana und Vignolo vorbeiführt und dabei wunderbare Ausblicke über das so genannte Barolo-Tal gewährt. Inmitten des Rebgartens Monprivato liegt in 288 Meter Höhe das Gut Cascina Nuova. Die Böden weisen, wie überall im westlichen Teil der Gemeinde Castiglione, einen hohen Anteil an grau-weißem Mergel auf.

Weine von den in Monprivato gelesenen Trauben zählen zu den ganz großen Barolo-Gewächsen. Zu ihrer guten Struktur gesellen sich Eleganz und ein intensives Bukett. Die in Castiglione produzierten Weine genießen seit jeher einen ausgezeichneten Ruf – und selbst die stolzen Einwohner von Barolo erkennen neben ihren eigenen Trauben einzig und allein die von Castglione Falletto als gut genug für klassische Barolo-Weine an. Von Renato Ratti wurde die Lage Monprivato der allerhöchsten Qualitätsstufe zugeordnet.

Unter den Winzern hat sich niemand größere Verdienste um den Weingarten Monprivato erworben als Giuseppe Mascarello, der seit 1970 Crus von dieser Lage produziert. In ganz großen Weinjahren bereiten die Mascarellos darüber hinaus die Auslese Cà d' Morissio.

Die wichtigsten Weine

*Barolo Monprivato in Castiglione Falletto – Giuseppe Mascarello e Figlio, Monchiero

Montanello

Inmitten dieses Weingartens liegt die großartige Kellerei Montanello, ein im Jahr 1864 errichtetes Gebäude, das lange Zeit Sitz der ersten Winzergenossenschaft der Langhe war – jener legendären Cantina Sociale nämlich, zu der sich gegen Ende des 19. Jahrhunderts 36 Winzer der Gemeinde Castiglione zusammengeschlossen hatten. Wirft man einen Blick auf die Liste ihrer damaligen Mitglieder, so findet man alle Namen wieder, die bis heute als die Crème der Erzeuger in Castiglione gelten – zumeist die Väter und Großväter der gegenwärtigen Kellermeister.

Heute befindet sich das Weingut mit einem Besitz, der weit über die eigentliche Lage Montanello hinausgeht, in der Hand eines einzigen Erzeugers. Die Hänge des 250 bis 300 Meter hoch gelegenen Weingartens weisen in westliche, südwestliche und südliche Richtungen, wobei die besten Flächen durch das Sträßchen begrenzt werden, das vom Gut zur Provinzstraße Alba–Barolo führt. Nach Osten hin erstreckt sich der ebenso weitläufige wie schöne Weingarten bis zum Gut Ernestina und weiter hügelaufwärts bis zu einem Gehöft, das *Tartifulot* genannt wird.

Die wichtigsten Weine

*Barolo Montanello – Monchiero Fratelli, Castiglione Falletto

Parussi

An der Straße, die von Castiglione nach Alba hinabführt, liegt hinter dem gleichnamigen Weiler der Weingarten Parussi. Die Hänge dieser 250 bis 300 Meter hoch gelegenen Anbauzone formen ein natürliches Amphitheater mit Blick auf die benachbarte Lage Montanello und sind zumeist dem Westen und Südwesten zugewandt. Weiter unten hat an der Staatsstraße Alba–Barolo die Cantina Sociale Terre del Barolo ihren Sitz, der sich bis heute rund 500 Winzer angeschlossen haben – eine Institution in diesem von ausgemachtem Individualismus geprägten Landstrich.

Die wichtigsten Weine

*Barolo Podere Parussi – Terre da Vino, Barolo

Pernanno

Die Rebflächen von Pernanno (gelegentlich auch Pernano geschrieben) erstrecken sich über relativ steile, vorwiegend nach Osten und Süd-

osten weisende Hänge, die vor allem von der Morgensonne profitieren. Von der Straße aus, die nach Serralunga hinaufführt, lassen sie sich am besten überblicken.

Nach oben hin wird der 250 bis 300 Meter hoch gelegene Weingarten von der Provinzstraße Alba–Castiglione begrenzt, und zwar im Abschnitt zwischen der Abzweigung zum Gut Boschis und der Kellerei Dellavalle.

Die gut vier Hektar große Fläche eignet sich bestens für den Anbau von Nebbiolo-Reben.

Die wichtigsten Weine

*Barolo Pernanno – Cascina Bongiovanni, Castiglione Falletto

*Barolo Vigneto Pernanno – Sobrero, Castiglione Falletto

*Barolo Pernano di Castiglione Falletto – Accademia Torregiorgi, Neive

Pira

Der Weingarten Pira war schon immer für seine hervorragenden Reben bekannt. Paolo Borgogno etwa, der auf eine lange Erfahrung als Winzer zurückblicken kann, wusste uns Folgendes zu berichten: “Der Nebbiolo vom Gut Pira ist ausgezeichnet. Ich erinnere mich noch daran, dass die Borgognos in Barolo meinen Vater inständig baten, ihnen doch Trauben aus diesem Gebiet zu beschaffen.” Von der Provinzstraße Alba–Dogliani führt ein Landsträßchen zum Gut Pira hinab, das früher Rocca genannt wurde. Unterhalb des Gehöfts sind die Hänge durchwegs dem Südosten zugewandt; in den niedriger gelegenen Bereichen, die zum Wildbach Perno abfallen, gedeihen vorzügliche Dolcetto- und Barbera-Reben.

Die wichtigsten Weine

*Barolo La Rocca e La Pira – I Paglieri, Barbaresco

Rivera

Seinen Namen verdankt dieser Weingarten der Familie Rivera – über Arnaldo Rivera, der einst Präsident der Cantina Sociale Terre del Barolo und darüber hinaus Bürgermeister von Castiglione war, gibt es in diesem Buch einen eigenen Beitrag. Noch heute pflegen die Einheimischen das 250 bis 350 Meter hoch gelegene und durchwegs nach Süden ausgerichtete Anbaugebiet als *Vigne del Sindic* (Weingarten des Bürgermeisters) zu bezeichnen.

Renato Ratti rechnete in seiner *Carta di Barolo* die drei unterhalb der Burgmauern von Castiglione gelegenen Weingärten Pira, Scarrone und eben auch Rivera dem Anbaugebiet Rocche zu, was allerdings nicht ganz den realen Gegebenheiten entspricht: Zwar sind die Böden von Rivera denen des Bereichs Rocche teilweise sehr ähnlich, doch kann man unserer Ansicht nach daraus nicht schon einen zusammengehörigen Bereich ableiten.

Einen wunderbaren Ausblick über die genannten Weingärten hat man von der Straße aus, die von Perno nach Castiglione hinaufführt: Erst präsentieren sich majestätisch die Hanglagen von Rocche über dem Wildbach Perno, dann werden unterhalb der Burgmauern die Rebflächen von Rivera und Scarrone sichtbar und schließlich, etwas tiefer gelegen, kommt Pira zum Vorschein.

Besonders hervorzuheben ist die im oberen Bereich von Rivera gelegene Parzelle Vigna della *Mandorla*, aus deren Trauben Weine der absoluten Spitzenklasse bereitet werden.

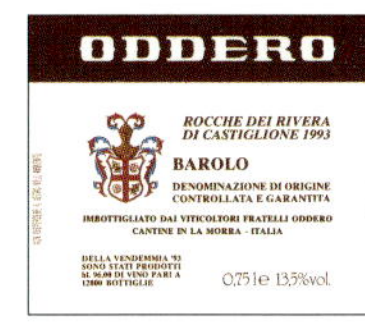

DIE WICHTIGSTEN WEINE

*Barolo Vigna Mandorlo – Giacosa Fratelli, Neive

*Barolo Rocche dei Rivera di Castiglione – Fratelli Oddero, La Morra

Rocche di Castiglione

Die Nebbiolo-Reben von Rocche di Castiglione genießen seit jeher einen ganz besonderen Ruf und wurden in alter Zeit stets teurer gehandelt als die der benachbarten Lagen. Der Weinberg zieht sich in einem langen Streifen über die oberhalb der eigentlichen Rocche gelegenen Hänge, eines schroff zum Wildbach Perno hin abfallenden Felsmassivs. Von der Straße aus, die von Fontanafredda nach Perno führt, kann man den Rebgarten in all seiner Schönheit bewundern: Nach oben hin wird er durch die Provinzstraße Alba–Dogliani begrenzt, der Länge nach erstreckt er sich bis zum Gut La Tana im Grenzland zur Nachbargemeinde Monforte d'Alba. Die Böden sind eher karg, leicht sandig, nicht allzu locker und recht kalkhaltig. Einstimmig weisen die Winzer auf die Härte des Untergrunds hin; in Paolo Borgognos Worten: "Früher, als wir noch mit der Spitzhacke die Böden umgruben, kamen wir an einem ganzen Tag oft nur drei oder vier Meter voran. In einem Meter Tiefe ist die Erde nämlich hart wie Stein. Deshalb hatten wir immer Schmiedewerkzeug dabei, um unsere stumpf gewordenen Geräte wieder zu richten." Da dem Erdreich auf solchem Untergrund relativ schnell das Wasser entzogen wird, reagieren die Nebbiolo-Reben hier empfindlich auf länger anhaltende Trockenperioden.

Der Weingarten ist etwa 20 Piemonteser Tagwerk (knapp acht Hektar) groß, die Hänge weisen nahezu einheitlich nach Südosten, die Höhe schwankt zwischen 250 und 300 Metern. Als infolge eines Streits zwischen ihren Mitgliedern die erste Winzergenossenschaft der Umgebung vom Gutshof Montanello nach Castiglione verlegt wurde, erhielt sie zugleich auch den neuen Namen Cantina Sociale Rocche di Castiglione – ein Beweis für das hohe Prestige, das der Weingarten Rocche schon damals genoss. Die dort gelesenen Nebbiolo-Trauben wurden laut Auskunft von Sandro Zocca in der Cantina Sociale regelmäßig mit Trauben von der Lage Villero vermischt: "Rocche für den Geruch, Villero für den Geschmack!" Interessanter noch ist die Aussage von Paolo Porello, derzufolge die Cantina Sociale selbst dann für die in Rocche gelesenen Trauben den gleichen Preis bezahlte wie für die des

Rocche di Castiglione

Weingartens Villero, wenn Letztere mehr Grad Babo (die italienische Entsprechung zur Öchsle-Skala) aufwiesen. Denn "die Trauben aus Rocche haben zwar weniger Grad [Babo], dafür duften sie aber mehr." Ein trefflicher Beleg dafür, dass auch früher die Qualität der Trauben nicht allein nach dem Mostgewicht bemessen wurde. Unsere Informationen stimmen im Übrigen vollkommen mit den Ergebnissen des Naturforschers Vignolo Lutati überein, der 1930 eine wertvolle Studie über das Barolo-Gebiet verfasste. In dieser Schrift mit dem Titel *Sulla delimitazione delle zone e dei vini tipici* ist vermerkt, dass Nebbiolo auf den sandigen Böden von Rocche einen Barolo erbringt, "der zwar vielleicht einen etwas geringeren Alkoholgehalt entwickelt, dafür aber ein so ausgeprägtes Bukett entfaltet, dass er selbst nach einer Lagerung von nur einem Jahr als Spitzenwein gelten darf."

Die wichtigsten Weine

*Barolo Rocche dei Brovia – Fratelli Brovia, Castiglione Falletto

*Barolo Rocche – Cantina Terre del Barolo, Castiglione Falletto

*Barolo Le Rocche – Monchiero Fratelli, Castiglione Falletto

*Barolo Rocche di Castiglione – Fratelli Oddero, La Morra

*Barolo Rocche – Vietti, Castiglione Falletto

Scarrone

Der Weingarten Scarrone beginnt bei dem gleichnamigen Sträßchen, das sich in Serpentinen vom 350 Meter hoch gelegenen Castiglione bis ins Tal auf 215 Meter hinabwindet, und reicht fast bis zum Gut Gagliasso. Er liegt also auf der Ostflanke des Höhenzugs, der quer durch den Gemeindebezirk verläuft. Die besten Rebflächen sind hier sicherlich diejenigen, die dem Südosten zugewandt sind und somit ein ausgezeichnetes Terrain für Nebbiolo-Reben bieten; sie reichen von dem genannten Sträßchen, das die Grenze zum Weingarten Rivera markiert, bis zu jener Stelle, an der sich die Exposition des Geländes zunehmend nach Osten und Nordosten wendet. Auch die niedriger gelegenen, ebenfalls nach Südosten weisenden Hänge, die fast bis zum Gagliasso-Hof reichen, gehören zum Weingarten Scarrone, doch eignen sich diese Flächen eher für den Anbau von Barbera und Dolcetto.

Serra (oder Bricco Rocche)

Der etwa 15 Piemonteser Tagwerk (knapp sechs Hektar) große Weingarten Serra liegt zwischen den Rebflächen von Rocche und Villero. Inmitten dieses kleinen Gebiets stehen das Gut Serra, einige Wohnhäuser entlang der Provinzstraße Alba–Dogliani sowie die Kellerei Bricco Rocche, die sich auf dem mit 370 Metern höchsten Punkt der Gemeinde Castiglione Falletto niedergelassen hat. Unterhalb dieser Anhöhe sind die Hänge nach Westen und Südwesten ausgerichtet, also dem Barolo-Tal zugewandt, sie stellen somit eine natürliche Fortsetzung des Weingartens Villero dar. Auf der anderen, zum Perno-Bach weisenden Seite reichen die Rebzeilen von Serra bis zu der Straße, hinter der der Bereich Rocche beginnt; hier ist die Exposition südöstlich. Auf der Bergkuppe unterscheidet sich das Terrain kaum von dem des Weingartens Rocche, während es weiter unten auf der Westseite zunehmend dem von Villero gleicht. Vor allem des fantastischen Ausblicks wegen – man übersieht fast das gesamte Barolo-Gebiet – sollte man es nicht versäumen, den Weingarten Serra aufzusuchen.

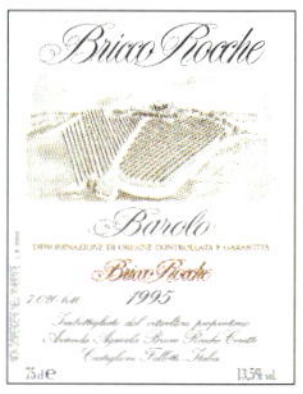

Die wichtigsten Weine

*Barolo Bricco Rocche – Bricco Rocche Ceretto, Castiglione Falletto

Vignolo

Der Weingarten Vignolo befindet sich hinter dem Weiler Garbelletto Inferiore, das heißt auf dem letzten Ausläufer des Höhenzugs, auf dem Castiglione liegt. Seinen Namen verdankt er der Familie Vignolo Lutati, in deren Besitz er zu Beginn des 20. Jahrhunderts war.

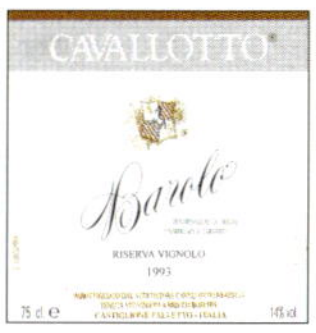

Lediglich in den oberen Bereichen, also dort, wo das Gelände eine Höhe von 270 Metern erreicht, wird Nebbiolo angebaut; auf dem weiter unten, längs der kleinen Straße von Garbelletto nach Codane gelegenen Abschnitt namens Solanotto wachsen vorzügliche Dolcetto- und Barbera-Reben. Die Hänge des Weingartens

Vignolo sind ebenso wie die der benachbarten Lagen Codana und Monprivato nach Südwesten ausgerichtet.

Die wichtigsten Weine

*Barolo Vignolo – Fratelli Cavallotto, Castiglione Falletto

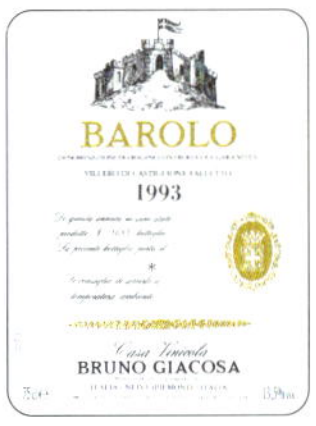

Villero

Verschnitte von Nebbiolo-Trauben unterschiedlicher Lagen können in den Langhe nicht nur auf eine lange Tradition zurückblicken, ihnen verdanken wir auch eine Vielzahl herausragender Weine. Geradezu klassisch ist die Kombination der Lagen Rocche und Villero, sind doch diese Weine der beste Beleg dafür, dass durch die Technik der Assemblage die spezifischen Qualitäten der jeweiligen Komponenten nur umso besser zur Geltung gelangen. Der Weingarten Villero erstreckt sich über ein gut 15 Hektar großes Areal, die Hänge weisen in süd-/südwestliche Richtung. Die Böden, relativ kompakt und mäßig lehmhaltig, sind sicherlich nährstoffreicher als die des Bereichs Rocche; da ihnen überdies nicht so schnell die Feuchtigkeit entzogen wird, sind die hier gelesenen Nebbiolo-Trauben auch – oder gerade – in trockenen Jahren von herausragender Qualität. Mannigfaltige Analysen und Studien (darunter die des bereits mehrfach geannten Professors Vignolo Lutati) haben erwiesen, dass im Barolo-Gebiet alle drei für den Weinbau vornehmlich infrage kommenden Bodentypen vertreten sind, nämlich Böden aus weißlich-bläulichem Mergel (Typ 1), lehmige Böden (Typ 2) und sandige Böden (Typ 3). Im Anbaugebiet Rocche herrschen sandige Böden vor, während die großen Weingärten, die in Richtung La Morra liegen, von weißlichem oder bläulichem Mergel charakterisiert sind. Interessant ist in diesem Zusammenhang auch, was uns der alte Winzer Paolo Porello über die Arbeit in den genannten Weinbergen zu berichten wusste: "In Villero ist das Erdreich fester, aber wenn es regnet, dann weicht der Boden auf und wird schlammig; beim Umgraben ist er dann an manchen Stellen richtig schwarz. In Rocche hingegen sind die Böden weißlich und locker; wenn es regnet, kann man dort meistens schon am nächsten Tag weitergraben." An Finesse können die Weine von Villero zwar nicht ganz mit den Rocche-Gewächsen mithalten, dafür aber sind sie besser strukturiert und weisen einen höheren Tannin- und Alkoholgehalt auf. Diese Qualitäten sind nicht allein der Bodenbeschaffenheit, sondern auch der günstigen Ausrichtung dieser westlich vom Weingarten Serra gelegenen Anbaufläche zu verdanken. Zwei Straßen durchqueren das Gelände: die Zufahrtstraße zum Gut Brunello im Herzen von Villero und die Straße, die vom Weiler Pugnane in die Gemeinde Monforte führt.

Die wichtigsten Weine

*Barolo Villero – Silvano e Elena Boroli, Alba

*Barolo Villero – Fratelli Brovia, Castiglione Falletto

*Barolo Vigna Enrico VI – Giovanni ed Enrico Cordero di Montezemolo, La Morra

*Barolo Villero – Fenocchio Giacomo, Monforte d'Alba

*Barolo Villero di Castiglione Falletto – Bruno Giacosa, Neive

*Barolo Villero in Castiglione Falletto – Giuseppe Mascarello e Figlio, Monchiero

*Barolo Vigna Villero – Franco Molino, La Morra

*Barolo Vigna Villero – Fratelli Sordo, Castiglione Falletto

Rivera

Empfohlene Adressen

Einwohner: 614
Höhe: 350 Meter

AUSKÜNFTE

Rathaus (Municipio)
Via Cavour, 26
Tel. 0173/62824

DIE ERZEUGER

Azelia
Via Alba-Barolo, 27
Tel. 0173/62859
Die zu Beginn des 20. Jahrhunderts gegründete Kellerei gilt den Freunden des Barolo spätestens seit den Jahrgängen 1982 und 1985 als feste Größe. Die Entwicklung des zurückliegenden Jahrzehnts ist dadurch gekennzeichnet, dass Luigi Scavino die traditionellen Fässer aus slawonischer Eiche nach und nach durch solche aus französischer Eiche ersetzt hat; eine weitere Neuheit ist der kräftige Barolo San Rocco von einer Rebfläche in der Gemeinde Serralunga.

Cascina Bongiovanni
Via Alba-Barolo, 4
Tel. 0173/262184
Zwar kann Davide Mozzone noch keine allzu lange Erfahrung als Kellermeister vorweisen, doch hat er sich von Anfang an als einer der interessantesten Barolo-Erzeuger der jüngeren Generation einen Namen gemacht – wegen seiner Hingabe, mit der er der Kunst der Weinbereitung nachgeht, seinem unstillbaren Wissensdurst und einer kurzen, aber bedeutsamen Zusammenarbeit mit anderen Weinbauern. Von den drei Hektar Rebfläche in Familienbesitz keltert er neben normalem Barolo auch eine Auslese namens Pernanno von bemerkenswerter Finesse.

Bricco Rocche
Via Monforte, 63
Tel. 0173/282582
Sicherlich ist diese von den

Brüdern Ceretto betriebene Kellerei einer der bemerkenswertesten Betriebe der Region, allein schon wegen ihrer großartigen Lage auf einer Kuppe, von der aus man das gesamte Barolo-Gebiet überblickt. Zu den Aushängeschildern des Hauses zählen die Crus von den Lagen Bricco Rocche in Castiglione Falletto, Prapò in Serralunga und Brunate in La Morra. Darüber hinaus verblüffen Bruno und Marcello Ceretto ihre Besucher mit architektonisch höchst raffiniert gestalteten Räumlichkeiten – so mit einem nach allen Seiten hin verglasten Degustationsraum, der einen 360-Grad-Panoramablick über das umliegende Weinland gewährt.

Fratelli Brovia
Via Alba-Barolo, 54
Tel. 0173/62852
In Kürze wird dieser Betrieb sein 200-jähriges Jubiläum feiern dürfen, und dies nicht zuletzt dank des Engagements von Giacinto Brovias Töchtern Elena und Cristina. An das ehrwürdige Alter der Kellerei erinnern unter anderem die großen *botti* aus slawonischer Eiche; die jüngsten Umbau- und Modernisierungsmaßnahmen beweisen jedoch, dass der Betrieb durchaus zukunftsorientiert ist. Zusätzlich zu den Auslesen Garblèt Sué, Rocche dei Brovia und Villero wird seit kurzem der Barolo Ca' Mia angeboten, der von einer eigenen Parzelle in Serralunga d'Alba stammt. Die Produktion des berühmten Monprivato ist eingestellt worden.

Fratelli Cavallotto
Località Bricco Boschis, 40
Via Alba-Monforte
Tel. 0173/62814
Mit größter Hingabe widmet sich die Familie Cavallotto ihren gut 23 Hektar umfassenden Anbauflächen, die sich auf beste Lagen verteilen. Auch bei der Vinifizierung der dort gelesenen Trauben – in erster Linie natürlich Nebbiolo – wird nichts dem Zufall überlassen. Die so bereiteten Weine, traditionell in großen Fässern aus slawonischer Eiche ausgebaut, eignen sich bestens für Lagerzeiten von bis zu 40 Jahren. Infolge einer Vereinfachung der Lagenbezeichnungen werden seit 1995 statt des Colle Sud-Ovest und des Punta Marcello ein Barolo Bricco Boschis sowie die beiden Riserva-Weine Bricco Boschis Vigna San Giuseppe und Vignolo angeboten. Dank ihrer großartigen Vergangenheit kann man in dieser Kellerei auch manch kostbaren Jahrhundertwein entdecken.

Gigi Rosso
Via Alba-Barolo, 20
Tel. 0173/262369
Ihr Renommee verdankt diese historische Kellerei vor allem ihrem großartigen Dolcetto di Diano d'Alba (in erster Linie dem Moncolombetto) sowie den Barolo-Crus Arione di Serralunga und Sorì dell'Ulivo.

Monchiero Fratelli
Strada Alba-Monforte, 58
Tel. 0173/62820
Die Familie Monchiero leitet schon lange die Geschicke des Guts Montanello, das sehr bekannt ist als ehemaliger Sitz der ersten Cantina Sociale, nicht weniger aber wegen seines hervorragenden Weinbergs. Heute bieten die Monchieros zu günstigen Preisen einige gute Barolo-Crus an, so den Rocche und natürlich auch den Montanello.

Paolo Scavino
Via Alba-Barolo, 59
Tel. 0173/62850
Enrico Scavino ist auf dem

Gebiet des Weinbaus und der Weinbereitung eine herausragende Kapazität von internationalem Ruhm. Abgesehen vom normalen Barolo produziert er drei verschiedene Einzellagenweine: den überaus gut strukturierten Bric dël Fiasc aus Castiglione Falletto (der, seit 1978 erzeugt, Scavinos Ruhm begründete), den seit 1985 bereiteten Cannubi aus Barolo, der vor allem durch sein großartiges Bukett zu bestechen weiß, und schließlich seit 1990 den Rocche dell'Annunziata aus La Morra, der sich durch einen fruchtigen, nachhaltigen und weichen Körper auszeichnet. Von den Trauben weiterer Anbauzonen, unter anderem der Lage Rocche in Castiglione Falletto, bereitet Enrico Scavino seit 1996 den Carobric.

Cantina Terre del Barolo
Via Alba-Barolo, 5
Tel. 0173/262053
Die verdienstvolle Genossenschaft stellt bis heute eine der bedeutendsten Produktionsstätten der Umgebung dar, und dies nicht nur deshalb, weil Hunderte von Winzern ihr die Trauben liefern, sondern vor allem wegen einer kompromisslos auf Qualität ausgerichteten Betriebsphilosophie. Hinter den zahlreichen Etiketten (Barolo di Castiglione Falletto, Castello, Rocche, Codana, Baudana, Monvigliero) verbergen sich durchwegs solide Weine zu überaus fairen Preisen.

Vietti
Piazza Vittorio Veneto, 5
Tel. 0173/62825
Eine der namhaftesten Kellereien der Langhe, die ihren Weltruhm Weinen wie dem 61er Barolo Rocche und dem 71er Barolo Villero verdankt. Mit großem Erfolg produzieren Mario Cordero und Luca Currado in ihrer vor kurzem umgebauten Kellerei auch weiterhin Tropfen mit ausgeprägtem Charakter, die sich durch Langlebigkeit und Vielschichtigkeit auszeichnen. Abgesehen von den bereits Genannten werden mit dem Barolo Brunate und dem Barolo Lazzarito zwei weitere Crus angeboten, mit dem Masseria zudem ein überzeugendes Barbaresco-Gewächs.

ÜBERNACHTUNGS-MÖGLICHKEITEN

Albergo Residence Le Torri
Via Roma, 29
Tel. 0173/62961
In einem gediegenen, vor einigen Jahren renovierten Palazzo im Ortszentrum laden acht Ferienwohnungen zum Verweilen ein, vier davon mit zwei Zimmern plus Wohnraum, die übrigen mit je einem Zimmer, Wohnraum und Küche. Seit kurzem stehen zudem zwei Mansardenwohnungen mit atemberaubendem Ausblick auf die umliegenden Weinberge zur Verfügung.

Arnaldo Rivera

1919-1987

Herbst 1959 – ein wichtiges Datum für den Weinbau der Langhe! An einem sonnigen Morgen zur Weinlesezeit endeten die Probeläufe der Traubenmühlen der Cantina Sociale Terre del Barolo, und die Maschinen nahmen sofort den regulären Betrieb auf – vor den Toren wartete bereits der erste Wagen voller Trauben. Dieser denkwürdige Tag blieb für den damals 40-jährigen Arnaldo Rivera unvergesslich, hatte er sich doch zeitlebens für die Sache dieser Genossenschaft eingesetzt.

Die Cantina Sociale wies in die Zukunft, sie war für die Bauern ein echter Glücksfall – von nun an waren sie nicht mehr gezwungen, ihre Trauben auf den Märkten der Städte zu verschleudern. Castiglione Falletto war bereits um die Jahrhundertwende Sitz verschiedener Genossenschaftskellereien gewesen, die allesamt ein mehr oder weniger unrühmliches Ende genommen hatten. Maestro Rivera, wie er überall genannt wurde, wusste, dass sein Weg mit zahlreichen Hindernissen gepflastert sein würde, aber er war überzeugt, dass "ein Gemeinwesen, das demokratisch handelt und seine Einnahmen danach aufteilt, wie sich seine Mitglieder an den gemeinschaftlichen Aktivitäten beteiligen, erfolgreich sein kann. Der Aberglaube, dass sich die Menschen bis in alle Ewigkeit für Privilegien und Einzelinteressen, Stände und Klassen gegenseitig zu befehden hätten, muss endlich überwunden werden." (Auszug aus der Rede anlässlich des 25. Gründungsjahrs der Kellerei am 11. September 1983)

Die Cantina Sociale Terre del Barolo galt schon bald als Musterbetrieb, nicht zuletzt dank der Sparsamkeit ihres Präsidenten Rivera, der seine Genossenschaftler stets aufforderte, keine zu großen Schritte zu machen. Präsident war er auf Lebenszeit, bekleidete aber zugleich weitere bedeutende Ämter in der Welt des Weins. Von 1980 bis 1983 war er etwa Vorsitzender des Weinverbands Consorzio del Barolo e del Barbaresco.

Arnaldo Rivera wurde am 13. Dezember 1919 in Castiglione Falletto geboren und hatte gerade erst seine Ausbildung als Grundschullehrer vollendet, als der Zweite Weltkrieg ausbrach. Er war Oberleutnant der Gebirgsjäger, als er im Sommer 1943 in die Reihen der Partisanen überwechselte und unter dem Tarnnamen Arno in die 48. Brigade Garibaldi eintrat. Er nahm an der Verteidigung Albas teil und kommandierte den Partisanentrupp, der im Oktober 1944 einen Plastiksprengsatz an der von den Deutschen gehaltenen Brücke von Pollenzo anbrachte. Nach der Befreiung im April 1945 übernahm er den Vorsitz des Turiner Büros zur Unterstützung der Kämpfer der Brigade Garibaldi und wurde zum Provinzsekretär der Partisanenvereinigung ANPI (Associazione Nazionale Partigiani d'Italia) in Turin ernannt.

Zurück in Castiglione Falletto, ging er von 1949 bis 1977 seinem Beruf als Grundschullehrer nach. Daneben war er von 1951 an bis zu seinem Tod Bürgermeister. In jener Zeit setzte er sich auch nach Kräften für die Bewässerungsgenossenschaft Consorzio Acquedotto delle Langhe ein, denn so hervorragend die Weine dieses Landstrichs sind, so knapp sind seine Wasserreservoirs.

Rivera war ein menschenscheuer Mann, dem stets das Gemeinwesen über alles ging. Er gehörte zwar keiner Partei an, war aber zweifelsfrei der Linken zuzuordnen: ein hervorragender Politiker im ursprünglichsten Sinne des Wortes, der den Fortschritt und die Befreiung seiner Mitmenschen zu seinem vornehmsten Ziel erhoben hatte.

Ferdinando Vignolo Lutati

1878-1965

Zunächst habe ich eine exakte Weinkarte der Gemeinde [Castiglione Falletto] ausgearbeitet, in der ich Parzelle für Parzelle die Nebbiolo-Weingärten vermerkt und von jenen mit anderen Traubensorten unterschieden habe. Auch alle anderen Pflanzungen habe ich eingezeichnet, bis ich schließlich eine vollständige und genaue Landwirtschaftskarte meiner Heimat in der Hand hielt.

Dies schrieb Ferdinando Vignolo Lutati in seinem Aufsatz *Sulla delimitazione delle zone a vini tipici* [Über die Eingrenzung von Herkunftsbereichen typischer Weine] vom November 1929. Kurz zuvor, im September 1927, hatte er das Barolo-Gebiet als Erster überhaupt einzugrenzen versucht. In jenen Jahren erhitzten sich die Gemüter daran, wie die Unverwechselbarkeit dieses hervorragenden Weins wohl zu schützen wäre. Vignolo Lutati leistete seinen Beitrag dazu durch seine Studien, an denen er schon 25 Jahre zuvor begonnen hatte zu arbeiten.

Ferdinando Vignolo Lutati wurde am 17. März 1878 als Sohn einer Aristokratenfamilie geboren. Sein Vater Celestino, einer der angesehensten piemontesischen Ärzte der zweiten Hälfte des 19. Jahrhunderts, wollte ihn in seinen Fußstapfen sehen, den Sohn aber zog es zu den Naturwissenschaften. Man einigte sich schließlich auf einen Kompromiss: 1900 beendete Ferdinando das Studium der Chemie, ließ es sich aber nicht nehmen, vier Jahre später auch das der Naturwissenschaften abzuschließen.

Von 1908 bis 1948 lehrte er Warenkunde an der Fakultät für Wirtschaftswissenschaften in Turin, deren Dekan er auch war. Im Ruhestand verfasste er schließlich ein systematisches Verzeichnis sämtlicher Arten der Kräutersammlung des Botanischen Instituts. Er verstarb am 15. Juli 1965.

Vignolo Lutati war Chemiker und Warenkundler, vor allem aber Botaniker. Jede freie Minute verwandte er auf das Studium der Pflanzenwelt. 1953 veröffentlichte er *Hieracia Pedemontana*, worin er 182 Arten und 300 Unterarten Gräser und Kräuter beschrieb, 1960 verfasste er ein ähnliches Werk über die Flora der Seealpen. Sein persönliches Herbarium umfasste 20 000 Exemplare. Von den 91 Schriften dieses unermüdlichen Publizisten ist *Le Langhe e la loro vegetazione* aus dem Jahr 1929 die für das Barolo-Gebiet zweifelsfrei wichtigste; ihr folgten Supplemente aus den Jahren 1932 bis 1960. In diesem Buch, einer wahren Bibel der Pflanzenwelt der Langhe, die allen ortsansässigen Wissenschaftlern von unschätzbarem Nutzen war, führte Lutati 1703 Pflanzen auf – ein Ergebnis minutiöser Forschungsarbeit, die ebenso aus seinem geradezu enzyklopädischen Wissen wie auch aus seiner großen Liebe zur Heimaterde gespeist war.

Die Besitzungen der Familie Vignolo Lutati befanden sich in Castiglione Falletto. Von hier aus brach Ferdinando zu seinen Streifzügen durch die Pflanzenwelt auf, hier zählte er aber auch die Nebbiolo-Weingärten, prüfte die Bodenqualität und unterzog die verschiedenen Barolo-Weine einer organoleptischen Analyse.

Welcher Mensch sich hinter dem Kartographen des Barolo-Gebiets verbarg, mögen schließlich noch die folgenden Zeilen seines Biographen Arturo Cerutti verdeutlichen: "Bis zu seinem Tod führte er sein Gehalt vollständig an die Stiftung der Salesianer ab und lebte von seinen sonstigen Einkünften und denen seiner Frau, die ebenfalls tief gläubig war und mit ihrem Mann gelebte Nächstenliebe und unverrückbare Prinzipien teilte. Gegen Mussolinis Regime opponierte er nicht, weil er die Verteidigung der Religion und der kirchlichen Einrichtungen gegen die extremen Vorstellungen der Linken bei den Faschisten in sicheren Händen wähnte. Er war schockiert, als er begriff, dass sich mit der Geburtsstunde der Republik die alten Beziehungen zwischen den Menschen verändert, ja völlig verkehrt hatten, und mehr als einmal wurde ich Zeuge, wie er sogar über die Linke der Christdemokraten klagte."

Erinnerungen an Castiglione Falletto

Paolo Borgogno
Geboren 1925
Weinbauer
in Castiglione Falletto

Die Weinberge gruben wir mit der Hand um, drei oder vier Meter am Tag, fünf oder sechs Rebzeilen im Jahr – unter der Erde war harter Stein. Einmal holten wir sogar ein Schmiedeeisen in den Hof, um unsere Spitzhacken zu reparieren, die sich leicht verbogen.

Die erste Winzergenossenschaft von Castiglione Falletto hatte ihren Sitz bei Montanello. Sie bestand aus etwa 30 Mitgliedern; die stritten sich eines Tages und lösten alles auf. Die Genossenschaft wurde dann in die Gegend von Borgogno zum dortigen Schreiner verlegt und hatte noch etwa 20 Mitglieder. Mein Vater erzählte mir, dass sie den Wein an irgendeinen Bischof verkauften. Einmal hatten sie keinen Barolo mehr und schickten ihm daraufhin sechs oder sieben Korbflaschen von anderen Winzern. Der Bischof schrieb: "Der Barolo ist gut, aber nicht derselbe wie sonst." Sein Kellermeister *Gioanin* erkannte den Wein eines jeden Fasses am Geschmack.

Später zog die Genossenschaft um, ins Herrenhaus am Eck. Dort befand sie sich auch 1925, als ich geboren wurde. Meine Frau hat noch zwei Flaschen 1927er, das ist ihr Geburtsjahr. Auf dem Etikett steht "Cantina Rocche di Castiglione Falletto". Aber normalerweise kauften die Leute Korbflaschen, und die Kunden klebten dann selber Etiketten auf. Einer der Genossenschafter war Pfarrer Don Alario, der immer in der Kellerei war, weil er etwas davon verstand.

Vignolo war Botanikprofessor [siehe *Große Namen der Vergangenheit*]. Jeden Sommer kam er nach Castiglione, weil seine Familie von dort stammte. Er war immer zu Fuß unterwegs, hatte ein Aluminiumkästchen umgehängt und suchte nach Kräutern. Die Vignolos waren reich und kinderlos, die Frau war Gräfin. Wenn die Herrschaften mit dem Bus aus Turin eintrafen, luden die Halbpächter sie zu sich nach Hause zum Essen ein. Die Hausfrau verdünnte dann aber die Suppe mit Wasser, damit die Vignolos nur ja nicht auf den Gedanken kamen, ihren Pächtern ginge es zu gut. Doch in Wirklichkeit hatten die Halbpächter Geld, denn die Herrschaften kontrollierten sie nicht. Ein Radio hätten sie sich aber niemals gekauft, sonst hätten die Vignolos wirklich gemeint, dass es ihnen zu gut ginge.

(*Winter 1989/1990*)

Erinnerungen eines Weinbauern

Früher pflanzte man die Nebbiolo-Reben *al sorì* [in Südlagen], die anderen Lagen bestockte man mit anderen Rebsorten. Daher musste man dann zur Lesezeit drei bis vier Durchgänge machen: Erst wurden die Dolcetto-Trauben gelesen, dann die Barbera- und schließlich die Nebbiolo-Trauben. Wenn alle Trauben gepflückt waren, ging's nach Hause, wo sie sortiert wurden; nicht eine rote, grüne oder trockene Beere wurde übersehen. Es gab nur wenige, die Wein herstellten, fast alle verkauften ihre Trauben. Wer für den Hausgebrauch kelterte, nahm dafür die Abfälle, das heißt alles, was rot oder schimmelig war. Und von diesem Wein war dann schon an Karneval nichts mehr da. Die Trauben hat man verkauft, weil's ja weitergehen musste, aber

die Weinbereitung war ein Vergnügen: Man ließ Wasser über die Trauben laufen, und dabei kam dann der *picheta* [Tresterwein] heraus. Mit dem Geld für die Trauben wurden Schulden beglichen, im Krämerladen kaufte man ja zumeist auf Pump.
Unsere heimischen Rebstöcke [die nicht veredelten] gediehen nicht so üppig, zu Sankt Anna hörten sie auf zu wachsen, dann wurden Kupfersulfat und Schwefel aufgebracht und Schluss, das war's! Heute hingegen, mit den amerikanischen Unterlagsreben, da produziert der Rebstock mehr und länger, natürlich auch, weil man Kunstdünger verwendet. Ich erinnere mich noch an die alte Genossenschaftskellerei. Sie hatte 14 oder 15 Mitglieder, die ausschließlich Nebbiolo-Trauben kelterten und den Wein im Jahr darauf verkauften, ohne ihn groß zu lagern. Abgesehen von denen verkauften damals alle ihre Trauben an Mascarello, Negro, Cappa aus Dogliani, Bonardi und Prunotto aus Alba. Um einen Preis festzusetzen, haben sie sich die Trauben in den Rebzeilen angeschaut, oder zu Hause, wenn sie schon gelesen waren. Es gab Jahre, in denen Barbera-Trauben mehr brachten als Nebbiolo-Trauben. Barbera und Dolcetto wurden vor allem an Privatleute verkauft, die mit Pferden und Karren vom Flachland heraufkamen, aus Marene oder Cavallermaggiore. Nur ein paar haben Nebbiolo-Trauben hier gekauft. Man brachte sie auf den Traubenmarkt von Alba, auf die Piazza San Paolo, drei Tage die Woche: dienstags, donnerstags und samstags. Dort wurden die Trauben dann von Privatleuten und von Gastwirten gekauft, wie dem Savona, dem Sinio und dem Langhe. Die Zwischenhändler kauften für die Händler, die lieber in den Wirtschaften saßen. Der Zwischenhändler sagte dann zu den Händlern: "Ich geh' erst nachmittags hin, denn wenn die Bauern die Trauben nicht wieder heimschaffen wollen, müssen sie sie uns eh' geben." Bei Privatleuten bekam man zwei Soldi mehr pro Myriagramm [zehn Kilo], denn der Zwischenhändler bekam zwei Prozent, und die musste der Verkäufer zahlen.
Einmal habe ich eine Flasche Barbera von 1808 in der Kellerei von Vignolo entkorkt, und eine Flasche Barolo, die 100 Jahre alt war, habe ich auch schon geöffnet – ist der Jahrgang gut, ist es auch der Wein. Den Korken hatten sie aus Maiskolben gemacht. (*Herbst 1989)*

Paolo Porello
Geboren 1926
Weinbauer
aus Castiglione Falletto

Käse mit Würmern

Maria Prandi Zunino
Geboren 1907
Weinbäuerin
aus Castiglione Falletto

Ich stamme aus Prunetto, einem Dorf in der Alta Langa. Wir waren damals zu vierzehnt: fünf Kinder, mein Vater, meine Mutter und ein Haufen Tanten und Onkel, deren jüngster seine Eltern verloren hatte und genauso alt war wie ich. Mit 38 Jahren hatte meine Mutter schon acht Kinder bekommen, von denen drei fast gleich nach der Geburt gestorben waren, eins an Keuchhusten.
Meine Mutter hatte fünf oder sechs Schafe, und je älter die Töchter wurden, desto mehr Schafe wurden es. Morgens früh zogen wir auf die Weide, dann schnitten wir ein Bündel Gras, kehrten heim, wuschen uns und gingen zur Schule. Im Sommer marschierten wir gegen fünf Uhr nachmittags vor den Tieren her, um die Felder nach der Ernte umzupflügen. Meine Mutter machte *tome marse* [reifer Schafskäse] in einem Tongefäß, das mit einem Geschirrtuch abgedeckt wurde. Sobald sie es entfernte, krabbelten die *sattarin* [Würmchen] heraus – die *sattarin* musste man mit dem Löffel entfernen, sonst fraßen sie den ganzen Käse auf!

Genau wie die *tome marse* machte man den *bros* [ein außerordentlich pikanter Streichkäse], den man ab und zu mit einem geschälten Feigenstöckchen umrührte. Im Winter teilten wir dann die Brotlaibe, rieben die Kruste mit Knoblauch und ein wenig Öl ein und strichen auf die andere Seite den *bros*. Anschließend rösteten wir das Brot mit einer Gabel über der Glut des Kamins oder des Ofens – der *bros* wurde goldgelb.
Ich habe Basilio geheiratet, der aus Saliceto stammte und zehn Jahre älter war als ich. Wir haben dieses Haus in Castiglione gekauft und sind 1935 hierher gezogen. Ich habe zwei Töchter bekommen, 1938 Argentina und 1943 Graziella. Ich hab' immer auf den Feldern und im Weinberg gearbeitet.
Im Krieg war es hart. Eines Tages tauchten bei uns zwei Partisanen auf, die nach meinem Mann fragten. Ich hatte gerade Graziella an der Brust, und Argentina klammerte sich an meinen Rock. "Mein Mann ist da." "Wir wollen ihn sehen." "Aber da ist er doch", sagte ich. Basilio war mit 35 Jahren bereits grau. "Zeigen Sie mir Ihre Papiere." Sie haben uns geglaubt, haben kurz in die Zimmer geschaut und sind gegangen. Ich bin mit ihnen hinausgegangen und habe die Hühner gefüttert. Einem der Partisanen ging's nicht sonderlich gut, und ich hab' ihm Eier angeboten. Er daraufhin: "Keine Eier, geben Sie mir Salz." Dann ist er auf mein Mädchen zugegangen und hat mich gefragt, ob es ein Junge oder ein Mädchen sei. "Ein Mädchen", habe ich ihm geantwortet. Er hat mir eine Hand auf die Schulter gelegt und gesagt: "Da hat sie aber Glück, dass sie ein Mädchen ist!" (*Sommer 1990)*

Wie man Barolo-Erzeuger wird

Violante Sobrero
Geboren 1911
Weinbauer und Erzeuger
in Castiglione Falletto

Mein Großvater Francesco hatte zahlreiche Besitzungen: beim Pugnane-Hof, in den Weingärten Villero, Codana und Valentin und dann noch Felder unten in der Ebene. Aber er hatte sechs Kinder, vier Jungs und zwei Mädchen. Da das Erbe geteilt wurde, blieb meinem Vater nicht viel. Er hat sieben Kinder bekommen und wollte ihnen keine Allerweltsnamen geben, denn in Castiglione bekamen alle die Namen der Großeltern: So hießen viele Giovanni, Giuseppe und *Tonin* [Antonio] – manche auch mit demselben Nachnamen. Wenn dann ein Brief kam, war der Schlamassel da. So nannte er uns Fiorito, Eider, Raffaele, Oscar, Violante, Elsa und Carmen.
Der Feldarbeit und dem Weinbau sind ich, mein Bruder Fiorito und meine Schwester Eider treu geblieben – etwas Wein wurde schon immer hergestellt in der Familie, aber meistens verkauften wir die Trauben. 1944 tummelten sich hier Partisanen und Anhänger der Repubblica di Salò. Ich war zu Hause, nachdem ich 1943 von der französischen Front fortgelaufen war. Damals wurde das Land ohne Gerätschaften bestellt: Ich erinnere mich noch, dass wir das Kupfersulfat mit dem Kupfer von Kesseln herstellten – man schlug sich eben so durch. Zur Lesezeit kam die Signora Cappa aus Dogliani und wollte unsere Trauben kaufen – die ersten haben wir für 190 Lire pro Myriagramm [zehn Kilo] verkauft, dann kam sie wieder und wollte uns nur mehr 180 geben. Ich hab' zu meinem Bruder gesagt: "Wir verkaufen keine Trauben mehr! Wir machen Wein, glaub' mir, das ist besser." Wir hatten einen Bottich, in den haben wir sie hineingeworfen, gestampft und dann unseren Wein gemacht. Im Jahr darauf haben wir viel mehr verdient, als wir für die Trauben bekommen hätten.
Ich denke, dass das Geheimnis großer Weine in den Trauben liegt, und gute Trauben brauchen Sonne. Mein Bruder

Fiorito, geboren 1903, war meiner Meinung nach ein Meister in der Landwirtschaft – seine große Leidenschaft. Ich habe große Weine erzeugt, über die sogar die Zeitungen berichtet haben, doch das Verdienst gebührt meinem Bruder. Bei der Weinlese hielt er sich noch an die gute alte Tradition: Wenn gelesen wurde, wurde jede Beere, die nicht völlig perfekt war, rigoros aussortiert. Wir benutzten Holzkufen, in denen es den Trauben deutlich besser ging als in Plastik – selbst wenn sie ein paar Tage darin bleiben mussten, nahmen sie keinen Schaden.
1961 haben wir mit dem Abfüllen begonnen, der Betrieb hieß "Sobrero Filippo e figli". 1977 ist mein Bruder gestorben, und diesen Verlust konnte ich nicht überwinden. Wenn man niemanden hat, kann man nicht einfach bis zum Umfallen arbeiten. Ich habe dann 1982 aufgehört. Ich war traurig, so traurig, wie man es sich gar nicht vorstellen kann – diese Weinberge zu verkaufen war wie ein Stich ins Herz. (*Sommer 1990*)

Früher verkauften alle ihre Trauben

Früher gab es nicht so viele Nebbiolo-Reben, da gab's mehr Barbera-, Dolcetto- und Neirano-Gewächse. In ein und demselben Weingarten wuchsen auch schon mal sechs oder sieben verschiedene Rebsorten: In rote Erde kam die eine Rebsorte, in weiße Erde eine andere und so weiter.
Vor Jahren, als man langsam Geld mit ihnen verdienen konnte, haben die Leute überall Nebbiolo gepflanzt und dasselbe ist dann mit den Muskateller-Reben passiert. Aber Nebbiolo-Reben werden nichts, wenn sie nicht richtig gesetzt werden, und in außergewöhnlich guten Lagen werden sie auch nichts. Wichtig ist, dass man sie richtig schneidet – statt einem Myriagramm Trauben sollten sie nur die Hälfte tragen, dann werden sie richtig gut.
Früher verkauften hier fast alle ihre Trauben. Ich erinnere mich noch, dass es vier waren, die aus Dogliani kamen: Sie kamen, luden auf und zahlten. Stammten die Trauben aus Bereichen, die als gut galten, bekamen wir etwas mehr. Es gab auch die Zwischenhändler, aber die hatten nur den Profit der großen Kellereien im Kopf. Immerhin dachten ein paar wenige aber auch an uns Bauern: Einer sagte mir mal den Preis, den ich für meine Trauben verlangen sollte.

Sandro Zocca
Geboren 1908
Weinbauer
in Castiglione Falletto

In Castiglione habe ich in zahlreichen Weingärten veredelt, nachdem ich den Rebschnitt- und Veredelungskurs besucht hatte. Im Februar und März war Saison in zahlreichen Dörfern: Von Viganò bis Barolo hab' ich veredelt. Und just in Barolo traf ich beim Veredeln auf andere, die ganz in der Nähe auch damit beschäftigt waren."Wollen wir doch mal sehen, wer der Tüchtigste ist", sagten wir uns. Die spätere Überprüfung ergab, dass meine Edelreiser viel längere Reblinge ausgetrieben hatten als die der anderen – Grund dafür ist der Boden, der sie so gut anwachsen ließ.
Ich schaffte 3000 Veredelungen am Tag und bekam vier Soldi pro Stück, mit Anwachsgarantie. Wenn ich Setzlinge zog und sie auch gleich einpflanzte, bekam ich zehn Soldi pro Stück, wie gehabt mit Anwachsgarantie. Ich habe auch Okulationen durchgeführt. (*Winter 1989/1990*)

BAROLO

Cherasco

Unweit von Bra, noch diesseits des Flusses Tanaro, liegt Cherasco. Nur ein winziges Stück seiner Gemeindefläche gehört zur DOCG Barolo, Crus besitzt es keine. Doch dafür kann das Städtchen mit so manch anderer Kostbarkeit und einer stolzen Geschichte aufwarten, in deren Verlauf eine Reihe hervorragender Persönlichkeiten für das Wohl ihrer Stadt wirkten. Cherasco entstand im 13. Jahrhundert und erhielt zunächst den Grundriss eines römischen *castrum*, wechselte jedoch in der Folgezeit so manches Mal Gestalt und Herrscher, bis es schließlich nach dem Friedensschluss von Cateau-Cambrésis (1559) zu einem der bevorzugten Aufenthaltsorte des savoyischen Hofes wurde. Nach fast drei Jahrhunderten unter savoyischer Herrschaft wurden die Bewohner Cherascos begeisterte Anhänger Napoleon Bonapartes, und bei jedem neuerlichen Sieg des Korsen eilten sie in die Kirche, um ein *Te Deum* anzustimmen. Lange bevor Napoleon Kaiser von Frankreich wurde, hatten sie ihm den Bürgermeister mit den Schlüsseln der Stadt entgegengeschickt und ihn im Palazzo Salmatoris einquartiert, wo er ihnen die Übergabebedingungen diktierte. Dieses Dokument, der "Waffenstillstand von Cherasco", kam den Cheraschern einem Adelstitel gleich, und der Tag seiner Verkündung, der 27. April 1796, wurde zum Beginn einer großen Liebe, die noch weit über das Jahr 1814 hinaus andauern sollte. Mit Napoleons Niederlage und der Rückkehr der Savoyer in jenem Jahr wandte sich auch die "große Geschichte" von Cherasco ab. Aber man fand neue Betätigungsfelder, zu Beginn der Siebzigerjahre des 20. Jahrhunderts etwa die Schneckenzucht. Heute darf sich Cherasco stolz "Hauptstadt der italienischen Schneckenzucht" nennen. In der Via Vittorio Emanuele II, der Hauptstraße, finden sich zahlreiche historische Gebäude wie der Palaz-

zo del Carretto, Sitz des italienischen Schneckenzüchterverbands, und vor allem der berühmte Palazzo Salmatoris, in dem – inmitten von prächtigen Fresken von der Hand des Cheraskers Sebastiano Taricco – die Friedensverträge von 1631 (durch Viktor Amadeus I. nach dem zweiten Monferrato-Krieg) und von 1796 unterzeichnet worden waren. Im Süden wird die Straße durch die schlicht geschwungene Porta Narzole aus dem 18. Jahrhundert abgeschlossen, im Norden durch die Piazza del Comune mit ihrem 36 Meter hohen mächtigen Stadtturm sowie den Arco del Belvedere, der nach der Pest des Jahres 1630, die die Stadt verschont hatte, als Votivbau nach Plänen von Boetto entstand. Neben dem Bogen findet sich die ebenfalls nach einem Entwurf von Boetto gestaltete Kirche Sant'Agostino, mit deren Bau 1672 auf Geheiß der Disciplinati Bianchi begonnen wurde.

Bevor man sich dem Umland zuwendet, sollte man noch ein wenig Zeit für einige prächtige Beispiele Cherasker Kirchenbaukunst aufbringen, die in der Regel auf älterer Bausubstanz entstanden und allesamt im 18. Jahrhundert umgestaltet wurden: die Kirchen San Pietro, San Gregorio und San Martino. In jenem Jahrhundert erbaut sind dagegen die Kirchen Santa Maria del Popolo (1709 geweiht) und Madonna delle Grazie, die ebenso faszinierend ist wie Vittones Santa Chiara in Bra.

Nach einem Blick in die Visconti-Burg, die im 19. Jahrhundert nach Plänen Alfredo D'Andrades wieder aufgebaut wurde, mischen wir uns unter die Cherasker auf ihrem romantischen Spaziergang entlang der Bastionen, von denen aus sich ein prächtiger Blick über die Langhe und die beiden Flüsse Tanaro und Stura auftut, die sich am Fuße der Hochebene vereinen.

Die Weinberge

DOC und DOCG	Rebfläche in Hektar	Anteil an der Gesamtrebfläche der Gemeinde	Anteil am DOC-Bereich
Barbera d'Alba	11,5385	56,71%	0,67%
Dolcetto d'Alba	5,1871	25,49%	0,28%
Barolo	**1,8500**	**9,09%**	**0,15%**
Langhe Favorita	1,0800	5,31%	1,0,8%
Langhe Chardonnay	0,6900	3,39%	0,27%
GESAMT	20,3456	100,00%	

Die Weinproduktion im Überblick

Ein einziger Erzeuger, der auf 1,85 Hektar 148 Doppelzentner Trauben erntet und daraus 104 Hektoliter Wein (13 800 Flaschen) produziert; dies entspricht 0,15 Prozent der Produktion des gesamten Barolo-Gebiets.

Empfohlene Adressen

Einwohner: 7040
Höhe: 288 Meter

AUSKÜNFTE

Rathaus (Municipio)
Piazza Umberto I
Tel. 0172/489498

Fremdenverkehrsamt
(Ufficio Turismo)
Piazza Umberto I
Tel. 0172/489382

Museum
Palazzo Salmatoris
Via Vittorio Emanuele II

ÜBERNACHTUNGSMÖGLICHKEITEN

Hotel Napoleon
Via Aldo Moro, 1
Tel. 0172/488238
Außerhalb der Stadt an der Straße nach Narzole gelegenes, neu errichtetes Drei-Sterne-Hotel. Im Restaurant speist man à la carte, kann aber auch ein Degustationsmenü mit zahlreichen Variationen rund um die Spezialität Cherascos, die Schnecke, kosten.

SPEISELOKALE

Osteria della Rosa Rossa
Via San Pietro, 31
Tel. 0172/488133
Schörkellose traditionelle Küche rund um die Cherasco-Schnecke. Großzügige Weinkarte mit einer Vielzahl von Barolo-Tropfen.

La Lumaca
Via San Pietro,
Ecke Via Cavour
Tel. 0172/489421
Wer zu vernünftigen Preisen landestypische Häppchen mit einer Verkostung ortstypischer, direkt aus den Kellern der angrenzenden Enoteca stammender Weine verbinden möchte, ist hier richtig.

EINKAUFSMÖGLICHKEITEN

Enoteca La Lumaca
Via Cavour, 8
Neben interessanten Weinen werden hier auch zahlreiche ortstypische Qualitätsprodukte angeboten.

BAROLO

Diano d'Alba

Nur wenige Kilometer von Alba entfernt, mitten im wogenden Auf und Ab der Hügel der Langhe, thront auf einem 500 Meter hohen Felssporn das Städtchen Diano d'Alba. Nach Westen hin tut sich die unmerklich in den Alpenbogen und rechter Hand ins Roero übergehende Langa del Barolo auf, dann folgen im Uhrzeigersinn die Hügel des Barbaresco und im Osten die ersten schroffen Ausläufer der Alta Langa. Diano d'Alba ist vor allem für seine Dolcetto-Reben bekannt, die sich auf dem Gemeindegebiet sogar einer eigenen Ursprungsbezeichnung rühmen dürfen, verfügt aber auch über einige Lagen zwischen den Grenzen zu den Gemeinden Grinzane und Serralunga im Barolo-Gebiet, deren vornehmster Vertreter den Namen Sorano trägt.

Diano gliedert sich in drei ziemlich unterschiedliche Teile: die erste Ansiedlung und heutige Altstadt, von der aus die Hügel mit den Dolcetto-Weingärten ihren Ausgang nehmen, dann den Ortsteil Ricca, in dem Industrie und Handel angesiedelt sind, sowie das wirtschaftlich nach Gallo Grinzane orientierte Talloriatal, in dem auch erstklassige Nebbiolo-Trauben gedeihen.

Das altehrwürdige Städtchen blickt auf eine mehr als 2000-jährige Geschichte zurück, in der es bereits Zentrum politischer und militärischer Macht war; doch von der ruhmreichen Zeit des *Comitatus Dianensis* in karolingischer Zeit zeugt heute so gut wie nichts mehr. Die Burg, die bereits die blutigen Kämpfe zwischen Guelfen und Ghibellinen unbeschadet überstanden hatte,

wurde 1631, als das Haus Savoyen durch das Traktat von Cherasco zu Herrschern über ganz Alba aufstieg, auf Geheiß des französischen Generals Colombier geschleift.
Dort, wo einst die Burg stand, kann heute die zwischen 1763 und 1770 nach Plänen des Militärarchitekten Carlo Francesco Rangone, Graf von Montelupo, errichtete Kirche San Giovanni Battista besichtigt werden, deren Architektur deutlich den Einfluss Filippo Juvaras verrät.
Aus römischer Zeit ist hingegen so gut wie nichts überkommen, außer einigen Grabsteinen, Fragmenten von Basreliefs und einer winzigen in den Fels gehauenen Kapelle an der Ortseinfahrt, in der sich vermutlich ein kleiner Tempel zu Ehren der Göttin Diana befand, der späteren Namenspatronin des Ortes.

Die Weinberge

DOC und DOCG	Rebfläche in Hektar	Anteil an der Gesamtrebfläche der Gemeinde	Anteil am DOC-Bereich
Dolcetto di Diano d'Alba	283,9884	67,78%	100,00%
Barbera d'Alba	52,3159	12,49%	3,03%
Nebbiolo d'Alba	26,1005	6,23%	6,28%
Barolo	**22,5905**	**5,39%**	**1,81%**
Langhe Chardonnay	17,1517	4,09%	1,68%
Weitere DOC-Weine	16,8390	4,02%	
GESAMT	418,9860	100,00%	
Weitere DOC-Weine			
Langhe Rosso	6,0450	1,44%	8,60%
Langhe Favorita	5,4100	1,29%	5,40%
Langhe Bianco	4,0590	0,97%	15,22%
Langhe Arneis	0,9150	0,22%	2,22%
Langhe Freisa	0,1600	0,04%	0,27%
Piemonte Grignolino	0,1600	0,04%	7,07%
Langhe Nebbiolo	0,0900	0,02%	0,36%

Die Weinproduktion im Überblick

Acht Erzeuger, die auf insgesamt 22,59 Hektar 1773 Doppelzentner Trauben ernten und daraus 1241 Hektoliter Wein (165 466 Flaschen) produzieren; dies entspricht 1,81 Prozent der Produktion des gesamten Barolo-Gebiets.

Sorano

Der schmale Streifen Gemeindeland von Diano d'Alba, der in das Barolo-Gebiet hineinreicht, grenzt zwar im Süden an einige hochklassige Lagen der Gemeinde Serralunga (Gallareto, Gattinera, La Rosa), ist durch seine Nordost-Exposition jedoch weniger sonnenverwöhnt. Einzige Ausnahme ist der teils zu Diano, teils zu Serralunga gehörige Weingarten Sorano: Vier Hektar nach Südosten hin ausgerichtetes ton- und kalkhaltiges Gelände, das von 310 Meter Höhe steil auf fast 270 Meter abfällt.

Sorano ist eine durchaus respektable Lage, der mehr Beachtung gebührte, als ihr bislang zuteil wurde. Die Zufahrt zu dem Weingarten erfolgt über den gleichnamigen Weiler im Gemeindebezirk von Serralunga.

Die wichtigsten Weine

*Barolo Vigneto Sorano – Grimaldi, Diano d'Alba

Sorano

Empfohlene Adressen

Einwohner: 2967
Höhe: 496 Meter

AUSKÜNFTE

Rathaus (Municipio)
Via Umberto I, 22
Tel. 0173/69403

DIE ERZEUGER

Claudio Alario
Via Santa Croce, 23
Tel. 0173/231808
Claudio Alario, einer der besten Winzer von Diano d'Alba, hat sich zunächst mit dem typischen Vertreter der Gegend, dem Dolcetto, einen Namen gemacht, um dann 1995 seinen ersten Barolo abzufüllen. Der Ertrag des kleinen hauseigenen Weinbergs Rive di Verduno ist nicht sehr hoch.

SPEISELOKALE

Langhet
Via Cane, 31
Frazione Valle Talloria
Tel. 0173/69403
Dieses Lokal ist zugleich eine Weinstube. Auf der umfangreichen Karte finden sich sämtliche bedeutenden Dolcetto-Gewächse Diano d'Albas, die man bis zu später Stunde zu schmackhaften Käse- und Wurstwaren genießen kann.

DIE WEINBERGE

SORANO

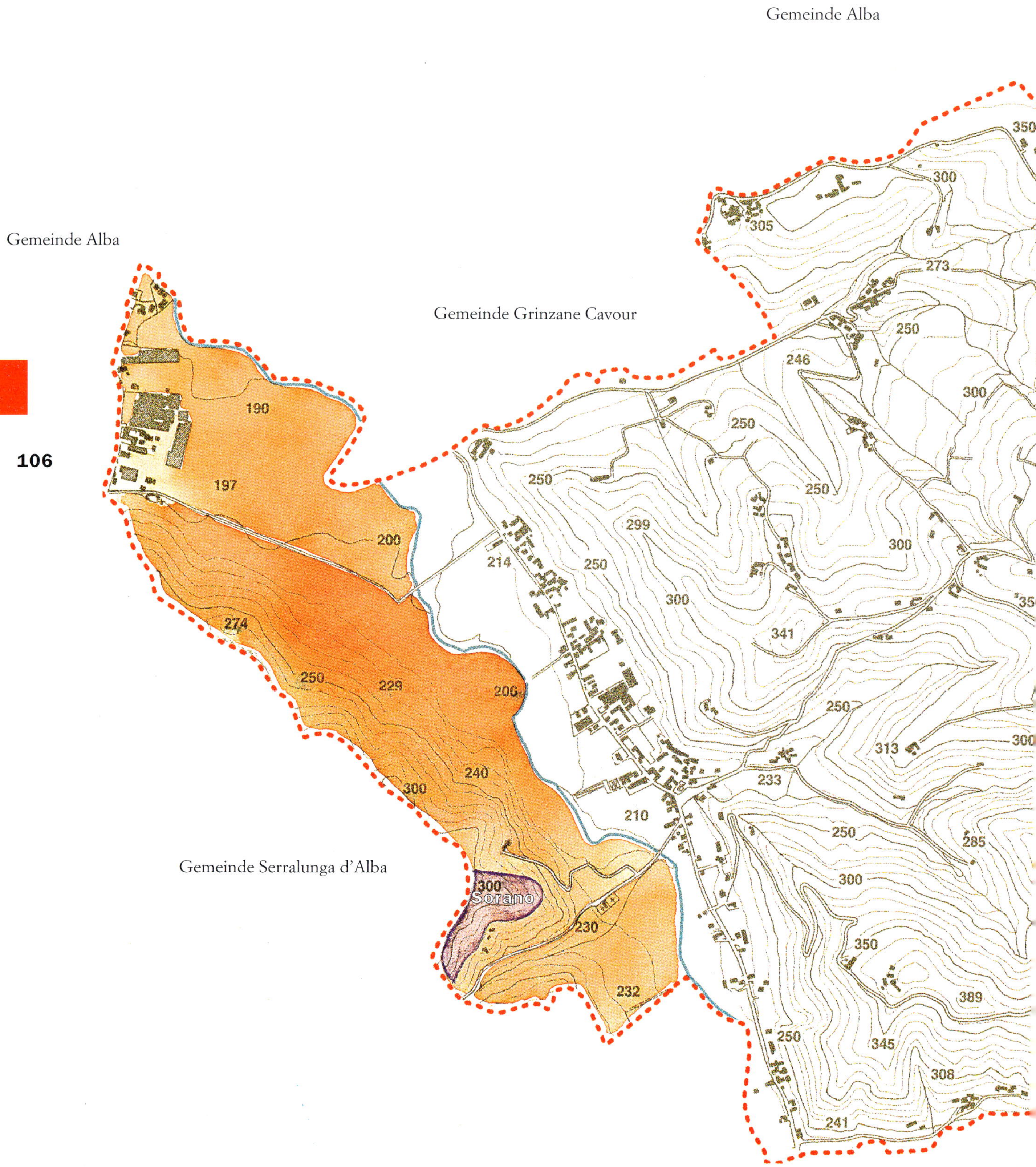

Gemeinde Alba
N
Gemeinde Rodello
Gemeinde Montelupo Albese
BAROLO-GEBIET
BEDEUTENDE LAGEN
300
234
350
306
250
378
400
400
350
428
270
243
250
400
214
350
300
313
435
300
219
376
250
484
345
250
300
390
350
400
400
375
250
300
250
419
300
450
400
499
383
453
350
350
359
400
350
457
434
400
300
400
350

Grinzane Cavour

Die Gemeinde gliedert sich in zwei Ortschaften: Gallo an der Provinzstraße Alba–Barolo und das nur wenige Kilometer entfernte Grinzane Cavour. In Gallo, das für sein *Torrone* (Nugat mit Mandeln und kandierten Früchten) bekannt ist, sind zahlreiche Handwerks- und Industriebetriebe angesiedelt. Entsprechend unansehnlich ist der Ort, von dem man nicht vermuten würde, dass auch er zu den historischen Städtchen der Langhe zählt. Ganz anders begrüßt einen die eng um die geschichtsträchtige Burg gedrängte Altstadt von Grinzane Cavour, in deren unmittelbarer Nähe sich auch der einzige Barolo-Cru der Gemeinde befindet.

Die um einen noch älteren, gegenüber der Gesamtanlage achsversetzten Wehrturm errichtete Burg stammt aus dem 13. Jahrhundert – ein mächtiger Backsteinbau, der heute so finster wie damals auf seine Besucher herabblickt. Die verspielteren Rundtürmchen stammen aus dem 16. Jahrhundert, ebenso wie die Kassettendecke im *Salone delle Maschere* mit ihren 157 kunstvoll bemalten Tafeln, auf denen sich in munterem Reigen Wappen, Allegorien, Porträts und Fabelwesen tummeln.

Nach einer Vielzahl von Burgherren ging die Anlage schießlich auf den Grafen Camillo Benso di Cavour über, der später als einer der großen Staatsmänner des Risorgimento und Wegbereiter der staatlichen Einheit Italiens Berühmtheit erlangen sollte. Cavour bekleidete 17 Jahre lang das Amt des Bürgermeisters von Grinzane, bevor er in die große Politik ging – eine segensreiche Zeit für die Stadt, nicht zuletzt in önologischer Hinsicht, da sich der Graf, unterstützt von dem französischen Experten Oudart, auch sehr um den Wein-

Castello

bau und die Weinbereitung verdient machte. Seit 1916 darf sich Grinzane zudem mit dem Namen des berühmten Mannes schmücken.
Als Cavours letzte Erbin, Markgräfin Adele Alfieri di Sostegno, 1936 starb, wurde in der Burg eine Kinderferienkolonie eingerichtet. Später stand das Bauwerk viele Jahre leer, bis es schließlich 1961 restauriert wurde. Heute beherbergt die Burg die Enoteca Regionale der piemontesischen Weine und ist Sitz des *Ordine dei Cavalieri del Tartufo*, des "Ordens der Trüffelritter", der sich der Förderung von Weinbau und Gastronomie der Langhe verschrieben hat. Im ersten Stock befindet sich ein Restaurant, während in den oberen Stockwerken das Museum bäuerlicher Kultur untergebracht ist, mit nachgestellten typischen Wohn- und Arbeitsbereichen aus dem 17., 18. und 19. Jahrhundert.

Die Weinberge

DOC und DOCG	Rebfläche in Hektar	Anteil an der Gesamtrebfläche der Gemeinde	Anteil am DOC-Bereich
Barolo	**23,6143**	**35,07%**	**1,89%**
Dolcetto d'Alba	20,5530	30,52%	1,10%
Barbera d'Alba	18,1400	26,94%	1,05%
Langhe Chardonnay	2,5650	3,81%	1,00%
Weitere DOC-Weine	2,4660	3,66%	
GESAMT	67,3383	100,00%	
Weitere DOC-Weine			
Nebbiolo d'Alba	1,5460	2,30%	0,37%
Piemonte Grignolino	0,5000	0,74%	3,05%
Langhe Freisa	0,2600	0,39%	0,43%
Langhe Nebbiolo	0,0800	0,12%	2,32%
Langhe Rosso	0,0800	0,12%	0,11%

Die Weinproduktion im Überblick

31 Erzeuger, die auf insgesamt 23,61 Hektar 1889 Doppelzentner Trauben ernten und daraus 1322 Hektoliter Wein (176 266 Flaschen) produzieren; dies entspricht 1,89 Prozent der Produktion des gesamten Barolo-Gebiets.

Castello

Der einzige herausragende Weinberg von Grinzane Cavour, der *sorito* der Burg, war bereits dem großen Fantini einen Eintrag in seine 1881 erschienene Monographie wert. Der nach Südwesten, Süden und Südosten ausgerichtete Weingarten liegt zu Füßen der Burg von Grinzane, dem einstigen Sitz des Camillo Benso Graf von Cavour. Der größte Teil der etwa ein Piemonteser Tagwerk (0,38 Hektar) messenden Rebfläche gehört der Provinz Cuneo und wird von den Studenten der Berufsfachschule für Weinbau bewirtschaftet, die die Kellerei Cantina Terre del Barolo betreibt. Von der 269 Meter hoch gelegenen Burg erstrecken sich die Nebbiolo-Reben bis hinab auf 250 Meter Höhe. Auf dem lehm- und kalkhaltigen, ziemlich kompakten Boden dieser Lage gedeihen Trauben von hervorragender Qualität, deren spezifische Eigenarten, vor allem die intensiven Duftnoten, sich vollendet in den interessanten Weinen wiederfinden.

Die wichtigsten Weine

*Barolo Castello – Cantina Terre del Barolo, Castiglione Falletto

Empfohlene Adressen

Einwohner: 1791
Höhe: 183 bis 310 Meter

AUSKÜNFTE

Rathaus (Municipio)
Via dell'Asilo, 18
Tel. 0173/262159

Castello di Grinzane
Via Castello, 5
Tel. 0173/262159

SPEISELOKALE

Trattoria Nonna Genia
Località Borzone, 1
Tel. 0173/262410
Nette Trattoria in einem restaurierten Landgut an der Straße, die von Gallo d'Alba hinauf in die Langhe führt. Die Familie Marengo – Dario im Speisesaal und seine Frau Renata in der Küche – bietet ihren Gästen schmackhaft-leichte, ortstypische Gerichte zu angemessenen Preisen. Gute Weinkarte.

Osteria La Salinera
Via IV Novembre, 19
Tel. 0173/262915
Traditionelle Küche, von Luciana Manzone zubereitet und von Bruno serviert. In der kleinen Osteria kann man auch allerlei Lebensmittel, Weine und Spezialitäten der Gegend kaufen. Die Speisekarte ist an der Wand angeschlagen und den Wein sucht man gleich selbst im Regal aus. Günstige Preise.

EINKAUFSMÖGLICHKEITEN

Enoteca Regionale
Via Castello, 5
In den schönen Räumlichkeiten der Burg findet sich eine interessante Auswahl an Weinen der Gegend, die höchstens noch etwas besser aufeinander abgestimmt werden könnten.

Distilleria Montanaro
Via Garibaldi, 6
Seit über 100 Jahren wird hier Grappa aus den Nebbiolo-Trestern des Barolo- und Barbaresco-Gebiets hergestellt und verkauft.

DIE WEINBERGE

CASTELLO

BAROLO-GEBIET

BEDEUTENDE LAGEN

BAROLO

La Morra

Auf der Spitze eines mächtigen Höhenzugs, der sich zwischen dem Tal des Po und einer sanft geschwungenen, von unzähligen Weingärten überzogenen Hügellandschaft erhebt, thront das reizvolle Städtchen La Morra. Oben angelangt, eröffnet sich dem Besucher ein Ausblick auf ein einzigartiges Amphitheater von geradezu betörender Schönheit: Vor dem 500 Meter hohen Bricco del Dente breitet sich das Barolo-Becken aus, direkt unterhalb liegen – gut geschützt – die *sorì* Brunate und Cerequio und links, hinter den Rocche, erblickt man die sanften, nur 300 Meter hohen Falletti-Hügel. In La Morra, so heißt es, hätten einst ein Kaiser und ein Papst Quartier bezogen. Julius Cäsar soll auf dem Rückweg von Gallien hier Station gemacht haben, doch ist die mittelalterliche Abschrift seiner *Commentarii* mit besagter Passage verloren gegangen. Papst Pius VII. wiederum soll, als er auf dem Weg nach Paris in Asti weilte, über den Himmel und den Wein von La Morra mit dem Ausspruch *"Morra, bel cielo e buon vino!"* sein Entzücken kundgetan haben. Die Zuverlässigkeit dieser Quellen darf bezweifelt werden, und der dem Städtchen nachgesagte Ursprung aus altem Adel oder gar aus römischer Zeit dürfte reine Legende sein. In Wirklichkeit reicht die Gründung der *Villa Murre* nicht einmal 1000 Jahre zurück. Zudem lässt der Name – als *Murre* bezeichnete man Einfriedungen fürs Vieh – auf eine einfache bäuerliche Siedlung schließen.

In der zweiten Hälfte des 13. Jahrhunderts gelangte La Morra zusammen mit Alba in den Herrschaftsbereich des Hauses Anjou. Der Edelmann Sordello da Goito erhielt 1269 den Ort als Lehen zugesprochen, doch wurde er bereits 1340 für 3000 Gulden an Pietrino Falletti verkauft. Im Jahre 1402 wurden

in La Morra die *Statuti* erlassen, die das Leben in dem kleinen Gemeinwesen regeln sollten, und in dieser Verordnung taucht auch erstmals das Wort *nebiolium* auf – ein eindeutiger Beleg für das hohe Alter der hiesigen Rebenkultur.

Im historischen Zentrum von La Morra hat sich die mittelalterliche Stadtanlage weitgehend erhalten. Mittelpunkt der fächerförmig verlaufenden Straßenzüge ist die Piazza Castello, wo allerdings nur die Grundmauern des im 18. Jahrhundert neu errichteten Glockenturms, heute Wahrzeichen des Ortes, an das einstige "Kastell" erinnern. Gegenüber befindet sich das bronzene Denkmal des Weinbauern, ein Werk des Antonio Munciguerra aus Turin: Kniend wendet sich der Winzer seinen Reben zu, fast so, als sei er eins mit ihnen geworden. Nur wenige Schritte sind es von hier bis zur Piazza del Municipio, die von der mächtigen Barockkirche San Martino beherrscht wird. In ihrem Schatten stehen das Rathaus und die Kirche der Bruderschaft von San Rocco, beides Bauten aus dem 18. Jahrhundert, und nicht zuletzt befindet sich hier auch die örtliche Winzergenossenschaft.

Im Ortsteil Annunziata lohnt es sich, den romanisch-barocken Komplex des ehemaligen Benediktinerklosters San Martino di Marcenasco zu besichtigen, zu dem die Kirche Annunziata mit Glockenturm und Apsis aus dem 15. Jahrhundert gehört. Bei Restaurierungen wurden in jüngerer Zeit nicht nur Fresken aus dem 15. bis 19. Jahrhundert freigelegt, sondern auch eine Grabplatte aus der römischen Antike, die vor dem Hauptaltar in den Fußboden eingelassen ist. Im Keller befindet sich ferner das Museo Ratti, das den Weinen von Alba gewidmet ist.

Die Weinberge

Die im östlichen Teil der Gemeinde La Morra gelegenen Weinberge gelten als die besten: Hier nämlich sind die Nebbiolo-Reben durch den Höhenzug, auf dem auch La Morra liegt, vor den kalten Winden aus dem Gebirge geschützt. Das weite Areal lässt sich in drei Gebiete unterteilen, die sich rund um die Ortsteile Santa Maria und Annunziata sowie den Weiler Cerequio erstrecken. Die beiden erstgenannten Gebiete weisen hinsichtlich der Weinproduktion recht beachtliche Unterschiede auf: Die fruchtbaren Böden um Santa Maria verleiten leider häufig zu Anbaumethoden, die mehr auf Quantität denn auf Qualität ausgerichtet sind. Dennoch sind fünf interessante Lagen zu nennen, auf denen vorwiegend Nebbiolo wächst: Roncaglie, Bricco Chiesa, Roggeri, Capalotti und Rive. Im Gebiet um Annunziata bemühen sich dagegen zahlreiche Winzer mit Erfolg, hochwertige Gewächse hervorzubringen, die mit zu den besten Barolo-Weinen gehören. Herausragende Lagen sind etwa Rocche, Giachini, Conca dell'Annunziata, Manzoni, Gattera, Arborina, Bricco Luciani, Bricco Rocche

DOC und DOCG	**Rebfläche in Hektar**	**Anteil an der Gesamtrebfläche der Gemeinde**	**Anteil am DOC-Bereich**
Barolo	**383,6390**	**56,37%**	**30,70%**
Dolcetto d'Alba	168,4500	24,75%	9,01%
Barbera d'Alba	98,4500	14,46%	5,71%
Langhe Chardonnay	17,0550	2,51%	6,65%
Weitere DOC-Weine	13,0281	1,91%	
GESAMT	680,6221	100,00%	
Weitere DOC-Weine			
Langhe Freisa	4,0656	0,60%	6,78%
Langhe Rosso	2,7370	0,40%	3,89%
Langhe Nebbiolo	2,6574	0,39%	10,63%
Langhe Bianco	1,7300	0,25%	6,48%
Langhe Favorita	0,6300	0,09%	0,63%
Verduno Pelaverga	0,5400	0,08%	5,98%
Piemonte Grignolino	0,3800	0,06%	2,32%
Nebbiolo d'Alba	0,2881	0,04%	0,07%

Gattera oder Monfalletto

und Turna Longa. Eine beachtliche Liste! Besondere Erwähnung verdient ferner das *Museo Ratti dei Vini d'Alba,* das im ehemaligen Kloster Annunziata untergebracht ist.

Am beeindruckendsten ist aber vielleicht die Ansammlung außergewöhnlicher Lagen im Gebiet um Cerequio. Ein Teil dieser Weinberge reicht bis in den Gemeindebezirk von Barolo, was sich auch auf die geschmacklichen Eigenheiten der Weine auswirkt, die sich deutlich von denen der beiden erstgenannten Gebiete unterscheiden.

Viele der Weinberge finden bereits Erwähnung in den mittelalterlichen Grundbüchern aus den Jahren 1340 und 1477, die im Gemeindearchiv von La Morra aufbewahrt werden.

Die Weinproduktion im Überblick

227 Erzeuger, die auf insgesamt 384 Hektar jährlich 21 288 Hektoliter Wein produzieren; dies entspricht 31 Prozent der Produktion des gesamten Barolo-Gebiets.

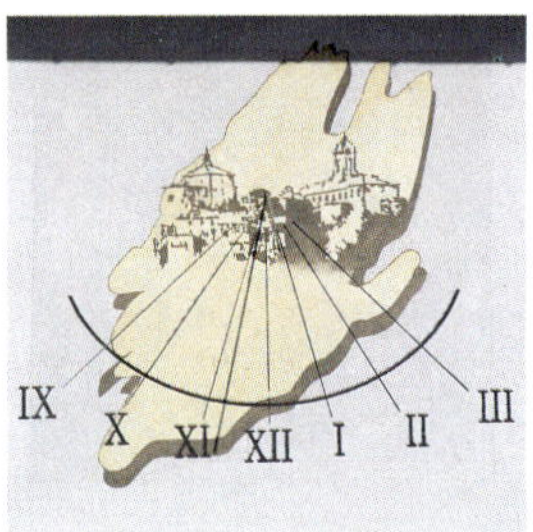

DIE WEINBERGE

ARBORINA ODER ARBURINE
BRICCO CHIESA
BRICCO ROCCA
BRICCO SAN BIAGIO
BRUNATE ODER BRINATE
CAPALOTTI ODER CAPALLOTTI
CA' NERE
CEREQUIO
CONCA DELL'ANNUNZIATA
FOSSATI
GANCIA UND LUCIANI
GATTERA ODER MONFALLETTO UND TURNA LUNGA
GIACHINI ODER GIACCHINI
LA SERRA
MANZONI
RIVE
ROCCHE DELL'ANNUNZIATA
ROGGERI
RONCAGLIE

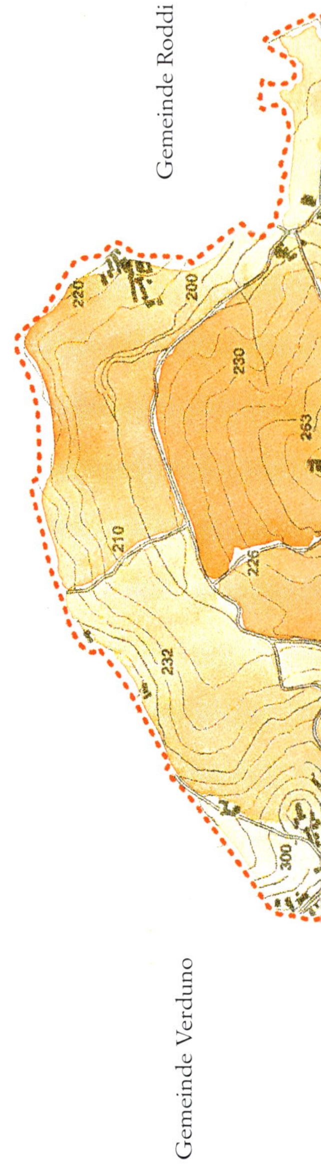

BAROLO-GEBIET

BEDEUTENDE LAGEN

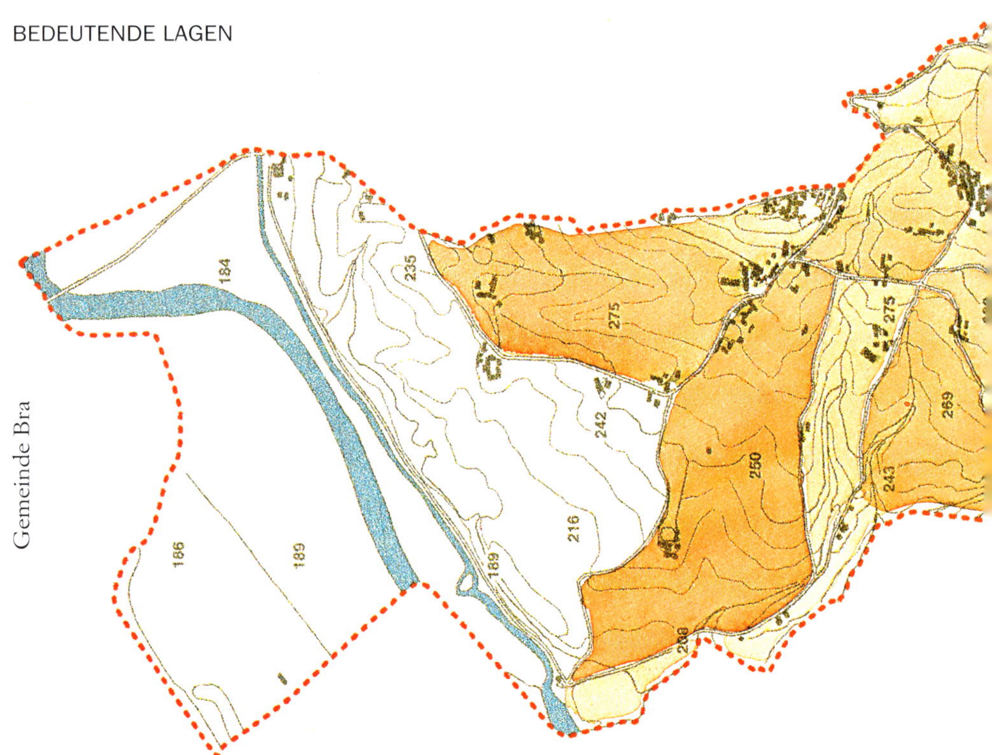

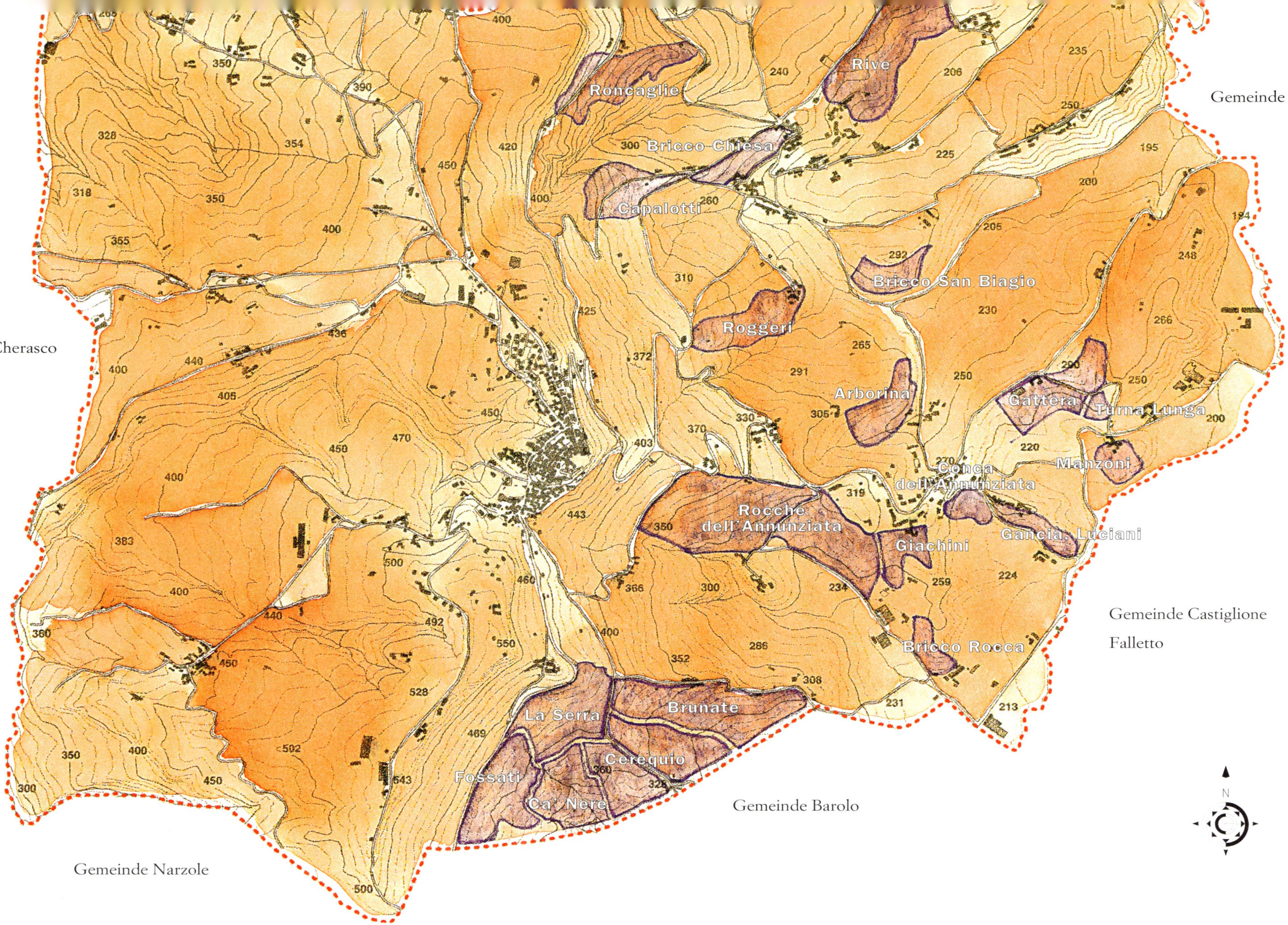
Gemeinde Alba
Gemeinde Cherasco
Gemeinde Castiglione Falletto
Gemeinde Barolo
Gemeinde Narzole
N
Rive
Roncaglie
Bricco Chiesa
Capalotti
Bricco San Biagio
Roggeri
Arborina
Gattera
Turna Lunga
Manzoni
Conca dell'Annunziata
Rocche dell'Annunziata
Giachini
Gancia
Luciani
Bricco Rocca
Brunate
La Serra
Cerequio
Fossati
Ca' Nere

Arborina (oder Arburine)

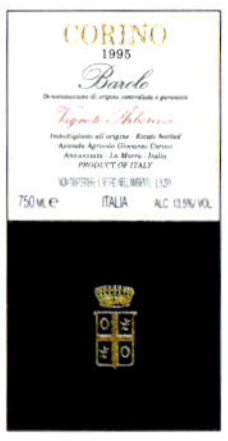

Der Weingarten Arborina schmiegt sich an einen Höhenzug, dessen östlich und südöstlich ausgerichtete Hänge bis zur Ortschaft Ciotto reichen, während man in südlicher Richtung die Annunziata-Abtei erkennt. Auf dem abgeflachten Gipfel befindet sich eine fast ebene Parzelle namens *La Buta*, was im Piemonteser Dialekt so viel wie "Flasche" bedeutet.
Das rund zehn Hektar umfassende Gebiet liegt durchschnittlich 270 Meter über dem Meeresspiegel. Man erreicht es am besten von Pozzo über die Cascina Nuova oder von Ciotto aus, das sich am Fuße des Weinbergs befindet.
Die Nebbiolo-Trauben, die hier gedeihen, wurden bis vor wenigen Jahren an die alteingesessenen Barolo-Kellereien verkauft oder an die Winzergenossenschaft weitergeleitet. In jüngerer Zeit jedoch gelingt es den wenigen hier ansässigen Winzern in zunehmendem Maße, eigenständig hochwertige Barolos zu produzieren, die von Jahrgang zu Jahrgang besser werden.

Die wichtigsten Weine

*Barolo Vigneto Arborina – Elio Altare, La Morra
*Barolo Vigneto Arborina dell'Annunziata – Gianfranco Bovio, La Morra
*Barolo Vigneto Arborina – Giovanni Corino, La Morra
*Barolo Vigneto Arborina – Mauro Veglio, La Morra

Bricco Chiesa

An der Stelle, an der sich heute die kaum mehr als 100 Jahre alte Kirche S. Maria della Neve befindet, stand früher eine Kapelle, die der "Vergine in Plaustra" geweiht war. *Plaustra* ist eine alte Bezeichnung für einen bestimmten Bauernkarren, der heute zum Symbol dieses besonders fruchtbaren Tals geworden ist. Im Gebiet südlich der Kirche säumen die rund fünf Piemonteser Tagwerk (zwei Hektar) des Weinbergs die Hänge eines 287 Meter hohen Hügels: Talwärts erstrecken sie sich bis zu den Gehöften der Ortschaft Tetti; im Norden und Osten werden sie von der Provinzstraße nach Gallo Grinzane begrenzt. Die Hänge weisen in südliche bis südöstliche Richtung, wobei die zentralen Lagen, *Turne* genannt, besonderes Ansehen genießen, kaufte doch genau hier der legendäre Dottor Cappellano di Serralunga in den Dreißiger- und Vierzigerjahren seine Nebbiolo-Trauben.

Die wichtigsten Weine

*Barolo Bricco Chiesa – Silvio Alessandria, La Morra

Bricco Rocca

Von dem kleinen Weiler Ponte Rocca aus, der sich schon an der Grenze zur Gemeinde Barolo befindet, führt ein kleines Sträßchen wieder hinauf in die Gefilde von La Morra. Linker Hand geht es in das Gebiet Brunate, steuert man hingegen geradeaus auf den Flecken Torriglione zu, so führt der Weg bald am Gut Rocca vorbei, hinter dem sich eine mit Reben bepflanzte Kuppe in guter Exposition erhebt. Der durchschnittlich 312 Meter hoch gelegene kleine Weinberg genießt bei den örtlichen Winzern und bei den Kellereien, die seine Trauben verwerten, hohes Ansehen.

Die wichtigsten Weine

*Barolo Bricco Rocca – Cascina Ballarin, La Morra

Bricco San Biagio

Dieser kleine Weingarten schmiegt sich an einen steilen Hügel zwischen Annunziata und Santa Maria. Die Hanglagen könnten kaum besser ausgerichtet sein: Mehrheitlich sind sie dem Süden zugewandt, manche weisen in südwestliche Richtung. Der Ort ist auch dafür bekannt, dass er seit dem Mittelalter einer kleinen Gemeinschaft von Ordensbrüdern als Refugium diente. Die Rebfläche nimmt nicht einmal drei Hektar ein.

Brunate (oder Brinate)

Die ursprüngliche und sicherlich auch bei den Einheimischen gebräuchlichere Bezeichnung für diesen Weinberg lautet Brinate. Erstmalige Erwähnung findet er im 15. Jahrhundert: In einem der mittelalterlichen Grundbücher, die im Gemeindearchiv von La Morra aufbewahrt werden, ist von einem *Brinatam* die Rede. Auch in Zeugnissen aus dem 19. Jahrhundert erscheint noch "Brinate", während sich erst im 20. Jahrhundert allmählich die Schreibung "Brunate" einbürgerte. Es handelt sich um eine der besten Lagen der Langhe, und der Besitz einer Parzelle in diesem Weinberg gehört zu den Träumen eines jeden Winzers der Gegend. Die Straße, die zunächst von La Morra nach Fontanazza führt und auf dem Höhenkamm Brinate begrenzt, um sich dann hinabzuschlängeln zur Provinzstraße Alba–Barolo, ist sicherlich eine der schönsten Panorama-Routen des gesamten Barolo-Gebiets. Entlang dieser Landstraße findet sich neben den Gütern Fontanazza Soprana und Fontanazza Sottana auch die moderne Brennerei Ceretto. Auf den gegenüberliegenden Hängen werden hervorragende Barbera- und Dolcetto-Trauben angebaut. Der Talbereich dieses Crus gehört zur Gemeinde Barolo und reicht in die Besitztümer des Guts Zonchera (oder Zonchetta) hinein. Im Süden markiert ein kleiner Flusslauf die Grenze zwischen Brinate und dem nicht minder bedeutenden Weingarten Cerequio.

Die Hänge sind ideal ausgerichtet: Mehrheitlich weisen sie nach Süden, in den höheren Lagen auch nach Südosten. Das gesamte Areal erstreckt sich über etwa 25 Hektar, was 60 Piemonteser Tagwerk entspricht; die Höhe schwankt zwischen 239 (Zonchetta) und 353 Metern (Fontanazza Superiore). Der Weinberg ist in verschiedene Parzellen unterteilt, die den renommierte-

Brunate

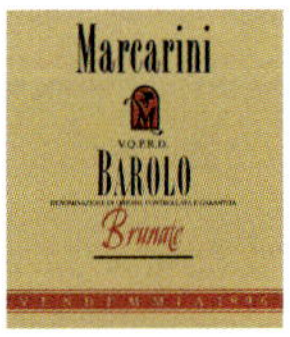

sten Kellereien der Langhe gehören und jeweils eine eigene Bezeichnung führen. Der Barolo delle Brunate ist an Ausgewogenheit kaum zu übertreffen: Sein volles, intensives und nachhaltiges Bukett harmoniert vorzüglich mit seiner Struktur, die sich durch großzügigen Körper, ausgewogene Tannine und angemessenen Alkoholgehalt auszeichnet. Ein harmonischer, runder, in all seinen Komponenten bestechender Wein also, der zudem in den besten Jahren eine verführerische Trüffelnote herausbildet und mit der Alterung eine deutliche Teernote annimmt.

Die wichtigsten Weine

*Barolo Brunate – Elio Altare, La Morra
*Barolo Brunate – Enzo Boglietti, La Morra
*Barolo Brunate – Bricco Rocche Ceretto, Castiglione Falletto
*Barolo Brunate – Michele Chiarlo, Calamandrana
*Barolo Brunate – Marcarini, La Morra
*Barolo Brunate – Mario Marengo, La Morra
*Barolo Brunate – Vietti, Castiglione Falletto
*Barolo Brunate – Roberto Voerzio, La Morra

Ca' Nere

Mittelpunkt dieses Weingartens ist ein kleines Akazienwäldchen, in dessen Unterholz Relikte ehemaliger Behausungen auszumachen sind. Schenkt man dem Volksmund Glauben, so sind sie vor langer Zeit durch ein verheerendes Feuer zerstört worden. Hierauf ist wahrscheinlich der Name des Weingartens – "Ca' Nere" bedeutet "schwarze Häuser" – zurückzuführen. Allerdings besteht auch die Möglichkeit, dass die Bauten schlicht einem der in diesem Gebiet keineswegs seltenen Erdrutsche zum Opfer gefallen sind.

Die Hänge des knapp 20 Tagwerk (acht Hektar) großen Weinbergs Ca' Nere, der unmittelbar an die renommierten Weingärten Cerequio, La Serra und Fossati angrenzt, sind dem Südosten zugewandt. Den Vergleich mit ihren Nachbarn brauchen die Weine von Ca' Nere nicht zu scheuen.

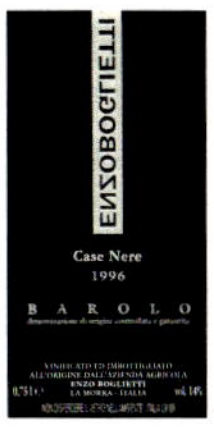

Die wichtigsten Weine

*Barolo Vigne Case Nere – Casetta, Vezza d'Alba

*Barolo Case Nere – Enzo Boglietti

Capalotti (oder Capallotti)

Im Norden des gleichnamigen Weilers gelegen, erstreckt sich der Weinberg Capalotti über ein Areal von 25 Tagwerk (knapp zehn Hektar). Auf seinen Hängen, die vorwiegend Santa Maria und damit der Morgensonne zugewandt sind, gedeihen neben etwas Barbera hauptsächlich Nebbiolo-Trauben, die vorzügliche Weine ergeben.

Der Weingarten Capalotti befindet sich im Bereich von Santa Maria, ein Gebiet in der Gemeinde La Morra, auf das in diesem Buch nicht ausführlich eingegangen wird. Dennoch sind wir der Meinung, dass die Lage Capalotti höchste Beachtung verdient, und jüngst aus hiesigem Rebgut bereitete Weine haben dieses Urteil bestätigt.

Die wichtigsten Weine

*Barolo Capalot – Crissante Alessandria, La Morra

*Barolo Vigneto Capalot – Aldo Viberti, La Morra

*Barolo Vecchie Viti dei Capalot e delle Brunate – Roberto Voerzio, La Morra

Cerequio

Dieser ebenfalls teilweise in das Gemeindegebiet von Barolo hineinreichende Weingarten steht in dem Ruf, einer der "ganz Großen" zu sein. Von einer steilen, in Barolo beginnenden Straße durchtrennt, drängen sich die Rebflächen um den Weiler Cerequio, wo noch bis zum letzten Krieg 30 bis 40 Menschen ihre Heimat hatten. Heute ist der 355 Meter hoch gelegene Ort zwar verlassen, doch geht nach wie vor ein unwiderstehlicher Reiz von ihm aus, wohl nicht zuletzt aufgrund seiner großartigen Lage inmitten der Weingärten mit Blick auf die Langhe-Hügel von Barolo, Castiglione Falletto und Monforte.

Das stattlichste Gebäude, *l'Palas* (der Palast) genannt, befand sich noch bis vor kurzem im Besitz der Familie Averame aus Genua. Eine Gedenkplatte auf der Terrasse erinnert bis heute daran, dass an dieser Stelle 18 Partisanen von deutschen Truppen erschossen wurden. Etwas unterhalb des Weilers verläuft die Grenze zur Gemeinde Barolo, in die Cerequio hinüberreicht; ansonsten grenzt der Weinberg an die Lagen La Serra, Brunate und Ca' Nere. Die Böden der rund 19 Hektar großen Anbaufläche sind eher locker, die Hänge weisen auf der einen Seite der Straße in süd- und südöstliche Richtung, auf der anderen nach Osten und Südosten.

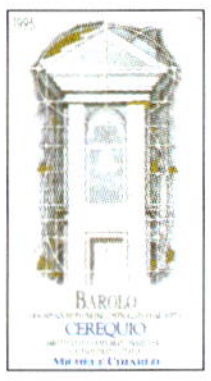

Im Vergleich zu den Brunate-Gewächsen ist der Barolo von der Lage Cerequio etwas tanninhaltiger und strukturierter. Mit zunehmendem Alter entfaltet er ein immer vielschichtiger und reicher werdendes Bukett mit Anklängen an Süßholz, Teer, Rosen und Trüffeln.

DIE WICHTIGSTEN WEINE

*Barolo Cerequio – Michele Chiarlo, Calamandrana
*Barolo Cerequio Tenuta Secolo – Giuseppe Contratto, Canelli
*Barolo Cerequio – Roberto Voerzio, La Morra

Conca dell'Annunziata

Folgt man den ersten Windungen des Sträßchens, das zur Provinzstraße Alba–Barolo hinabführt, so gewahrt man rechter Hand eine kleine, mit Reben bestockte Mulde.

Die Trauben wachsen hier auf nach Südosten ausgerichteten Hängen geschützt in einem äußerst günstigen Mikroklima heran.

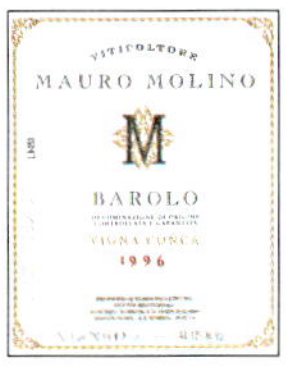

In der richtigen Jahreszeit blüht zwischen den Rebzeilen eine überaus seltene Anemonenart.

Ausgehend von der Annunziata-Abtei, die 275 Meter hoch liegt, dürfte für die Conca eine mittlere Höhe von 240 Metern gelten.

DIE WICHTIGSTEN WEINE

*Barolo Conca – Renato Ratti, La Morra
*Barolo Vigna Conca – Mauro Molino, La Morra
*Barolo Vigna Conca – Fratelli Revello, La Morra

Cerequio, Brunate

Fossati

Die Provinzstraße von Barolo nach La Morra führt am knapp zwölf Hektar großen Fossati-Weingarten vorbei, von dem ein kleiner Teil zur Gemeinde von Barolo gehört. Die Hänge weisen eine klassische Ost-/Südostlage auf, ihre Höhe variiert zwischen 370 und 420 Metern. Fossati befindet sich in einem Teil des Hügellandes, der häufigen Erdrutschen ausgesetzt ist: Ebenso wie vermutlich die Gebäude der benachbarten Lage Ca' Nere ist ihnen auch das Gehöft von Fossati zum Opfer gefallen. In Fossati gedeiht insbesondere Nebbiolo, doch auch der Anbau von Barbera hat hier Tradition: Barbera-Weine von dieser Lage ähneln aufgrund der Bodenbeschaffenheit stark Barolo-Gewächsen. Nächst Fossati liegen die Weinberge La Serra und Ca' Nere; jenseits der Provinzstraße erhebt sich der 515 Meter hohe Bricco del Dente, von dessen Gipfel aus man einen schier unglaublichen Ausblick über die Langhe auf der einen und den Monte Viso im Alpenbogen auf der anderen Seite genießt.

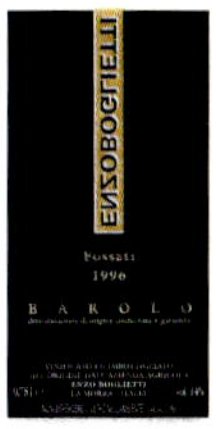

Die wichtigsten Weine

*Barolo Fossati – Enzo Boglietti, La Morra

*Barolo Fossati – Dosio, La Morra

Arborina

Gancia und Luciani

Dieses etwa zehn Piemonteser Tagwerk (vier Hektar) große, lang gezogene Gebiet mit seinen der Mittagssonne zugewandten Hängen setzt sich eigentlich aus zwei Weingärten zusammen: zum einen Gancia, das den Namen der oberhalb gelegenen Ortschaft trägt, zum anderen Luciani, so benannt nach dem Landgut am Fuße des Höhenzugs.

Auf der Talseite wird das durchschnittlich 250 Meter hoch gelegene Gebiet von der Straße begrenzt, die von Annunziata nach Alba hinabführt.

Die Reben gedeihen hier auf recht festem Boden und ergeben würzige, körperreiche Weine. Im Landgut Luciani, einem ehemaligen Nonnenkloster, soll weiland Papst Pius VII. genächtigt haben, als er nach Paris reiste, um dort Napoleon zum Kaiser zu krönen.

Gancia hingegen ist der Name eines Generals, dessen Familie seit dem 18. Jahrhundert das Landgut auf der Anhöhe besaß.

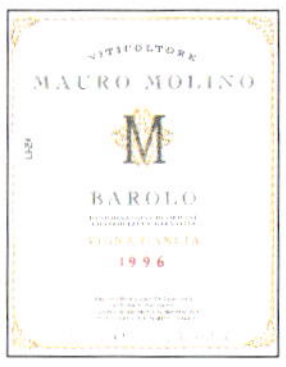

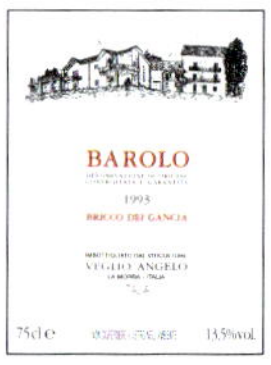

Die wichtigsten Weine

*Barolo Bricco Luciani – Silvio Grasso, La Morra

*Barolo Vigna Gancia – Mauro Molino, La Morra

*Barolo Bricco dei Gancia – Angelo Veglio, La Morra

Gattera (oder Monfalletto) und Turna Lunga

Wir lassen gerne beide Bezeichnungen gelten, auch wenn Gattera häufig die Gebiete westlich der gleichnamigen Straße bezeichnet, die sich nicht wirklich für den Anbau von Nebbiolo eignen; Monfalletto ist hingegen in erster Linie der Name eines Guts und eines von einer mächtigen Zeder bekrönten Hügels, der in alter Zeit *Mons Fallettorum*, später dann *Mont Fallet* (Berg derer von Falletti) genannt wurde. Von seinem Gipfel in rund 300 Meter Höhe aus öffnet sich ein wunderbarer Blick über das gesamte Barolo-Gebiet.

Über die Zeder wusste Paolo Cordero di Montezemolo Folgendes zu berichten: "Der Baum ist Teil der Geschichte und der Tradition dieses Landstrichs. Costanzo Falletti di Rodello und Eulalia della Chiesa di Cervignasco pflanzten ihn im Jahre 1856, um ihrer Hochzeit und ihrer Liebe zur Erde ein Denkmal zu setzen."

Der Weingarten erstreckt sich über drei deutlich zu unterscheidende Ebenen: Die höheren Lagen, die den eigentlichen Weinberg von Monfalletto bilden, weisen in südwestliche Richtung; unterhalb davon gruppieren sich um das Gehöft herum Lagen, die der Morgen- und Mittagssonne zugewandt sind; noch weiter talwärts findet man schließlich eine kleine Anbaufläche namens Turna Lunga, die gen Süden ausgerichtet ist. Gattera hat eine Gesamtfläche von 20 Hektar, am besten eingesehen werden kann der Weinberg vom benachbarten Flecken Gancia aus.

Die wichtigsten Weine

*Barolo Vigna Gattera dell'Annunziata – Gianfranco Bovio, La Morra
*Barolo Monfalletto – Giovanni ed Enrico Cordero di Montezemolo, La Morra
*Barolo Vigna Gattera – Fratelli Revello, La Morra
*Barolo Vigneto Gattera – Mauro Veglio, La Morra

Giachini (oder Giacchini)

Das Gut Giachini im Gemeindeteil Annunziata befindet sich heute zwar inmitten moderner Wohnhäuser, doch gab es schon vor langer Zeit den umliegenden Weingärten ihren Namen. Uns interessieren vor allem die Anbauflächen, auf denen die Nebbiolo-Rebe gedeiht, also jenes Gebiet, das in der Nähe des Hofs *Ciabot d' Can* an die renommierte Lage Rocche grenzt. Zunächst nach Südosten ausgerichtet, verläuft der Weinberg von hier aus in östlicher Richtung, bildet eine kleine Mulde in guter Südlage und geht dann in einen lang gezogenen Hügel über, der sich über dem Gut Gallinotto erhebt. Die Gesamtfläche des Weingartens beträgt rund neun Piemonteser Tagwerk (3,5 Hektar), seine eher steilen Hänge befinden sich auf einer Höhe zwischen 240 und 275 Metern. Seit Jahrhunderten schon werden diese Ländereien, die früher im Besitz der Benedikti-

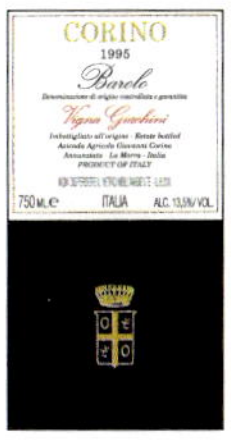

nerabtei San Martino di Marcenasco waren, von Ordensbrüdern bewirtschaftet – ein trefflicher Beleg für den Beitrag der Mönche zur Aufrechterhaltung der örtlichen Rebenkultur!

Trauben und Weine aus dem Weinberg Giachini ähneln jenen der benachbarten Lage Rocche.

Die wichtigsten Weine

*Barolo Vigna Giachini – Giovanni Corino, La Morra

*Barolo Vigna Giachini – Fratelli Revello, La Morra

La Serra

La Serra befindet sich oberhalb von Cerequio und Ca' Nere, grenzt im Südwesten an Fossati und wird im Osten durch die Strada Vicinale di Cerequio von Brunate getrennt. Hinter dem Weinberg in Ost-/Südostlage liegt auf einer Anhöhe der Weiler Croera, der einen hervorragenden Ausblick auf das Barolo-Gebiet gewährt. In La Serra reift nicht nur Nebbiolo heran, hier gedeihen auch exzellente Barbera-Reben. Die Anbaufläche beträgt etwa 38 Tagwerk (14 Hektar), die durchschnittliche Höhe liegt bei rund 400 Metern. Zwar ist La Serra nicht so bekannt wie Cerequio und Brunate, die Barolo-Weine von hier sind mit den Gewächsen der berühmten Nachbarn jedoch durchaus vergleichbar. Vor allem ein Bukett von beachtlicher Intensität zeichnet den Barolo La Serra aus.

Die wichtigsten Weine

*Barolo La Serra – Marcarini, La Morra

*Barolo La Serra – Egidio Oberto, La Morra

*Barolo La Serra – Gianni Voerzio, La Morra

*Barolo La Serra – Roberto Voerzio, La Morra

Manzoni

Der Weingarten Manzoni beginnt direkt hinter dem gleichnamigen Weiler. Von der Provinzstraße Alba–Barolo aus kann man ihn leicht erkennen.

Die höheren Lagen dieses rund acht Tagwerk (drei Hektar) großen Weinbergs liegen auf 275 Meter, die besten Anbauflächen jedoch finden sich etwas niedriger: Hier sind die Hänge nach Süden beziehungsweise Südosten ausgerichtet und bilden damit ein ideales Terrain für Nebbiolo-Reben.

Ein besonderer Reiz geht von einem kleinen Grabmal aus, dem *Ciabot dij Preve*, dem Häuschen der Priester, in dem 1869 die Brüder Bovio, beide Priester, ihre letzte Ruhestätte fanden.

Der ältere, Giacomo, war Kanonikus der Kathedrale in Alba und Cavaliere dei Santi Maurizio e Lazzaro – und damit Träger der höchsten Auszeichnung des Königreichs Savoyen.

Die wichtigsten Weine

*Barolo Manzoni – Fratelli Ferrero, La Morra

*Barolo Ciabot Manzoni – Silvio Grasso, La Morra

Rive

Folgt man der Provinzstraße, die von Santa Maria nach Gallo Grinzane führt, so tut sich gleich nach den Weilern Rusconi und Alessandria zur Linken der lang gestreckte Weinberg Rive auf, dessen obere Lagen bis zum Weiler Muratori durch die Bettolotti-Straße begrenzt sind. Noch bis vor rund 100 Jahren zählte das Areal zum Besitz des aus den Langhe stammenden Cavalier Parà, der im Gut Bettolotti 30 000 Myriagramm (300 Tonnen) Trauben kelterte.

Die Bewohner von Santa Maria erzählen sich bis heute die wunderlichsten Anekdoten über diesen exzentrischen Edelmann: So soll er einmal sämtliche Pferde der Umgebung angemietet haben, um Tausende von Weinfässern, die er nach England verschiffen wollte, in einer endlosen Karavane von Pferdekarren zum Bahnhof von Alba transportieren zu lassen.

Der Weingarten Rive führt noch heute das Wappen des Cavalier Parà: ein kleines Türmchen, von dem aus er den Winzern seine Anweisungen zuzurufen pflegte.

Heute umfasst die gen Süden ausgerichtete Anbaufläche rund 20 Hektar, die in einer Höhe von durchschnittlich 230 Metern liegen.

Rocche dell'Annunziata

Sicherlich gehören die Rocche dell'Annunziata, von Renato Ratti der höchsten Kategorie zugeordnet, zu den renommiertesten Lagen des Barolo-Gebiets. Sie sind Teil jener Ländereien, die sich einst im Besitz der Benediktinerabtei San Martino befanden und früher Marcenasco genannt wurden. Der Landschaftsname *Marcenascus* findet sich bereits in einem Dokument aus dem Jahre 1194.

Der weitläufige Weinberg umfasst rund 30 Hektar und erstreckt sich über ein Tal, in dem auch der Weiler Torriglione liegt. Er ist in verschiedene Parzellen unterteilt, die zumeist nach ihren früheren oder derzeitigen Besitzern benannt sind. Zwar ist für einen bestimmten Teilabschnitt auch die Benennung Rocchette üblich geworden, ein spezielles Geviert kennt man gar als das "Cuore" (Herz), für den Weingarten insgesamt gilt jedoch die Bezeichnung Le Rocche.

Ein kleines Verbindungssträßchen zwischen den Weilern Pozzo und Torriglione führt mitten durch den Weinberg hindurch. Was die Ausrichtung anbelangt, so sind zwei Abschnitte zu unterscheiden: Die Hänge unterhalb der Straße nach Boiolo weisen in südöstliche Richtung, während das Areal, das gegenüber von Torriglione liegt, dem Süden beziehungsweise Südwe-

Brunate

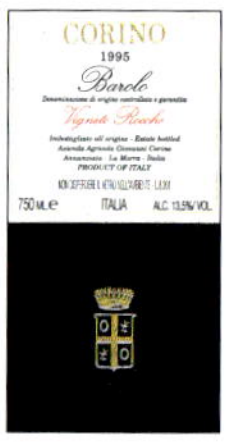

sten zugewandt ist. Letztgenanntes Gebiet erfreut sich einer besonders geschützten Lage und reicht bis zu einer Anhöhe, auf der das Gut *Ciabot d' Can* (Hundehütte) zu sehen ist. Die Höhe des Weingartens Rocche variiert zwischen 250 Metern im Tal unterhalb des Guts Ciabot d' Can, 190 Metern in Torriglione und 371 Metern an der Straße nach Boiolo.

Der Barolo Rocche dell'Annunziata zeichnet sich durch einen besonders angenehmen Geschmack und durch ein intensives Bukett aus. Seine Sonderstellung wird dadurch unterstrichen, dass viele unter den renommiertesten Barolo-Kellereien bestrebt waren oder sind, hier Anbauflächen zu erwerben, wie der zuletzt erfolgreiche Roberto Voerzio.

Die wichtigsten Weine

*Barolo Rocche – Giovanni Accomasso & Figlio, La Morra
*Barolo Vigneto Rocchette – Giovanni Accomasso & Figlio, La Morra
*Barolo Rocche – Renato Ratti, La Morra
*Barolo Vigneto Rocche – Giovanni Corino, La Morra
*Barolo Vigna Rocche – Erbaluna, La Morra
*Barolo Rocche dell'Annunziata – Franco Molino, La Morra
*Barolo Vigneto Rocche – Andrea Oberto, La Morra
*Barolo Rocche dell'Annunziata – Fratelli Revello, La Morra
*Barolo Rocche dell'Annunziata – Rocche Costamagna, La Morra
*Barolo Rocche dell'Annunziata – Paolo Scavino, Castiglione Falletto
*Barolo Rocche – Aurelio Settimo, La Morra
*Barolo Vigneto Rocche – Mauro Veglio, La Morra

Roggeri

Von Santa Maria aus führt eine kleine Straße über den Flecken Tetti zum Weiler Roggeri. Dahinter erstreckt sich bis zur Provinzstraße Santa Maria–La Morra der gleichnamige Weinberg über 18 Piemonteser Tagwerk (knapp sieben Hektar). Die durchschnittliche Höhe beträgt 264 Meter, die Hänge weisen ziemlich einheitlich in südöstliche Richtung. Auf den recht lehmigen, fruchtbaren Böden werden seit jeher Nebbiolo-Reben kultiviert. Zwar gehört das Areal zum Gemeindeteil Santa Maria, doch liegt es auf halbem Weg nach Annunziata.

In den höheren Lagen dieses Weingartens findet man die Ruine eines Hauses, des *Ciabot d' Berton*. Hier soll sich vor über 100 Jahren ein gewisser Bertone die Zeit damit vertrieben haben, Feuerwerkskörper zu basteln – mit fatalem Ausgang, sprengte er sich doch eines Tages sein Dach über dem Kopf weg.

Die wichtigsten Weine

*Barolo Roggeri – Crissante Alessandria, La Morra

*Barolo Roggeri – Ciabot Berton, La Morra

Roncaglie

Der Weingarten Roncaglie, dessen Existenz bereits im 13. Jahrhundert belegt ist, wird durch die beiden Höfe Roncaglia Sottana (zu Füßen des Weinbergs) und Roncaglia Soprana (auf der Anhöhe) begrenzt. Schon im 19. Jahrhundert weithin berühmt, kann diese Lage mit Fug und Recht als die hochwertigste des Gemeindeteils Santa Maria gelten. Ein großes Stück des Weinbergs gehörte im 19. Jahrhundert zur Opera Pia Barolo, und erst mit Beginn des 20. Jahrhunderts wurde er in viele kleine Parzellen aufgeteilt. Zwar wurden immer wieder Zweifel daran geäußert, ob die Umgebung von Santa Maria überhaupt für den Anbau von Nebbiolo geeignet sei, doch halten wir solche Verallgemeinerungen für verfehlt. Auch in diesem Gebiet liegen hervorragende Weinberge, und Roncaglie ist ganz gewiss das beste Beispiel dafür. Hier nämlich bieten nicht nur die günstig nach Südosten ausgerichteten Hanglagen, sondern auch die lehmigen, nicht zu festen Böden ideale Voraussetzungen für das Gedeihen der Reben.

Die beiden Roncaglia-Höfe befinden sich auf einer Höhe von 276 beziehungsweise 379 Metern. Von ausnehmender Schönheit und weitgehend unbehelligt von den Touristenströmen, die vor allem im Frühjahr und im Herbst die Langhe heimsuchen, ist das fruchtbare Tal, das sich unterhalb von Roncaglia Sottana in Richtung Roddi erstreckt.

Die wichtigsten Weine

*Barolo Roncaglie – Braide di Viberti, La Morra

Empfohlene Adressen

Einwohner: 2607
Höhe: 513 m

AUSKÜNFTE

Rathaus (Municipio)
Via S. Martino, 1
Tel. 0173/50105

Museo Ratti dei Vini d'Alba
Abbazia dell'Annunziata
Frazione Annunziata
Tel. 0173/50185

DIE ERZEUGER

Giovanni Accomasso & Figlio
Via Annunziata, 34
Tel. 0173/50843
Lorenzo Accomasso produziert gerade einmal 13 000 Flaschen im Jahr. Glücklicherweise entfällt dabei der Löwenanteil auf Barolo von der Lage Rocche. Hauptmerkmal dieser Weine ist ihre frische, würzige Note, die dem ansonsten entschieden klassischen, ein wenig an Süßholz und Teer erinnernden Bukett das i-Tüpfelchen aufsetzt. Dies gilt sowohl für den Barolo Rocche wie auch für den Rocchette.

Elio Altare
Località Cascina Nuova, 51
Frazione Annunziata
Tel. 0173/50835
Dieser Betrieb wird zu Recht als Aushängeschild des modernen Weinbaus in den Langhe gepriesen, sind doch die Reben und ihr köstlicher Saft Elio Altares ganzes Leben. Er ist ein großer Liebhaber der Weine Burgunds und des Ausbaus in der Barrique (sein Lieblingssatz lautet: "Meine Herren, der Barrique-Ausbau ist keine Mode!"), und seinen derart gewonnenen Barolo-Weinen (sowohl dem normalen als auch dem Einzellagen-Barolo Vigneto Arborina) wurde wiederholt internationale Anerkennung zuteil. 1995 konnte sich Elio Altare den lang gehegten Traum erfüllen, erstmals einen Barolo Brunate zu erzeugen.
Vorzüglich auch der Langhe Arborina, ebenfalls ein Neb-

Gattera

biolo-Gewächs, und der äußerst elegante, mit Barbera verschnittene Langhe La Villa.

Renato Ratti
Frazione Annunziata, 7
Tel. 0173/50185
Renato Ratti, über den in diesem Buch an anderer Stelle ausführlich berichtet wird, übernahm den etwa 30 Hektar großen Betrieb vor über 30 Jahren und verschaffte ihm mit seinem unerreichten Sachverstand einen großen Namen. Heute werden hier rund 150 000 Flaschen jährlich produziert. Besonders hervorzuheben sind die Barolo-Weine von den Lagen Marcenasco, Conca und Rocche.

Batasiolo
Frazione Annunziata, 87
Tel. 0173/50130
Mit einer Rebfläche von über 100 Hektar, die der Betrieb sein Eigen nennt, und mehreren Millionen jährlich verkaufter Flaschen ist dies sicherlich eine der bedeutendsten Kellereien des gesamten Landstrichs. Unter den durchwegs beachtlichen Barolo-Gewächsen – neben dem normalen die Crus Bofani, Boscareto und La Corda della Briccolina – ragt vor allem Letzterer heraus, der von einer ausgefeilten Kellertechnik und der guten Struktur des Leseguts von der ausgezeichneten Lage Serralunga profitiert.

Enzo Boglietti
Via Roma, 37
Tel. 0173/50330
Diese seit gut zehn Jahren betriebene Kellerei, in der jährlich etwas mehr als 40 000 Flaschen produziert werden, besticht vor allem mit gut strukturierten, eleganten Weinen. Zwei Barolo-Crus bietet das Haus: den Case Nere, der in kleinen Fässern aus französischer Eiche heranreift, und den Brunate, der in dem klassischen großen Holzfass Italiens, der botte, ausgebaut wird.
Auch der Langhe Rosso Buio wird im Wesentlichen aus Nebbiolo-Reben gekeltert, ist jedoch zu einem gewissen Anteil mit Barbera-Trauben assembliert.

Gianfranco Bovio
Borgata Ciotto, 63
Frazione Annunziata
Tel. 0173/50190
Nicht zufrieden mit dem Erfolg seines Restaurants Belvedere, hat Gian Bovio in den schönen Räumlichkeiten unterhalb des Speisesaals nun auch eine fantastische Enoteca eingerichtet. Nach der Fertigstellung seines Tempels für Freunde exquisiter Weine und guter Küche gilt sein Hauptaugenmerk nun der Kellerei, die gerade modernisiert wird. Waren die Weine schon vorher gut, so besteht bei der Hingabe, mit der Gian Bovio und seine Mitstreiter ans Werk gehen, kein Zweifel daran, dass sie künftig noch

besser werden. Die hier gekelterten Barolo Arborina dell'Annunziata und Barolo Gattera dell'Annunziata stammen aus hervorragenden Weingärten, in denen auch andere Winzer La Morras Parzellen besitzen.

Giovanni ed Enrico Cordero di Montezemolo
Frazione Annunziata, 67 bis
Tel. 0173/50344
Gründer dieses Betriebs war Paolo Cordero di Montezemolo, einer der ganz großen Kellermeister der Region, über den in diesem Buch ein eigener Beitrag zu lesen ist.
Von den beiden Barolo-Weinen, die auf dem Gut produziert werden, weist der vom Hausberg der Kellerei stammende Monfalletto eine etwas samtigere Note auf, wohingegen der aus Reben des Weinbergs Villero in der Gemeinde Castiglione Falletto bereitete Enrico VI. strukturierter und langlebiger ist.

Giovanni Corino
Frazione Annunziata, 24
Tel. 0173/50219
Mitte der Achtzigerjahre beschlossen der tüchtige Winzer Giovanni Corino und seine Söhne, in eigener Regie Wein zu bereiten. Der Erfolg gab ihnen umgehend Recht, was insbesondere der hervorragende Barolo Vigna Giachini beweist, der selbst im schwachen Jahrgang 1987 zu den besten Vertretern des Anbaugebiets zählte. Seither ist das Spektrum gekonnt erweitert worden, sodass der Betrieb mit dem Vigneto Rocche und dem Arborina zwei weitere beachtliche Barolo-Crus vorweisen kann. Von der kürzlich erworbenen Parzelle im Weinberg Roncaglie dürften schon in wenigen Jahren weitere Spitzengewächse kommen.

Dosio
Regione Sarradenari, 16
Tel. 0173/50677
Das Spitzenprodukt dieses Betriebs ist ein Barolo Fossati. Daneben hat die interessante Kellerei eine beachtliche Auswahl an vorwiegend klassischen Weinen zu bieten.

Gianni Gagliardo
Borgata Serra dei Turchi, 88
Frazione Santa Maria
Tel. 0173/50829
Ein vielseitiger Betrieb, der neben den klassischen Langhe-Gewächsen eine beachtliche Auswahl an Roero-Weinen zu bieten hat, allen voran den Favorita. Gelungen auch der innovative Barolo Preve.

Silvio Grasso
Cascina Luciani, 112
Frazione Annunziata
Tel. 0173/50322
Erst Mitte der Achtzigerjahre begannen die Grassos aus Annunziata, selbst Wein zu bereiten. Von Anfang an gab ihnen der Erfolg Recht, und so steigerte sich die Produktion nach und nach auf heute über 40 000 Flaschen jährlich. Kennzeichnend für den Stil des Hauses sind raffinierte und innovative Weine ohne übertriebene Holznote. Neben dem normalen Barolo umfasst das Angebot die Crus Bricco Luciani und Ciabot Manzoni.

Gromis
Via del Laghetto, 1
Tel. 0173/50137
1995 erwarb Angelo Gaja – samt einer Partie Weine aus älteren Jahrgängen – eine Kellerei, die schon damals für ihren exzellenten Barolo von der Lage Cerequio bekannt war. Da der Betrieb

sowohl in qualitativer als auch in kommerzieller Hinsicht floriert, ist der Erwerb neuer Rebflächen im Gemeindeteil Santa Maria vorgesehen. Das Aushängeschild der Kellerei ist der Barolo Conteisa Cerequio.

Marcarini
Piazza Martiri, 2
Tel. 0173/50222
Der Name Marcarini ist weithin bekannt dank eines herausragenden Barolo Brunate, der vom Jahrgang 1961 an auch im Ausland Aufsehen erregt hat. Seither konnte die Qualität auf unverändert hohem Niveau gehalten werden, was einerseits auf die große Sorgfalt bei der Weinbereitung, andererseits auf die erstklassig gelegene, wenn auch nur gut zwölf Hektar große Anbaufläche zurückzuführen ist. Neben dem herausragenden Brunate sollte auch der Barolo La Serra nicht unterschätzt werden.

Mario Marengo
Via XX Settembre, 32
Tel. 0173/50127
Nicht zuletzt dank der tatkräftigen Hilfe seines Sohnes Marco ist es Mario Marengo im Verlauf weniger Jahre gelungen, sich unter den Weinerzeugern der Langhe zu etablieren. Vielleicht nicht allzu verwunderlich, bedenkt man, dass diese Kellerei ihre Trauben aus dem traditionsreichen Weingarten Brunate bezieht.

Mauro Molino
Borgata Gancia, 111
Frazione Annunziata
Tel. 0173/50814
Seitdem Mauro Molino im Jahre 1985 erstmals Wein in Flaschen abfüllte, hat sich dank seiner Gewissenhaftigkeit und seines Könnens alles zum Besten entwickelt. Heute werden in dem Betrieb jährlich 40 000 Flaschen produziert, unter denen vor allem der Barolo Vigna Conca und der Barolo Vigna Gancia herausragen. Aus einem Teil der Nebbiolo-Ernte entsteht, verschnitten mit Barbera-Trauben, der erstklassige Langhe Rosso Acanzio.

Andrea Oberto
Via Marconi, 25
Tel. 0173/509262
Ende der Siebzigerjahre beschloss der junge Andrea Oberto, die Möglichkeiten seiner Rebflächen im Weinberg Rocche zu erkunden: Ein geringer Prozentsatz der Nebbiolo-Trauben wurde mit Barbera-Trauben verschnitten, und so entstand der vortreffliche Langhe Fabio. Die beiden heute hier gekelterten Barolo-Crus sind der schnell reifende Vigneto Albarella und der Vigneto Rocche, ein gut strukturierter, würdiger Vertreter seiner Lage.

Fratelli Oddero
Frazione Santa Maria, 28
Tel. 0173/50618

Eine Kellerei mit eher weitläufigem Aktionsradius, der sich über die gesamten Langhe erstreckt. Die zum Betrieb gehörenden Anbauflächen belaufen sich auf insgesamt mehr als 50 Hektar und befinden sich in einigen der besten Weingärten des Barolo-Gebiets. Abgesehen von einem Barbaresco (etwa 10 000 Flaschen jährlich) wartet die Kellerei mit mehreren Barolo-Gewächsen auf: dem normalen sowie den Crus Mondoca di Bussia (aus Monforte), Rocche dei Rivera (Castiglione Falletto) und Vigna Rionda (über zwei Hektar in dem berühmten Weingarten in Serralunga d'Alba).

Fratelli Revello
Frazione Annunziata, 103
Tel. 0173/50276 – 50139
Gerade einmal zehn Jahre alt ist diese Kellerei, und doch konnten sich die Gebrüder Revello von Anfang an einen Namen als Winzer machen, seit einiger Zeit auch als Kellermeister. Mittlerweile füllen sie jährlich rund 40 000 Flaschen ab, darunter normalen Barolo sowie die Barolo Crus Giachini, Vigna Conca, Vigna Gattere und Vigna Rocche.

Rocche Costamagna
Via Vittorio Emanuele, 8
Tel. 0173/509225
Ein alteingesessener Betrieb, dessen Aushängeschild ein geradezu sensationeller Barolo Rocche dell'Annunziata ist. Darüber hinaus hat die Familie Locatelli einen guten Barbera, ebenfalls aus Annunziata, und einen Bricco Francesco zu bieten, Letzterer wiederum ein Barolo.

Aurelio Settimo
Frazione Annunziata, 30
Tel. 0173/50803
Der ganze Stolz dieser Kellerei ist der Barolo vom Weinberg Rocche dell'Annunziata, der sowohl als normaler Barolo wie auch als Cru auf den Markt kommt. Daneben erzeugt der Betrieb Barbera und Dolcetto d'Alba.

Mauro Veglio
Località Cascina Nuova, 50
Frazione Annunziata
Tel. 0173/509212
Noch sind keine zehn Jahre vergangen, seitdem Mauro Veglio diese Kellerei betreibt, und schon gehört sie mit ihren rund 50 000 jährlich produzierten Flaschen zu den besten Adressen im Reich des Barolo. Grundlage hierfür war der Erwerb erstklassiger Rebflächen in so renommierten Weinbergen wie Gattera, Arborina und Rocche dell'Annunziata, die auch auf den Etiketten der entsprechenden Gewächse vermerkt sind. Besondere Beachtung gebührt darüber hinaus dem Barolo Castelletto von der gleichnamigen Lage in Monforte d'Alba, der seit 1996 das Angebot bereichert.

Eraldo Viberti
Borgata Tetti, 53
Frazione Santa Maria
Tel. 0173/50308
Beharrlich werden in dieser kleinen Kellerei auf konstant hohem Niveau jährlich rund 25 000 Flaschen produziert. Die Trauben hierzu stammen von den gut fünf Hektar großen betriebseigenen Anbauflächen. Da sich der Nebbiolo-Anbau auf verschiedene Weinberge verteilt, hat Eraldo Viberti den weisen Entschluss gefasst, seine Produktion nicht unnötig zu zersplittern und sich auf die Produktion eines einzigen Barolo zu beschränken, der ohne weitere Lagenbezeichnung auskommt.

Gianni Voerzio
Regione Loreto, 1 bis
Tel. 0173/509194
Barolo-Weine mit dem Etikett Gianni Voerzio werden, in Fortführung einer langen Winzertradition in der Familie, seit 1986 produziert. Man wendet moderne Kellertechniken an, erkennbar sogleich an den Gärtanks aus Edelstahl und den kleinen Fässern aus französischer Eiche. Solcher Innovationsgeist hat es der Kellerei ermöglicht, die Qualität ihrer Weine kontinuierlich zu verbessern und ihre Reputation auf dem Markt zu steigern.
Aushängeschild des Hauses ist der Barolo La Serra, zu beachten sind jedoch auch der Langhe Nebbiolo Ciabot della Luna und der vorzügliche Langhe Serrapiù, ebenfalls ein Nebbiolo-Gewächs.

Roberto Voerzio
Regione Ceretto, 1
Tel. 0173/509196 – 50123
Seit 15 Jahren widmet sich Roberto Voerzio mit unermüdlichem Einsatz seiner Leidenschaft, feinste Weine der absoluten Spitzenklasse zu kreieren, deren reiches Bukett und vielschichtige Struktur von der exzellenten Arbeit im Weinberg zeugen. Sein Erfolg hat ihm mittlerweile internationalen Ruhm eingetragen. Der rigorosen Auslese unter Trauben, die ohnehin nur in den allerbesten Lagen gedeihen, sind so herausragende Barolo-Gewächse wie der Brunate, der Cerequio, der La Serra oder der Vecchie Viti di Capalot e Brunate zu verdanken – die jedoch alle nur in bescheidenen Mengen produziert werden. Demnächst wird eine neue Auswahl von Barolo-Weinen von der jüngst erworbenen Parzelle im Weinberg Rocche dell'Annunziata erscheinen.

ÜBERNACHTUNGS-MÖGLICHKEITEN

Azienda agrituristica Ca' Bambin
Frazione Santa Maria
Borgata Crissante, 68
Tel. 0173/50785

Azienda agrituristica Cascina Ballarin
Frazione Annunziata, 115
Tel. 0173/50365

Azienda agrituristica Erbaluna
Frazione Annunziata
Borgata Pozzo, 43
Tel. 0173/50800 – 509336

Azienda agrituristica La Cascina del Monastero
Frazione Annunziata, 112/a
Tel. 0173/509245

Azienda agrituristica Il Gelso
Borgata Croera, 34
Tel. 0173/50840
Fünf gute Adressen zum Übernachten, allesamt inmitten von Weinbergen gelegen und ideale Ausgangspunkte für interessante Ausflüge. Mountain-bikes werden fast überall zum Verleih angeboten. Die Küche lockt mit reichhaltigen Mahlzeiten, doch besteht auch die Möglichkeit, selbst zu kochen. Angemessene Preise.

SPEISELOKALE

Belvedere
Piazza Castello, 5
Tel. 0173/50190
La Morra wäre nicht La Morra, gäbe es nicht das von Gian Bovio betriebene Restaurant Belvedere. Diese Gaststätte ist schon beinahe Legende, und das nicht nur in La Morra, sondern in den gesamten Langhe. Seit mehr als 50 Jahren wird hier die Kunst gepflegt, Gäste zu verwöh-

nen. Berauschend ist auch der Ausblick, der dem Namen des Lokals alle Ehre macht. Im Keller mit angegliedertem Degustationsraum hat man beste Gelegenheit, eine beachtliche Auswahl an Barolo- und Barbaresco-Weinen zu verkosten. Preise um 80 000 Lire pro Person ohne Wein.

Osteria del Vignaiolo
Frazione Santa Maria, 12
Tel. 0173/50335
Luciano Marengo wartet in seinem ebenso kleinen wie schmucken Speiselokal nicht nur mit einer hervorragenden Küche, sondern auch mit großartigen Barolo- und Barbaresco-Weinen auf. 40 000 bis 50 000 Lire ohne Wein.

Azienda agrituristica Fratelli Revello
Frazione Annunziata, 103
Tel. 0173/50276
Wer die Küche der Langhe in all ihrer Vielfalt kennen lernen möchte, der ist hier richtig. Besonders zu empfehlen sind traditionelle Gerichte wie Vitello tonnato, Plin-Ravioli oder das Eintopfgericht Finanziera; dazu einer der großartigen Weine aus eigener Produktion. Zwei Zimmer stehen für Übernachtungen zur Verfügung. 40 000 Lire ohne Wein.

Osteria Veglio
Frazione Annunziata, 9
Tel. 0173/509341
Nachdem das traditionsreiche Lokal lange Zeit geschlossen war, erstrahlt es heute dank des großartigen Kochs Franco Gioelli und seiner jungen Mitstreiter in neuem Glanz. Auch die Weinkarte, die kaum eine der großen Lagen um Annunziata missen lässt, ist absolut überzeugend. Weitere Trümpfe sind das angenehme Ambiente und die schöne Terrasse mit Blick auf die Langhe del Barolo. 50 000 bis 60 000 Lire ohne Wein.

EINKAUFSMÖGLICHKEITEN

Cantina Comunale
Via Carlo Alberto, 2
In der mit vorbildlicher Professionalität geführten Kellerei werden Weine von 44 örtlichen Herstellern zum Verkauf angeboten.

Bacco e Tabacco
Via Umberto I, 32
Wein und andere landestypische Erzeugnisse; Literatur zum Thema Wein und Gastronomie.

L'Enoteca
Via Roma, 19
Gut zusammengestellte Auswahl an regionalen Weinen und anderen Spezialitäten, vom Gebäck bis zu den Pilzen in Öl. Verkauf auch über Internet.

Enoteca Gallo
Via XX Settembre, 3
Schöne Deckenverzierungen und Holzvertäfelungen machen den Reiz dieser Enoteca aus, in der ein reichhaltiges Angebot namhafter Weine der Langhe und eine großzügige Auswahl landestypischer Leckerbissen feilgeboten werden.

Vineria Sangiorgio
Via Umberto I, 1
In den reizvollen Räumlichkeiten eines stattlichen Wohnhauses aus dem 18. Jahrhundert kann man nicht nur Weine der Langhe kaufen, die hier in reicher Auswahl angeboten werden, sondern auch eine kleine Mahlzeit einnehmen.

Paolo Cordero di Montezemolo

1920-1987

In der Geschichte des Barolo trifft man auf Winzer, die – gestützt auf ein solides Familienvermögen, das aus der Landwirtschaft und nicht immer aus dem Weinbau oder dem Weinhandel stammte – emsig Weinberge und Burgen kauften, Handel trieben und so zu Beginn des 20. Jahrhunderts zu einflussreichen Persönlichkeiten in der Welt der Landwirtschaft und des Weinbaus aufstiegen.

Paolo Cordero di Montezemolo war in gewisser Hinsicht noch mehr Glück beschieden, denn er hatte die günstigen Lagen bereits von der Familie Falletti geerbt. Zudem verfolgte er aufmerksam alles Neue, insbesondere dann, wenn es aus dem benachbarten Frankreich stammte. Dem aufstrebenden bürgerlichen Unternehmergeist konnte er hingegen wenig abgewinnen, empfand er sich doch als "Mann vom Lande", als Landedelmann – *honneur et fidélité* lautet das Motto seines Geschlechts, und selten beschrieben Worte eine Persönlichkeit besser.

Zu seiner Zeit zählte das Land wenig, und Qualitätsweine gab es kaum. Der *cont d'la Mora* (Graf von La Morra) jedoch glaubte an seine Weinberge. Er erneuerte die Pflanzungen, um die er sich hingebungsvoll kümmerte, und brachte jedem, der, wie seine Halbpächter und Lohnarbeiter, sein Tagewerk in engem Kontakt mit der Erde verrichtete, Achtung und Respekt entgegen. Seine Auffassung von Weinbau war damals noch völlig unüblich, hatte auf lange Sicht aber Erfolg. Neidlos und einmütig würdigte man die Qualität seiner Weine, Frucht seiner ausgezeichneten Arbeit im Weinberg und im Weinkeller. Paolo Corderos Betrieb war schon vor der in jüngster Zeit erfolgten Wiederentdeckung der Weine von Spitzenqualität ein Symbol für allererste Klasse – ein Juwel der Langhe, das so manchem Château in Frankreich in nichts nachstand.

Paolo Cordero di Montezemolo wurde am 24. Januar 1920 geboren. Sechs Tage zuvor war sein Vater gestorben, ein Kapitänleutnant zur See gleichen Namens. Seine Mutter, Maria Lidia, war die Tochter von Luigia Falletti, Letzte des Zweigs von Rodello und La Morra dieses ehrwürdigen Adelsgeschlechts.

Nach dem Tod der Großmutter Luigia im Jahr 1941 erbte Paolo die Ländereien der Familie Falletti in La Morra, die seit 1340 über 16 Generationen jeweils vom Vater auf den Sohn übergegangen waren. Im Lauf der Jahrhunderte jedoch hatten die alten Besitztümer in Rodello und La Morra infolge wechselnder Geschicke, finanzieller Schwierigkeiten und nicht zuletzt des Tausches einiger Besitztümer im Hügelland gegen Ländereien in der fruchtbaren, wasserreichen Ebene zwischen Savigliano und Costigliole erheblich abgenommen.

Eisern verteidigt wurde jedoch der *Mons Fallettorum*, heute Monfalletto, das 299 Meter hohe Wahrzeichen des landwirtschaftlichen Betriebs, auf dessen Gipfel eine von Costanzo Falletti an seinem Hochzeitstag im Jahr 1856 gepflanzte Libanonzeder thront.

Giacinto Massimiliano war es dann, der die ersten bescheidenen Versuche unternahm, die im Betrieb hergestellten Weine zu vermarkten. Die Witwe seines Sohnes Costanzo, Eulalia Dalla Chiesa, erweiterte Weinberge und Weinkeller, doch gelang es zunächst nicht, den Wein über die Grenzen Savoyens hinaus bekannt zu machen. Erst Luigia Falletti, die bereits erwähnte

Großmutter Paolo Corderos, verlieh ab 1938 dem Unternehmen neue Impulse und neue Kraft.
1938 war auch das Jahr, in dem Paolo Cordero di Montezemolo offiziell die Bühne des Weinbaus betrat, um bereits drei Jahre später die Leitung des Betriebs zu übernehmen. 1943 heiratete er Anna Dumontel, Tochter einer alteingesessenen Unternehmerfamilie aus Lyon, die ihm sechs Kinder schenkte, von denen zwei, Giovanni und Enrico, ihrem Vater ab 1975 zur Seite standen.
Aus den herrschaftlichen Kellern des Hauses in der Via XX Settembre stammt einer der ersten Barolo-Weine aus La Morra, auf dessen Etikett man groß "Nebiolo" und klein "(Barolo)" lesen konnte.
Paolo Cordero entwarf seine Etiketten stets selbst, was auch nicht weiter verwundert, finden sich doch unter seinen Vorfahren auch einige, die einen Beitrag zur Entwicklung von Grafik und Verlagswesen in Savoyen leisteten. Berühmt ist jenes, das er in den frühen Sechzigerjahren entwarf: achteckig, oder vielmehr viereckig mit abgerundeten Ecken, weil es so – in seinen Worten – "mit dem Teil der Oberfläche einer Champagnerflasche übereinstimmt, der mit einem Blick erfasst werden kann". Mit gleicher Sorgfalt schritt man im Jahr 1945 an die Neubepflanzung der Weingärten am Monfalletto. Neben den Dolcetto- gab man Nebbiolo-Reben viel Raum, auch wenn diese zu jener Zeit wenig gefragt waren. Cordero pflanzte sie entlang der Süd- und Südosthänge, die – so seine Worte – "wie Schüsseln aussahen, ähnlich Parabolspiegeln".
1965 kaufte er den Weingarten Enrico VI in Villero di Castiglione Falletto. Später dann gründete er mit seinen Kindern die Kellerei im Gattera-Gebiet am Fuße des Mont Falet. Bereits in jenen Jahren gingen 40 Prozent seiner Barolo-Weine ins Ausland, in nahezu alle Länder Europas, nach Amerika, Japan, Neuseeland und Australien. Lassen Sie uns diese kurze Biographie mit einem Auszug aus einer seiner letzten Schriften aus dem Jahr 1987 beschließen: "Ich bin davon überzeugt, dass man hervorragende Weine nur aus hervorragenden Trauben gewinnen kann, welche wiederum auf herausragenden Böden wachsen müssen ... Ein großer Wein wird von vielen als Kunstwerk betrachtet; in Wirklichkeit ist er jedoch ein Werk der Natur: ein Werk der Sonne, des Klimas, der Bodenbeschaffenheit und so weiter."

Renato Ratti

1934-1988

Als im September 1988 die Crème de la Crème der Weinerzeuger in dem kleinen Dorf Mango zusammenkam, um Renato Ratti ein letztes Lebewohl zu sagen, waren sich viele über den unersetzlichen Verlust im Klaren. Das Ansehen, das sich der nimmermüde Ratti insbesondere mit seinen Studien zur Geschichte und Kultur des Weins erworben hatte, sucht seinesgleichen in der jüngeren Vergangenheit des Weinbaus in Alba. Ratti war kein Kanzelprediger oder Bücherwurm, sondern ein hochgebildeter Mann, der Neuerungen gegenüber grundsätzlich offen war. Er versuchte, das französische Modell der Klassifizierung von Weinen und ihrer Reblagen auf die Langhe zu übertragen; ein nicht nur schwieriges, sondern nahezu unmögliches Unterfangen, bedenkt man den ausgeprägten Individualismus gewisser Kreise in Alba und die typische Bauernschläue einer Gegend, die keinen Vergleich mit dem Ausland kannte. Trotz alledem hatte Ratti die Herausforderung angenommen, fest davon überzeugt, dass überzeugtes Handeln auf lange Sicht Erfolg haben würde. Womöglich hatte er diese Starrköpfigkeit von seinem Großvater mütterlicherseits, Dr. Cesare Francia, geerbt, der wegen seiner ausgeprägt libertären Ideen als Arzt in den armen Bezirk von Villafalletto versetzt worden war. Und so wurde Villafalletto am 23. Oktober 1934 zum Geburtsort von Renato Ratti, der dort auch seine Kindheit verbrachte. Nach einem kurzen Intermezzo in Turin zog er nach dem Tod seines Vaters im Jahr 1948 nach Mango in das Haus der Großeltern. Er schrieb sich an der Weinbauschule in Alba ein und erhielt 1953 das Weintechnikerdiplom nebst einer Verdienstmedaille für Heilpflanzenkunde. Im selben Jahr studierte er Landwirtschaft in Turin und beschloss 1954, endgültig in die Arbeitswelt einzutreten: zunächst bei der Firma Contratto in Canelli und dann bei Cinzano in S. Vittoria d'Alba. Er war gerade einmal 21 Jahre alt, als ihn der finanzkräftige Sekthersteller auf seine brasilianischen Niederlassungen in São Paulo und Recife schickte – der Beginn eines großen Abenteuers für den jungen Önologen aus Mango. Im Juli des Jahres 1955 schiffte er sich auf der "Giulio Cesare" der Compagnia Italia mit Kurs auf Brasilien ein. Dort verwirklichte er ein fantastisches Projekt, für das er noch heute in der Region von Sertao gerühmt wird: Er beriet sich nämlich mit israelischen Experten, die bereits Ödland für den Anbau von Weinreben nutzbar gemacht hatten, und legte in einem etwa 500 Kilometer von Recife entfernten wüstenähnlichen Gebiet Weingärten an, die mit dem Wasser des Rio São Francisco bewässert wurden. Der Erfolg ließ nicht lange auf sich warten: Die Reben brachten zwei Ernten im Jahr hervor, und so konnte sich die Firma Cinzano den aufwendigen Transport von Trauben aus dem entfernten Bundesstaat Rio Grande do Sul sparen. Mit 24 Jahren war Renato Ratti bereits Direktor von Cinzano Brasilien.

Es folgten intensive Jahre voller Aktivität in der neuen, faszinierenden Welt. Ratti heiratete Beatrice Sitia, die Tochter von Genueser Freunden der Familie, und versuchte einen eigenen kleinen Weinbaubetrieb, die Azienda Vitivinicola Piemonte in Mailaschi nahe São Paulo, aufzubauen. Doch als die Firma Cinzano davon Wind bekam, versetzte sie ihn sofort nach S. Vittoria d'Alba und sorgte so im Januar 1965 für seine Rückkehr nach Italien.

Bereits in den frühen Sechzigerjahren hatte Ratti im Zuge einer Fortbildungsreise nach Frankreich und bestärkt durch Weinkäufe, die sein Freund Gigi Rossi vermittelt hatte, mit der Idee gespielt, in den Langhe zu investieren. Und so besaß er, als im Juli des Jahres 1965 die Zusammenarbeit mit Cinzano endete, bereits einen Mietvertrag über die Räumlichkeiten der Abbazia dell'Annunziata in La Morra – die Geburtsstunde eines neuen Barolo-Erzeugers!

Die Vermarktung begann im Jahr 1965; 1968 erweiterte Ratti die Kellerei. 1969 trat sein Neffe, der Önologe Massimo Martinelli, in das Geschäft ein. Diese Partnerschaft sollte ein Leben lang währen, und zweifelsohne war es das Verdienst Martinellis, dass sich Ratti systematisch dem Schreiben und seinen Studien widmen konnte. Im Jahr 1971 erschien unter der Ägide der Vereinigung Cavalieri del Tartufo e dei Vini d'Alba, zu deren Mitbegründern Ratti zählte, das Buch *Della vigna e del vino dell'Albese*, die wohl schönste Abhandlung, die es bis heute in diesem Gebiet zu finden gibt. 1973 folgte *Civiltà del vino* und im Jahr 1974 *Manuale del saggio bevitore*. Ratti schrieb schnörkellos und lehrreich, konnte Alltägliches in die faszinierende Welt des Weins mit einbeziehen. Er verlor sich nicht in Expertenlatein, sondern wusste zu vermitteln, wollte Wissen wissenswert machen. In diesem Geist leitete er nacheinander die Weinverbände Consorzio del Barolo e del Barbaresco und Consorzio dell'Asti Spumante. Er gründete die Vereinigung Associazione per la Bottiglia Albeisa und richtete in der Abtei sein Lebenswerk ein: das Museo Ratti dei Vini d'Alba. Seine schriftstellerische Tätigkeit setzte er in den Jahren 1977, 1981 und 1985 mit den Werken *Guida dei vini del Piemonte*, *Come degustare i vini* und *Conoscere i vini d'Italia* fort.

Das letzte Jahrzehnt vor seinem Tod war gekennzeichnet durch eine Fülle von Verpflichtungen im In- und Ausland: Die Rolle des Intellektuellen in der Welt des Weins wurde ihm inzwischen von niemandem mehr streitig gemacht.

Sein Name fällt wiederholt in diesem Buch, und das zu Recht, war er doch auch der Vater der *Carta del Barolo,* die zum ersten Mal die großen Lagen der Langhe auswies – ohne ihn wäre auch unsere Arbeit bedeutend mühsamer gewesen.

GROSSE NAMEN DER VERGANGENHEIT

Giuseppe Tarditi

1836-1919

Das Rezept des Barolo-Wermuts entstand in der ersten Hälfte des 19. Jahrhunderts im Hinterzimmer der alten Apotheke in der Via Portamercato von La Morra. Der Gewürzhändler Giovanni Andrea Tarditi verkaufte das kostbare Elixier in einer schmucken Flasche mit blau-goldenem Etikett, auf der seit der Geburt seines Sohnes Giuseppe im Jahr 1836 die Aufschrift "Tarditi Padre e Figlio" prangte. Das zwischen der Kirche Battuti Bianchi und dem Gasthaus Osteria Belvedere an der Piazza Castello gelegene herrschaftliche Haus hatte die Gattin von Giovanni Andrea, die Letzte der Familie Roggeri, als Mitgift in die Ehe eingebracht, zusammen mit weiterem Grund und Boden, der sich in der Gegend von Rivalta di La Morra befand. Der Gewürzhändler Tarditi, ein Liebhaber aromatisierter Weine, war zugleich auch Kellermeister. Hinzu kam, dass der Weinbau gerade dank des Wirkens von Giulietta Colbert in Barolo und von Camillo Benso in Grinzane begann, gewinnträchtig zu werden.

Sohn Giuseppe erkannte die Zeichen der Zeit sehr rasch. Er hatte 1857 mit seiner Examensarbeit namens "Anmerkungen zu den Glukosen und im Besonderen zum Salizium" ein Studium der Pharmazie vollendet, dann aber sein Diplom in die Schublade gesteckt und sich ganz der Weinerzeugung verschrieben.

Schon bald reichten die Trauben des eigenen Weinguts nicht mehr aus. Daher kaufte Giuseppe bei den Bauern des Umlands Lesegut hinzu, die ihn gerne belieferten, da er sofort und in bar zahlte. Tarditis Weinkeller war technisch gesehen ein wahres Juwel – als Zeichnung fand er sogar Aufnahme in Fantinis Monographie von 1881. Mit den Gärbottichen im oberen und den Räumlichkeiten für die Umfüllung und Reifung im unteren Teil konnte der Wein nach der Fermentierung ohne Hilfe von Pumpen in die Fässer fließen.

Ältere Dorfbewohner berichten, wie Tarditi an einem Herbsttag ziemlich unruhig im Weinkeller umherschlich. Auf die Frage, was denn los sei, antwortete er: "Ich habe 100 000 Lire an Trauben in den Bottichen kochen." Zu jener Zeit eine stattliche Summe!

Giuseppe heiratete in jungen Jahren, hatte drei Kinder und wurde mit kaum 26 Jahren Witwer. Er genoss hohes Ansehen und war lange Zeit Erster Bürger von La Morra. Im Jahr 1881 erhielt er dann den Ehrentitel eines Cavaliere. In der Laudatio wurde unter anderem sein Wirken als Önologe und Begründer der *Società di Mutuo Soccorso tra gli Operai di La Morra* (Gesellschaft zur gegenseitigen Hilfe der Arbeiter in La Morra) gerühmt.

Als Vertreter liberaler Ideen verdiente sich Guiseppe bei vielen Gelegenheiten die Wertschätzung des Abgeordneten Teobaldo Calissano aus Alba, den er bei Abstimmungen im Rat von Cherasco engagiert unterstützte.

Während des Ersten Weltkriegs gab Tarditi, der mittlerweile alt und vereinsamt war, seine Kellerei auf. Er verkaufte sie an Camerano aus Barolo, der sie in die Via Garibaldi verlegte. Der greise Gewürzhändler, Bürgermeister und Önologe, der noch 1884 den "1400 Hektolitern der Opera Pia Barolo" sage und schreibe "3000 Hektoliter erlesenen Barolo-Wein" entgegengestellt hatte, wie die Zeitung *Giornale dell'Esposizione Italiana di Torino* in jenem Jahr ihre Leser unterrichtete, starb im Jahr 1919.

Die Vorzüge der Assemblage

Mein Großvater war aus dem Toetto und heiratete in Santa Maria. Er hat sich ins gemachte Nest gesetzt, denn seine Frau brachte das Gut mit in die Ehe. Er erneuerte den Weinkeller – hier unter uns – und baute eine Traubenmühle, die drei Meter höher war als der Keller, so konnte der Most nach dem Keltern ganz einfach in die Holzfässer (aus örtlicher, nicht aus slawonischer Eiche) hinabfließen. Damals kamen die Trauben in einen Bottich und wurden sehr langsam gekeltert, sodass sie immer mit Most bedeckt waren. War der Bottich voll, stützte man ihn mit Rechen oder Brettern an der Decke ab. Denn wenn die Masse nicht ganz im Most versank, wurde sie sauer. Die Bottiche blieben dann unter ständiger Kontrolle des Zuckergehalts sechs oder sieben Tage stehen, bevor der Most gezapft und richtig gekeltert wurde. Mit einem Sieb trennte man die Beerenhaut vom übrigen Trester, da sie zum Teil mit dem Most in die Fässer kam. Während der Gärung befand sich kein Trester mehr im Most, und mein Großvater nahm den Abstich vor, wenn der Zucker völlig verschwunden war.

Mein Großvater, Giuseppe Adriano, war ein Weinkenner und ständiger Begleiter von Vergiati, dem Weinbautechniker des Cavalier Parà [siehe *Große Namen der Vergangenheit*]. Insbesondere im Mailänder Raum hatte er sich einen ordentlichen Kundenstamm aufgebaut. Kurz vor seinem Tod 1912 sagte er zu mir: "Wenn du guten Barolo machen willst, darfst du nicht immer am selben Fleck bleiben." Er selbst kelterte die Trauben aus Santa Maria, kaufte aber auch welche aus Torriglione, Cannubi, Cerequio und Castiglione Falletto und mischte sie. Heute sagt man Assemblage dazu. Hier in Santa Maria wird viel Wein angebaut, Cannubi gibt den besonderen Duft, Cerequio die Tannine und so weiter. Die Mischung macht's. So sah es mein Großvater – und er war ein großer Weinexperte.

Zu Beginn des Jahrhunderts lebte in Santa Maria ein gewisser Bolla. Er war ein Veredler, der dank seiner erfolgreichen Arbeit überall gefragt war. Vor allem in Santa Maria wuchsen reichlich Reben mit der nach ihm benannten Veredelung heran. Eines Tages bekam er Schwierigkeiten, es wurde zu viel produziert, und die Qualität litt darunter. Er hatte den Edelreis aus dem Weinberg Bussia verwendet, das erzählte mir sein Sohn. Von einer Bolla-Sorte kann also keine Rede sein, allenfalls von einem tüchtigen Veredler namens Bolla. (*Sommer 1990*)

Edmondo Adriano
Geboren 1900
Weinbauer und Kellermeister aus Castiglione

In meinen Langhespielte man Harfe

Ich erinnere mich noch an den Cavalier Tarditi, der eine schöne Kellerei an der Straße zur Piazza Castello hatte: Der Karren wurde mitten auf die abschüssige Straße gestellt, und dann ließen sie die Fässchen einfach von oben hineinrollen, bevor sie sie zum Bahnhof nach Cherasco schafften. Damals wurde der Wein fast nur offen verkauft, in Fässern und großen Korbflaschen. Ich ging noch zur Schule, und ich erinnere mich, dass der Cavalier Tarditi, der auch 40 Jahre lang Bürgermeister war, vor der Schultür einen Eimer Wasser und ein Paket Zucker abstellte, damit wir uns Zuckerwas-

Giuseppe Gambera

Geboren 1905

Winzer aus La Morra

ser machen konnten. Er besaß Lagen in den Weingärten Brinate, Pria und anderswo, und Trauben kaufte er auch noch zu. Die übrigen Kellermeister im La Morra jener Zeit, die Costamagnas und die Genesios, kelterten fast nur den Ertrag ihrer eigenen Weinberge.

Napolin Ravinale dagegen war ein Weinhändler ... der hat mich vielleicht an der Nase herumgeführt! Eines Tages, ich war noch ein Junge, schippte ich Schnee auf der Straße. *Napolin* kommt auf mich zu und sagt: "Hast du mal ein Schlückchen zu trinken für mich?" Mein Vater, der im Rathaus arbeitete, hatte 22 *brente* [ein *brenta* = 49,3 Liter] Barbera zu verkaufen und wollte 22 Lire dafür haben, denn der Wein war wirklich gut. *Napolin* trinkt einen Schluck davon und trollt sich. Dann geht er zu meinem Vater und sagt: "Was soll der Barbera kosten?" "22 Lire, und keinen Soldo weniger." "Geschäft gemacht." "Ja wie denn, ohne ihn zu probieren?" Und er darauf: "Ich verlass' mich auf dein Wort." Ravinale hatte ein Weindepot in Turin und baute während des Karnevals seinen Stand auf der Piazza Carlina auf. Mit diesem Barbera, der aus dem Pria stammte, hat er den ersten Preis gewonnen.

Aus Barolo kamen die Cameranos, die Piras und die Borgognos zum Traubenkauf. Mein Vater verkaufte an Francesco Burlotto aus Verduno. Unsere Familie besaß einen Weinberg in den Rocche, einen zweiten in den Fossati und noch einen unterhalb des Dorfs – der ist mir geblieben. Einem Betrieb aus Barolo habe ich einmal Nebbiolo-Trauben verkauft: Der Padrone nimmt zwei davon, die einzigen, die nicht so schön waren, und sortiert sie vor dem Wiegen aus. Ich hatte vielleicht eine Wut im Bauch! Im darauf folgenden Jahr war ich gerade mit der Lese beschäftigt, und er war auf der Jagd. Er kommt auf mich zu und fragt: "Wieso hast du mir eigentlich keine Nebbiolo-Trauben mehr angeboten?" "Bevor ich Ihnen nochmal was verkaufe, reiße ich eher die Rebstöcke heraus." Die Dolcetto- und Barbera-Trauben wurden ins Flachland verkauft. Hin und wieder versuchte ich mich auch als Zwischenhändler: 2000 Myriagramm (20 000 Kilo) Trauben ließ ich in Marene verkaufen, 3000 in Benevagienna. Als ich jung war, übernahm ich auch Traubentransporte: Damals kelterten die Leute aus dem Flachland noch bei sich zuhause, und ich pendelte zwischen meinem Dorf und Savigliano mit dem Pferd – bis zu 120 Myriagramm schaffte ich pro Fuhre, zwei *bigonce* [große Butten].

Auf den Markt von Alba ging ich nicht gern. Ein einziges Mal war ich dort, und zwar als Onkel Gioanin über den Tag 30 Soldi in den Sand gesetzt hatte, nur weil er meinte, sich stur stellen zu müssen. Morgens waren ihm zwölf Lire zu wenig, abends dann hat er an den Rinaldi aus Barolo verkauft und ordentlich Federn dabei gelassen. Und die Trauben mussten Rinaldi auch noch angeliefert werden. Der Halbpächter, ein gewisser *Barolin*, fluchte ganz schön wegen der entgangenen 30 Soldi pro Myriagramm.

Früher kauften die Kellereien nach Lage, nicht nach Zuckergehalt. Sie schauten eben, wo der Weinberg lag. In die Rebzeilen kamen damals nur Pfähle aus Kastanienholz, die mit dem Zug aus Ceva herangeschafft wurden. Ich verlud sie im Bahnhof von Narzole für zwei Soldi pro Myriagramm. Das war wenig für eine so schwere Arbeit, besonders, wenn es schneite. Also habe ich mit den anderen Fuhrleuten vereinbart, dass wir sechs Soldi fordern.

Für den Transport der Trauben nach Savigliano bekam ich 20 Soldi pro Myriagramm, weil ich auch noch ein weiteres Zugtier an der Steigung von Roreto zahlen musste: drei oder fünf Lire für einen Ochsen oder ein Pferd, das meinem Maultier half, den Karren zu ziehen. Einige Hofbesitzer lebten im Winter davon. Ich brachte den Wein bis nach Turin. Drei Tage brauchte ich dafür. Ich schaffte die Korbflaschen zum *Gran Mogol* und arbeitete für *Cichin* [Francesco] Oberto. Nachts schlief ich auf meinem Karren, unter dem Vordach des Anspanns von Carignano – in den Ställen waren schon zu viele Leute, und das ganze Milieu gefiel mir nicht. Das war zu Beginn des Jahres, und bei der Rückkehr aus Turin lungerten in der Via Lagrange jede Menge zwielichtiger Gestalten herum, die auf uns warteten, aber ich bin einfach weitergefahren.

Ich transportierte auch die schwersten Instrumente der Orchester des Umlands, das heißt Klavier, Schlagzeug und Harfe. Einmal habe ich sie von La Morra nach Rivalta gebracht, dann am Samstag von dort aus nach Pollenzo, schließlich nach Neive. Alles für 30 Lire. Das war in den Zwanzigerjahren. (*Frühjahr 1990)*

Als hier noch richtig Hunger herrschte

Mein Vater und meine Onkel hatten zahlreiche Höfe. Der in Borgata Simane gehörte meinem Vater: 40 Piemonteser Tagwerk [15 Hektar] am Stück. Da gab es das Haus des Bauern, dann das des Halbpächters, einen großen Stall und davor ein riesiges Gerätehaus. Manchmal arbeitete mein Vater die ganze Woche dort, und meine Mutter und meine älteren Schwestern gingen hinüber, um ihm etwas zu essen zu machen. Auch ich rannte donnerstags, wenn schulfrei war, dorthin, weil es mir Spaß machte, mit den Töchtern der Halbpächterin auf die Weide zu ziehen. Wir waren acht Geschwister, sieben Mädchen und ein Junge.

Die weiterführende Schule habe ich in Mondovì besucht. Dann habe ich von 1927 bis 1967 als Grundschullehrerin gearbeitet. Anfangs als Hilfslehrerin, das war nicht leicht. Damals verschlug es mich in Schulen, die irgendwo mitten im Wald lagen, ohne Straßen, ohne Schuldiener. Morgens heizte ich den Ofen im Klassenzimmer ein, läutete die Schulglocke und machte sauber. Ganz davon zu schweigen, dass ich drei Klassen zusammen unterrichtete: die erste bis zur dritten, manchmal auch noch die vierte. In einem Weiler, der nahe am Schulhaus war, befand sich dann meine Unterkunft, die Lehrerinnenkammer. In diesen Einheitsklassen waren bis zu 40 Kinder untergebracht, und die Erstklässler sprachen zunächst nur Dialekt.

Radegonda Oberto
Geboren 1904
Grundschullehrerin

In den Dörfern und in den Bergen habe ich viel Elend gesehen. Ich bin sowohl in Piasco als auch in Cherasco Patin gewesen – wenn dich arme Leute wie die Halbpächter um etwas bitten, kannst du es ihnen einfach nicht abschlagen. Die Halbpächter von Cherasco hatten nicht einmal genug zu essen. Jede Woche kam der fliegende Händler mit seinem Zweispänner ins Dorf. Dann kaufte ich etwas Kaffee, etwas Zucker, irgendetwas für diese Familie. Eines Tages lag die Mutter krank im Bett, und ich lief los, um einen Arzt zu holen. Die Ärmste hatte nicht einmal ein zweites wollenes Unterhemd zum Wechseln – ich hab' ihr meins geschenkt.

In La Morra gab es Schulen in den vier Vororten und im Ort selbst. Wer von außerhalb kam, musste zu Fuß zur Schule gehen, ob es regnete oder schneite. Ihr Essen mussten sich die Kinder selbst mitbringen. Später dann haben wir das Schülerhilfswerk gegründet, und seitdem gab's etwas Warmes. (*Sommer 1990)*

Das Leben eines Halbpächters ist nichts wert

Ich bin in Giulìa di Barolo geboren und mit zehn Jahren losgezogen. Ich erinnere mich, dass ich im *Ciabot d' Can* im Vorort Annunziata von La Morra war, dann bin ich als Halbpächter nach Santa Maria gegangen, auf den Vergiati-Hof. Nach einer Weile wurde es ziemlich eng auf dem Hof, es gab auch noch sechs oder sieben Knechte dort. Deshalb bat ich darum, als Halbpächter in die Dienste des Grafen von La Morra treten zu kön-

Angelo Roggero
Geboren 1915
Halbpächter aus La Morra

nen. 35 waren wir, und alle wollten dasselbe. Stellen Sie sich das mal vor! Arbeit gab es einfach keine. Was sollten wir also tun? Da hat sich dann der Oberst Comin vom Vergiati-Hof erbarmt, mit der Gräfin zu sprechen, die eine anständige Frau war. "Sie sind in Ordnung", hat sie mir gesagt. 1932 bin ich dann als Halbpächter auf dem Gattera-Hof untergekommen und bis 1948 dort geblieben. Auf dem Gattera-Hof lebte bereits eine Halbpächterfamilie. Es ging uns gut. 1948 habe ich geheiratet, und wir sind nach Brinate gezogen, um bei Marcarini als Halbpächter zu arbeiten, 20 Jahre lang. Das sind schöne Weinberge, der Untergrund ist weiß und teilweise derart trocken, dass man nach einem Regen schon am nächsten Tag wieder im Berg arbeiten kann. Aber die Weinlese, mein Gott, die Weinlese! Immer eine Woche später, oder noch mehr, als die anderen schon längst fertig waren. Es gab ständig Streit mit den Besitzern, die möglichst spät mit der Lese anfangen wollten: "Besser eine Woche später als eine zu früh", hieß es. Und dann hat es in einem Jahr gegossen, als wollte es nie wieder aufhören. So ist das eben, das Leben eines Halbpächters ist keinen Pfifferling wert: Man arbeitet und Schluss, etwas Eigenes gibt es nicht. Aber ich habe gute Herrschaften gehabt. (*Frühjahr 1990*)

Das Geld war knapp

Colombina Stroppiana
Geboren 1912
Ladenbesitzerin
in La Morra

Viele ließen im Laden anschreiben, in der Hoffnung, ihr Korn, ihre Trauben, das Kalb oder auch die Seidenraupen demnächst zu verkaufen. Sie zahlten eben, wenn sie das Geld hatten. Oder sie brachten mir im Tausch Mehl und Eier. Das Mehl brachte ich nach Gallo Grinzane: Dort gab es jemanden, der Nudeln herstellte. Doch die besten Nudeln gab es beim fliegenden Händler. Dann gab es eine Familie aus Barolo, deren Schuldenliste nicht enden wollte, und das Kalb, das sie hätten verkaufen müssen, um ihre Schulden zu begleichen, verkauften sie einfach nicht. Eines Tages bin ich zu ihnen hin und vor Schreck gleich wieder gegangen – sie konnten einem nur Leid tun: Die Frau war schwanger, hatte drei kleine Kinder am Hals, der Ofen war kaputt und rauchte, zu Essen gab es nichts. Denen hätte man noch etwas dreingeben müssen, statt ihre Schulden einzutreiben!

Ich habe den Laden 1932 übernommen und bis ungefähr 1980 weitergeführt. Ich bin mit zwei Goldmedaillen ausgezeichnet worden, und dann sollte mir auch noch der Goldene Adler verliehen werden, aber darauf habe ich verzichtet. Damals öffnete der Laden um sechs Uhr morgens und schloss um zehn Uhr abends, tagein, tagaus, auch sonntags. Während des Heu- oder Kornschnitts kamen die Leute schon um sechs Uhr früh, um Gemüse und Käse für das Frühstück der Schnitter auf den Feldern zu kaufen, oder es wurde groß eingekauft für das Festessen zur Dreschzeit. Sie kamen von den Höfen und füllten ihre Körbe. Da es keine großen Sonderangebote gab, wurde nicht allzu viel auf einmal gekauft: ein Pfund Zucker, 50 Gramm Kaffee, 100 Gramm Butter. Das Geld war knapp, und Kühlschränke gab es auch noch keine.

Die Landfrauen kamen nach der ersten Messe – während des Herz-Jesu-Monats, im Januar also, war der Laden immer voll.

1933 gab es in La Morra ein Riesenfest, und ich habe einen Traubenstand vor dem Laden aufgebaut. Zu viert haben wir bedient. Morgens kommen die Leute von der Gemeinde vorbei und sagen: "Schön, aber da fehlt noch das Porträt vom Duce, dem Mussolini". Also hab' ich's mitten zwischen die Trauben gestellt und den Preis gewonnen. Es gab unzählige Traubenstände längs der Straße, an jenem Septembersonntag. Auf der Piazza Castello gab es die Weinstände, an denen der Wein glasweise oder in einer kleinen Erinnerungsflasche verkauft wurde. Aus Turin war sogar eigens ein Zug von der Zeitung *La Stampa* geschickt worden: Es entstand eine lange Prozession von Leuten, die vom Bahnhof von Cherasco aus zu Fuß hinaufkamen. Im Dorf haben sie die Straßen abgesperrt, den Gästen einen Weg gewiesen. Die Gasthäuser waren brechend voll: Das Albergo dell'Angelo, berühmt für die *tajarin* [Bandnudeln] von Maria *d'l Angel*, das Belvedere, die Trattoria delle Indie, die Trattoria Italia, ja selbst die Osteria dei Tre Carlin. Überall Menschen, die in den Wiesen Brotzeit machten oder aber auf den Tanzböden das Tanzbein schwangen. (*Sommer 1990*)

Monforte d'Alba

Monforte d'Alba ist die letzte Festung der Langa del Barolo. Malerisch türmen sich die Häuser des alten Dorfkerns an den Hängen eines steilen Hügels. Das ausgedehnte Gemeindegebiet umfasst die Ortsteile Bussia, Manzoni, Ornati, San Sebastiano, Sant'Anna, San Giuseppe, Ginestra, Perno und Castelletto, von denen viele für ihre Barolo-Produktion berühmt sind. Monforte ist von Alba ebenso weit entfernt wie von Bra; man erreicht es, wenn man von Bra aus dem Tanarotal folgt und auf der Höhe von Monchiero links abbiegt.

Im römischen Reich lag der Ort *Pagus Romanus* an dieser Stelle, später eine langobardische Siedlung und in der Karolingerzeit ein Lehensgebiet.

Die alte Burg wurde 1028 niedergebrannt, als Adlige der Langhe einen Kreuzzug gegen die als Ketzer verfolgten manichäischen Katharer unternahmen, die dort Unterschlupf gefunden hatten. Die Anführer der Sekte, Girardo und die Contessa Berta, Rodolfo il Glabro und Lamberto Seniore, wurden auf Befehl des Erzbischofs Ariberto d'Intimiano – zusammen mit Adligen und Angehörigen des gemeinen Volks – in Ketten gelegt und nach Mailand gebracht, wo man sie zum Scheiterhaufen verurteilte. Tagelang brannten die Feuer in jenem Mailänder Viertel, das heute Monforte heißt. Nach der Verwüstung der Burg – nur ein Turm war nicht geschleift worden – blieb die Festung *Mons Fortisi* jahrelang verlassen; der Dichter Giovanni Berchet fand 1819 in einem unvollendeten Gedicht über das Schicksal der Katharer dafür die treffenden Worte: "Aus Monforte kommt niemand, / nach Monforte geht niemand."

Ginestra

Die im 17. Jahrhundert wieder aufgebaute Burg wurde von den Truppen des österreichischen Kaisers und des Herzogs von Savoyen Viktor Amadeus geplündert und im Anschluss daran mehrfach erobert und immer wieder zerstört. Schließlich gelangte sie durch Karl Emanuel III. von Savoyen, der 1733 von Kaiser Karl III. das Lehen erhalten hatte, an die Familie Del Carretto. Heute steht an ihrer Stelle eine Residenz der Marchesi Scarampi del Cairo, die ab 1706 in mehreren Abschnitten auf den alten Burgmauern errichtet wurde. Der Gebäudekomplex, der über dem alten Dorfkern thront, umschließt auch einen romanischen Kirchturm (13. Jahrhundert) und zwei Kirchen (14. Jahrhundert). Von der Anhöhe über dem Dorf überschaut man nicht nur die hübschen Häuser, sondern hat auch einen wunderschönen Blick auf den Alpenbogen vom Cadibona-Pass bis zum Massiv des Monte Rosa. Der Dorfplatz wurde zu einem einzigartigen Veranstaltungsplatz für Konzerte umgebaut und nach dem Pianisten Horszowski benannt, der ihn 1986 einweihte.

Außerhalb des Dorfs empfiehlt sich ein Besuch der Ortsteile Perno (früher eine eigenständige Gemeinde) und Castelletto: ein kilometerlanger Ring aus Weinbergen, Burgen und Kapellen. In Perno kann man auf einem Hügel am Fluss die schöne romanische Apsis einer nicht mehr benutzten Kapelle bewundern, vermutlich ein Überrest der Pieve Santo Stefano aus dem 11. Jahrhundert. Hier befand sich einst ein Dorf, das von den Katharern aus Monforte, diesmal in der Rolle der Angreifer, dem Erdboden gleichgemacht wurde: ein Racheakt gegen die Bevölkerung, die sich der Religionsgemeinschaft nicht anschließen wollte.

Die Weinberge

Die bedeutenden Weinberge dieser Gemeinde liegen hauptsächlich im Nordosten und können zwei Gebietsstreifen zugeordnet werden; ein kleiner Bereich in der Mitte umfasst die Lagen Santo Stefano di Perno und Gramolere.

Im Westen, in Richtung Barolo, liegt Bussia mit seinen Weinbergen, weiter im Süden trifft man in einem schönen Tal im Schutz des Hügels von San Giovanni auf die Lagen Dardi, Pianpolvere, Visette und Arnulfi. Im Osten schließt eine Reihe paralleler Weinberge das Tal des Flusses Talloria di Castiglione nach oben hin ab. Diese schönen Weingärten bringen wie die auf der anderen Talseite gelegenen Spitzenlagen von Serralunga gut strukturierte und tanninreiche Barolo-Weine hervor.

Das Gebiet um Monforte zeichnet sich nicht nur durch die Qualität des dort erzeugten Barolo aus, sondern auch durch die vielen verschiedenen Nuancen, die die einzelnen Lagen den Weinen verleihen.

Der aus den zwei Bezirken Bussia Soprana und Bussia Sottana bestehende Ortsteil Bussia verfügt über ausgezeichnete Lagen, aus denen Weine mit ausgeprägten Geruchs- und Geschmacks-

DOC und DOCG	**Rebfläche in Hektar**	**Anteil an der Gesamtrebfläche der Gemeinde**	**Anteil am DOC-Bereich**
Dolcetto d'Alba	336,2234	46,08%	17,99%
Barolo	**208,3518**	**28,55%**	**16,67%**
Barbera d'Alba	140,3541	19,24%	8,14%
Langhe Chardonnay	17,3800	2,38%	6,77%
Langhe Rosso	10,6600	1,46%	15,16
Langhe Freisa	8,2500	1,13%	13,76%
Nebbiolo d'Alba	4,3050	0,59%	1,04%
Weitere DOC-Weine	4,1500	0,57%	
GESAMT	729,6743	100,00%	
Weitere DOC-Weine			
Langhe Nebbiolo	1,8100	0,25%	7,24%
Langhe Bianco	1,6400	0,22%	6,15%
Langhe Favorita	0,7000	0,10%	0,70%

eigenschaften hervorgehen; kennzeichnend ist vor allem ein sehr frischer und intensiver Duft. Zu Bussia Sottana gehören drei der in diesem Buch aufgeführten Spitzenlagen: Munie, Pugnane sowie der den Weiler selbst umgebende und nach ihm benannte Weinberg.

Nach dem Gemeindeteil Bussia Soprana heißt dagegen der Weinberg, der direkt unterhalb der Häuser dieses Fleckens liegt; er ist umgeben von den berühmten Lagen Colonnello, Bricco Cicala, Romirasco und Gabutti della Bussia.

Die Weinproduktion im Überblick

122 Erzeuger, die auf insgesamt 208 Hektar jährlich 11 468 Hektoliter Wein produzieren; dies entspricht 17 Prozent der Produktion des gesamten Barolo-Gebiets.

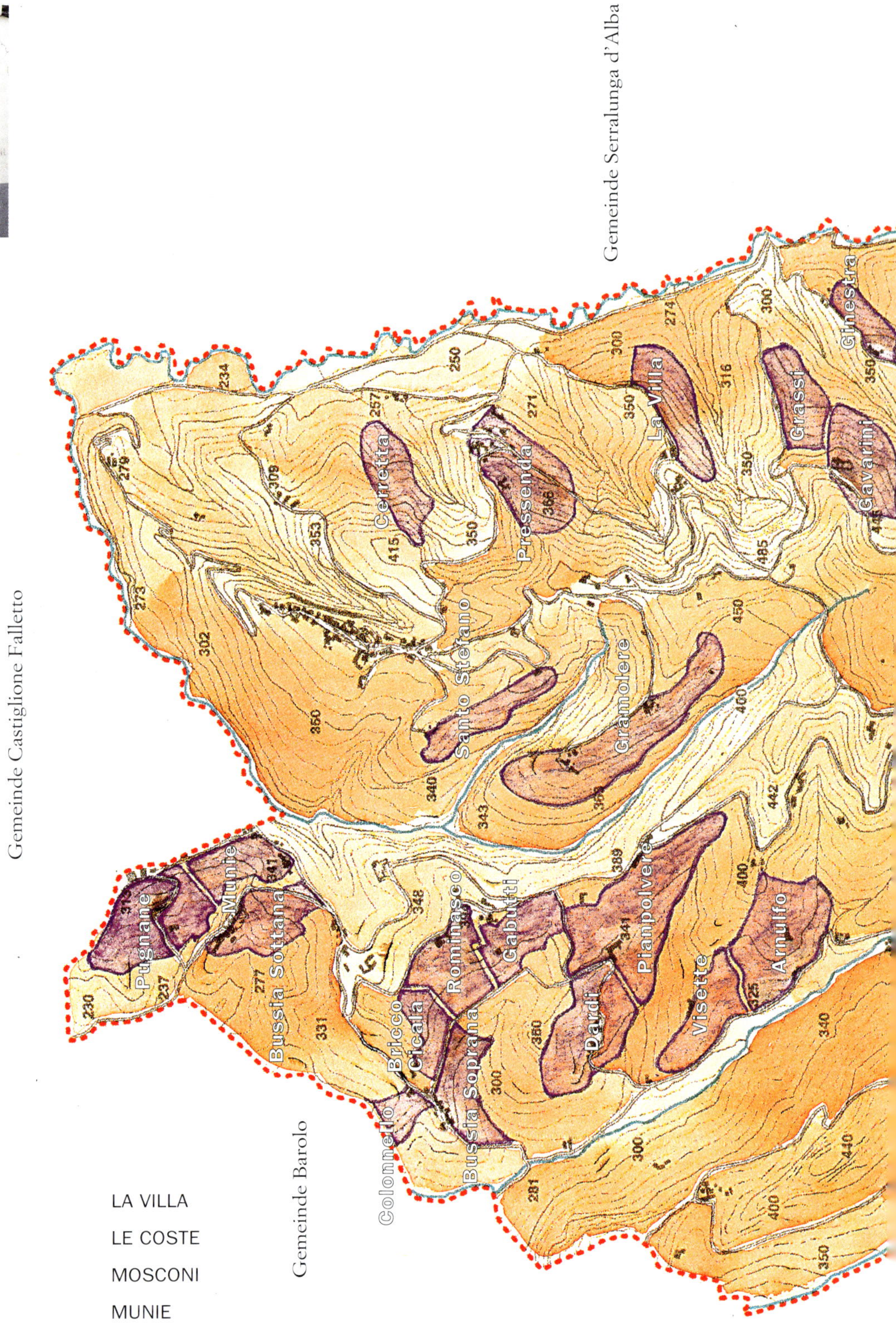

DIE WEINBERGE

ARNULFO
BRICCO CICALA
BUSSIA SOPRANA
BUSSIA SOTTANA
CERRETTA DI PERNO
COLONNELLO
DARDI
GABUTTI DELLA BUSSIA
GAVARINI
GINESTRA ODER GINESTRE
GRAMOLERE
GRASSI
LA VILLA
LE COSTE
MOSCONI
MUNIE
PIANPOLVERE ODER PIAN DELLA POLVERE
PILONE
PRESSENDA
PUGNANE
RAVERA
ROMIRASCO
SANTO STEFANO DI PERNO
VISETTE

BAROLO-GEBIET

BEDEUTENDE LAGEN

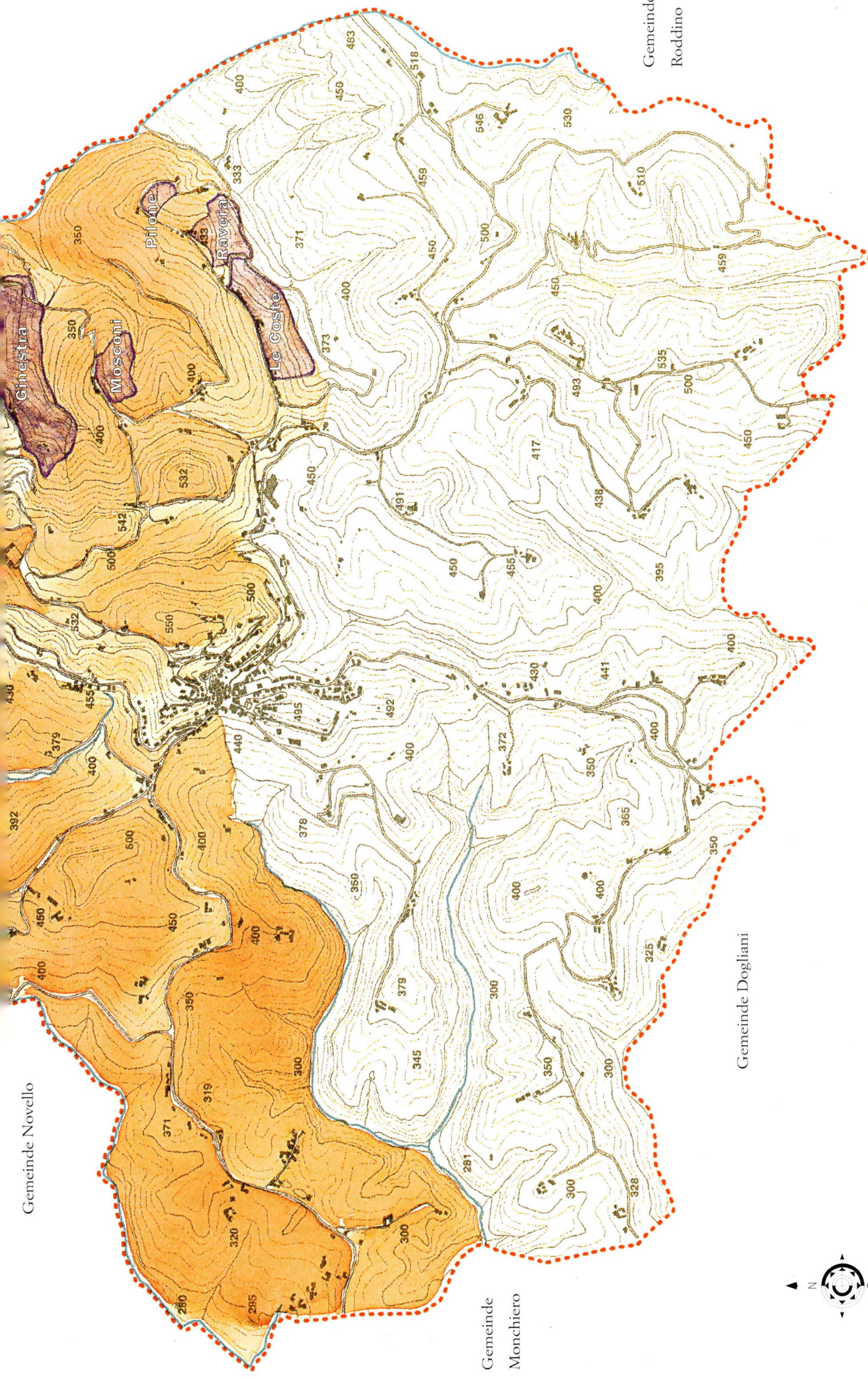
Gemeinde Roddino
Gemeinde Novello
Gemeinde Dogliani
Gemeinde Monchiero
Ginestra
Mosconi
Pilone
Ravera
Le Coste

Bussia

Arnulfo

Man schrieb das Jahr 1874, genauer den 24. Februar, als der Apotheker Carlo Arnulfo und sein Sohn Luigi, wohnhaft in Cherasco, mit notarieller Beurkundung das Weingut "dei Bertoloni" in der Gemeinde Monforte erwarben. Die bereits nach wenigen Jahren für ihre Weine errungenen Preise und Medaillen auf wichtigen Ausstellungen (1883 in Turin, 1892 in Paris) kündeten auf eindrucksvolle Weise von ihrem Erfolg. Wie auch in anderen Fällen üblich, wurde daher das Gebiet nach seinen rührigen Besitzern benannt. Die Spitzenlage von Arnulfi grenzt im Norden an Visette und im Westen und Süden an die Strada Vicinale dei Bovi. Die Höhe beträgt 250 bis 320 Meter, die Süd-/Südostausrichtung geht im unteren Teil in eine Westlage über. Nicht umsonst zählte Ratti diesen Weinberg zu den historischen Anbaugebieten mit besonders günstigen Bedingungen; und womöglich waren sich die Arnulfos dessen ja bewusst, als sie das Land von den Brüdern Zabaldano kauften.

Bricco Cicala

Bricco Cicala (oder Bricco della Cicala, wie es hier oft heißt) ist ein wunderschöner Weinberg unterhalb eines kleinen Waldes. Die Rebfläche ist muldenförmig, der Hang ist daher zunächst nach Südosten, dann nach Süden und schließlich

nach Südwesten ausgerichtet: eine sonnige, windgeschützte Lage im oberen Teil des Tals von Bussia Soprana.
Seit einigen Jahren werden die Weine von dieser Lage mit der Bezeichnung Gran Bussia versehen; Ratti verwendete diesen Namen in seiner *Carta del Barolo*. Diese Namensgebung findet seine Berechtigung in der vollkommen einheitlichen Qualität der Trauben und dem Mikroklima des herrlichen kleinen Tals, das durch den hohen Grat des sich zwischen den Weilern San Giovanni di Monforte und Boschetti di Barolo erstreckenden Hügels geschützt wird. Auf halber Höhe des Tals verläuft eine kleine Straße, die zu dem benachbarten Hügel mit den Lagen Dardi und Pianpolvere führt; zwischen dieser Straße und Bricco Cicala liegt der Weinberg Briccotto. Im Süden grenzt er an Bussia Soprana, im Osten an Romirasco; für alle diese Lagen gilt die Bezeichnung Gran Bussia.

DIE WICHTIGSTEN WEINE

*Barolo Cicala – Poderi Aldo Conterno, Monforte d'Alba

Bussia Soprana

Einer der beiden Gemeindeteile mit dem angesehenen Namen Bussia. Obwohl es sich um zwei getrennte Siedlungen handelt, wird die Bezeichnung "Bussia" für das ganze Gebiet verwendet. Es ist daher nicht verwunderlich, wenn über die tatsächliche Ausdehnung von Bussia Uneinigkeit herrscht. Wir richten uns nach der Aussage eines alten Winzers aus dem Dorf: "Bussia hieß früher die Straße, die von Bussia Soprana nach Bussia Sottana führt; manche nannten das an der Straße liegende Gebiet Gabutti deshalb 'Gabutti della Bussia', aber 'Pianpolvere della Bussia' sagte niemand." Zu der Lage gehört also ausschließlich die kleine amphitheaterförmige Mulde unterhalb des Weilers mit Südost-, Süd- und Südwesthanglage. Auf diesen vier Hektar wachsen von jeher hochwertige Trauben. Der Barolo aus Bussia zeichnet sich im Allgemeinen durch eine gute Struktur und ein sauberes, offenes Bukett aus, das mit der Zeit eine Teernote entwickelt; die üppigen Tannine verschmelzen mit den anderen Komponenten zu einer harmonischen Einheit und ergeben einen äußerst charaktervollen Wein.
Die kleine Straße von Bussia Soprana nach Pianpolvere markiert die Grenze zwischen diesem Weinberg und den zwei nördlich davon gelegenen kleinen Spitzenlagen Bricco Cicala und Colonnello.

DIE WICHTIGSTEN WEINE

*Barolo Bussia – Bussia Soprana, Monforte d'Alba
*Barolo Bussia – Poderi Aldo Conterno, Monforte d'Alba
*Barolo Bussia – Giacosa Fratelli, Neive
*Barolo Mondoca di Bussia Soprana – Fratelli Oddero, La Morra
*Barolo Bussia – Prunotto, Alba

Bricco Cicala

Bussia Sottana

Die Lagen von Bussia Sottana sind nach Südwesten ausgerichtet und fallen mit einem Höhenunterschied von 60 Metern zwischen dem Gut Rovella (340 Meter) und Bussia Sottana (280 Meter) von der Provinzstraße Alba–Dogliani zu den Häusern des Ortes hin ab.

Jenseits der Gemeindeverbindungsstraße nach Barolo liegen weitere Weinberge mit Südhängen im Schutz des Hügels, auf dessen anderer Seite sich die Spitzenlagen Castellero und Vignane der Gemeinde Barolo befinden. Eine vor kalten Luftströmungen geschützte Mulde bietet äußerst günstige mikroklimatische Bedingungen.

Bereits Renato Ratti klassifizierte Bussia Sottana in seiner *Carta del Barolo* als Unterbereich mit hervorragenden Qualitätseigenschaften. Heute ist in diesem Ort genauso wie in Bussia Soprana ein starker Rückgang der Bevölkerung zu verzeichnen, ein Phänomen, das in den Langhe seit 50 Jahren zu beobachten ist:

"In Bussia wohnten 75 Familien, jetzt sind es nicht einmal mehr 75 Personen. In den Dreißigerjahren hat hier die Reblaus gewütet, die Leute flüchteten vor dem Elend, viele sind nach Amerika gegangen." (Francesco Alessandria, genannt *Cichin*)

Die wichtigsten Weine

*Barolo Bussia – Barale Fratelli, Barolo

*Barolo Bussia – Giacomo Fenocchio, Monforte d'Alba

*Barolo Bussia – Cascina Ballarin, La Morra

Cerretta di Perno

Die Straße von Castelletto nach Capalotto bietet einen guten Blick auf Cerretta, im piemontesischen Dialekt *Srea* genannt: ein majestätischer Weinberg, der mit Süd-/Südostausrichtung über dem Tal thront. Das ringsum zugewucherte Gebiet ist schwer zugänglich und nicht einfach zu bewirtschaften. Dennoch ist es eine Spitzenlage und zusammen mit Santo Stefano das Beste, was der Ortsteil Perno an Anbauflächen zu bieten hat.

Der Boden besteht aus Tuffstein und mediterraner Roterde; doch aufgrund der steilen Lage und der Unzugänglichkeit wurde das Gelände lange Zeit nicht bewirtschaftet. Heute wird dort wieder Nebbiolo angebaut, und die Spitzenlage umfasst 20 Piemonteser Tagwerk (knapp acht Hektar). "In Cerretta gab es immer Nebbiolo, doch es sind alte Rebstöcke, die wenig Trauben bringen. In der Mitte lag ein Gebiet, das San Giovanni hieß, das war eine hervorragende Lage, aber jetzt ist alles verwildert. Dort wuchsen lauter Nebbiolo-Reben, man sieht sie noch zwischen den Akazien." (Carlo Rapalino)

Um zu dieser außerordentlichen Lage zu gelangen, muss man auf der Straße von Perno nach Disa fahren und dann in Richtung des Guts Belvedere abzweigen. Das Potenzial von Cerretta ist bei weitem noch nicht ausgeschöpft.

Colonnello

Die Lage Colonnello oder Bricco del Colonnello erstreckt sich oberhalb des Ortes Bussia Soprana bis zur Grenze zur Gemeinde Barolo in einem Gebiet namens Monrobiolo. Auch durch eingehende Nachforschungen konnte der Ursprung der Bezeichnung Colonnello nicht geklärt werden.

Der kleine Weinberg ist nach Südwesten ausgerichtet und wird bis zum Abend von der Sonne beschienen. Im Norden schließt er an die Gemeinde Barolo an, im Süden bildet die Straße, die Bussia Soprana und Bussia Sottana verbindet, die Grenze.

Colonnello ist der erste einer langen Reihe von Weingärten, die Bussia Soprana umgeben; der Wein von hier hat noch die Eleganz und Harmonie eines Barolo aus Barolo, weist jedoch schon Anklänge an die Struktur und die Fülle eines Barolo aus Serralunga auf. Bussia, zu dem Colonnello gehört, ist ein

Grenzgebiet, das in früheren Zeiten stärker an Barolo als an Monforte gebunden war. Um den 15. August herum findet hier eines der schönsten Bauernfeste der Langhe statt.

Die wichtigsten Weine

*Barolo Vigna Colonnello – Bussia Soprana, Monforte d'Alba

*Barolo Colonnello – Poderi Aldo Conterno, Monforte d'Alba

Dardi

Der Ortsteil Dardi ist heute unbewohnt, doch zu Beginn des 20. Jahrhunderts lebten dort noch über 30 Menschen, und in den umliegenden Weinbergen wuchsen seit jeher ausgezeichnete Nebbiolo-Reben. Calissano, Pio Cesare, Prunotto – einige der renommiertesten Kellereien der Langhe – kauften jahrelang ihr Rebgut in diesem Gebiet ein, das nordwestlich von Pianpolvere an einem breiten Hang liegt.

Das schönste Stück ist jenes oberhalb des Fleckens, wo schon immer Nebbiolo angebaut wurde, auch in den Dreißigerjahren, als diese Rebe weitgehend durch die billigere Barbera verdrängt wurde.

Der obere Hang dieser Lage ist unter dem Namen Mondoca bekannt; der Bussia zugewandte Teil ist ein "Mitternachtsweinberg" (das heißt nach Norden ausgerichtet) und ungeeignet für den Nebbiolo-Anbau. Ansonsten liegt der Weinberg vorwiegend nach Südwesten; seine Ausdehnung beträgt etwa sieben Hektar.

Die wichtigsten Weine

*Barolo Vigna dei Dardi – Alessandro e Gian Natale Fantino, Monforte d'Alba

*Barolo Dardi Le Rose Bussia – Poderi Colla, Alba

Gabutti della Bussia

Das Gebiet, das "Gabutti della Bussia" genannt wird, um es von Gabutti di Serralunga zu unterscheiden, liegt neben dem gleichnamigen Ort und grenzt an Romirasco. Gabutti schließt das natürliche Amphitheater aus Weingärten ab, das von Bussia Soprana aus in Richtung Bricco Cicala und Romirasco hin ansteigt.

Die Exposition variiert zwischen Südwesten und Westen: Die Winzer der Langhe nennen das *sorì d'la seira,* einen "Abendweinberg". Der nach Westen ausgerichtete Teil bietet günstige Bedinungen, weil er geschützt ist und warm genug für den Anbau von Nebbiolo.

Gabutti verbindet Bussia mit den Lagen Pianpolvere und Dardi. Der Ort liegt auf 395 Meter Höhe; die etwa fünf Hektar Rebland fallen bis auf 350 Meter ab.

Gavarini

Gavarini

Der prächtige Weinberg Gavarini ist in seiner ganzen Ausdehnung am besten vom Ortsteil Ginestra aus zu überblicken. Er liegt auf der Rückseite eines steil abfallenden Hangs unterhalb des Waldes um das gleichnamige Gut herum und profitiert von der Morgen- und Mittagssonne. Der Boden ist sandig. Zum Gut Gavarini gelangt man über die am Friedhof entlang führende Straße oder indem man von der Straße Monforte–Perno abzweigt und durch einen hübschen kleinen Wald fährt.

Seit über 100 Jahren ist die Familie Grasso im Besitz dieses Hofs, in dessen Umgebung schon immer Nebbiolo und Barbera angebaut wurden. Die Reben von Gavarini waren lange Zeit so hoch angesehen, dass sich die besten Kellereien der Langhe um sie stritten.

Ein Blick auf diese Weinberge, die früher ausschließlich in Handarbeit bewirtschaftet wurden, macht klar, warum sie so wichtig sind und warum Generationen von Winzern sich um ihre Erhaltung bemüht haben. Bereits zu Beginn des 20. Jahrhunderts wuchsen in Gavarini Nebbiolo-Trauben, und hier wurde nach der Reblauskatastrophe erstmals wieder Wein angepflanzt. Das Gebiet erstreckt sich über etwa sechs Hektar und grenzt an Grassi, eine weitere Lage von beachtlicher Qualität.

Der Barolo von Gavarini entfaltet sein Bukett langsam und ist nicht so unmittelbar ansprechend wie der von Ginestra, aber er zeigt sich kraftvoll, hat eine gute Struktur und gerät in großen Jahrgängen ausgesprochen langlebig.

Die wichtigsten Weine

*Barolo Gavarini Vigna Chiniera – Elio Grasso, Monforte d'Alba

*Barolo Rüncot – Elio Grasso, Monforte d'Alba

Ginestra (oder Ginestre)

Ginestra kann im Hinblick auf die Lagen mit der besten Exposition in zwei Abschnitte unterteilt werden. Das erste, weitläufige und gleichförmige Areal fällt vom Ortsteil Rodoli zum Weiler Ginestra hin ab und führt weiter in Richtung Serralunga; mit Ausnahme der zentralen Südhänge unterhalb des Ortes Ginestra ist dieser Teil nach Südosten ausgerichtet. Das zweite, etwas kleinere Stück liegt auf der Höhe des Guts Pajana mit Hangneigung nach Südosten.

Ginestra kann mit Fug und Recht als historischer Cru des Barolo-Gebiets bezeichnet werden: Fantini verzeichnete den Weinberg bereits Ende des 19. Jahr-

Ginestra

hunderts neben Bussia und Pugnane als Bereich der Gemeinde Monforte, in dem Barolo "höchster Qualität" erzeugt werden könne. Im mittleren Teil, "Sorì" genannt, ist der Boden kompakter als in dem vorderen Bereich zum Fluss Talloria di Castiglione hin, der sich durch einen mit gräulichem Mergel durchsetzten Sandboden auszeichnet.

Der ganze zum Gut Pajana gehörende Teil von Ginestra ist im Besitz des Erzeugers Clerico und erstreckt sich über sechs Piemonteser Tagwerk (etwas mehr als zwei Hektar). Vom Gut aus kann man die prächtigen Lagen Grassi und Gavarini überblicken. Der gesamte Weinberg umfasst 40 Tagwerk (15 Hektar); die Höhe beträgt 300 bis 400 Meter.

Die Zugangsstraße führt entlang des Friedhofs von Monforte auf einen hohen Hügel, der das Tal der Spitzenlagen von Monforte und Serralunga überragt. Bei der Abfahrt zum Weinberg Ginestra bietet sich ein traumhaftes Panorama: Dies ist das Tal der langlebigen Barolo-Weine mit großer Struktur, seit Jahrzehnten ein magnetischer Anziehungspunkt für die Einkäufer der großen Kellereien, weil die hier geernteten Trauben dem Wein den Körper verleihen, den ein erstklassiger Barolo braucht.

Die wichtigsten Weine

*Barolo Ciabot Mentin Ginestra – Domenico Clerico, Monforte d'Alba
*Barolo Pajana – Domenico Clerico, Monforte d'Alba
*Barolo Ginestra – Paolo Conterno, Monforte d'Alba
*Barolo Sorì Ginestra – Conterno Fantino, Monforte d'Alba
*Barolo Ginestra Vigna Casa Maté – Elio Grasso, Monforte d'Alba
*Barolo Pajana – Pajana di Renzo Seghesio, Monforte d'Alba

Gramolere

Gramolere erstreckt sich über einen langen Hügelstreifen, der von 450 Meter Höhe (in der Nähe des Guts Pemollo) zu den Weingärten unterhalb des Fleckens Gramolere Sottane auf 350 Meter Höhe hin abfällt.

Die Hänge sind nach Westen, Südwesten und Süden ausgerichtet. Früher gehörte das Gebiet verwaltungstechnisch zu dem jetzt eingemeindeten Ort Castelletto.

Die Lage genoss in der Gegend immer einen guten Ruf, nicht nur wegen ihrer Exposition, sondern auch wegen der Bodenbedingungen. "Gramolere, Land mit *gramun* (Unkraut) und *pere* (Steinen)", sagen die Alten, und: "Wo Unkraut wächst, wird der Wein gut."

Man erinnert sich an Nebbiolo-Trauben aus diesem Gebiet mit äußerst hohem Alkoholpotenzial und an sehr ordentliche Barbera-Reben – früher war es durchaus üblich, Barolo mit einem geringen Anteil von Barbera zu verschneiden. Das Ergebnis konnte sich sehen lassen.

Die Ausdehnung dieser Lage, die verstärkt Beachtung finden sollte, beträgt etwa 35 Piemonteser Tagwerk (knapp 14 Hektar).

Die wichtigsten Weine

*Barolo Gramolere – Giovanni Manzone, Monforte d'Alba

*Barolo Gramolere Bricat – Giovanni Manzone, Monforte d'Alba

*Barolo Cascina Gramolere – Pressenda, Monforte d'Alba

Grassi

Zu einer Zeit, in der die heutigen Ortsteile Perno und Castelletto noch eigenständige Gemeinden waren, markierte Grassi die Grenze des Gemeindegebiets von Monforte d'Alba. Auch hier hat die Bevölkerung im Lauf der Jahre stetig abgenommen.

Der Weinberg liegt zwischen 300 und 400 Meter über dem Meeresspiegel und ist in dem Ginestra zugewandten Teil nach Süden, in dem zum Fluss Talloria di Castiglione in Richtung Serralunga hin abfallenden Teil nach Südosten ausgerichtet. Die Ausdehnung beträgt ungefähr sieben Hektar.

Grassi ist die natürliche östliche Verlängerung von Gavarini, der Boden ist jedoch, besonders im unteren Teil, kompakter und weniger sandig. Im Norden wird die Lage von der Strada Vicinale dei Grassi begrenzt, die von der Strada Comunale Monforte–Perno abzweigt und durch ein Wäldchen führt; im Osten reicht sie bis in die Nähe des alten Guts Roggeri.

La Villa

La Villa ist ein Weinberg mit einer schönen Südausrichtung, der die Häuser des Ortes Villa mit dem Gebiet Assunta verbindet. Hier erhebt sich eine hübsche Landkirche, in deren Innern ein wertvolles Fresko aus dem 15. Jahrhundert mit der Jungfrau und dem Kind zu bewundern ist. Neben der Kirche liegt ein kleiner Friedhof, der bis vor wenigen Jahren von Bäumen umgeben war; diese wurden gefällt, um Raum für neue Rebpflanzungen zu schaffen. Die beste Lage, in der Nebbiolo angebaut wird, erstreckt sich vor den Gebäuden von Grassi.

Vom nördlichen Ende, das an die Straße nach Assunta grenzt, fällt der Weinberg von 370 Meter Höhe auf etwa 300 Meter ab; darunter fließt der Rio dei Grassi. Im östlichen Teil ist der Hang dem Ort Collaretto in der Gemeinde Serralunga d'Alba zugewandt und zunächst nach Süden, dann nach Südosten ausgerichtet.

Die wichtigsten Weine

*Barolo Vigneto La Villa – Fratelli Seghesio, Monforte d'Alba

Mosconi

Le Coste

Das lange Sträßchen, das vom Ortsteil San Giuseppe zu den Häusern von Ravera führt, bildet die nördliche Begrenzung dieses Weinbergs, der sich mit Süd-/Südosthanglage bis zur Strada Vicinale dei Tetti erstreckt.

Hier verläuft auch die Grenze des Barolo-Gebiets, und es ist kein Zufall, dass diese Lagen, obwohl sie etwas windig sind, in den DOCG-Bereich aufgenommen wurden.

Besonders geschätzt ist die Lage Castlé, die wie der ganze Hügel über einen weißen, tuffsteinhaltigen Mergelboden verfügt.

Aus Trauben von hier kelterte Giacomo Conterno den ersten Monfortino; in der Umgebung von Le Coste werden seit Menschengedenken Nebbiolo-Reben angebaut.

Die Ausdehnung beträgt etwa 20 Piemonteser Tagwerk (knapp acht Hektar).

Die wichtigsten Weine

*Barolo Le Coste – Ferdinando Principiano, Monforte

Mosconi

Mosconi ist eine kleine Häusergruppe auf der stolzen Höhe von 420 Metern über dem Meeresspiegel und ein steiler Weinberg in Südlage gegenüber der langen Reihe der Häuser des Ortsteils Le Coste.

Auf dem weißen, tuffsteinhaltigen Boden wachsen von jeher Nebbiolo-Trauben ausgezeichneter Qualität, Grundlage für einen Barolo mit beachtlicher Struktur und reichen Tanninen, der mit der Zeit eine herausragende Herbe und Duftfülle entwickelt.

Aus den Trauben von Mosconi wurden immer erstklassige Barolo-Weine, aber auch hervorragende Barbera-Weine erzeugt; nicht umsonst decken sich die Kellereien Prunotto, Conterno und Bersano hier mit Lesegut ein.

Bis zum Zweiten Weltkrieg wohnten in diesem Ort drei Familien mit dem Namen Moscone, die die drei Hektar Rebland bewirtschafteten. Die Straße vom Ortsteil San Giuseppe nach Mosconi führt an dem Weiler Conterni vorbei, der seinerseits über eine kleine, ebenfalls nach Süden ausgerichtete Lage mit ausgezeichneten Anbaubedingungen verfügt.

Die wichtigsten Weine

*Barolo Mosconi – Bussia Soprana, Monforte d'Alba

Munie

Die Straße von Pugnane, die von der Provinzstraße Alba–Dogliani zum gleichnamigen Gut führt, scheidet die Gemeinden Monforte d'Alba und Castiglione Falletto voneinander.

Sie begrenzt auch die Lage Munie, ein Gelände von 30 Piemonteser Tagwerk (gut elf Hektar) mit West- und Südwestausrichtung.

Die Höhe beträgt 250 bis 330 Meter; das Gut Conterno, besser bekannt unter dem Namen Sciulun, markiert die Grenze zu Pugnane.

Im unteren Teil von Munie liegt das Gut Lanza, auch Bofani genannt; früher fand hier das Dorffest von Bussia statt, zu dem auch die Einwohner von Barolo und Castiglione kamen.

Am oberen Ende der Straße von Pugnane stößt man auf das Gut Funtanin, seit fünf Generationen im Besitz der Familie Fontana. Aus den ausgezeichneten Nebbiolo-Trauben von Munie entstehen Weine mit ausgeprägter Finesse und Eleganz.

Die wichtigsten Weine

*Barolo Vigneto Bofani – Batasiolo, La Morra

*Barolo Bussia Munie – Sciulun, Monforte d'Alba

*Barolo Bussia Vigna Munie – Armando Parusso, Monforte d'Alba

Pianpolvere (oder Pian della Polvere)

Der Ursprung des Namens Pianpolvere oder Pian della Polvere ist nicht ganz klar: Eine Legende besagt, dass das napoleonische Heer in diesem Gebiet gewaltige Mengen Schießpulver (*polvere*) lagerte. Einst war das Gut Pianpolvere im Besitz des Bischofs von Alba und umfasste mehr als 80 Tagwerk (über 30 Hektar) Reb- und Ackerland, zu dem auch der Ort Dardi und die Güter Visette und Maniscot gehörten. Im Zuge der Enteignung von Kirchenvermögen durch den italienischen Staat wurde das große Gut zum Verkauf angeboten. Da den Käufern von ehemaligem Kirchenvermögen die Exkommunikation drohte, wurde es von Juden erworben, die den Gesamtbesitz in kleinen Stücken weiterverkauften. Pianpolvere erstreckt sich über 16 Hektar Rebland und schließt das gleichnamige Anwesen mit seinem wunderschönen alten Bauernhaus, das Gut Brichet und die Lagen von Pianpolvere Soprano samt dem dazugehörigen Gebäude ein. Die Höhe beträgt durchschnittlich 350 Meter, beim Gut Brichet 400 Meter. Von dort aus kann man die beiden Lagen Pianpolvere und Dardi in ihrer gesamten Ausdehnung überblicken; sie werden zunächst durch die von der Straße Alba–Monforte abzweigende Gemeindeverbindungsstraße und dann durch einen langen Feldweg voneinander abgegrenzt.
Die Provinzstraße markiert die östliche Grenze dieser historischen Lage, die Ratti als Unterbereich mit ausgezeichneten Anbaubedingungen aufführt. Die Hänge sind fast überall nach Südwesten ausgerichtet.

DIE WICHTIGSTEN WEINE

*Barolo Pianpolvere Soprano Bussia – Pianpolvere Soprano, Monforte d'Alba

Pilone

Die Exposition dieses Weinbergs ist nicht einheitlich, aber er kann dennoch als *sorì* in ordentlicher, sonniger Lage angesehen werden, zu der auch ein Gut mit einem der Jungfrau Maria geweihten Votivpfosten gehört.
Dieser Hang, an dem auch Ravera und Le Coste liegen, ist der südlichste im Barolo-Gebiet; die Hänge gegenüber sind bereits Teil der so genannten Alta Langa. Die etwa 2,5 Hektar Rebland fallen zu einem kleinen, hübschen Tal des Flusses Talloria di Castiglione hin ab.

Pressenda

Der bereits von Fantini erwähnte Weinberg umgibt den Weiler Pressenda, durch dessen Mitte die Straße von Castelletto nach Molino di Perno verläuft. Auf der gegenüberliegenden Seite des Flusses Talloria di Castiglione erhebt sich die schöne Burg von Serralunga mit dem Dorf und den berühmten Weingärten. Die Lage

Pressenda erstreckt sich über fast sieben Hektar; die Hänge sind vornehmlich nach Südosten ausgerichtet; die Höhe beträgt zwischen 300 und 350 Meter über dem Meeresspiegel.

Das Gebiet gehört zum Ortsteil Castelletto, der früher eine eigenständige Gemeinde war.

Die wichtigsten Weine

*Barolo Söri Pressenda – Giovanni Pira, Monforte d'Alba

Pugnane

Pugnane ist die natürliche Verlängerung des Hügels unterhalb von Munie und ist wie diese Lage nach Westen und Südwesten ausgerichtet. Der Boden ist fruchtbarer als in Munie, vor allem in der Umgebung des Guts Pugnane auf 264 Meter Höhe; hier grenzt die Gemeinde Monforte an die Gemeinden Barolo, La Morra und Castiglione Falletto.

Exposition und Bodenbedingungen der parallel ausgerichteten Hügel sind weitgehend identisch. Bereits im 19. Jahrhundert galt der Ort Pugnane als ausgezeichnete, für den Anbau von Nebbiolo hervorragend geeignete Lage.

Der hier beschriebene Weinberg ist auf das der Gemeinde Barolo zugewandte Gebiet oberhalb der Strada Vicinale della Bussia Sottana beschränkt. Auf der anderen Seite wird kein Nebbiolo, sondern weniger hochwertige Reben und anderes Pflanzgut angebaut.

Die Ausdehnung dieses Weinbergs beträgt etwa neun Hektar.

Ravera

Die Lage ist nach der Familie Ravera benannt, deren Oberhaupt Sabino, ein gebildeter Mann, sich Anfang des 20. Jahrhunderts als Verwalter von Landgütern hervortat. Von den Gebäuden fällt der Weinberg relativ steil zur Strada Vicinale di Pian Romualdo hin ab, die ihn im Süden begrenzt und im Westen die Trennlinie zu Le Coste markiert.

Unterhalb eines Südwesthangs liegen zwei schöne Parzellen, Grafion und Barcalin, die nach Süden ausgerichtet sind und über ein günstiges Mikroklima verfügen.

Romirasco

Das Gut Romirasco liegt auf einem Kamm in 400 Meter Höhe und überblickt das Gebiet von Bussia, den Ortsteil Perno und weiter entfernt Castiglione

Falletto. Auf der Rückseite des Guts liegt windgeschützt der herrliche Weinberg mit Nebbiolo-Reben, eingezwängt zwischen Bricco Cicala und Gabutti. Im oberen Teil dieser Weingärten verlief eine heute stillgelegte Straße, die den Ort Gabutti mit der Schule in Bussia verband. Die Ausdehnung der Lage beträgt etwa 18 Piemonteser Tagwerk (knapp sieben Hektar); die Hänge sind gleichmäßig nach Südwesten ausgerichtet.
Die Reben gehören einem einzigen Besitzer (Aldo Conterno), der daraus einen Barolo mit hervorragenden Geruchs- und Geschmackseigenschaften erzeugt.

Die wichtigsten Weine

*Barolo Gran Bussia – Poderi Aldo Conterno, Monforte d'Alba
*Barolo Romirasco – Poderi Aldo Conterno, Monforte d'Alba

Santo Stefano di Perno

Wenn man von Monforte nach Castiglione hinabfährt, hat man auf der Höhe des Fleckens Gabutti einen schönen Blick auf die Lage Santo Stefano auf der anderen Seite des Rio delle Gramolere. Der lange Hügelrücken wird von einer hübschen romanischen Kapelle aus dem 12. Jahrhundert beherrscht, deren wertvolle Apsis vor einigen Jahren restauriert und dem Heiligen Stephanus geweiht wurde.
Der die Kapelle umgebende Weinberg war bis vor kurzem im Besitz der Diözese Alba und hieß deshalb im Volksmund schon immer *vigna del parcu* (Weinberg des Pfarrers).
Der nahe Ortsteil Perno war früher eine eigenständige Gemeinde, und für die Alten im Dorf war Santo Stefano immer eine ausgezeichnete Lage: "Santo Stefano di Perno ist die beste Lage, es gibt viele gute Gebiete, aber die Trauben in dem Teil von Santo Stefano, der Bussia zugewandt ist, sind besser als alle anderen." (Carlo Rapalino)
"Borgogno sagte immer: 'Man kann sagen, was man will, aber besseren Barolo als den, den der Pfarrer macht, gibt es nicht'." (Francesco Alessandria, genannt *Cichin*) Die Einheimischen sind sich also einig, doch auch die Beschaffenheit des Bodens und die günstige Exposition lassen keinen Zweifel an der Qualität dieser Einzellage. Sie erstreckt sich über 15 Piemonteser Tagwerk (knapp sechs Hektar) auf einer mittleren Höhe von 360 Meter über dem Meeresspiegel; die Kapelle liegt auf 390 Meter. Auf einer Rangliste wären Santo Stefano, seine Trauben und der daraus gewonnene Wein jedenfalls ganz oben vertreten.

Die wichtigsten Weine

*Barolo Santo Stefano di Perno – Giuseppe Mascarello e Figlio, Monchiero
*Barolo Vigna Cappella di Santo Stefano – Podere Rocche dei Manzoni, Monforte d'Alba

Visette

Die parallelen Hügel weisen an verschiedenen Stellen Mulden auf: einerseits Weingärten mit guter Sonneneinstrahlung (im Dialekt *sorì* genannt) und andererseits nach Norden ausgerichtete Gebiete (*uvé*). Die standardsprachlichen Varianten dieser Bezeichnungen, *Sorito* und *Uvaro*, finden sich in so mancher notariellen Urkunde aus dem 19. Jahrhundert.

Auch in Visette liegt der *uvé* nach Norden in Richtung Dardi und Pianpolvere; der *sorì* (den wir hier beschreiben) erstreckt sich vom Gut Visette (auf 340 Meter Höhe) bis zur Strada Vicinale dei Bovi, die ihn im Süden und Westen begrenzt; im Osten schließt Visette an Arnulfi an. Die Exposition dieses Weinbergs variiert zwischen Süden und Südwesten; die Ausdehnung beträgt 15 Tagwerk (knapp sechs Hektar). Vom Gut Visette hat man einen guten Blick auf die Lagen Dardi und Pianpolvere; um Visette und Arnulfi zu überschauen, begibt man sich am besten auf die Strada Vicinale di San Giovanni: Von hier aus kann man die Grenzen und die Beschaffenheit dieser beiden schönen Unterbereiche gut erkennen.

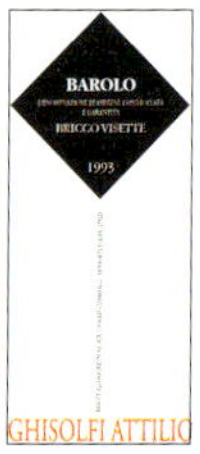

Die wichtigsten Weine

*Barolo Bricco Visette – Attilio Ghisolfi, Monforte d'Alba

Ginestra

Empfohlene Adressen

Einwohner: 1926
Höhe: 480 Meter

AUSKÜNFTE

Rathaus (Municipio)
Piazza Monsignor Dallorto
Tel. 0173/78202

DIE ERZEUGER

Gianfranco Alessandria
Località Manzoni, 13
Tel. 0173/78576 – 787222
Der Anfang der Neunzigerjahre mit etwas über vier Hektar Rebfläche ins Geschäft eingestiegene Gianfranco Alessandria hat fast im Handumdrehen einen Barolo von außerordentlicher Finesse mit frischem und würzigem Duft erzeugt, der im Erntejahr 1993 viel von sich reden machte. Seit 1995 wird neben dem normalen Barolo der San Giovanni bereitet, ein sehr eleganter Wein mit etwas mehr Struktur.

Bussia Soprana
Località Bussia Soprana, 87
Tel. 039/305182
Nach einigen Jahren im Weinvertrieb hat Silvano Casiraghi beschlossen, sich einen schönen Weinberg zu suchen und selbst erstklassigen Wein zu produzieren. Wie hätte er da dem Duft des Barolo aus Bussia widerstehen können? Gesagt, getan: Gemeinsam mit Guido Rossi begründete er die Kellerei Bussia Soprana. Zusätzlich zu den Lagen in Bussia, aus deren Reben der Barolo Bussia und der Vigna Colonnello entstehen, erwarb er wenig später eine Fläche in Mosconi, einem der historischen Anbaugebiete in Barolo.

Domenico Clerico
Località Manzoni Cucchi, 67
Tel. 0173/78171

Seinen Ruf als einer der bedeutendsten Erzeuger in den Langhe verdankt Domenico Clerico einer erstaunlich beständigen Qualität. An den mit dem 82er Barolo Ciabot Mentin Ginestra erzielten Erfolg schloss er im folgenden Jahr mit dem Arte an, einem Verschnitt aus getrennt vinifizierten Nebbiolo- (80 bis 90 Prozent) und Barbera-Trauben. Es folgte der dank zweijähriger Reifung in der Barrique moderne und frische Barolo Pajana des Jahrgangs 1990, ein Wein der Sonderklasse. Mit dem Jahrgang 1995 debütierte der Barolo Cristina von einem Weinberg im Mosconi-Gebiet.

Poderi Aldo Conterno
Località Bussia, 48
Tel. 0173/78150
Der Gran Bussia ist nach einhelliger Meinung eines der besten Barolo-Gewächse. Der 1970 zum ersten Mal aus den hochwertigsten Trauben des Betriebs produzierte Wein – der nur in den günstigsten Jahrgängen gekeltert wird – zeigt, welch perfekte Harmonie Duft und Geschmack mit zunehmender Reife eingehen können. Verkostungen aller Jahrgänge haben vor kurzem die Langlebigkeit dieses Weins und die herausragenden Geruchseigenschaften der Nebbiolo-Traube bestätigt; mit der Zeit entfaltet sich zudem ein samtiger Geschmack. Außerdem werden die Barolo-Crus Bussia Soprana, Romirasco, Cicala und Colonnello erzeugt: Vor allem die letzten beiden kommen der Qualität des Gran Bussia recht nahe. Ein weiterer Wein dieses Betriebs ist der reinsortig von Nebbiolo gekelterte Favot.

Giacomo Conterno
Località Ornati, 2
Tel. 0173/78221
Hier wird schon seit dem Ende des 18. Jahrhunderts Wein bereitet, und vielleicht wird Giovanni Conterno auch deshalb allgemein als einer der Hauptvertreter der traditionellen Barolo-Erzeugung angesehen. Seinen Ruhm verdankt er jedoch nicht nur der Geschichte des Hauses oder der Tatsache, dass der Monfortino (der heute nicht mehr Barolo genannt wird) seit 1915 unter diesem Namen abgefüllt wird, sondern auch dem Wein selbst: Das hochwertige Rebgut aus Serralunga (Gebiet Francia) wird sorgfältig gekeltert und reift lange, zunächst in großen Fässern und dann in der Flasche. Das Ergebnis sind 7000 Flaschen, die, nicht zuletzt dank einer Alterungsfähigkeit von bis zu 50 Jahren und mehr, überall in der Welt reißenden Absatz finden.
Ein weiteres Juwel des Hauses ist der Barolo Cascina Francia, der auch als Riserva angeboten wird.

Paolo Conterno
Via Ginestra, 34
Frazione Ginestra
Tel. 0173/78415
Der im Herzen von Ginestra gelegene Betrieb hat seine sieben Hektar Rebfläche, die ihn zu einem der Haupterzeuger dieses Gebiets machen, direkt vor der Haustür liegen. Der in großen Fässern aus französischer Eiche ausgebaute Barolo Ginestra, von dem 25 000 Flaschen im Jahr produziert werden, bringt den kraftvollen Geschmack

und den feinen Geruch der Trauben dieser Lage perfekt zur Geltung; in besonderen Jahrgängen entsteht daraus ein Barolo Ginestra Riserva.

Conterno Fantino
Via Ginestra, 1
Località Bricco Bastia
Tel. 0173/78204
Die Weinwelt der Langhe geriet in den Achtzigerjahren in Bewegung, als zahlreiche Winzer begannen, ihren eigenen Wein herzustellen und die Frucht ihrer Mühen mit ihrem Namen zu kennzeichnen. Unter diesen tat sich der Betrieb Conterno Fantino durch erstklassige Qualität und Beständigkeit hervor. Guido Fantino – dem die ganze Familie zur Seite steht – bewies seine Fähigkeiten zunächst mit dem Barolo Sorì Ginestra (vom Duftpotenzial her eine der reizvollsten Lagen des Gebiets) des Jahrgangs 1982, dem drei Jahre später einer der berühmtesten Verschnittweine der Langhe folgte, der hauptsächlich von Nebbiolo und Barbera gekelterte Monprà. Eine weitere Barolo-Auslese ist der Vigna del Gris. Der wohlverdiente Erfolg beruht zum einen auf sorgfältigster Arbeit im Weinberg und zum anderen auf der hervorragenden Technik in der wunderschön gelegenen Kellerei.

Alessandro e Gian Natale Fantino
Via Silvano, 18
Tel. 0173/78253
Ein Gang durch den Weinberg Dardi macht deutlich, wie sehr sich die Fantinos um die Bewahrung einer natürlichen Umgebung für ihre Reben bemühen. Jede Art von Chemie ist verpönt, das Gelingen der Ernte bleibt allein dem Einsatz von Menschen und Tieren – geflügelten und ungeflügelten – überlassen, die das Ihre zum Erhalt des biologischen Gleichgewichts beitragen. Die weitere Verarbeitung findet in den Räumen eines alten Palazzo im Zentrum von Monforte statt, eine der kleinsten und schönsten Kellereien der Langhe.
Neben dem Barolo Vigna dei Dardi umfasst das Spektrum an Nebbiolo-Weinen 1000 halbe Flaschen eines Passito, der sich durch eine feine Süße und einen kraftvollen Geschmack auszeichnet.

Attilio Ghisolfi
Cascina Visette, 27
Località Bussia
Tel. 0173/78345
Der kleine Betrieb füllt nicht mehr als 30 000 Flaschen im Jahr ab, aber er hat es innerhalb von zehn Jahren zu einiger Bekanntheit unter Liebhabern des Barolo gebracht. Dies ist nicht nur der Erfahrung von Attilio im Weinberg zu verdanken, sondern auch dem Engagement des jungen Gian Marco, der das Potenzial von französischen Barrique-Fässern und großen slawonischen *botti* geschickt auszunutzen versteht. Hinzu kommt eine gute Lage im Weinberg Visette, deren Trauben mühelos die erforderliche Qualität und Reife erreichen: Hier entsteht der Barolo Bricco Visette.
Ein kleiner Teil der Nebbiolo-Ernte wird mit Freisa zu dem einzigartigen, ansprechenden Langhe Rosso Carlin verarbeitet.

Elio Grasso
Località Ginestra, 40
Tel. 0173/78491
Ende der Siebzigerjahre setzte sich Elio Grasso ein doppeltes Ziel: erstens in die Kellerei seiner Familie in einer der schönsten Lagen des Barolo-Gebiets zurückzukehren und zweitens erstklassigen Barolo herzustellen. Kein Kinderspiel, doch wer die Weine der neuen Kellerei verkostet, muss zugeben, dass Grasso es geschafft hat. Als Erzeuger profilierte er sich zum ersten Mal mit dem 1988er Barolo, und seitdem hat sich sein Ruf mit jedem erfolgreichen Erntejahr gefestigt. Auf insgesamt 13 Hektar wird in zwei Spitzenlagen Nebbiolo angebaut, hieraus entstehen der Barolo Gavarini Vigna Chiniera und der Barolo Ginestra Vigna Casa Maté. In besonderen Jahrgängen bereitet man aus den besten Trauben von Gavarini eine besondere Auslese namens Rüncot.

Giovanni Manzone
Via Castelletto, 9
Tel. 0173/78114
Giovanni Manzone war schon immer ein Winzer aus Leidenschaft, der mit großem Erfolg Nebbiolo, aber auch weniger bedeutende und bekannte Reben anbaut. Seit einiger Zeit besitzt er auch eine Kellerei, in der er mit optimierten Kellermethoden noch bessere Ergebnisse erzielen möchte. Doch die beiden Barolo-Weine aus seiner Produktion, der Gramolere und die Auslese Gramolere Bricat, sind schon jetzt nicht zu verachten.
Ein Teil der auf seinem Land gewachsenen Nebbiolo-Trauben wird mit Dolcetto und Barbera zum Langhe Rosso Tris verarbeitet.

Monti
Località San Sebastiano, 39
Frazione Càmia
Tel. 0173/78391
Pier Paolo Monti, ein junger Bauunternehmer aus Turin, erwarb diese schöne Kellerei 1996 und setzte von Anfang an auf Qualität. Die Ergebnisse sind mehr als befriedigend: Der erste Wein aus der Produktion, ein im Holzfass ausgebauter Barbera d'Alba, hatte enormen Erfolg. Jetzt ist der Betrieb dabei, sich zu vergrößern, und 2003 sollen die ersten Flaschen Barolo Bussia auf den Markt kommen.

Armando Parusso
Località Bussia, 55
Tel. 0173/78257
Bei Marco Parusso kann man die Unterschiede zwischen nahe aneinander liegenden und auf den ersten Blick sehr ähnlichen Lagen mit Händen greifen – beziehungsweise mit dem Gaumen schmecken. Er erzeugt drei Barolo-Einzellagenweine, den Barolo Bussia Vigna Munie und den Barolo Bussia Vigna Rocche, beide aus Monforte, sowie den Barolo Mariondino aus Castiglione Falletto. Bald wird es noch mehr Vergleichsmöglichkeiten geben: sobald der 1998er Barolo Bussia Vigna Fiurin herauskommt.

Pianpolvere Soprano Bussia
Località Bussia, 32
Tel. 0173/78335
Valentino Migliorinis neueste Investition, die Übernahme des historischen Weinguts der Familie Fenocchio, mit dem er seine Position als Erzeuger in Mon-

forte noch ausbaute, produziert inzwischen eifrig. Momentan umfasst das Spektrum noch die mit dem Betrieb übernommenen Barolo-Weine, doch 2005 soll der mit Migliorinis Methoden gekelterte neue Barolo Pianpolvere Soprano Bussia Riserva des Jahrgangs 1999 auf den Markt kommen.

Ferdinando Principiano
Via Alba, 19
Tel. 0173/787158
Der mit dem beachtlichen 1993er Barolo bekannt gewordene, noch sehr junge Ferdinando Principiano begann mit nur 1300 Flaschen aus der schönen Lage Boscareto di Serralunga und hat seitdem die Rebfläche des Betriebs kontinuierlich vergrößert. Seit dem Erntejahr 1996 werden auch Trauben aus einer weiteren kleinen Parzelle im Weinberg Le Coste in Monforte verarbeitet.

Flavio Roddolo
Località Sant'Anna, 5
Bricco Appiani
Tel. 0173/78535
Ein weiterer neuer Stern am Barolo-Erzeugerhimmel. Nachdem er einige Jahre ausschließlich der Pflege seiner Weinberge gewidmet hatte, begann Flavio Roddolo vor etwa zehn Jahren, selbst abzufüllen, und hatte sofort Erfolg. Der erste Barolo aus Trauben von Le Coste wurde im Erntejahr 1993 produziert. Seitdem hat sich das Spektrum kontinuierlich erweitert, wobei die Eigenschaften der Rebe niemals gegen die Holznoten ins Hintertreffen geraten. Die Kellerei erzeugt außerdem einige Hundert Flaschen eines ausgezeichneten Langhe Nebbiolo.

Podere Rocche dei Manzoni
Località Manzoni Soprani, 3
Tel. 0173/78421
Valentino Migliorini kam in den Siebzigerjahren mit sehr klaren Vorstellungen in die Langhe: Er wollte eine Kellerei mit einem ordentlichen Produktionsspektrum erstklassiger Weine aufbauen. Der Traum ist wahr geworden, und heute ist Rocche dei Manzoni einer der wichtigsten und angesehensten Erzeugerbetriebe in den Langhe, der sich durch Investitionen sowohl in Rebflächen als auch in Kellereien noch weiter vergrößern wird.
Aus Spitzenlagen von Monforte wie Vigna Big in Mosconi, Vigna Cappella in Santo Stefano di Perno, Vigna d'la Roul, Ciabot d'Agust in Ginestra und Madonna della Assunta La Villa in Castelletto erzeugt Migliorini fünf großartige Barolo-Auslesen. Ein Teil der Nebbiolo-Ernte des Betriebs wird außerdem für den Bricco Manzoni, einen der ersten in der Barrique ausgebauten Weine der Langhe, und den Langhe Rosso Quatr Nas verwendet.

Podere Ruggeri Corsini
Località Bussia Corsini, 106
Tel. 0173/78625
Loredana Addari und Nicola Argamante von der Kellerei Podere Ruggeri Corsini sind vielversprechende Newcomer in Monforte. Sie produzieren ausgesprochen interessante Weine, die sich steigender Beliebtheit erfreuen. Probierenswert der ganz neue Barolo Corsini.

Fratelli Seghesio
Frazione Castelletto, 20
Tel. 0173/78108

Santo Stefano, Perno

Die Brüder Aldo und Riccardo Seghesio widmen all ihre Begeisterung und Ausdauer dem Weinberg La Villa im Ortsteil Castelletto. Ihre etwa acht Hektar große Parzelle ergibt jährlich etwa 50 000 Flaschen erstklassiger Weine – neben Dolcetto und Barbera auch ein Wein, in dem einheimische Reben mit Bordeaux-Sorten kombiniert werden. Den Höhepunkt bilden die ungefähr 20 000 Flaschen Barolo La Villa, ein Wein, der den Vergleich mit Gewächsen aus weit berühmteren Lagen nicht scheuen muss.

ÜBERNACHTUNGS-MÖGLICHKEITEN

Giardino da Felicin
Via Vallada, 18
Tel. 0173/78225
Das gemütliche Landgasthaus mit drei Sternen bietet Erholungssuchenden und Liebhabern der guten Küche ruhige, gut ausgestattete, komfortable Zimmer mit Aussicht auf die umliegenden Hügel. Beim Frühstück auf der Terrasse hat man einen wunderschönen Blick auf das Tal.

Villa Beccaris
Via Bava Beccaris, 1
Tel. 0173/78158
Das Hotel mit drei Sternen liegt in einem hübschen Palazzo im oberen Teil des Ortes, am Rande der Altstadt. Die Zimmer sind mit alten Möbeln und Stoffen elegant eingerichtet. Ein Park mit altem Baumbestand bietet im Sommer erfrischende Kühle, im Winter steht ein beheiztes Gartenhaus zur Verfügung.

SPEISELOKALE

Giardino da Felicin
Via Vallada, 18
Tel. 0173/78225
Das seit drei Generationen zum Pflichtprogramm vor allem ausländischer Touristen gehörende Lokal bietet eine raffinierte Auswahl regionaler Gerichte und einen herrlichen, bestens ausgestatteten Weinkeller. Für ein komplettes Menü zahlt man zwischen 80 000 und 100 000 Lire ohne Wein.

La Salita
Via Silvano, 4–6
Tel. 0173/787196
Im La Salita, einer Mischung aus Osteria und Weinlokal, werden zu wenigen, gekonnt zubereiteten Gerichten die großen Weine der Langhe gereicht, die man aus einer gigantischen Karte auswählt. Auch wer nur eine Flasche Wein trinken will, ist willkommen. Faire Preise für Essen und Wein.

Trattoria della Posta
Località Sant'Anna, 87
Tel. 0173/78120
Der Umzug in die neuen, gemütlicheren Räume in Sant'Anna hat nichts an dem charakteristischen Ambiente und der Küche des Lokals geändert; auf die klassischen Gerichte, allen voran *tajarin*-Bandnudeln und Muskelfleisch in Barolo, muss niemand verzichten. Auf der umfassenden, ausgewogenen Weinkarte fehlt keiner der großen Barolo-Crus.

EINKAUFSMÖGLICHKEITEN

Enoteca di Monforte
Via Palestro, 2
Interessante Auswahl erstklassiger Produkte.

GROSSE NAMEN DER VERGANGENHEIT

Giacomo Conterno

1895-1971

Wer sich mit dem Leben von Giacomo Conterno beschäftigt, wird sich der Faszination nicht entziehen können, die von der Geschichte seiner Familie und ihrer Rolle im Weinbau von Monforte ausgeht. Giacomo Conterno wurde 1895 im argentinischen Tucuman geboren, wohin Vater Giovanni ausgewandert war. Anfang des 20. Jahrhunderts kehrte die Familie nach Italien zurück und zog auf den Bauernhof der Großmutter im Gebiet Le Coste in der Gemeinde Monforte. 1908 eröffnete Giovanni zusammen mit seiner zweiten Frau, Marietta Vivaldo, ein Gasthaus im Ortsteil San Giuseppe und begann, Wein zu erzeugen. Giacomo half zusammen mit seinen Geschwistern Franco und Annetta in diesem bescheidenen Betrieb mit, bis er bei Ausbruch des Ersten Weltkriegs eingezogen wurde. Von 1915 bis 1918 kämpfte er als Gebirgsartillerist im Karst.

Nach seiner Heimkehr begann die Kellerei Conterno, große Mengen Wein zu produzieren, den sie fässerweise im Piemont und in Ligurien, aber auch bis ins ferne Amerika verkaufte. Über die Transportfirma Oreste Benvenuto aus Genua gelangten die Weine aus den Langhe bis zu den italienischen Emigranten in Argentinien, nicht zuletzt dank der guten Verbindungen Onkel Ernestos, der immer noch dort wohnte.

Die Jahre waren hart für die Landwirtschaft der Langhe, besonders weil sich zusehends eine klare Trennung zwischen Weinbauern und Weinindustrie herausbildete – Kleinerzeuger gab es damals ja noch nicht.

Insbesondere die Transportbehältnisse waren zu jener Zeit Anlass für Zwist zwischen Vater und Sohn, denn Giacomo zog den Holzfässern die großen Korbflaschen vor. Man einigte sich immerhin darauf, sich dem Markt anzupassen, der mittlerweile bereit war für einen Barolo von hervorragender Qualität, einen Barolo, wie er nur in großen Jahrgängen entsteht, mit langen Gärungs- und Reifungszeiten. Und so wurde die Abfüllung des 1920er Riserva zur Geburtsstunde des legendären Monfortino.

Giacomo Conterno, inzwischen mit Leib und Seele Winzer, kümmerte sich nun persönlich um seine Kundschaft. Schon bald war er von den Handelsplätzen Turin und Genua nicht mehr wegzudenken. Noch immer verkaufte man den Wein zumeist offen, doch langsam setzte sich auch die Abfüllung in der Flasche durch. Auf einem Werbeplakat von 1938 anlässlich der zehnten Trüffelmesse stand zu lesen: "Conterno Giacomo-Produttori Vini-Specialità Super-Barolo-Monfortino".

Als Italien 1940 in den Krieg eintrat, war Vater Giovanni bereits sechs Jahre tot. Giacomo leitete die Kellerei und das Gasthaus Osteria del Ponte, in dem seine Frau Antonia seit geraumer Zeit zusammen mit der legendären *Marietta del Pont* schaltete und waltete. Noch heute erinnern sich viele Partisanen daran, wie diese beiden Persönlichkeiten großmütig und standhaft den drohenden Repressalien trotzten. Hilfsbereitschaft und Umgänglichkeit gehörten wohl auch zu den wichtigsten Charakterzügen Giacomo Conternos, denn Wertschät-

Ginestra, Mosconi, Gavarini

zung und Freundschaft verbanden ihn mit Persönlichkeiten wie Cappellano, Borgogno, Giulio Mascarello oder Giuseppe Bressano vom Gut Fontanafredda, bis hin zu Scarzello von der Opera Pia und den zahlreichen Traubenlieferanten. Den Bauern empfahl er den Kauf von Zementwannen, um selbst Wein erzeugen zu können und nicht mehr gezwungen zu sein, ihre Trauben unter Wert zu verkaufen. "Trauben musst du in zehn Tagen verkaufen, den Wein binnen Jahresfrist", pflegte er zu sagen und unterstützte jeden, der selbst in die Produktion einsteigen wollte.

In den Nachkriegsjahren wurde die Flaschenabfüllung für die Kellerei Conterno immer wichtiger, nicht zuletzt wegen des immer höheren Ansehens des Barolo-Weins, das sich auch in den Weihnachtsverkäufen widerspiegelte: Bevor der Champagner zum Statussymbol aufstieg, war der Barolo das klassische Prestigegeschenk, gleichermaßen für Privatleute wie für Unternehmen. Dementsprechend gingen auch bei Conterno große Bestellungen aus der Industrie, etwa von Fiat oder Pirelli, ein.

Als Giacomo Conterno im Jahr 1961 die Kellerei seinen Kindern übertrug, war sie längst eine Institution. Bis zu seinem Tod 1971 blieb er seiner Vorstellung vom Barolo treu: "Ein Wein wird dann anerkannt und respektiert, wenn er überall gleich gut gemacht wird." Dem ist nichts hinzuzufügen – eine schöne Botschaft für einen Landstrich, der durch ausgeprägten Individualismus und mitunter kurzsichtigen Egoismus gekennzeichnet ist. Im Grunde nahm Conterno damit das moderne Marketing von heute vorweg, da nur eine flächendeckende Qualität den Langhe und ihren Weinen das gebührende Ansehen sichert.

Wir kelterten noch mit den Füßen

Zum Traubenkauf nach Bussia kamen ein gewisser Maiocco aus Asti, Calissano aus Alba und andere mehr. Sie bestimmten die Preise, genauso wie heute. Von 1928 bis 1940 steckte der Barolo in einer Krise: Anstelle von Nebbiolo- pflanzten wir Barbera-Trauben, die mehr hergaben und sich besser verkaufen ließen.

Nach 1930 kam die Reblaus und zerstörte ganze Ernten. Wir mussten mit der Spitzhacke ran, um die Weinberge neu zu bestocken. Traktoren gab's ja damals keine. Jede Menge Arbeiter schufteten von früh bis spät im Berg. Es lebten viele Familien hier: In Bussia gab es 75 Stromzähler, einen pro Familie. Heute gibt es kaum mehr als 75 Einwohner.

1930 gab es viel Elend hier, und eine Menge Leute wanderten nach Amerika oder in ein anderes Land aus, um dort ihr Glück zu suchen. Ich hingegen hab' 1932 dieses Häuschen gebaut: Fünf Soldi kostete das Myriagramm (= 10 Kilo) Ziegel, und vier das Myriagramm Pinienstämme für die Abdeckung. Ein Soldo entsprach fünf Hundertstel Lira.

Mein Vater war kein armer Schlucker, er wusste sich zu helfen. Er war Fuhrmann. Er brachte das Zeug mit zwei Maultieren nach Turin. Drei Tage lang war er unterwegs, ich war auch mal mit. Abends machten wir Halt in Bra und aßen für 17 Soldi. Wir waren 60 oder 70 Fuhrleute. Wer es sich leisten konnte, rauchte anschließend eine Zigarette.

Wer keinen eigenen Grund und Boden hatte, wurde Halbpächter oder Tagelöhner. Die Trauben wurden immer verkauft, nur aus den schlechtesten machte man etwas Wein für zu Hause. Da gab es Halbpächter, die hatten schon zu Beginn des Frühjahrs keinen Tropfen mehr. Die Winzergenossenschaft von Castiglione Falletto, die um 1911/1912 entstand, hatte einen Bottich, der 700 Myriagramm Trauben fasste. In diesem Bottich kelterten wir zu sechst mit den Füßen – vom Abend bis zum Morgen. Ich war etwa 16 Jahre alt. Über dem Keller befand sich ein großer Saal, in dem getanzt wurde. Es gab dort Theater und Puppenspiel, und ein Wirtshaus war er obendrein. *(Winter 1990)*

Francesco Alessandria
genannt *Cichin*
Geboren 1900
Weinbauer in Monforte

Wein und Glücksspiel

Ich arbeitete als Zwischenhändler für Trauben und Wein, vor allem aber war ich Gastwirt. Ich ging in die Weinberge, probierte die Beeren, und wenn sie, auch von ihrem Zuckergehalt her, in Ordnung waren, kaufte ich den Posten und zahlte sogar ein bisschen mehr dafür. Wenn ich aber sah, dass die Rebstöcke zu viele Trauben trugen oder die Trauben nicht das richtige Mostgewicht hatten, kaufte ich sie nicht, auch wenn sie aus einer guten Lage kamen. Die Leute, die mir die Trauben abkauften, wollten spät geerntete, reife Früchte. Viele Bauern machten den Fehler, zu früh zu lesen. Zu Beginn einer Saison kaufte ich die Trauben in den besten Lagen von Monforte, später im Jahr ging es dann die Hügel hinauf bis nach Cerretto Langhe, wo sie später reif wurden. In den Rebzeilen kontrollierten wir den Zuckergehalt, die Säure, alles. Aber das war vor 20 Jahren.

Viele Weinbauern verkauften einen Teil ihrer Trauben, um sofort an Geld zu kommen, und dann füllten sie ihre Keller mit Wein. Waren die Trauben fertig aufgeladen, ging es zum Waageamt oder auch in meine Osteria, und da wurde gerechnet: Was verladen war, musste bezahlt werden. Später kamen die großen Betriebe von außerhalb, die erst nach zwei oder drei Monaten zahlten. Manchmal rief ich dort an und bat um einen Vorschuss für die Bauern.

Während der Weinlese arbeitete ich immer einen Monat lang als Zwischenhändler für Trauben, in der übrigen Zeit verkaufte ich den neuen Wein. Ich bekam zwei Prozent vom Verkäufer. Die Weinhändler kamen häufig; wenn Markt war, kamen manchmal bis zu 20 zu mir, rauf ins Hinterzimmer. Sie machten Weinproben und kauften ihren bevorzugten Wein in Fässern. Jetzt wird der Wein kaum noch fässerweise verkauft. Einer hatte ein Fass, das 60 *brente* [3000 Liter] fasste, der Wein daraus schmeckte nach Holz und Sägespänen. Jedes Jahr wiederholte ich dieselbe Leier, zehn Jahre lang: "Hau' dieses Fass kurz und klein, es hat die Motten." Aber nein, er war eben überzeugt, dass der Wein gut sei, auch wenn er kaum etwas dafür bekam.

Das Gebiet hier war bekannt für seine Barbera- und Dolcetto-Reben; Nebbiolo wurde auch hie und da gekeltert, aber der galt noch nicht als hochwertig. Zum Traubenkauf kamen die Meneghinis, die Sardos und Cappas aus Dogliani. All das war vor dem Zweiten Weltkrieg.

Für meine Osteria kaufte ich durchschnittlich 120 bis 130 *brente* im Jahr: Barbera, Dolcetto, Freisa, ab und an auch Barolo. Und die füllten wir dann vollständig in Flaschen ab, weil der Wein bei uns immer in der Flasche auf den Tisch kam, nie in der Karaffe. In 42 Jahren hat es in meiner Osteria keinen einzigen Tropfen Weißwein gegeben, weil nie einer danach verlangt hat. Ich wartete immer bis zum 21. November, auf das Fest in Monforte, um den Wein für das ganze Jahr zu kaufen, den wir dann nach und nach auf Flaschen zogen. Am Tag des Festes verbrauchten wir etwa fünf oder sechs *brente* Wein. Am Abend davor kamen die mit Kohl und Lauch beladenen Wagen an, und wir schafften alles in den Ausspann vom Cannon d'Oro. Bereits am Morgen füllten sich die Tische mit *Tressette*-Spielern [eines der beliebtesten italienischen Kartenspiele], mittags brachte ich ihnen Kutteln und jedem eine halbe Flasche Wein, und dann ging's weiter mit Karten und Wein, die ganze Nacht lang. In den 42 Jahren, die ich hier arbeite, habe ich meine Osteria nie geschlossen, nie Urlaub gemacht. Auf der Piazza vor der Osteria spielten sie Faustball, und es wurde gewettet: Einmal hat es ein Spiel gegeben, das gar nicht mehr aufhören wollte, weil so viel gewettet wurde – es hat zwei oder drei Tage gedauert. An manchen Abenden waren 60, 70 Leute hier oben und spielten Karten. Ich machte oben mehr Umsatz als unten. Aber um sechs Uhr morgens warf ich sie raus, aus Angst vor den Carabinieri. Für jeden Sieg bekam ich einen kleinen Obulus. In manchen Nächten machte ich 10 000 bis 15 000 Lire. Meistens spielten sie *Nove*. Und dann gab es die professionellen Spieler, die Falschspieler, die nur darauf warteten, einen Dummen auszunehmen. Am Tag der Knechte – an diesem Tag im Dezember bekamen die Knechte ihren Jahreslohn – warteten immer schon sechs oder sieben Spieler auf sie. In einer Nacht brachten sie sie um den Lohn für ein ganzes Jahr harter Arbeit. Und eines Tages standen zwei Frauen vor meiner Tür und jammerten, weil ihre Männer 100 000 beziehungsweise 70 000 Lire verloren hatten. "Wenn sie gespielt haben, was kann ich denn dafür?", hab' ich gesagt. Und sie: " Sie waren hier in deiner Osteria, also ... wir gehen zu den Carabinieri." Da haben wir ein paar Scheine zusammengelegt und jeder der Frauen so 30 000 bis 40 000 Lire gegeben. Als ihre Männer wiederkamen, haben wir sie nicht mehr rauf ins Zimmer gelassen. Es wurde vor allem am Markttag gespielt, also montags. *(Frühjahr 1990)*

Sabino Massolino
Geboren 1929
Zwischenhändler
und Wirt in Monforte

Sollte ich 100 Jahre alt werden ...

Carlo Rapalino
Geboren 1892
Bauer in Monforte

Am 25. Januar 1992 werde ich 100 Jahre alt. Dann wird es ein großes Fest im Hof meines Hauses geben. "Wir kümmern uns um alles", haben der Pfarrer und der Bürgermeister gesagt, ich muss nur den Wein stellen. Ich habe ein Leben lang die Erde bestellt. Wir hatten Trauben, die wir kelterten und aus denen wir Wein machten, den ich an die *narzolini* [Abfüllbetriebe in Narzole] verkaufte.
Ich bin nach Perno gezogen, als ich 1922 geheiratet habe. Meine Frau hieß Giuseppina Monchiero und ist 1970 verstorben, und jetzt lebe ich hier mit meinem Sohn Luigi, der auch Bauer ist. Letztes Jahr haben wir unsere Weinberge verkauft, zehn Piemonteser Tagwerk [fast vier Hektar] schönster Erde, die wir aber nicht mehr bewirtschaften konnten. Die schönsten Weingärten von Perno liegen in Santo Stefano und Cerretta, die Erde dort kann man bestocken, ohne sie mit der Spitzhacke bearbeiten zu müssen, alles lockerer, tuffhaltiger Boden. Santo Stefano di Perno ist die beste Lage, es gibt noch viele andere gute, aber die Trauben von Santo Stefano, dort, wo es Richtung Bussia geht, sind besser als alle anderen. In der Gegend von Cerretta hat es schon immer Nebbiolo-Reben gegeben, aber das sind alte Stöcke, die nicht mehr viele Trauben tragen. Es gab eine Lage mitten im Weingarten Cerretta, die San Giovanni hieß, ein ganz außergewöhnlicher Flecken, wo ausschließlich Nebbiolo-Reben wuchsen – jetzt liegt alles brach. Unsere Weingärten lagen schon immer gut. Ich konnte von der einen Seite des Hügels meinen Sohn auf der anderen rufen. Als in Monforte die Sagra dell'Urlo [Fest, auf dem der lauteste Schrei prämiert wird] stattfand, habe ich den ersten Platz gemacht, weil ich eben Übung hatte – mein Schrei war der lauteste von allen. *(Sommer 1990)*

Wir hatten einen Hilfsknecht

Palmira Benevelli
Geboren 1917
Weinbäuerin aus Monforte

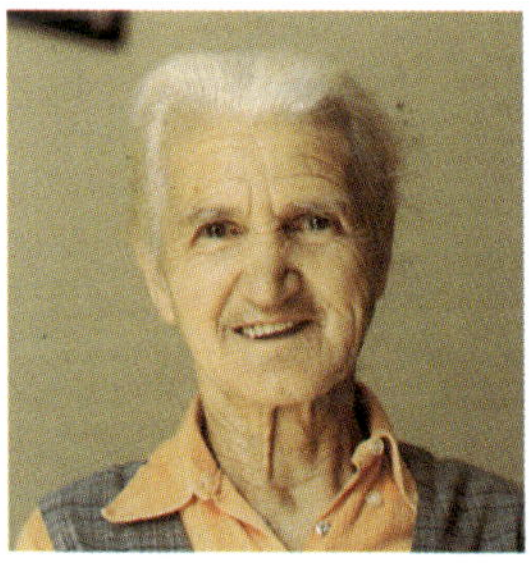

Ich bin auf Ca' Bianca am Bricco Ravera geboren. 1929 bin ich zu meiner Tante gezogen, die keine Kinder hatte. Ihr Haus lag ebenfalls am Bricco Ravera, dort bin ich bis 1989 geblieben – 60 Jahre lang. Jetzt bin ich hier im Altenheim, weil mich meine Beine nicht mehr tragen. Zum Bricco Ravera will ich nicht mehr zurück, mir fehlt der Mut. Mein Hund und meine Katze sind dort geblieben, die Leute vom Nachbarhof kümmern sich um sie. Bis zum letzten Jahr hab' ich mich noch um die Backstube gekümmert. Um zwei Uhr nachts stand ich auf und machte im Backtrog aus Wasser, Mehl, Salz und Hefe einen Teig, während der Teig aufging, heizte ich den Ofen ein und schob dann das Brot hinein. Im Winter war's noch dunkel, wenn ich fertig war. Dann kamen alle anderen, um ihr Brot zu backen, jeder um seine Zeit, jeden Freitag.
Eines Nachts sind sie zum 'Eiersingen' aus Bra gekommen – um drei Uhr nachts wollten sie etwas von dem frischen Brot und haben eine *soma d'aj* zubereitet [Brotkrume mit Knoblauch, Öl und Salz].
Auf dem Brett des Trogs habe ich mit dem Nudelholz Ravioli und Tagliatelle gemacht. Meine Mutter machte fast jede Woche einmal Kaninchen, mit reichlich Sauce. Weil wir eine große Familie waren, bekamen die vier Töchter immer nur die kleinsten Happen. Wir mussten eben reichlich Brot in die Sauce tunken. Sonntags gab's *bollito* [Kochfleisch] oder ge-

Santo Stefano, Perno

kochtes Huhn, aber die Brühe wurde erst abends gegessen, weil es mittags Tagliatelle gab und an Feiertagen Ravioli. Unserer Familie ging's recht gut, wir hatten einen Hilfsknecht.

1929, als ich zu Onkel und Tante am Bricco Ravera gezogen bin, wurde im Haus noch mit dem Kamin geheizt. Im Jahr darauf hat der Onkel zwei Öfen gekauft: einen großen für die Küche und einen kleinen für die Stube. Aber der Ofen oder der Kamin wurden nur morgens, mittags und zum Abendessen angemacht ansonsten wärmte man sich im Stall auf. Die Schlafzimmer waren kalt, wir kannten es nicht anders. Das Heizgerät aus Kupfer haben wir gekauft, als der Onkel krank wurde. Erst in letzter Zeit hab' ich das Bett vor dem Schlafengehen ein bisschen mit dem Heizgerät angewärmt.

In den Ställen strickten die Frauen, und die Männer schnitten Weidenruten zum Festbinden der Reblinge an den Rebstöcken zurecht oder machten gar nichts. Abends spielten sie dann Karten. Wir hatten Petroleumlampen, und wenn das Petroleum ausging, nahmen wir Acetylen oder Carbid. Elektrisches Licht kam 1943 nach Ravera.

1970 lebten nur noch meine Schwester und ich, 1979 ist auch sie gestorben. Seitdem bin ich allein. Ich war die Jüngste. Ich hab' immer auf den Feldern gearbeitet, bin den Halbpächtern von meinem Onkel zur Hand gegangen. Im Vertrag stand, dass sie zwei eigene Schafe halten durften, und so gab's hin und wieder ein *toma* [kleiner Schafskäse] für meine Arbeit.

Ich bin eine der ersten Frauen von Monforte gewesen, die den Führerschein gemacht haben, aber meine Tante wollte nicht, dass ich fuhr, und so haben wir kein Auto gekauft. Ich habe immer viel gelesen, vor allem Zeitungen, die ich geschenkt bekam: *Coltivatore Cuneese* und *Gazzetta d'Alba*. Fernsehen hat es in unserem Haus nie gege-

ben, kein Radio, keine Nudelmaschine und kein fließendes Wasser – es gab ja den Hahn im Hof und den Brunnen. Mein Onkel und meine Tante besaßen etwa 23 Tagwerk [neun Hektar] Weingärten, Felder, Wiesen und Wald. Sie hatten einen Halbpächter, den sie bis 1961 behalten haben.
Feste haben mir nie gefallen, und tanzen bin ich auch nicht gegangen – außerdem wollte das meine Tante nicht. Ich ging zur Frühmesse, weil so noch Zeit zum Arbeiten blieb, und ich ging bei Prozessionen mit. Auch bei der alle sieben Jahre stattfindenden Prozession zu Ehren der heiligen Anna. Wir zogen von La Morra nach Monforte, um der Heiligen für ein Wunder zu danken, das sie vor langer langer Zeit vollbracht hat. Zur Vesper ging ich auch immer. Zu den Prozessionen zog ich mir das weiße Kleid der Töchter Mariens an. Die *Luigini*, das heißt die heiratsfähigen Burschen, die weißen *Battuti* [Geschlagenen] und die *Umiliate* [Gedemütigten] im gelben Kleid gab's dort auch. Die Männer in Monforte sind kaum bei Prozessionen mitgegangen. *(Frühjahr 1990)*

Ihren Lohn haben sie verzockt

Am 21. November war Festtag und die Piazza war voller Ochsen. Die Leute aus Monforte haben es seit jeher mit ihren Ochsen – statt sie vor den Pflug zu spannen, haben sie oder die Hilfsknechte lieber selbst gepflügt. Wenn das Heu aufgeladen werden musste, lud *Cin d' Montagnarot* ein bisschen was auf den Karren, und den Rest schleppte dann der Hilfsknecht heim, auf dem Rücken. Allein im Weiler San Giuseppe gab es acht oder zehn Hilfsknechte. In Santo Stefano zahlte ihnen der Padrone nach dem Mittagessen den Lohn für das gesamte vergangene Jahr, wenn sie überhaupt noch etwas zu bekommen hatten – denn so mancher ging hin und wieder zum Padrone und ließ sich einen kleinen Vorschuss geben, vor allem die, die ihren Lohn dann verzockten. In jenen Tagen zum Jahresende hin hieß es dann: "Ach, so ein Zufall, dich hab' ich ja auch lang nicht mehr gesehen! Was ist, machen wir ein Spielchen? Auf geht's, spielen wir 'ne Runde!" Und der Lohn für ein ganzes Jahr war schon weg, bevor das neue Jahr überhaupt angefangen hatte. Damals gab's die *Giogarela* [halbprofessionelle Spieler], die montags verschwanden und samstags wieder auftauchten. *Basarisch* war einer von denen, als er jung war, und *Tranta* auch. *Basarisch* hat es seiner Familie an nichts fehlen lassen, der war nicht so blöd, das Geld zu verzocken, das er in Amerika verdient hatte. Aus Amerika hatte er zwei Papageien mitgebracht, die alle sehen und zum Sprechen bringen wollten.

Francesco Benevelli
genannt *Cichin*
Geboren 1906
Weinbauer in Monforte

Gespielt wurde eigentlich überall: in den Wirtshäusern, bei Settimo, auf der Piazza, in den *Sapai*. Eines Tages haben die Carabinieri eine Runde Kartenspieler hochgehen lassen und ins Gefängnis gesteckt. Als sie wieder freigelassen wurden, hat einer von denen gesagt: "Wenn ihr wüsstet, wie schön das ist, wieder rauszukommen, würdet ihr alle ins Gefängnis gehen!"
Die Hilfsknechte kamen aus Gorzegno, Cortemilia, aus Dörfern, in denen vielköpfige Familien lebten. Sie waren ziemlich jung, so um die 20. Sie lebten mit der Familie und schliefen im Heuschober, im Winter im Stall. Aber auch die älteren Kinder großer Familien schliefen im Heu oder im Stroh – mir ist das zwar nicht passiert, aber meinem Vater schon.
Der Hilfsknecht hatte die schwersten Arbeiten zu verrichten: Er *goss* [besprengte die Rebstöcke mit Bordelaiser Brühe], hackte zwischen den Rebzeilen, hackte Holz. Heu und Getreide wurden von Hand gemäht, mit der Sense.

Auf die Felder marschierte man mit Holzpantinen, und statt Strümpfe stopfte man Stroh hinein. Wenn das Getreide gemäht war, morgens oder abends, wenn's nicht zu heiß war, wurden die Bündel zu Garben zusammengebunden. Die erste Dreschmaschine, an die ich mich erinnern kann, war die von Nando, das war 1915. Während des Krieges wurde die Maschine, die befeuert wurde, durch eine ersetzt, die mit *Licht* [Elektrizität] funktionierte, weil keine Kohle da war. Den Strom nahmen wir am Haus des Halbpächters vom Pfarrer ab, mit einem armdicken Kabel; das *Licht* erzeugten sie an der Mühle von Monforte. Nach dem Krieg kamen dann die Dieselmotoren.
Mit dem, was wir vom Halbpächter bekamen, 18 bis 20 Lire je *brenta* Wein [alte Maßeinheit im Piemont: 49,3 Liter] – und es waren insgesamt vielleicht 150 bis 200 *brente* –, wussten wir einfach nicht, wie wir Steuern und unseren Lebensunterhalt bezahlen sollten. Wir besserten mit Getreide, Mais und Seidenraupen nach. *(Frühjahr 1990)*

Ein Kind nach dem anderen

Ich bin 1925 zum Arbeiten nach Monforte gekommen, meine Familie war aus Cerretto Langhe. Ich habe als *serventa* [Dienstmädchen] im Hotel an der Piazza gearbeitet und meinen Mann kennen gelernt. Fünf oder sechs Monate lang haben wir miteinander geredet, und das Schicksal wollte es so, dass wir heirateten. Damals arbeitete er als *caglié* [Flickschuster] und ich bei verschiedenen Familien als Dienstmädchen. Wir bekamen ein Kind nach dem anderen, fünf hab' ich selbst gekriegt und weitere fünf als Amme aufgezogen. Ich hatte reichlich Milch und hab' sie dann eben die vier, fünf Monate mit durchgefüttert. Dann wurde ich bezahlt, und die Kinder wieder abgeholt.
Mein Leben war sehr hart, bis nach dem Krieg, als ich 1948 in dieser Osteria anfing, zusammen mit meinem Mann, der als Kellermeister arbeitete. Sie hieß damals auch schon Osteria della Posta, weil hier der Briefkasten stand. Die Schwester meines Mannes war eine erstklassige Köchin, ich hab' sie mitgenommen, und dann haben wir viele Jahre lang zusammengearbeitet. Ihr Mann war Zwischenhändler, er hatte einen kleinen Raum in der Nähe der Osteria, wo er Trauben und Wein verkaufte und eine Menge Kunden empfing. Er hieß Settimo Passone und hatte einen wirklich feinen Gaumen. Jedermann kannte ihn, die Leute kamen aus Turin, aus Savona, ja von den Bergen, nur um bei ihm zu kaufen. Er war gerecht und kannte sich gut aus mit Wein – in unserer Familie und in dieser Osteria ging es immer um das Geschäft mit Trauben und Wein. Wir haben uns immer mit jedem verstanden – mit Antonia, der Frau von *Giacolin del Pont* [Giacomo Conterno], wir waren wie Schwestern, mochten uns, ich kannte sogar ihre *madona* [Schwiegermutter] *Marieta*. *Felicin* [Felice Rocca, ein berühmter Gastronom] war mein Schwager – ein richtiges Arbeitstier! Er machte alles, kochte, wusch Teller, und wenn's drauf ankam, dann sang er auch. Mit ihm war das Arbeiten nie mühsam, er war ein wichtiger Mann, von dem noch heute gesprochen wird. *(Sommer 1990)*

Matilde Rinaldi
genannt *Tilde*
Geboren 1904
Köchin in Monforte

Novello

Novellum Albensium Pompeianorum, vulgo "Neustadt der Einwohner von Alba Pompeia" lautet der ursprüngliche Name dieses unweit von Barolo gelegenen Dorfs, der auf die in den ersten Jahrhunderten des zweiten Jahrtausends überall entstehenden *Novae Villae* (neue Städte) zurückgeht. Der Stadtkern ist noch älter, er stammt aus römischer Zeit.

Novello – das ist zunächst einmal eine Hand voll Häuser, die sich an einen Hügelkamm hoch über dem Tanarotal klammern. Ein mittelalterliches Stadttor mit altehrwürdigem Uhrenturm wacht über den Ortseingang. Im patriotischen Eifer des italienischen Risorgimento war man dem doppelköpfigen Adler an dem gedrungenen Bauwerk mit Meißeln zu Leibe gerückt, hielt man doch für den Habsburger Doppeladler, was eigentlich das unschuldige Piemonteser Federvieh der Familie Del Carretto war. Gleich neben dem Stadttor befindet sich die nach Plänen von Francesco Gallo im 18. Jahrhundert errichtete Pfarrkirche San Michele Arcangelo, deren schlanke, ziemlich klassizistisch anmutende Ziegelfassade eher eine Ausnahme im ansonsten barocken Schaffen des Baumeisters aus Mondovi ist – geschickt verbirgt sie das weite, majestätische Kircheninnere, in dem der Blick bis zur Kuppel in 34,5 Meter Höhe schweifen kann. Barock dagegen ist die wunderbar ausgewogene Fassade der Kirche der Bruderschaft Confraternita di San Giovanni gleich neben der Pfarrkirche.

Am Ortsende schließlich gelangt man zum Schloss. Über Jahrhunderte hinweg stand an dieser Stelle der Stammsitz der Markgrafen Del

Carretto, durch deren Familiengeschichte sich eine unheimliche Blutspur zog, seit Markgraf Manfredo in der Nacht des 22. Mai 1340 von seinem eigenen Sohn Malefatto ermordet worden war. Die Gemahlin des Gemeuchelten, Alasia di Savoia-Acaja, ließ ihren Gatten rächen und löste damit eine Serie weiterer Morde aus, der bis zum 17. Jahrhundert insgesamt 18 Mitglieder der Familie Del Carretto zum Opfer fielen. Wohl wissend um dieses verhängnisvolle Erbe, veräußerte Markgraf Giovanni Battista sein Lehen Novello und zog mit der ganzen Familie auf das Gut Camerano bei Asti, das er für 10 000 Lire erworben hatte.

Heute steht an der Stelle ein neues Schloss im neugotischen Stil, das 1880 nach Plänen des Baumeisters Gian Battista Schellino aus Dogliani fertig gestellt wurde. Bei der Gestaltung dieser eklektisch triumphalen Reminiszenz an längst vergangene Jahrhunderte wurde ganz im Sinne der Zeit an nichts gespart: wuchtig die Backsteinfassade, zinnenbewehrt die Türme, dicht gedrängt die Bögen und Spitzbögen, blendend weiß die marmorne Freitreppe – wen wundert's da, dass so mancher Kommentator in seiner Beschreibung Bühnenbilder zu Wagneropern oder Comics von Walt Disney bemüht ... Im Burginneren können drei Räume besichtigt werden: der Jagdsalon, der venezianische Saal und das Brautgemach, die allesamt mit zeitgenössischen Möbeln eingerichtet sind.

Im Garten befindet sich das Gästehaus mit Mittelbogen und kleiner Loggia, einzige überkommene Zeugen der ursprünglichen mittelalterlichen Anlage.

Die Weinberge

DOC und DOCG	Rebfläche in Hektar	Anteil an der Gesamtrebfläche der Gemeinde	Anteil am DOC-Bereich
Dolcetto d'Alba	63,0842	40,72%	3,37%
Barolo	**52,3005**	**33,76%**	**4,18%**
Barbera d'Alba	34,9158	22,54%	2,03%
Weitere DOC-Weine	4,6040	2,97%	
GESAMT	154,9045	100,00%	
Weitere DOC-Weine			
Langhe Chardonnay	1,1450	0,74%	0,45%
Nebbiolo d'Alba	0,8200	0,53%	0,20%
Langhe Nebbiolo	0,7700	0,50%	3,08%
Langhe Freisa	0,6640	0,43%	1,11%
Piemonte Pinot Nero	0,6550	0,42%	8,41%
Langhe Bianco	0,3500	0,23%	1,31%
Langhe Rosso	0,1600	0,10%	0,23%
Langhe Favorita	0,0400	0,03%	0,04%

Die Weinproduktion im Überblick

44 Erzeuger, die auf insgesamt 52,30 Hektar 4159 Doppelzentner Trauben ernten und daraus 2911 Hektoliter Wein (388 133 Flaschen) produzieren; dies entspricht 4,18 Prozent der Produktion des gesamten Barolo-Gebiets.

Ravera

Der nach seinen stattlichen drei Landgütern benannte Weingarten Ravera liegt an der Grenze zur Gemeinde Barolo. Das Gebiet der von uns definierten Einzellage ist etwas kleiner als der gesamte Weinberg und misst etwa fünf Piemonteser Tagwerk (zwei Hektar). Ihre Grenze bildet die Strada Comunale della Ravera, die vom Dorf Novello (unweit der Kirche San Rocco) hinabführt zur Strada Comunale Panerole. Von der Strada Comunale della Ravera aus erstrecken sich die nach Süden ausgerichteten Rebzeilen über die Hänge eines Hügels namens Bric delle Pernici, der mit weißlichen, ziemlich lockeren Mergelböden aufwarten kann.
Seit jeher gilt der Weingarten Ravera unter den Winzern von Novello als die geeignetste Lage für Nebbiolo innerhalb der Gemeinde.

Die wichtigsten Weine

*Barolo Vigneto Terlo Ravera – Marziano e Enrico Abbona, Dogliani

*Barolo Ravera – Elvio Cogno, Novello

Ravera

Empfohlene Adressen

Einwohner: 910
Höhe: 471 Meter

AUSKÜNFTE

Rathaus (Municipio)
Piazza Marconi, 1
Tel. 0173/731147

DIE ERZEUGER

Elvio Cogno
Località Ravera, 2
Tel. 0173/731405
Mit wahrer Hingabe betreiben Walter Fissore und seine Frau Nadia ihre Kellerei, die von Elvio Cogno gegründet wurde. Die Weinbereitung betreut Walter persönlich, fachkundig beraten von Beppe Caviola. Diesem Betrieb ist es zu verdanken, dass die historische Lage Ravera di Novello noch heute bewirtschaftet wird.

ÜBERNACHTUNGSMÖGLICHKEITEN

Hotel Barbabuc
Via Giordano, 35
Tel. 0173/731298
Ein kleines, charmantes Drei-Sterne-Hotel in einem schmucken Haus aus dem 19. Jahrhundert, das Maria Beccaria führt. Die jeweils einem Farbthema gewidmeten Zimmer sind in einem geschmackvollen Mix aus Antiquitäten und Designerstücken eingerichtet.

Albergo Al Castello da Diego
Castello di Novello
Tel. 0173/744011
Dieses im neugotischen Schloss untergebrachte Drei-Sterne-Hotel bietet gemütliche Zimmer und bequeme Suiten.

EINKAUFSMÖGLICHKEITEN

Bottega Comunale del Vino
Via Roma, 1
Hier kann man Weine von rund 20 Herstellern der Gegend erstehen, allerdings nur am Wochenende!

DIE WEINBERGE

RAVERA

BAROLO-GEBIET

BEDEUTENDE LAGEN

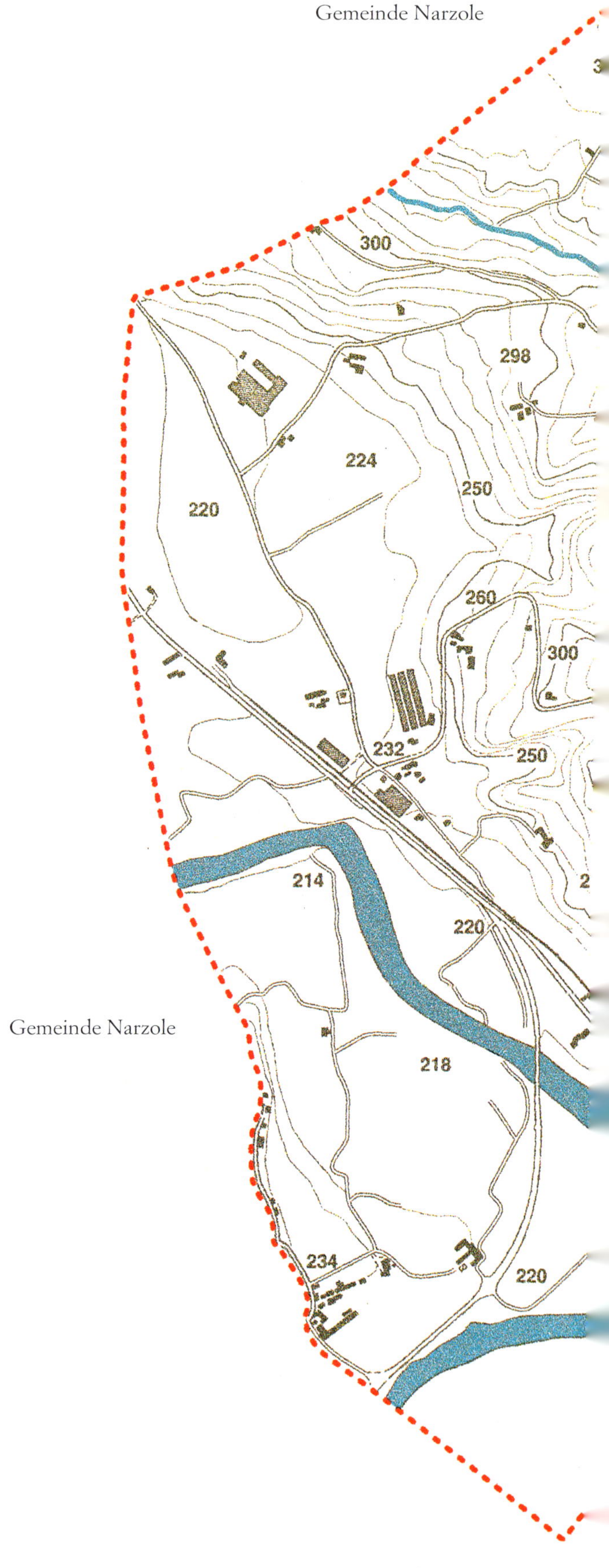

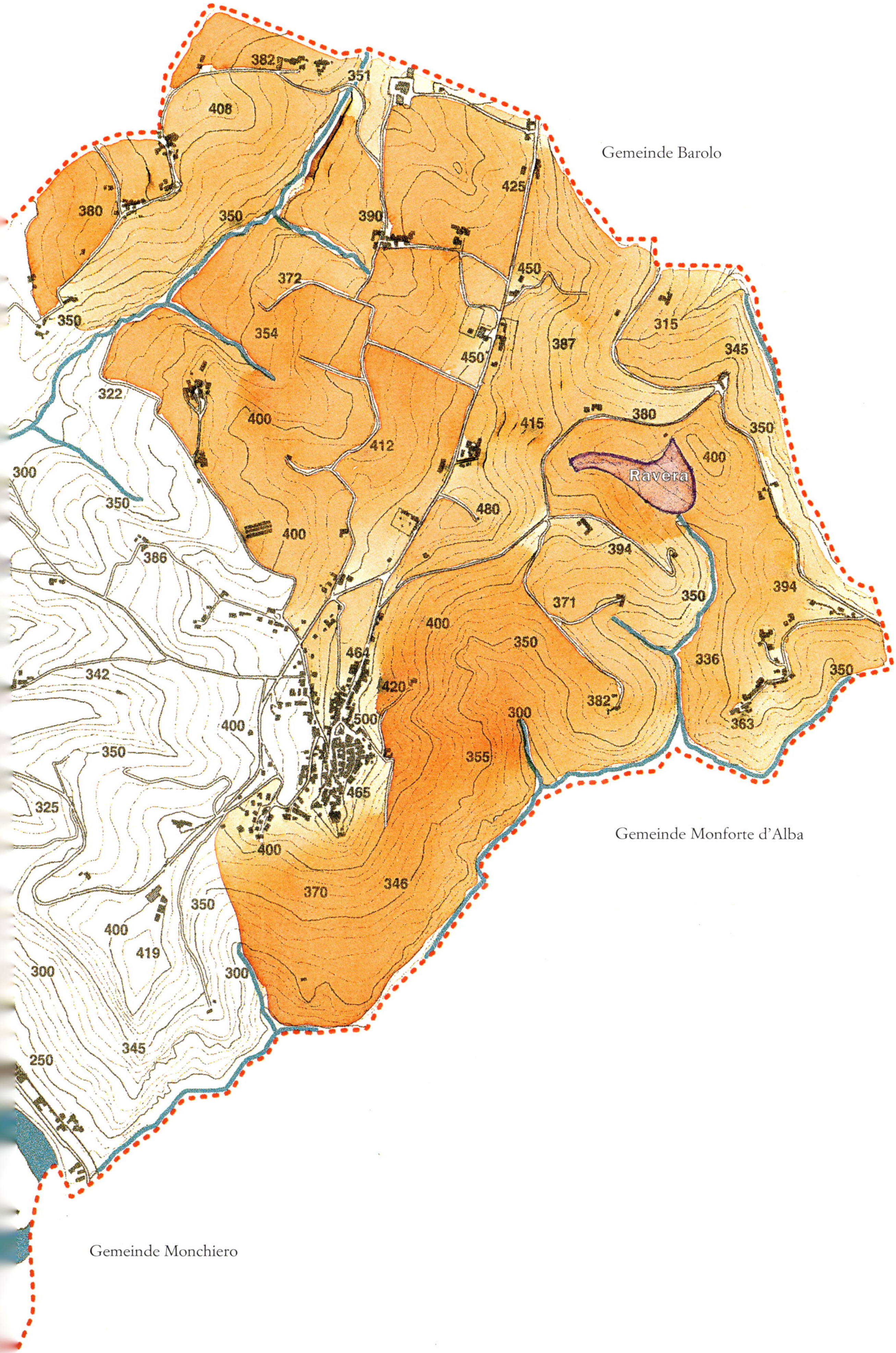
Gemeinde Barolo
Ravera
Gemeinde Monforte d'Alba
Gemeinde Monchiero

BAROLO

Roddi

Der Ortsname geht wahrscheinlich auf das keltische Wort *raud* oder *rod* zurück, was Fluss bedeutet und sich somit auf den im Tal dahinfließenden Tanaro beziehen dürfte. In der römischen Antike wurde die Siedlung, nunmehr *Castrum Rhaudium* genannt, zu einem wichtigen Verbindungsort zwischen *Alba Pompeia* und *Pollentia*, dem heutigen Bra. Den Historikern ist Roddi hauptsächlich als Schauplatz zweier denkwürdiger Schlachten bekannt: Anno 101 v. Chr. nämlich besiegte der römische Feldherr Marius auf den *Campi Raudii* die Cimbern, und 403 n. Chr. vernichtete Stilicho an gleicher Stelle das Heer der von Alarich I. angeführten Westgoten.

Später gehörte Roddi zunächst zu den Pfründen der Bischöfe von Asti, um dann als Lehen an verschiedene Adelsgeschlechter wie das Haus Pico di Mirandola zu gehen. Im Jahr 1631 schließlich teilte der Ort das Schicksal von weiteren 73 piemontesischen Gemeinden, mit denen es zusammen an Savoyen fiel. Roddi liegt auf einem Höhenkamm über einer Ebene, die sich bis zu der sieben Kilometer entfernten Stadt Alba erstreckt. Mit seinen sich in Terrassen übereinander türmenden Häusern und der kreisförmig nach oben zur Burg führenden Straße weist das alte Wehrdorf eine typisch mittelalterliche Anlage auf. Bekrönt wird der Ort durch eine mächtige, etwas schroff wirkende Trutzburg, die um die Jahrtausendwende errichtet, jedoch erst im 12. und 15. Jahrhundert um ihre mächtigen, keineswegs harmonisch in den ursprünglichen Bau integrierten Wehrtürme erweitert wurde. 1836 erwarb König Karl Albert aus dem Hause Savoyen das Bauwerk, doch schon 22 Jahre später sah sich sein Sohn Vik-

tor Emanuel II. infolge seiner allgemein bekannten Verschwendungssucht genötigt, den wenig komfortablen Herrschaftssitz wieder zu veräußern.
Andere bemerkenswerte Bauwerke sind der hoch aufgeschossene Glockenturm aus dem 13. Jahrhundert sowie die der heiligen Jungfrau geweihte Pfarrkirche, die mit ihrer schönen spätbarocken Fassade in gelungener Weise die ruhige Piazzetta del Municipio abschließt.
Bis vor einigen Jahren war Roddi Sitz einer absolut einzigartigen Institution, nämlich einer "Universität des Trüffelhunds", die 1880 von Antonio Monchiero, genannt *Baròt,* gegründet wurde. Als dessen Sohn *Baròt II* im Jahr 1960 verstarb, war leider auch das Ende des durchaus renommierten Instituts besiegelt. Roddi ist ferner dafür bekannt, dass seine Einwohner leidenschaftliche Anhänger einer besonders im Piemont beliebten Art des Faustballs sind. Ein von den mächtigen Stützmauern der darüberliegenden Altbauten gesäumter Platz an der Via Sineo dient als Austragungsort der Wettkämpfe.
Die Via Sineo ist nach einer einflussreichen Familie benannt, deren Palast sich einst in dieser Straße befand. Zumindest drei bekannte Abkömmlinge dieses Geschlechts seien hier erwähnt: Sebastiano, Heerführer während der Belagerung von Turin im Jahr 1706, Francesco Antonio, der sich 1796 als Mitbegründer der jakobinischen Republik von Alba profilierte, und schließlich Riccardo, der während der Gründerjahre des Königreichs Italien zweimal ein Ministeramt bekleidete und überdies als herausragender Vertreter der Linken und erbitterter Widersacher des Grafen Cavour in Erinnerung geblieben ist.

Die Weinberge

DOC und DOCG	Rebfläche in Hektar	Anteil an der Gesamtrebfläche der Gemeinde	Anteil am DOC-Bereich
Barbera d'Alba	34,5284	40,24%	2,00%
Dolcetto d'Alba	25,8925	30,18%	1,38%
Barolo	**11,6460**	**13,57%**	**0,93%**
Nebbiolo d'Alba	9,9400	11,58%	2,39%
Weitere DOC-Weine	3,8000	4,43%	
GESAMT	85,8069	100,00%	
Weitere DOC-Weine			
Langhe Freisa	1,7200	2,00%	2,87%
Langhe Chardonnay	1,2500	1,46%	0,49%
Langhe Favorita	0,6600	0,77%	0,66%
Langhe Nebbiolo	0,1700	0,20%	0,68%

Die Weinproduktion im Überblick

17 Erzeuger, die auf insgesamt 11,64 Hektar 931 Doppelzentner Trauben lesen und daraus 652 Hektoliter Wein (86 933 Flaschen) produzieren; dies entspricht 0,93 Prozent der Produktion des gesamten Barolo-Gebiets.

Empfohlene Adressen

Einwohner: 1294
Höhe: 284 Meter

AUSKÜNFTE

Rathaus (Municipio)
Piazza Umberto I, 2
Tel. 0173/615001

ÜBERNACHTUNGSMÖGLICHKEITEN

Enomotel Il Convento
Via Cavallotto, 1
Tel. 0173/615286
Das Drei-Sterne-Hotel an der Verbindungsstraße zwischen Alba und Barolo ist ein idealer Ausgangspunkt für Ausflüge ins Barolo-Gebiet.

Agriturismo Cascina Barin
Località Toetto, 21
Tel. 0173/615159
Kassettendecken, schmiedeeiserne Betten und das eine oder andere antike Möbelstück machen den Reiz der Zimmer aus. Reichhaltiges Frühstück mit landestypischen Produkten.

SPEISELOKALE

La Crota
Piazza Principe Amedeo, 1
Tel. 0173/615187
Danilo Larusso bietet typische Gerichte der Langhe und gelegentlich auch Spezialitäten der Savoyer Küche an, die er nach allen Regeln der Kunst und bisweilen recht fantasievoll zubereitet. In der richtigen Jahreszeit kann man sich darüber hinaus mit Wildbret und Trüffeln verwöhnen lassen.

Serralunga d'Alba

Serralunga liegt hoch auf einem Hügelzug inmitten ebenso prächtiger wie geschichtsträchtiger Weinberge, einst der Besitz der Marchesi Falletti, die den Turiner Hof mit Wein belieferten. Von Alba aus kommend erreicht man das Dorf über die Provinzstraße nach Barolo, biegt hinter Gallo ab in Richtung Serralunga und folgt einfach der in halber Höhe den Hügel entlang führenden Panoramastraße. Erstes Zeugnis der Ortsgeschichte ist linker Hand die Kellerei Fontanafredda mit ihren Weingärten, die 1878 auf Geheiß von Emanuele di Mirafiori gebaut wurde. Mittelpunkt des Guts ist das fachkundig restaurierte Jagdhaus der *Bela Rosin*, einst das Liebesnest von Viktor Emanuel II. und seiner schönen Rosa, einer Frau aus dem Volk, die später Gräfin von Mirafiori und unstandesgemäße Gattin des Königs von Italien wurde.

Von hier aus sind es nur noch wenige Minuten bis zum Ortsteil Baudana und von dort aus nach Serralunga. Von hoch droben blicken die *tre ciochè* herab, wie das Wahrzeichen der schönsten Burg der Langhe mundartlich geheißen wird: drei völlig unterschiedlich gestaltete Glockentürme, die die Silhouette der steil emporragenden Festung auf unverwechselbare Weise prägen. Mittendrin dann zwischen der ziegelroten Wehranlage und den grünenden Weingärten, die nicht weniger als 29 Barolo-Crus umfassen, das strahlenförmig um die Burg herum errichtete, nahezu vollständig erhaltene mittelalterliche Dorf.

Die Burg selbst entstand zwischen 1340 und 1357 unter Pietrino und Goffredo Falletti. Man errichtete sie in Ziegelbauweise, die hinsichtlich ihrer Stärke und Sicherheit damaliger Wehrtechnik genügte. Die trutzig senkrechte Ausrichtung der Anlage diente

nicht nur – wie etwa der einstige Wehrgraben mit der Zugbrücke – der Abschreckung möglicher Angreifer, sondern auch der Verständigung: Andere Falletti-Burgen lagen in Sichtweite, und so konnten die Lehnsleute tagsüber mit bunten Signaltüchern und nachts mit Fackeln Nachrichten austauschen. Die strahlenförmige Ausrichtung der Häuser des Dorfs schließlich ermöglichte den Bewohnern im Gefahrenfall einen raschen Rückzug hinter sichere Mauern. Die viereckige Anlage ist durch einen mächtigen Rundturm und den quadratischen Hauptturm eingefasst, während das an der Nordwestkante des Mauerwerks hervorstehende Rundtürmchen deutlich französischen Einfluss verrät. 1950 wurde die Burg auf Betreiben des damaligen Präsidenten der Republik Italien, Luigi Einaudi, instand gesetzt und ging in Staatseigentum über. Man erreicht die Burg vom unteren Teil des Dorfs aus durch ein Tor im Mauerring. Der Gang durch verwunschene mittelalterliche Gässchen im Schatten des romanischen Turms der ehemaligen Pfarrkirche lohnt die Mühen des Aufstiegs allemal.

Bleibt nach all den Eindrücken eigentlich nur noch, irgendwo einzukehren und ein Gläschen zu trinken, vielleicht ja auf das Wohl der Familie Cappellano, großartigen Winzern im Serralunga des ausgehenden 19. Jahrhunderts. Giovanni Cappellano, seines Zeichens Hotelier in Alba, brachte im Dorf die Mode auf, Dolcetto-Trauben als Heilmittel gegen Anämie einzusetzen, während sein Bruder, der Apotheker Giuseppe, den berühmten Barolo Chinato (ein Digestif mit 13 orientalischen Ingredienzien, darunter Chinarinde) abfüllte und als Allheilmittel in seinem Laden in Turin unters Volk brachte.

Die Weinberge

Die außerordentliche Anzahl von 29 Crus, die auf diese vollständig innerhalb des Barolo-Gebiets gelegene Gemeinde entfallen, mag den Leser erstaunen, für die Einheimischen aber konnte es keine Überraschung sein: Wer immer in den Kellern der Langhe oder den Weinbergen des Albeser Hügellands tätig ist, weiß um die besonderen Tugenden dieses Landstrichs.

Im Wesentlichen zwei Vorzüge bescheren den Barolo-Weinen aus Serralunga ihre Sonderstellung: ein in seiner Tanninstruktur ungewöhnlich ausgewogener Geschmack und eine im gesamten Gemeindegebiet außerordentlich hohe Durchschnittsqualität.

Die Weingärten von Serralunga erstrecken sich zu beiden Seiten des zentralen Bergrückens, auf dem die Provinzstraße von Gallo Grinzane zunächst zum Dorf selbst und dann weiter nach Roddino führt. An seine Flanken reihen sich zahlreiche mehr oder minder senkrecht abfallende Hügel, deren beste Lagen makellos nach Süden ausgerichtet sind.

Die von den vorwiegend nach Südosten ausgerichteten Weingärten zur

DOC und DOCG	Rebfläche in Hektar	Anteil an der Gesamtrebfläche der Gemeinde	Anteil am DOC-Bereich
Barolo	**200,9548**	**54,30%**	**16,08%**
Dolcetto d'Alba	79,2405	21,41%	4,24%
Moscato d'Asti	38,0500	10,28%	0,92%
Barbera d'Alba	30,3079	8,19%	1,76%
Langhe Chardonnay	9,0340	2,44%	3,52%
Piemonte Pinot Nero	4,8400	1,31%	62,17%
Weitere DOC-Weine	7,6360	2,06%	
GESAMT	370,0632	100,00%	
Weitere DOC-Weine			
Piemonte Brachetto	1,2450	0,34%	10,23%
Langhe Rosso	1,2250	0,33%	1,74%
Langhe Nebbiolo	0,6710	0,18%	2,68%
Langhe Bianco	0,5150	0,14%	1,93%
Piemonte Grignolino	0,4200	0,11%	2,56%
Langhe Favorita	0,2400	0,06%	0,24%
Langhe Freisa	3,3200	0,90%	5,53%

Linken der Straße – Cerretta, Pra di Po' oder Badarina, um nur einige zu nennen – stammenden Gewächse sind durch das frischere, windigere Mikroklima des tiefen Talloriatals geringfügig schwächer in ihren Tanninen und weniger strukturiert. Umgekehrt bieten die in Richtung Monforte ausgerichteten Lagen – zum Beispiel Baudana, Margaria oder Vigna Rionda – erstklassige klimatische Bedingungen, beschert ihnen doch der schützende Bergrücken deutlich höhere, an manchem Sommernachmittag mitunter drückend heiße Temperaturen. Während in den vergangenen 20 Jahren im gesamten Barolo-Gebiet eine Reihe neuer Produktionsstätten entstand, ist diese Entwicklung an Serralunga mehr oder weniger vorbeigegangen, was gewiss nicht unerheblich mit der Allgegenwart der übermächtigen Kellerei Fontanafredda zu tun hat, die seit jeher die lokale Traubenproduktion aufkauft. Doch zeigt die in diesem Buch nach jeder Beschreibung eines Weinbergs aufgeführte Liste der wichtigsten Weine, dass etwas in Bewegung geraten ist und auch der eine oder andere junge Erzeuger in den Vordergrund rückt.

Die Weinproduktion im Überblick

98 Erzeuger, die auf insgesamt 201 Hektar jährlich 11 178 Hektoliter Wein produzieren; dies entspricht 13 Prozent der Produktion des gesamten Barolo-Gebiets.

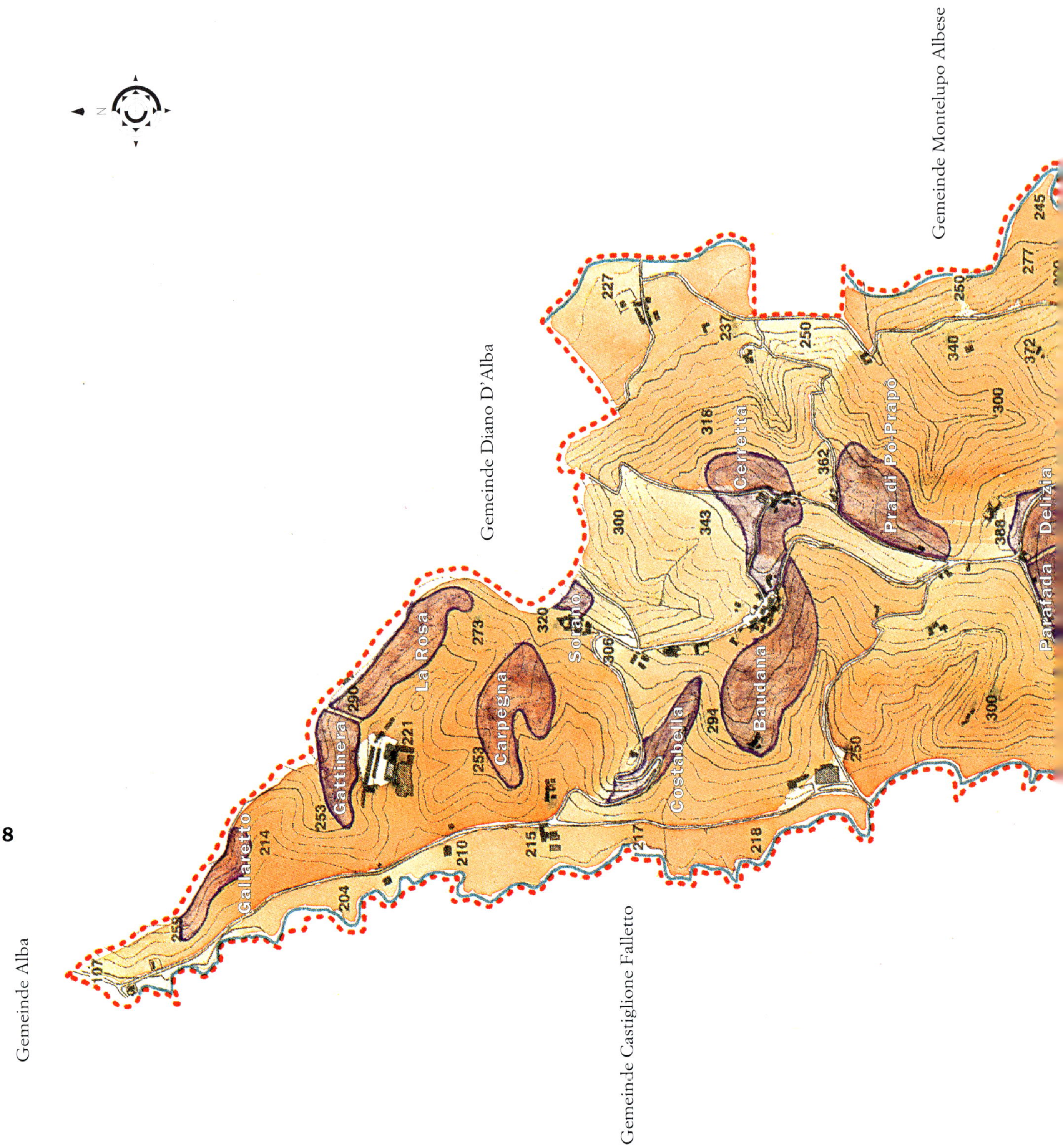

DIE WEINBERGE

ARIONE
BADARINA
BAUDANA
BOSCO ARETO ODER BOSCARETO
BRICCOLINA
BROGLIO
CARPEGNA
CERRETTA
COLLARETTO
COLOMBAIO
COSTABELLA ODER SAN ROCCO
CUCCO UND POSTEIRONE
FALLETTO
FRANCIA
GABUTTI
GALLARETTO
GATTINERA
LA ROSA
LAZZARITO UND LAZZARIASCO
ODER LAZZARIASSO
MARENCA
MARGARIA UND LE TURNE
ORNATO
PARAFADA UND DELIZIA
PRA DI PÒ ODER
RIVETTE
SAN BERNARDO
SANTA CATERINA
SERRA
SORANO
VIGNA RIONDA
VOGHERA UND B

BAROLO-GEBIET

BEDEUTENDE LAGEN

Arione

Der Weinberg befindet sich an der Grenze zwischen den Gemeindebezirken von Serralunga und Roddino, also in bestem Barolo-Land. Oberhalb, auf 450 Meter Höhe, liegt das Gut Manera, ein wenig weiter unten steht der schmucke Hof Arione. Ein breiter, abschüssiger Feldweg trennt die ungefähr zehn Piemonteser Tagwerk (knapp vier Hektar) Land vom Weingarten Francia. Von hier aus beschreibt der Hügel einen Bogen; die Exposition wechselt dabei langsam von Südwesten auf Süden. Dies ist die Anbauzone für Nebbiolo, während die Fläche jenseits des Gebäudes bis hin zur Gemeindegrenze von Roddino seit jeher exzellente Barbera-Trauben hervorbringt. Hinter dem Wildwasser Talloria di Castiglione beginnen die Weingärten Mosconi, Ginestre und Pilone, die zum Gemeindegebiet von Monforte d'Alba gehören.

Die wichtigsten Weine

*Barolo Arione – Gigi Rosso, Castiglione Falletto

*Barolo Arione Sôrì dell'Ulivo – Gigi Rosso, Castiglione Falletto

Badarina

Erst seit wenigen Jahren wird in diesem südlichen Teil der Gemeinde Serralunga, in dem früher wegen seiner Höhenlage von 420 Metern eher Dolcetto-Reben wuchsen, wieder Nebbiolo angebaut.

Direkt hinter der Rechtskurve in Höhe des Guts Falletto, östlich der Provinzstraße nach Roddino, tun sich die Nebbiolo-Rebzeilen auf, die – ebenso wie der dazugehörige Hof Badarina – Besitz der Kellerei Bersano sind. Der nördlich des Hofs gelegene Abschnitt ist nach Ost/Südost ausgerichtet, während die sich südlich der Gebäude in 380 bis 420 Meter Höhe erstreckende Fläche eine ideale Süd-/ Südostlage aufweist.

Die wichtigsten Weine

*Barolo Badarina – Bersano, Nizza Monferrato

Baudana

Ein geschichtsträchtiger, besonders hochkarätiger Weingarten, der nicht nur gebührende Erwähnung in Renato Rattis *Carta del Barolo* findet, sondern auch unter den Weinbauern der Gegend ausgesprochene Wertschätzung genießt: "Die *sorì* von Baudana liegen ausgezeichnet, von dort bis hinauf zur Briccolina finden sich die besten Lagen von Serralunga." Soweit Giuseppe Boasso aus dem Gemeindeteil Gabutti, dessen Meinung nicht nur nahezu alle Alten aus Serralunga teilen, sondern auch dadurch bekräftigt wird, dass aus den Trauben der Baudana bereits seit den Dreißigerjahren herausragende Barolo-Weine gekeltert werden. Geologisch gesehen liegt dieser Weingarten an der Grenze vom Mergelland der Marna di Sant'Agata Fossile zur Lequio-Formation.

Die lehm- und kalkhaltigen weißen Böden sind eher kompakt. Von den steilen Lagen unterhalb der Häuser des Weilers erstreckt sich der Bereich Baudana in steter Südausrichtung nach Westen, bis hin zum Gut Belvedere, das man über eine kleine Straße erreicht, die an der Kirche San Rocco abgeht. Von Belvedere aus beziehungsweise von der Straße, die es mit dem Ortsteil Meriane verbindet, hat man den besten Blick auf diesen insgesamt rund zehn Hektar großen und im Mittel 300 Meter hoch gelegenen Weingarten.

Die wichtigsten Weine

*Barolo Baudana – Cantina Terre del Barolo, Castiglione Falletto

*Barolo Sorì di Baudana – Attilio Zunino, Serralunga d'Alba

Bosco Areto (oder Boscareto)

Früher lag der Areto-Hof in einem dichten Wald (italienisch *bosco*). Bis zum Beginn der Zwanzigerjahre betrieben die Bauern der Langhe Mischwirtschaft, und wo sich heute selbst in ungünstigeren Lagen Weingarten an Weingarten reiht, wechselten damals Rebzeilen mit anderen Anpflanzungen, kühlen Wäldchen und grünem Weideland.

Mit jedem Jahr gewann der Weinbau an Bedeutung, bis die Reben schließlich den ganzen Landstrich erobert hatten.

Heute wacht der Hof über einen weiten, etwa 32 Piemonteser Tagwerk (zwölf Hektar) großen Weingarten, die sich von den Gebäuden aus in südlicher und westlicher Richtung bis hin zum Weingarten Francia und der Provinzstraße nach Roddino erstrecken. Die Südlagen, in denen seit jeher Nebbiolo- und Barbera-Trauben heranreifen, liefern auch heute noch Gewächse der Extraklasse.

Gegenüber, auf der anderen Talseite, die bereits zu Monforte gehört, befindet sich der Weinberg Ginestre – wie man ohnehin von Bosco Areto aus die besten Lagen der Nachbargemeinde gut einsehen kann.

Historisch gesehen gehört auch der lange Streifen Rebzeilen unterhalb des Bereichs Francia noch zum Weingarten Bosco Areto – hier liest Ferdinando Principiano aus Monforte seine Trauben.

Die wichtigsten Weine

*Barolo Vigneto Boscareto – Batasiolo, La Morra

*Barolo Boscareto – Ferdinando Principiano, Monforte d'Alba

Briccolina

Der Weingarten Briccolina, der sich in Richtung Bosco Areto auch über eine kleine Talsenke erstreckt, gilt als erstklassige Lage. Die bogenförmig von Südwesten über Süden bis hin nach Südosten ausgerichteten rund sieben Hektar Weinbaufläche liegen in einer Höhe von 330 bis 390 Metern über dem Meeresspiegel und umfassen die komplett nach Süden liegende Parzelle Corda della Briccolina.

Lang Zeit kümmerte sich Giuseppe Cappellano um die Nebbiolo-Reben des Weinbergs; er schätzte sie besonders dafür, dass die aus ihnen gekelterten Weine ein besonders reiches und intensives Bukett entwickeln.

Die Grenze zum Weingarten Ornato befindet sich gut sichtbar am Ende der kleinen Senke, wo der Hügel nach einer leichten Biegung erneut nach Süden ausgerichtet ist.

Die wichtigsten Weine

*Barolo Vigneto Corda della Briccolina – Batasiolo, La Morra

Broglio

Von der Straße rund um Serralunga zweigt in Höhe eines hübschen Jugendstilhauses, in dem früher ein Kindergarten untergebracht war, eine kleine Straße ab, die zum Weingarten Broglio hinabführt: Kaum drei Hektar in schönster Südlage, etwa 360 Meter hoch und recht geschützt im schmalen Tal des Wildbachs Broglio gelegen. Im Ort herrscht Einigkeit darüber, dass Broglio besonders für Nebbiolo ausgezeichnete Wachstumsbedingungen bietet und sein Rebgut daher seit Menschengedenken bei den Einkäufern der großen Erzeugerbetriebe von Alba beliebt war.

Die wichtigsten Weine

*Barolo Vigna Broglio – Palladino, Serralunga d'Alba

Carpegna

Der Weingarten Carpegna liegt zwischen dem Weiler Bruni, der unterhalb an der Gabelung der Straßen nach Castelletto und Serralunga liegt, und dem Weiler Sorano hoch droben in der Nähe des Ortsteils Baudana. Die Rebzeilen auf dem wellenförmig abfallenden Carpegna-Hügel sind zunächst nach Südwesten, dann nach Süden und schließlich wieder nach Südwesten und Süden ausgerichtet. Gleich hinter Bruni tut sich in Richtung Westen ein kleines Tal mit Haselsträuchern auf, die in den Langhe traditionell in den etwas feuchteren Bereichen gepflanzt werden.

Der qualitativ hochwertigste Abschnitt von Carpegna erstreckt sich in einer Höhe von gut 250 Metern über rund 15 Piemonteser Tagwerk (weniger als sechs Hektar). Richtung Norden schließen sich vom Kamm des Hügels ausgehend die Besitzungen des Guts Fontanafredda an. Die Böden dieses Weingartens sind vornehmlich lehm- und kalkhaltig.

Cerretta

In diesem knapp acht Hektar großen Weingarten, dessen Zentrum der gleichnamige Weiler bildet, sind verschieden ausgerichtete Lagen zusammengefasst: Die nach Südwesten weisende Flanke mit Blick auf den Ortsteil Baudana grenzt an die Provinzstraße Alba–Serralunga, während der zum Talloriatal hin liegende Abschnitt nach Osten und Südosten liegt und sich in zwei deutlich unterschiedene Teile gliedert: Der erste Abschnitt im Norden des Steilhangs reicht fast bis zum Gut Teodoro, der zweite, der durch die Strada Vicinale del Teodoro begrenzt wird, erstreckt sich fast bis zum Gut Sordo. Der kleine Weiler mit seinen dicht an dicht stehenden Häuschen führt in einer Höhe von 380 Metern auf eine kleine Hochebene. Von hier aus genießt man einen prächtigen Blick auf den Weingarten Sorano und die Rebberge der Gemeinde Diano d'Alba, die in Richtung Talloriatal liegen.

Ein Gutteil dieser Lagen befand sich um 1900 im Besitz von *Tota* Virginia Ferrero, die sie den Bauern der Gegend zur Halbpacht überließ. Davor – so verrät ein minutiös geführtes Register aus dem Jahr 1859 – gehörte der Weingarten Cerretta wie auch der größte Teil der Gemeinde Serralunga zu den Besitzungen der Opera Pia Barolo.

DIE WICHTIGSTEN WEINE

*Barolo Cerretta Piani – Luigi e Fiorina Baudana, Serralunga d'Alba
*Barolo Vigna Cerretta – Ca' Romé di Romano Marengo, Barbaresco
*Barolo Cerretta – Ettore Germano, Serralunga d'Alba
*Barolo Collina della Cerretta Vigna Sumot – La Cerretta, Serralunga d'Alba
*Barolo Cerretta – Giovanni Rosso, Serralunga d'Alba

Collaretto

Die Rebzeilen des Collaretto streben von der Gemeindestraße, die zum gleichnamigen Weiler führt, hinab zum Weingarten Serra. Der untere Hügelbereich liegt parallel zum Weinberg Vigna Rionda, ist allerdings etwas mehr nach Westen ausgerichtet und weist also eine ziemlich regelmäßige Südwestlage auf. Gegenüber liegt der Weingarten Castelletto, schon innerhalb der Gemeinde Monforte. Collaretto ist zwar für Nebbiolo geeignet, doch infolge seiner geringen Höhe und der damit verbundenen geringeren Sonneneinstrahlung wird das Qualitätsniveau der nahen Lagen Vigna Rionda oder Colombaio nicht erreicht.

Colombaio

Östlich der Lage Vigna Rionda beginnt, durch eine kleine Straße von dieser getrennt, der Weinberg Colombaio mit seinem schmucken gleichnamigen Hof, der von der Höhe einer Kuppe die Rebhügel von Serralunga überblickt. Drei Straßen umreißen klar die Grenzen dieses zwischen 340 und 380 Meter hoch gelegenen, knapp sieben Piemonteser Tagwerk (gut zwei Hektar) großen Bereichs: Im Norden die Chiappellere-Straße, im Osten die Provinzstraße Serralunga–Roddino und im Süden die Collaretto-Straße. Von der Provinzstraße aus talwärts ist der Hang nach Westen ausgerichtet, um dann nach Südwesten zu drehen, wo Colombaio an Vigna Rionda stößt, als dessen Teil er trotz seines eigenen Namens streng genommen zu gelten hat.

Costabella (oder San Rocco)

Die Rebzeilen von Costabella steigen von den ersten Serpentinen der Straße, die vom Talloriatal nach Serralunga hinaufführt, empor bis zur Kirche San Rocco. San Rocco war zu Beginn des 20. Jahrhunderts das unbestrittene Reich der bedeutenden Winzerin und Weinhändlerin *Tota* Virginia Ferrero. Vom Kirchplatz aus hat man einen schönen Überblick über den gesamten etwa 250 bis 300 Meter hoch gelegenen Weingarten San Rocco-Costabella. Unten, in Höhe der ersten Serpentine der Straße, sind die Rebzeilen noch nach Westen ausgerichtet, dann verbreitert sich der Weingarten, und auch die Exposition wechselt über Südwesten auf Süden. Die weißen Böden aus kalkigem Mergel sind ziemlich kompakt. Die hochklassigste Lage misst etwas weniger als zehn Piemonteser Tagwerk (3,5 Hektar).

Heute muss man auch die genau gegenüber der Kirche, östlich der Provinzstraße gelegenen Rebzeilen zu San Rocco rechnen: einige wenige Tagwerk Fläche, deren Trauben zwar in nicht idealer Ostlage heranreifen, sich jedoch in den richtigen Händen wie denen von Luigi Scavino vom Weingut Azelia in prächtige Tropfen verwandeln.

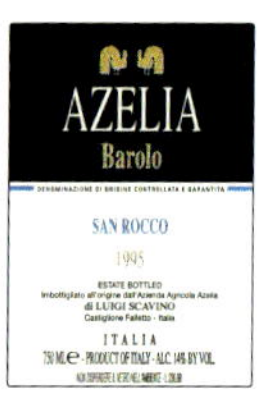

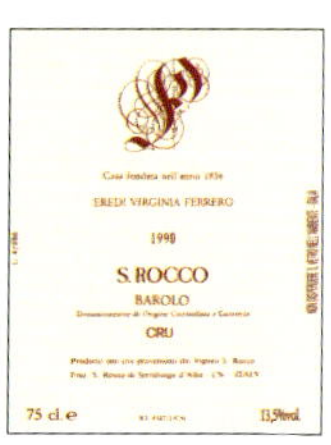

Die wichtigsten Weine

*Barolo San Rocco – Azelia, Castiglione Falletto

*Barolo S. Rocco – Eredi Virginia Ferrero, Serralunga d'Alba

Cucco und Posteirone

Unterhalb und seitlich des Weilers Cerrati erstrecken sich die Lagen Cucco und Posteirone. Von Serralunga aus gut sichtbar, gehörte Cucco einst zum

Besitz des berühmten Dottor Giuseppe Cappellano, der sich diese qualitativ hochwertige Südlage zeitig gesichert hatte.
Wir befinden uns hier auf der Ostseite von Serralunga, auf weißen tuffhaltigen Böden, die der Nebbiolo-Rebe seit jeher ideale Wachstumsbedingungen bieten: Aus den Trauben dieses Weingartens entsteht ein sehr gut strukturierter Barolo, der viele Jahre gelagert werden kann.
Der Weinberg Cucco liegt 340 bis 390 Meter hoch und erstreckt sich über zehn Piemonteser Tagwerk (etwas weniger als vier Hektar).
Posteirone ist die natürliche Fortsetzung von Cucco, die dort beginnt, wo die Ausrichtung des Hügels zum Talloriatal hin nach Osten wechselt.
Begrenzt wird der Weinberg außerdem durch die gleichnamige Gemeindestraße, die vom Weiler Cerrati zur Mündung des Wildbachs Broglio in den Talloria hinunterführt.
Die im Mittel 360 Meter hoch gelegenen Hänge weisen dem Verlauf des Hügels folgend immer klarer nach Osten.
Seit vielen Jahren wachsen hier Barbera-Trauben, die zu ordentlichen Weinen gekeltert werden, wie dem Briefwechsel der Familie Cappellano, den einstigen Besitzern des ganzen Bereichs, zu entnehmen ist.

DIE WICHTIGSTEN WEINE

*Barolo Cucco – Stroppiana, Serralunga d'Alba

Falletto

Das Gut Falletto thront gut sichtbar in 420 Meter Höhe auf einem Bergkamm – auf der einen Seite wachsen auf steilen, fast gänzlich nach Süden und Südwesten ausgerichteten Hängen die Reben, auf der anderen windet sich die Straße nach Roddino in einer langen Serpentine. Der Weingarten erstreckt sich über rund 15 Piemonteser Tagwerk (weniger als sechs Hektar). Seine Ostgrenze bildet die Böschung der Provinzstraße in Höhe des Guts Manocino; dieser Abschnitt ist nach Westen ausgerichtet, dafür aber ziemlich windgeschützt. Jenseits der Straße beginnt die Gemeinde Sinio, die bereits außerhalb der DOCG Barolo liegt. Die Grenzen dieses Gebiets hatten erst nach jahrelangen Debatten festgelegt werden können, während derer erbittert um jedes Stück Land gestritten wurde. Einige Entscheidungen hingen damals wohl auch von den richtigen Beziehungen ab – die Gemeinde Cherasco jedenfalls schaffte es, mit einem Zipfel ihres Gebiets in die Gefilde der Seligen vorzudringen. Aber das nur nebenbei. Das Gemeindegebiet von Serralunga liegt jedenfalls vollständig im Barolo-Gebiet, und das zu Recht.

DIE WICHTIGSTEN WEINE

*Barolo Falletto di Serralunga d'Alba – Bruno Giacosa, Neive

Falletto

Francia

Vom Weinberg Ginestre in Monforte aus hat man einen prächtigen Überblick über den mehr als zehn Hektar großen, regelmäßig angeordneten und klar umrissenen Weingarten Francia, der auf der Westseite Serralungas zwischen Arione und Bosco Areto liegt. Die Höhe von 370 bis 420 Metern ist ein untrügliches Indiz dafür, dass wir uns der Gemeinde Roddino an der Grenze des Barolo-Gebiets nähern. Und tatsächlich wurde in diesem Bereich früher vornehmlich Dolcetto, Freisa und Barbera angebaut, bis diese Reben in jüngerer Zeit dem Nebbiolo weichen mussten. Das Ergebnis war und ist unserer Meinung nach ausgezeichnet, nicht zuletzt auch dank der Bodenbeschaffenheit und der guten Lage (Südwesten) der Rebzeilen. Natürlich darf man hier keine eleganten und eher weichen Weine wie in Barolo, Castiglione Falletto und La Morra erwarten, aber auch der tanninreiche Barolo von der Lage Francia zeigt nach sieben oder acht Jahren Reifezeit seine Qualitäten. Schließlich stammen von dieser Lage so berühmte Barolo-Weine wie jene von Giacomo Conterno, darunter der Barolo Cascina Francia und der Barolo Monfortino. Die Stärke eines Weinortes wie Serralunga, der so unterschiedliche Crus wie Francia und Gallaretto umfasst, liegt eben in der Vielfalt seiner Weine.

In jüngster Zeit wurde auch der Abschnitt direkt unterhalb des Guts Francia östlich der Straße Serralunga–Roddino in schöner Südostlage neu mit Nebbiolo bestockt.

Die wichtigsten Weine

*Barolo Cascina Francia – Giacomo Conterno, Monforte d'Alba

*Barolo Monfortino – Giacomo Conterno, Monforte d'Alba

Gabutti

Es ist wohl keine Übertreibung zu behaupten, dass mit der Lage Gabutti eine Reihe von Weinbergen beginnt, die – an der Flanke eines Hügels gelegen, der als der interessanteste und zugleich bedeutendste der Gemeinde Serralunga gelten darf – zum Besten gehören, was das Barolo-Gebiet zu bieten hat. Gabutti und die angrenzenden Bereiche Parafada und Lazzarito wurden von Ratti als Unterbereiche der ersten Kategorie mit gehobenem Qualitätsstandard eingestuft. In dieser Einschätzung dürfte Ratti durch die Meinung der Weinbauern der Gegend bestärkt worden sein, aber auch durch handfeste wirtschaftliche Fakten: "Wenn wir die Trauben nach Fontanafredda brachten, waren die immer zwei Lire mehr wert als die Trauben aus anderen Gemeinden." So oder ähnlich äußerten sich zahlreiche Winzer der Gegend, und natürlich wäre es interessant, diese Erinnerungen mit den Rechnungsbüchern der früheren Erzeugerbetriebe zu vergleichen – wären diese nicht größtenteils zerstört, was die Rekonstruktion einer fundierten Wirtschaftsgeschichte des Barolo unmöglich macht.

Doch zurück zum Weingarten Gabutti, dessen Rebfläche sich unterhalb des gleichnamigen Weilers erstreckt und über die Strada Vicinale di Parafada zu erreichen ist. Seine Westgrenze bildet zunächst besagtes Sträßchen und dann eine deutliche Änderung in der Ausrichtung des Hügels, im Osten stößt er an einen langen Feldweg, hinter dem der Weingarten Parafada beginnt. Exposition (exakt Süden) und Neigung der 20 Piemonteser Tagwerk (knapp acht Hektar) großen, etwa 320 Meter hoch gelegenen Rebfläche sorgen gemeinsam mit der windgeschützten Lage für ein äußerst günstiges Mikroklima.

Vom Weiler Gabutti aus bietet sich ein herrlicher Rundblick über Serralunga mit seiner Burg, aber auch auf die Burg von Castiglione Falletto und das Schlösschen von Perno.

Die wichtigsten Weine

*Barolo Otin Fiorin Collina Gabutti – Cappellano, Serralunga d'Alba

*Barolo Otin Fiorin Collina Gabutti Franco – Cappellano, Serralunga d'Alba

*Barolo Gabutti – Gabutti di Franco Boasso, Serralunga d'Alba

*Barolo Sorì Gabutti – Sordo, Castiglione Falletto

Gallaretto

Der im Norden von Serralunga, fast schon an der Grenze zu Alba gelegene Weingarten Gallaretto kann von der Provinzstraße aus gut eingesehen werden. Der oberhalb auf dem Hügelkamm gelegene schöne Hof verrät uns mit seiner unverwechselbaren Farbgebung, dass wir uns in den Besitzungen des Guts Fontanafredda befinden. Von dort aus kann man den Blick in die Ferne schweifen lassen, zu der sanft geschwungenen Weingärten von Grinzane Cavour und seiner Burg, in der der *Ordine dei Cavalieri del Tartufo e dei Vini Albesi*, der "Orden der Trüffelritter und der Ritter der Albeser Weine" Hofstaat hält; weiter oben erblickt man Diano d'Alba und schließlich, auf der anderen Seite, die Rebberge von La Morra und Castiglione Falletto.
Die 240 bis 280 Meter hoch gelegenen, lehmig-kalkigen Böden von Gallaretto erstrecken sich über 4,5 Hektar und sind südwestlich bis westlich ausgerichtet. Bei den bisher vorgenommenen Degustationen erwiesen sich die Weine dieser Lage als harmonisch und bukettreich.
Seit 1985 werden die Trauben des Gallaretto nicht mehr separat, sondern gemeinsam mit denen des Weingartens Gattinera zum Barolo Galarey di Fontanafredda vergoren.

Gattinera

Dicht an das Gut Fontanafredda mit seinen altehrwürdigen Kellern und den Häuschen der Weinbauern geschmiegt, darf Gattinera als das Prunkstück dieses Weinbaubetriebs gelten, der 1878 auf Geheiß des Grafen Emanuele Guerrieri entstand. Guerrieri war der Sohn von König Viktor Emanuel II. und dessen Gattin Rosa, der *Bela Rosin*, einer Bürgerlichen, die er zur Contessa di Mirafiori e Fontanafredda erhoben hatte. Gattinera liegt mit seinen fast 15 Piemonteser Tagwerk (über fünf Hektar) in einer Höhe zwischen 250 und 300 Metern im selben Hügelabschnitt wie der Weingarten La Rosa, unterscheidet sich von diesem jedoch durch seine einheitliche Südlage. Das Gut Fontanafredda, wiewohl es im Gemeindebezirk von Serralunga liegt, verfügt über ein völlig eigenes Mikroklima. Die eher als an anderen Orten reifenden Nebbiolo-Trauben von Gattinera entwickeln mühelos Gehalt und Eleganz, ohne deswegen die robuste Struktur der Lazzarito-Gewächse herauszubilden. Seit 1985 werden die Trauben von Gattinera gemeinsam mit denen des Weingartens Gallaretto zum Barolo Galarey di Fontanafredda vergoren.

La Rosa

Den Weingarten La Rosa überblickt man am besten vom Ortsteil Sorano aus; passiert man die Hügelflanke, so tut sich auch ein herrlicher Blick auf das Gut Fontanafredda auf. Die Geometrie der regelmäßig angeordneten Rebzeilen, der wohl erst die Arbeit eines einzigen Besitzers ihr Ebenmaß schenken konnte, macht die besondere Note dieses Hügels aus. Fontanafredda liegt in einer Senke inmitten der Häuser der Landarbeiter.

La Rosa erstreckt sich in einer Höhe von 250 bis 300 Metern über eine Gesamtfläche von mehr als neun Hektar, die nahezu gleichmäßig nach Südwesten ausgerichtet ist. Oben, auf dem Gipfel des Hügels, steht ein Hof namens La Rosa in den typischen Farben von Fontanafredda. Es heißt, dass dieser Weingarten seinen Namen den Heckenrosen verdankt, die einst an den Mauern des Hofs emporrankten. Gute Lage, Bodenbeschaffenheit und starke Geländeneigung sorgen dafür, dass aus den hier angebauten Nebbiolo-Trauben ein Barolo-Wein entsteht, der von seiner Tanninstruktur her zwar nicht so rund ist wie bei der Konkurrenz aus den übrigen Bereichen von Serralunga, der aber ansonsten durch Eleganz und Ausgewogenheit besticht.

Die wichtigsten Weine

*Barolo Vigna La Rosa – Fontanafredda, Serralunga d'Alba

Lazzarito und Lazzariasco (oder Lazzariasso)

Zur Herkunft dieses Namens gibt es keine gesicherten Quellen – am hartnäckigsten jedoch hält sich die Meinung, hier habe sich in grauer Vorzeit ein Lazarett befunden. Fest steht jedenfalls, dass die Bezeichnung Lazzarito bereits im Jahr 1610 Aufnahme ins Grundbuch fand. Der mächtige Hof, der über die Rebzeilen wacht, gehörte zu den Besitzungen der Opera Pia Barolo, wie aus den Inventurdokumenten dieser Institution aus dem Jahr 1859 hervorgeht.

Der Weingarten Lazzarito misst etwa 20 Piemonteser Tagwerk (nicht ganz acht Hektar); seit Anfang der Sechzigerjahre ist er zu einem Großteil im Besitz des Guts Fontanafredda. Seine Höhe schwankt zwischen 350 und 400 Metern, und seine Böden ähneln denen der anderen Bereiche in diesem Hügelland, wenngleich sie vielleicht etwas lockerer sind und groben rötlichen Sand aufweisen.

Vom Weiler I Vei aus gesehen tut sich der Weingarten Lazzarito in einer lang gestreckten, von Süden über Südwesten bis nach Westen hin weisenden Senke auf, die die natürliche Fortsetzung der Parzelle Delizia im Weingarten Parafada bildet. Dabei ist nicht unerheblich, dass sich die Westlage allgemeiner Wertschätzung erfreut, liegt doch die Senke insgesamt sehr windgeschützt.

Der Kalkboden lässt keine größeren Erträge zu, doch die hohe Qualität der hier reifenden Trauben steht außer Frage. Lazzarito gilt seit jeher als Spitzenlage, aus der für lange Lagerung bestimmte Barolo-Weine kommen.

Der untere Teil von Lazzarito, in einer Höhe von 300 bis 350 Metern gelegen und vom Rest des Weinbergs durch einen Feldweg abgetrennt, heißt Lazzariasco. Hier wachsen in günstiger Süd-/Südostlage und einem der Nebbiolo-Rebe außerordentlich zuträglichen Mikroklima hervorragende Trauben heran. Mit seinem kleinen, durch den Höhenzug geschützten Tal und der im Sommer drückenden Hitze weist die Parzelle Lazzariasco sämtliche Tugenden auf, die eine erstklassige Nebbiolo-Lage ausmachen – was auch die zahlreichen von uns befragten alten Winzer der Gegend nur zu gerne bestätigten, die unisono berichteten, dass Lazzariasco seit jeher für ausgezeichnete Trauben und dementsprechend gute Barolo-Weine steht.

Die wichtigsten Weine

*Barolo Vigna Lazzarito – Fontanafredda, Serralunga d'Alba

*Barolo Vigna Lazzariasco – Guido Porro, Serralunga d'Alba

*Barolo Lazzarito – Vietti, Castiglione Falletto

Marenca

Der Weingarten Marenca wird im Norden durch die Strada Comunale Feja begrenzt, im Osten und im Süden durch die zum Wildwasser Talloria di Castiglione hinabführende Straße nach Damiano und im Westen durch den Weingarten Margaria. Vom Weiler I Vei aus übersieht man den gesamten welligen Hügelzug, der zunächst, an der Grenze zu Rivette, nach Süden ausgerichtet ist, dann nach Südwesten und schließlich erneut nach Süden – eine insgesamt schöne Lage also, die etwa fünf Hektar in einer mittleren Höhe von 350 Metern umfasst.

Die Weingärten in unmittelbarer Nähe des Ortes Serralunga sind höchstwahrscheinlich auch seine ältesten – und die besondere Eignung der Ländereien Serralungas für den Weinbau ist bereits in den *Statuti originali del Comune di Serralunga del feudo dei Falletti di Barolo* aus der ersten Hälfte des 14. Jahrhunderts festgehalten, die zahlreiche Kapitel mit minutiösen Ausführungen zu den Obliegenheiten und Pflichten in Sachen Weingärten, Reben, Trauben (auch für den Fall, dass Trauben gestohlen wurden) und Wein enthalten. Wir verweisen an dieser Stelle bewusst auf die Gemeindestatuten – wie wir auch auf Notariatsurkunden oder die Kirchenbücher verweisen könnten –, um womöglich eine erste Anregung zu einer historischen Forschungsarbeit zu geben, die für das gesamte Gebiet von unschätzbarer Bedeutung wäre.

Die wichtigsten Weine

*Barolo Vigneto Marenca – Luigi Pira, Serralunga d'Alba

Margaria und Le Turne

Dieser Weingarten vereint in sich drei wesentliche Faktoren: besonders geeignete Böden, ein oder zwei edle Rebsorten und ein günstiges Mikroklima. Zusammen mit einer umsichtigen Arbeit im Weinberg und kundiger Vinifizierung sind das die Elemente, aus denen große Weine entstehen.

Parafada

Margaria mit seinen durchgehend nach Süden ausgerichteten Rebzeilen ist ein selten schöner Weinberg und unserer Meinung nach der am günstigsten gelegene Abschnitt des gesamten Hügelzugs – auch wenn sich die einzelnen Weingärten zugegebenermaßen häufig nur geringfügig voneinander unterscheiden und sich eine klare Rangfolge ihrer Weine weder in qualitativer noch in kommerzieller Hinsicht feststellen lässt.

Margaria erstreckt sich in 280 bis 380 Meter Höhe über eine Gesamtfläche von 3,5 Hektar, die im Süden an die Straße nach Damiano und im Norden an den Weiler Marenca grenzt, von dem aus der ganze Hügel zu überblicken ist.

Wo sich die Hügelflanke nach Westen wendet und eine von den Winzern der Langhe *sorì d'la seira* (Abendweinberg) genannte Lage entsteht, liegt Le Turne. Die Rebstöcke dieses zwischen 270 und 340 Meter hoch gelegenen, 2,5 Hektar messenden Weingartens reichen bis zum großen Dreschplatz des Weilers Marenca. Wenngleich Le Turne möglicherweise nicht ganz die Qualitätsstandards der umliegenden Weingärten erreicht, so können sich die Gewächse auch dieser Lage durchaus sehen lassen.

Die wichtigsten Weine

*Barolo Vigneto Margheria – Luigi Pira, Serralunga d'Alba

*Barolo Vigna Margheria – Vigna Riönda di Massolino, Serralunga d'Alba

Ornato

Bis zum Beginn der Vierzigerjahre lebte auf diesem Grund die Familie Ornato, deren Namen der Weingarten später – wie das oft geschieht – übernahm.

Die über fünf Hektar große, ziemlich steile Südlage Ornato liegt mitten in einer Hügelkette, die besonders hochwertiges Rebgut liefert. Zu seinen Seiten grenzt Ornato an die Weingärten Falletto und Briccolina; im Norden, wo sich auch sein höchster Punkt befindet, markiert die Provinzstraße Serralunga–Roddino das Ende. Auf dem gegenüberliegenden Hang erstrecken sich die Rebzeilen von Bosco Areto und das weite Rund weiterer Weingärten, deren Exposition langsam nach Norden hin dreht: Wo noch bis in die Zwanzigerjahre hinein ein dichtes Waldgebiet lag, reiht sich heute Muskateller-Rebe an Muskateller-Rebe.

Der Barolo Ornato zeichnet sich durch seinen intensiven Duft aus, der mit der Zeit eine deutliche Teernote entwickelt, während seine für lange Lagerung geeignete robuste Struktur eindeutig die Handschrift der Weingärten von Serralunga trägt.

Die Grenze zur Lage Falletto bildet ein steil abfallender Feldweg, der bei einem von der Provinzstraße abzweigenden und dann unterhalb des Guts Falletto vorbeiführenden Sträßchen beginnt.

Die wichtigsten Weine

*Barolo Ornato – Pio Cesare, Alba

Parafada und Delizia

Von den Häusern des Weilers I Vei aus ist der etwas höher als der Weingarten Gabutti gelegene Weiler Parafada mit seinen vollständig nach Süden ausgerichteten Rebzeilen schön zu überblicken. Von hier oben aus lassen sich auch die Feldwege klar erkennen, die den Weingarten im Westen vom Gabutti trennen. In 280 bis 380 Meter Höhe wachsen dort Reben heran, die den ganzen Stolz der Weinbauern der Gegend ausmachen: "Ein Bauer von einem Hof der Opera Pia Barolo hat mir eines Tages verraten, dass die Opera Pia ihre Goldmedaillen, die sie in aller Welt abräumte, immer mit unseren Weinen hier gewann." (Giuseppe Boasso, geboren 1910) Und wirklich gehörte ein Großteil der Gemeinde Serralunga in der zweiten Hälfte des 19. Jahrhunderts zu den Besitzungen der Opera Pia Barolo, die die Marchesi Falletti beerbt hatte. Man kann also mit an Sicherheit grenzender Wahrscheinlichkeit annehmen, dass bei der Herstellung der ersten Barolo-Weine auch Trauben aus Serralunga ihren Beitrag leisteten. Darum wollen wir guten Gewissens festhalten, dass die 25 Piemonteser Tagwerk (knapp zehn Hektar) des Weingartens Parafada zu den bedeutendsten Crus des gesamten Barolo-Gebiets zählen.

Im Herzen von Parafada befindet sich die zehn Piemonteser Tagwerk (knapp vier Hektar) große Lage Delizia (Wonne), die sich, wie unschwer an dem in den Farben von Fontanafredda gehaltenen Hof erkennen lässt, mehrheitlich im Besitz dieser größten Kellerei Serralungas befindet – und wirklich hätte kein besserer Name für den herrlichen, nach Südwesten weisenden Rebgarten gewählt werden können!

Delizia grenzt an Lazzarito an und wird von der Provinzstraße Alba–Serralunga durchquert, weshalb ein kleiner Teil der Weinbaufläche in 380 Meter Höhe oberhalb der Straße liegt; unterhalb bildet ein Sträßchen die Grenze, das vom Weiler I Vei ausgehend durch die Weingärten Lazzarito und Lazzariasco führt.

Geologisch gesehen beginnt bei diesem Hügel die so genannte Lequio-Formation, die einen Großteil der Böden von Serralunga ausmacht: Der Untergrund ist durch weißen, nicht allzu tief reichenden und an einigen Stellen instabilen lehmig-kalkigen Mergel geprägt, der talwärts eher kühl wird.

Die wichtigsten Weine

*Barolo Vigna La Delizia – Fontanafredda, Serralunga d'Alba

*Barolo Parafada – Vigna Riönda di Massolino, Serralunga d'Alba

Pra di Pò (oder Prapò)

Der Ursprung des eigenwilligen Namens dieses Weingartens verliert sich zwar im Dunkel der Geschichte, doch schmälert das keineswegs die Qualität seiner Trauben, was natürlich auch dem erfahrenen Kenner der Langhe-Weingärten, Dottor Giuseppe Cappellano, nicht entgangen war: Solange er seine Kellerei betrieb, und das waren immerhin mehr als 50 Jahre, kaufte er Trauben vom Pra di Pò. Von dem kleinen Platz vor dem Friedhof von Serralunga aus kann man den gesamten Bereich überblicken, mit seiner ziemlich steilen, von einem sonnenbeschienenen Gipfel namens Bricco Cerretta überragten Hügelflanke. Dieser Bricco, der aus historischen wie geographischen Gründen zu Cerretta zählt, weist eine Höhe von 390 Metern und eine Weinbaufläche von gut einem Hektar auf, die vielleicht etwas zu sehr dem Wind ausgesetzt liegt. Dafür genießt man auf seiner Höhe einen atemberaubenden Rundblick über die Langhe. Von dieser trockenen, sonnigen Position aus fällt der Weinberg Pra di Pò steil talwärts auf eine durchschnittliche Höhe von 350 Metern ab. Die Exposition dreht von Ost über Südost auf Süd; die Größe beträgt etwa sieben Hektar. Die Grenzen des Weingartens sind klar umrissen durch die Straße nach Cerretta, die von der Provinzstraße aus zu dem Weiler hinaufführt, und von dessen Weingarten. Barolo von der Lage Pra di Pò ist gerbstoffreich und bildet mit der Zeit die klassische Teernote im Bukett heraus.

Die wichtigsten Weine

*Barolo Prapò – Bricco Rocche Ceretto, Castiglione Falletto

*Barolo Prapò – Ettore Germano, Serralunga d'Alba

*Barolo Prapò – Mauro Sebaste, Alba

*Barolo Vigneto Prapò – Schiavenza, Serralunga d'Alba

Prapò

Rivette

Das Gut Rivette nebst den umliegenden Weinbauflächen gehörte im 19. Jahrhundert zu den Besitzungen der Opera Pia Barolo, die allein im Gemeindegebiet von Serralunga über 257 Hektar Grund besaß. Die in späterer Zeit erfolgten Besitzerwechsel haben dem Prestige dieses am Beginn eines Hügelzugs zwischen Vigna Rionda und dem Weingarten Gabutti, also mitten im Herzen der großen Lagen von Serralunga gelegenen Crus, keinen Abbruch getan.

Rivette gilt gemeinsam mit Marenca und Margaria seit jeher als erstklassige Nebbiolo-Lage, was Ratti dazu veranlasste, diesen Weingarten in die oberste Kategorie aufzunehmen. Er liegt an der Westflanke von Serralunga und beginnt, wie man von der Piazza Cappellano aus am besten sieht, gleich unterhalb der Ortschaft. Begrenzt wird er im Norden wie im Westen durch die Strada Comunale di Damiano. Der Hang ist nach Süden und Südwesten ausgerichtet, die Höhe schwankt zwischen 330 und 380 Metern. Die Böden bestehen aus ziemlich lockerem kalkigen Mergel; die Qualität der Trauben ist über jeden Zweifel erhaben. Ein ausgezeichneter Aussichtspunkt auf Rivette, Marenca, Margaria und Le Turne befindet sich an der Strada Vicinale delle Chiappellere, in Höhe des Weinbergs Vigna Rionda.

San Bernardo

Ein kleiner Weingarten, der dennoch wegen seiner günstigen Süd-/Südostlage Erwähnung verdient.
Er befindet sich hinter dem Colombaio-Hof, der von der Hügelkuppe aus Vigna Rionda in Richtung Sinio überblickt.
Im Süden bildet die kleine Strada Comunale di Lirano die Grenze. Unten im Tal fließt der Wildbach Broglio, der wenig später in den Talloria di Sinio mündet. Die Rebfläche dieses Weingartens beträgt nur zehn Piemonteser Tagwerk (knapp vier Hektar). Der Colombaio-Hof liegt 400 Meter hoch, die Rebzeilen reichen hinunter bis auf ungefähr 350 Meter.

Die wichtigsten Weine

*Barolo Vigna S. Bernardo – Palladino, Serralunga d'Alba

Santa Caterina

Anschließend an Lazzarito, in Richtung des Ortes Serralunga, liegt Santa Caterina. Nur der nach Südwesten ausgerichtete Teil dieser nach dem gleichnamigen Gut benannten Rebfläche bietet günstige Wachstumsbedingungen für Nebbiolo. Die von der Provinzstraße aus talwärts strebenden Rebzeilen wachsen auf einem eher kühlen, damit aber auch fruchtbareren Untergrund heran, als wir ihn in den stärker der Sonne ausgesetzten Lagen vorfinden. Der Vorzug eines solchen Weingartens besteht darin, dass selbst in besonders trockenen Jahren erstklassige Trauben in ihm heranreifen können. Diese kleine, kaum zwei Hektar große Parzelle befindet sich in einer Höhe zwischen 340 und 390 Metern.

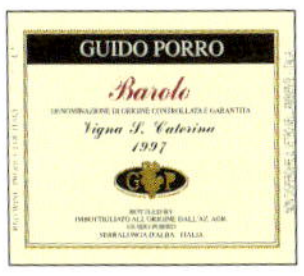

Die wichtigsten Weine

*Barolo Vigna Santa Caterina – Guido Porro, Serralunga d'Alba

Serra

Das Gut Serra liegt an der Provinzstraße von Serralunga nach Roddino. Der größte Teil seines harmonisch gegliederten Weingartens erstreckt sich über den Bereich westlich dieser Straße, von wo aus man in Richtung der Gemeinde Monforte blickt. Die Strada Comunale di Collaretto begrenzt die Rebfläche in 360 Meter Höhe talwärts. Infolge seiner West-/Südwestlage handelt es sich hier um einen klassischen *sorì d'la seira*, einen Abendweinberg, der noch die letzten Strahlen der untergehenden Sonne einfängt. Ein zweiter kleiner Abschnitt von Serra befindet sich in Ost-/Südostlage unterhalb der Provinzstraße Serralunga–Roddino. Die Rebfläche misst etwa drei Hektar.

Sorano

Der größte Teil dieses Weingartens befindet sich im Gemeindebezirk von Diano d'Alba. Das liegt daran, dass der Weiler Sorano auf Grenzland liegt; Demarkationslinie ist die kleine Straße, die vom Weiler auf dem Höhenkamm zu den Weingärten des Guts Fontanafredda führt.

Der zu Serralunga gehörende Abschnitt befindet sich also direkt unter den Häusern, in 270 bis 320 Meter Höhe und Südostlage (siehe auch das Kapitel über Diano d'Alba).

Die wichtigsten Weine

*Barolo Sorano – Ascheri, Bra

Vigna Rionda

Fragen Sie die Einwohner von Serralunga nach den drei besten Lagen des Ortes, und Sie können gewiss sein, dass der Name Vigna Rionda fällt.

In diesem historischen Weingarten reifen seit Jahrhunderten hochkarätige Trauben heran, mit denen sich die vornehmsten Vertreter des Weinbaus der Langhe beschäftigt haben. Rebgut aus bedeutenden Weingärten war bei den Erzeugern der Gegend schon immer sehr begehrt, wie ein Bericht von Giovanni Gagna aus Monforte anlässlich der landwirtschaftlichen Erhebung im Jahr 1879 belegt: "Da die Weinherstellung von Jahr zu Jahr immer deutlicher Gegenstand einer eigenen Industrie wird, zieht es zahlreiche Industrielle aufs Land, wo sie sich die besten Lagen sichern, und wo immer das nicht möglich ist, laden sie die Besitzer zu sich ein, um Kaufverhandlungen zu führen." Aus den Nebbiolo-Trauben von Vigna Rionda werden Barolo-Weine mit hervorragender Struktur bereitet, deren ausgeprägte Tannine sie für eine lange Reifung prädestinieren. "Der Barolo aus Serralunga, Vigna Rionda, Parafada, Lazzarito und anderen Weingärten braucht Zeit, um zu reifen. Mit der erforderlichen Geduld erhält man einen Wein, der jeden Vergleich besteht." (*Giaculin* Anselma)

Der Weingarten Vigna Rionda liegt zwischen 300 und 350 Meter Höhe über dem Meeresspiegel, ist im Wesentlichen nach Süden ausgerichtet und erstreckt sich über knapp 30 Piemonteser Tagwerk (über zehn Hektar). Weltberühmt machte ihn der Erzeuger Bruno Giacosa aus Neive, der mit seinem bis 1993 hergestellten Barolo Collina Rionda Generationen von Weinfreunden in Verzückung versetzt hat.

Die wichtigsten Weine

*Barolo Vigna Rionda – Giacomo Anselma, Serralunga d'Alba
*Barolo Poderi dell'Antica Vigna Riunda – Aldo Canale, Serralunga d'Alba
*Barolo Vigna Rionda – Michele Chiarlo, Calamandrana
*Barolo Vigna Rionda – Fratelli Oddero, La Morra
*Barolo Vigna Rionda – Luigi Pira, Serralunga d'Alba
*Barolo Vigna Rionda – Vigna Riönda di Massolino, Serralunga d'Alba

Vigna Rionda

Voghera und Brea

Diese beiden Weingärten liegen auf der Ostseite von Serralunga und erstrecken sich von der Provinzstraße nach Alba, kurz vor der Ortseinfahrt nach Cerrati, entlang beider Seiten der Gemeindestraße, die zum Weiler Tezzo führt, um dann 50 Höhenmeter abzufallen bis zu dem 340 Meter hoch gelegenen Camia-Hof. Noch bis zum Beginn der Neunzigerjahre wurde die für Nebbiolo bestens geeignete Lage Brea fast ausschließlich als Weideland genutzt. Doch zum Glück hat man in der jüngsten Vergangenheit wieder Rebstöcke gepflanzt, worin sich insbesondere die Familie Brovia aus Castiglione Falletto hervortat.

Der etwas unter 400 Meter hoch gelegene Weinberg Voghera ist in Höhe der Provinzstraße nach Südosten ausgerichtet; weiter unten, oberhalb des Camia-Hofs, weist der Hang immer mehr Richtung Süden. Das gesamte Areal mit den Teilen Voghera und Brea war von Ratti unter der Herkunftsbezeichnung Brea als Unterbereich mit außergewöhnlichen Qualitätsmerkmalen klassifiziert worden. Dabei lehnte er seine Namensgebung an das Gut Brea an, das in der Tat das Zentrum dieses kleinen Gebiets ist.

Die wichtigsten Weine

*Barolo Ca' Mia – Fratelli Brovia, Castiglione Falletto

Empfohlene Adressen

Einwohner: 497
Höhe: 414 Meter

AUSKÜNFTE

Rathaus (Municipio)
Via Foglio, 1
Tel. 0173/613101

Castello di Serralunga d'Alba
Via Castello
Tel. 0173/613358

DIE ERZEUGER

Luigi e Fiorina Baudana
Borgata Baudana, 43
Tel. 0173/613354
Dieser ebenso kleine wie interessante Betrieb konnte gleich mit seinen ersten Erzeugnissen, einem Dolcetto, einem Barbera und einem Chardonnay, überzeugen. Der erste Barolo mit dem wohlklingenden Namen Cerretta Piani stammt aus dem Jahr 1996. In den nächsten Jahren soll eine neue Auslese aus dem Weingarten Baudana folgen.

Gabutti – Franco Boasso
Borgata Gabutti, 3/a
Tel. 0173/613165
Vier Hektar Rebfläche in den Weingärten Gabutti und Parafada sind der Trumpf dieser kleinen Kellerei, die unermüdlich Jahr für Jahr ebenso korrekte wie gefällige Weine bereitet, in großen Jahren wie 1990 und 1998 auch Spitzengewächse.

Giuseppe Cappellano
Via Alba, 13
Frazione Bruni
Tel. 0173/613103
Eine historische Kellerei (siehe auch den eigenen Beitrag über die Brüder Giovanni und Giuseppe Cappellano), die nicht nur in den letzten zehn Jahren mit den Trauben des prestigeträchtigen Weingartens Gabutti ausgezeichnete Ergebnisse erzielen konnte, sondern auch dem berühmten Barolo Chinato zu Ruhm und Ehren verhalf, der hier nach einem geheimen Originalrezept mit Chinarinde und Kräutern bereitet wird.

Carpegna

Eredi Virginia Ferrero
Località San Rocco, 71
Tel. 0173/613283
Tota Virginia Ferrero (auch über sie gibt es einen eigenen Beitrag in diesem Buch) war eine ebenso bärbeißige wie umtriebige Winzerin, deren Betrieb allerdings von ihren direkten Nachfahren aufgegeben wurde. Inzwischen werden wieder Weine aus Trauben von der renommierten Lage San Rocco bereitet, die dazu angetan sind, die Tradition der resoluten *Tota* fortzuführen.

Fontanafredda
Via Alba, 15
Tel. 0173/613161
Die prächtigen gutseigenen Weingärten und die schützende Hand des Sieneser Kreditinstituts Monte dei Paschi haben stets gewährleistet, dass in dieser gegen Ende des 19. Jahrhunderts entstandenen historischen Kellerei regelmäßig gute Weine abgefüllt wurden, ohne dass es jedoch bisher gelungen wäre, Fontanafredda zum führenden Betrieb des gesamten Barolo-Gebiets zu machen. Das soll sich nun unter der neuen Betriebsführung ändern, die mit ihren Barolo-Auslesen aus den Weingärten La Delizia, La Rosa, Lazzarito, Galarey und La Villa sowie dem normalen Barolo aus Serralunga Großes anstrebt. Vielversprechend gibt sich in jüngster Zeit auch der Barbaresco Coste Rubin.

Sergio Germano
Borgata Cerretta, 1
Tel. 0173/613528 – 613112
Die Weinbereitung aus eigenen Trauben wurde bereits 1975 aufgenommen, aber erst seit ungefähr zehn Jahren, seit sich nämlich der tüchtige Sergio rund um die Uhr um den Betrieb kümmert, konnte sich das Gut mit eigenen Tropfen einen Namen machen. Zwei Barolo-Weine werden abgefüllt, ein Cerretta und ein Prapò: offen und elegant der Cerretta, tanninhaltiger und damit länger einzulagern der Prapò.

Luigi Pira
Via XX Settembre, 9 bis
Tel. 0173/613106
Es ist noch gar nicht lange her, dass Giampaolo Pira die Leitung dieser Kellerei übernommen hat, und schon kann er zwei beachtliche Barolo-Weine vorweisen: den etwas tanninhaltigeren und strukurierteren Vigna Margheria (etwa 6000 Flaschen) und den bereits wenige Jahre nach seiner Einführung vorzüglich mundenden Vigna Marenca (über 8000 Flaschen). Demnächst vergrößert sich das Sortiment um einen 97er Barolo Vigna Rionda, der Anlass zu kühnsten Hoffnungen gibt.

Vigna Rionda – Massolino
Piazza Cappellano, 6
Tel. 0173/613138
Die Weine dieses Betriebs werden seit jeher nach guter alter Tradition bereitet, wovon so mancher fünf Jahre lang in großen Fässern ausgebaute Barolo Riserva zeugt. Mit dem Eintritt des jungen Franco jedoch hat auch die eine oder andere Neuerung Einzug gehalten, und so teilen sich heute in friedlicher Eintracht französische Barriques und Fässer aus slawonischer Eiche das von Papa Mario und Onkel Giovanni geschaffene schmucke Kellergewölbe. Neben einem normalen Barolo werden Auslesen aus so stolzen Weingärten wie Margheria, Parafada und Vigna Rionda abgefüllt, deren beachtliche Struktur und lange Reifung auch so manche Riserva erlauben.

ÜBERNACHTUNGS-MÖGLICHKEITEN

Albergo Italia
Piazza Cappellano, 3/a
Tel. 0173/613124
Zwei Sterne, acht Zimmer mit Bad und Telefon.
Das am Hauptplatz von Serralunga gelegene, geschichtsträchtige Hotel Italia ist ein interessantes Ziel für jeden, der für seine Erkundung der Langhe eine günstige Unterkunft ohne großen Firlefanz sucht. Chef des Hauses ist Giacomo Anselma, ein Mann mit zahlreichen Talenten: Er ist Trauben-Zwischenhändler, Winzer, Gastronom, vor allem jedoch ein großer Kenner der Langhe-Weine! Bei Tisch wird schmackhafte Hausmannskost der Langhe serviert, zu der hervorragende Anselma-Barolo-Weine bestellt werden können – und das alles zu wirklich fairen Preisen!

SPEISELOKALE

Cascina Schiavenza
Via Mazzini, 4
Tel. 0173/613115
Unverrückbare Treue zur lokalen Küchentradition, ungekünsteltes Ambiente und prachtvolle Aussicht – was will man mehr, um sich traditionelle Gerichte zu Weinen des Hauses schmecken zu lassen, die aus den namhaftesten Lagen von Serralunga stammen: Broglio, Cerretta und Prapò. Eine vollständige Mahlzeit kostet etwa 50 000 Lire.

EINKAUFSMÖGLICHKEITEN

Bottega del Vino
Via Foglio, 1
Samstags und sonntags nur in der schönen Jahreszeit geöffnet. Reiche Auswahl an Flaschen lokaler Kellereien.

L'Infernòt del Castel
Via Roma, 2
Leidliche Auswahl an lokalen Weinen, bescheidenes gastronomisches Angebot.

Cappellano

1868-1912/1870-1955

Für die Geschichte des Weinbaus in Alba gilt Dottor Giuseppe Cappellano (1870-1955) als eine der herausragendsten Persönlichkeiten der ersten Hälfte des 20. Jahrhunderts. Doch wohl nur den wenigsten ist bekannt, dass der Apotheker und Erfinder des Barolo Chinato allein durch den unerwarteten Tod seines älteren Bruders Giovanni (1868-1912) zum Weinbau kam, der ihm in unternehmerischem Geschick in nichts nachstand. Ihr Vater, der Notar Filippo Cappellano, stammte aus einer Notarsfamilie. Im Jahr 1870 gründete er im Alter von 48 Jahren den Weinbaubetrieb Azienda Vitivinicola Cappellano und vergrößerte seinen Grundbesitz auf 150 Piemon-teser Tagwerk (etwa 60 Hektar) landwirtschaftlicher Nutzfläche. Nach seinem Tod im Jahr 1886 wurden seine beiden Töchter, wie es damals üblich war, mit je 100 000 italienischen Lire ausbezahlt – am Ende des Jahrhunderts eine beachtliche Summe. Der jüngere Sohn Giuseppe widmete sich weiterhin seinem Studium, während der gerade 19-jährige Giovanni der Universität den Rücken kehren musste, um die Leitung des Betriebs zu übernehmen.

An Unternehmergeist mangelte es ihm nicht, hatte er doch in wenigen Jahren nicht nur den Weinkeller in Alba umstrukturiert, sondern auch im Zuge des ersten Touristenstroms in die Langhe zwei ausgezeichnete Hotels in Alba und Serralunga aufgebaut. Die in Serralunga gewachsenen Trauben ließ er mit dem Zug nach Alba bringen, da er den Wein nicht mehr nur für seine beiden Hotels, sondern auch für eine große Kundschaft aus Ligurien und dem Piemont benötigte. Bereits im Jahr 1889 wurde die Kellerei Cappellano mit der Bronzemedaille bei der Weltausstellung in Paris bedacht. Von jenem Jahr an folgte Auszeichnung auf Auszeichnung für Giovanni Cappellano. Der jüngere Giuseppe machte einen hervorragenden Hochschulabschluss in Pharmazie, arbeitete kurze Zeit in Turin und widmete sich fortan ganz dem Weinbau und der Pharmazie. Zu jener Zeit stellte er die ersten heilenden Traubenkonzentrate her und erfand eines der Denkmäler der italienischen Weinbaukunde, den Barolo Chinato. Viele Jahre lang blieb sein Produkt ein nahezu mythisches Elixier, das einzige Allheilmittel, an dem sich die armen geknechteten Bauern der Langhe aufrichten konnten.

Doch 1912 war es vorbei mit dem kurzen Werdegang als Arzneimittelhersteller. Giuseppe Cappellano musste die Geschicke des Betriebs übernehmen, sein Bruder Giovanni war an einer Tropenkrankheit gestorben, die er sich auf der Suche nach reblausresistenten Weinreben in Tunesien zugezogen hatte.

Dank seiner guten Beziehungen zur besseren Gesellschaft Turins und der freundschaftlichen Verbundenheit mit dem Grafen Mirafiore gelang es

dem neuen Eigentümer Dottor Giuseppe Cappellano, sehr erfolgreich einen Betrieb weiterzuführen, den sein Vater gegründet und dem der Bruder zu Glanz verholfen hatte. Es waren anstrengende Jahre, denn er kümmerte sich nicht nur um die Produktion der hervorragenden

Weine der Langhe, insbesondere um den mittlerweile berühmten Barolo Chinato, sondern auch um den Zukauf von neuem Land in Lagen, die für den Weinbau besonders geeignet waren. In jene Zeit fiel auch die Tragödie, die das Leben dieses großen Winzers nachhaltig verändern sollte: Der Tod seiner einzigen Tochter durch die spanische Grippe. Zu ihrem Gedenken stiftete er der Gemeinde Serralunga die Piazza, die auch heute noch Maria Cappellano gewidmet ist.

An die nun folgenden Jahre können sich noch einige Ältere aus dem Dorf erinnern. Ihnen ist der mürrische Ehrenmann, Vater und Patron des größten Teils der Trauben dieses Gebiets gut im Gedächtnis geblieben. Ein Vertrag mit dem Hause Gancia di Canelli, das ihn beauftragte, unter dem Namen Mirafiore die "Vini Fini" der Weingärten von Alba zu produzieren, machte ihn zum größten Traubenaufkäufer der Gegend. Doch nicht nur das Haus Gancia, sondern auch andere berühmte piemontesische Kellereien betrauten ihn mit der Weinerzeugung – nicht selten konnte man während der Weinlese schier endlose Wagenschlangen vor seinem Weinkeller sehen, so große Mengen wurden geliefert. Nur was die Preise anbelangte, ließ er nicht mit sich handeln; es war schon Auszeichnung genug, wenn er die Trauben überhaupt kaufte, und die Winzer verglichen dann untereinander, wer wofür wie viel bekam. Seine Einschätzung galt als Maßstab für die Qualität der Trauben. Er kannte die besten Lagen und die Bauern, die ihren ganzen Ehrgeiz in den Anbau von Nebbiolo setzten, und natürlich war er sich auch über die Auswirkungen eines mehr oder weniger günstigen Klimas im Klaren. Sein Urteil war unbestritten – und selbst heute noch bedeutet für viele der Umstand, damals Trauben an Dottor Cappellano verkauft zu haben, so etwas wie einen Ritterschlag.

Bei seinem Tod im Jahr 1955 hinterließ Giuseppe Cappellano einen beachtlichen Grundbesitz. Nach wechselnden Geschicken und den unvermeidlichen Erbteilungen halten heute zwei Urenkel die Marke Dottor Giuseppe Cappellano in Ehren – beide führen den vornehmen Beruf des Weinerzeugers fort.

GROSSE NAMEN DER VERGANGENHEIT

Giuseppe Bressano

1896-1954

Für die Società Mirafiore Vini Italiani war 1931 ein rabenschwarzes Jahr: Erst die Reblauskatastrophe, dann die Weinbaukrise und schließlich finanzielle Schwierigkeiten zwangen die Gesellschaft zur Versteigerung ihres landwirtschaftlichen Betriebs Fontanafredda und ihrer Weinkellerei und Ölmühle in Greve in Chianti, die der Bank Monte dei Paschi di Siena zugeschlagen wurde. Das Geldinstitut, das bereits andere landwirtschaftliche Flächen und Güter besaß, schloss den Betrieb in Greve und trieb nach einer Reihe böser Überraschungen, die fast zu einem unmittelbaren Weiterverkauf geführt hätten, den Wiederaufbau von Fontanafredda voran.

Ebenfalls 1931 wurde der junge Weinbautechniker Giuseppe Bressano von Greve nach Alba geschickt, um die Leitung des Guts zu übernehmen. Anfangs stand ihm dabei Professor Giorgio Garavini von der Fakultät für Landwirtschaft der Universität Pisa zur Seite, der auch die Abteilung für landwirtschaftliche Besitzungen der Bank leitete. Gemeinsam erarbeiteten sie einen genauen Plan für eine gut durchdachte Rückführung der Hügel von Fontanafredda zum Weinbau. Vor Ort kontrollierte Cavalier Bressano gewissenhaft jede Neupflanzung. Als viertes Kind von Giovanni Bressano, dem Gutsverwalter des Anwalts Pagliuzzi in Alba, hatte er die Liebe zur Erde einfach im Blut. Giuseppe war am 8. Mai 1896 und damit 15 Jahre nach der Drittgeborenen zur Welt gekommen, was sich als ein Glücksfall für ihn erweisen sollte. Denn seine bereits erwachsenen und auf eigenen Füßen stehenden Brüder konnten auf diese Weise dazu beitragen, sein Studium zu finanzieren. 1914 erwarb er sein Diplom als Weinbautechniker, tat dann aber bis zum Kriegsende 1918 Dienst als Soldat. Er wurde verwundet, mit einer bronzenen Tapferkeitsmedaille ausgezeichnet und zum Hauptmann ernannt. Von 1940 bis 1943 war er als Kommissar in Albanien stationiert. Für all seine Verdienste wurde er schließlich zum Oberstleutnant der Infanterie der Reserve befördert.

1919 nahm er eine Stellung bei der Società Mirafiore an, die genau in jenem Jahr aus der Casa E. Mirafiore hervorgegangen war. Hier lernte er Vittoria kennen und heiratete sie, kurz bevor sie nach Greve aufbrachen, wo 1928 ihr Sohn Giovanni geboren wurde.

In den frühen Dreißigerjahren wurde man sich langsam der Möglichkeiten bewusst, die die Langhe als Weinbauregion boten, und bei vielen Erzeugern keimte der Wunsch nach einer besseren Qualität auf. Diese Aufbruchsstimmung führte 1934 unter anderem zur Gründung des Weinverbands Consorzio del Barolo e del Barbaresco, dessen Vorsitzender Cavalier Bressano von 1949 bis 1951 war. Unterdessen studierte man in Fontanafredda Bodenbeschaffenheit, Klima und Lagen. Anhand der Ergebnisse fand man heraus, welcher Weingarten für welche Rebsorte die besten Voraussetzungen bot. Manch einer erinnert sich noch an den Cavalier Bressano, wie er mit dem Rohr in der Hand inmitten der Erdschollen die Tiefe des Umbruchs kontrollierte, die mindestens einen Meter zu betragen hatte. Währenddessen klaubten die Bauern die Wurzelstöcke und Wurzeln sämtlicher von der Reblaus befallenen Rebstöcke auf, der Traktor mit Drahtseilantrieb zog den schweren Pflug. So wurden quer zum

Hang dem Geländeverlauf folgende Reihen gepflanzt, die einen großen Garten formten. Wenn man von den bergauf führenden Feldwegen seitlich in den Weinberg blickte, so tat sich eine Art Miniallee auf, die am Ende einer jeden Rebzeile von Obstbäumen, Himbeer- und Johannisbeersträuchern gesäumt war. Die Stützpfeiler waren allesamt aus Zement.

Drei Halbpächterfamilien bestellten die insgesamt rund 80 Hektar großen Weingärten, während andere Felder dem Weizen- und Futtermittelanbau vorbehalten waren. Schließlich wurden auch noch Stallungen für die Kälberzucht errichtet – ein richtiger landwirtschaftlicher Betrieb war entstanden. Nun erfolgte die Umstrukturierung der Kellerei, die aus dem Jahr 1878 stammte, als Graf Emanuele von Mirafiore das Gut gegründet hatte.

Der Betrieb lief unterdessen, qualitativ wie quantitativ, auf Hochtouren, nur die Vermarktung musste noch verbessert werden, auch wenn bereits zahlreiche Verbindungen nach Frankreich, in die Vereinigten Staaten und die Schweiz bestanden. Man hätte die Weinproduktion mit dem Zukauf von Trauben noch steigern können, wenn es gelungen wäre, neue Märkte zu erschließen. Und genau in diese Richtung arbeitete Cavalier Bressano, als er eine Reise nach Turin antrat, die ihn mit Handelsvertretern zusammenführen sollte. Doch auf jener Fahrt, es war der 28. Oktober 1954, erlitt er einen Autounfall in Bandito, einem Vorort von Bra. Seiner Gattin Vittoria, die zu seinem Krankenbett geeilt war, sagte er: "Fahr' zurück nach Fontanafredda und zahl' die Löhne, meine Schwester Maddalena kümmert sich um mich. Die Leute haben wahrend der Weinlese hart gearbeitet, und wir dürfen sie nicht warten lassen, nur weil mir dieser Unfall passiert ist." Nichts deutete auf seinen Tod zwei Tage später hin.

Er war ein hoch angesehener, schaffensfroher Mann, an den man sich gerne erinnert – und der das Glück hatte, die Macht einer großen Bank hinter sich zu haben.

Er hatte ein Fernstudium im Weinbau und in der Weinerzeugung absolviert, war Mitglied der Weinprüferorganisation ONAV (Organizzazione Nazionale Assaggiatori Vino) sowie Gründer und 1952 erster Vorsitzender des Vereins der Absolventen der Weinschule von Alba.

GROSSE NAMEN DER VERGANGENHEIT

Tota Virginia Ferrero

1865-1949

Virginia Ferrero wurde am 15. Juni 1865 in Turin geboren. Ihre Eltern Teresa Gabutti und Giacomo Ferrero stammten aus Serralunga. Obwohl die recht wohlhabende Familie Ferrero mittlerweile in Turin lebte, kümmerte sie sich nach wie vor um ihr kleines Stückchen Land und die Weinstöcke in der Heimat. Man kann sich leicht vorstellen, welche Bedeutung es für die junge Virginia gehabt haben muss, die Weinlese und das anschließende Keltern mitzuerleben. Wie zu jener Zeit üblich, gibt es kaum schriftliche Dokumente über *Tota* Virginia und den Barolo-Wein, doch eines ist gewiss: Die Erinnerung an Virginia Ferrero lebt noch heute unter den Menschen im Barolo-Gebiet fort, sowohl bei den alten Bauern in Serralunga als auch bei den Familien der Barolo-Produzenten. Und diese Erinnerung ist geprägt von Bewunderung und Anerkennung für eine Frau, die sich durch ihren Mut und ihre Entschlossenheit in einer Welt durchzusetzen wusste, die damals noch fest in Männerhand war. Bereits gegen Ende des 19. Jahrhunderts lebte die zielstrebige,

fleißige Virginia in Serralunga und kümmerte sich vor Ort um die Weinproduktion. Ihr Bruder Francesco, genannt *Cichin*, ein Schöngeist und Lebenskünstler, war ihr dabei indes keine große Hilfe. Nach dem Tod ihrer Schwägerin nahm *Tota* Virginia die fünf Kinder ihres Bruders bei sich auf und schenkte ihnen eine sorgenfreie Kindheit nebst einer – verglichen mit den armseligen Lebensbedingungen der übrigen Bauern in den Langhe zu Beginn des Jahrhunderts – soliden Erziehung. Die willensstarke Virginia hatte es mit großem Einsatz erreicht, ihre Produktion zu erhöhen sowie die Vermarktung zu steigern und damit einen gewissen Wohlstand zu schaffen.

Nach und nach erstand *Tota* Virginia eine Reihe landwirtschaftlicher Gebäude und über 40 Piemonteser Tagwerk Rebland. Zugleich kaufte ihre Kellerei Trauben von den Winzern der Umgebung hinzu und produzierte schließlich fast 6000 *brente* Wein, was 3000 Hektolitern entspricht.

Die Alten im Dorf entsinnen sich noch heute der langen Schlangen von bis oben hin mit Trauben beladenen Wagen auf ihrem Weg zum Tor der Cantina Ferrero im Ortsteil Baudana vor der kleinen Kirche San Rocco. Hier unterzog *Tota* Virginia die Trauben eines jeden Zulieferers mit strengem Blick einer Prüfung. Und wirklich bereiteten sich die Winzer am Abend zuvor wie auf eine Prüfung vor, Traube für Traube wurde gesäubert, um nur ja nicht in aller Öffentlichkeit getadelt zu werden.

Die Kellerei erzeugte zu jener Zeit die unterschiedlichsten Weine, es gab Barolo, Barbera, Dolcetto, Bonarda, Favorita und auch Brachetto, die zumeist in großen Korbflaschen oder Fässern verkauft wurden. Ein erstes Sortiment an Weinflaschen war auch schon im Angebot.

Zwischen den Zwanziger- und den Vierzigerjahren erlebte der Betrieb von Virginia Ferrero seine größte Blüte – die inzwischen betagtere *Tota* blieb eine Respektperson und schien auch finanziell wenig Sorgen zu haben. Immerhin wollte sie angeblich die Kellerei Fontanafredda aufkaufen, sobald diese Konkurs anmeldete. Durch ihr freundliches, unternehmungslustiges Wesen suchte sie stets den persönlichen Kontakt zu ihrer Kundschaft, und so reiste sie oft mit ihrer Kutsche über die damaligen Alpensträßchen in die Schweiz oder das benachbarte Frankreich, zu den Restaurants in Nizza und Monte Carlo, aber auch nach Genua, Turin und Mailand. Auch in Alba war sie gern gesehen. Jeden Samstag, wenn Markt war, fuhr sie mit ihrer kleinen Kalesche vor, hielt einen kleinen Plausch mit dem einen oder anderen Winzer auf der Piazza Savona, ging zur Bank und zahlte ein hübsches Sümmchen Geld ein, das sie bis dahin in ihrem Ausschnitt aufbewahrt hatte. Schließlich kehrte sie im Hotel Savona ein und sprach erneut mit befreundeten Weinerzeugern über Geschäfte. Auf ihrem Gut Baudana kümmerte sie sich persönlich um die Kellerei, die Korrespondenz und die Buchführung und fand darüber hinaus noch die Zeit, alles Wissenswerte von den Leuten zu erfragen, die vor dem Haus vorbeikamen. Sie war fest davon überzeugt, dass Schläue sich mit Neugier paaren muss, und von beidem besaß sie reichlich: Wollte man etwas über Besitzstandsveränderungen erfahren, über Preise, Weinbaufragen oder zu Familienangelegenheiten – sie war stets die richtige Adresse.

Ihr Verhältnis zu Dottor Cappellano war geprägt von wechselseitiger Wertschätzung, und nicht selten trafen sich die beiden, um sich über dieses oder jenes Problem auszutauschen.

Keines der fünf Kinder ihres Bruders sollte ihr Werk fortsetzen. Ihr Vermögen wurde deshalb nach ihrem Tod am 19. Februar 1949 aufgeteilt. 1973 gründeten ihre Mailänder Nachkommen den Weinkeller Eredi Virginia Ferrero in denselben Räumlichkeiten, die schon *Tota* Virginia gehört hatten – mehr als eine schöne Geste, um ihres Namens zu gedenken, denn offensichtlich wird eine Frau nicht so leicht vergessen, die ihr Leben ganz der Familie, aber auch dem Wein der Langhe, dem Barolo, gewidmet hat.

Baudana

Der Zwischenhändler

Schon mein Vater, Felice Anselma, war Zwischenhändler für Trauben hier in der Gegend. Die besten Dolcetto-Trauben gab es bei Serralunga – die aus Roddi waren säuerlicher und farbintensiver. Als sich die Karriere von Dottor Cappellano dem Ende näherte, begab ich mich nach Cerretto Langhe, um für ihn Dolcetto-Trauben zu kaufen. Mein Vater war damals schon zu alt, und der Weg musste zu Fuß zurückgelegt werden. Unter allen Großen von Barolo war Cappellano der gebildetste, er war wirklich in Ordnung. Er kaufte viele Trauben, nicht nur für seinen eigenen Keller, sondern auch für Gancia. Vor der Weinerzeugung sortierte er die Trauben: Aus den besten schuf er große Weine. Er wusste, dass auch in guten Jahrgängen nicht immer die gleichen Gebiete die besten Trauben hervorbringen. Es galt, sich persönlich vom Zustand der Trauben zu überzeugen. Und so gingen mein Vater und Cappellano 20 Tage vor der Lese auf die Jagd: Während sie durch die Rebzeilen pirschten, kontrollierten sie die Qualität der Trauben von verschiedenen Bauern. Außer in Serralunga, wo Cappellano mehrere Weinberge besaß, suchte er überwiegend in der Gemeinde La Morra nach guten Trauben; in Santa Maria und Serra kaufte er besonders gerne. Cappellano und Zabaldano, aus der Apotheke in Monforte, machten schon immer guten Barolo. Auch Virginia Ferrero, genannt *Tota*, produzierte guten Barolo. Einmal rief sie mich, damit ich von einem Fass probiere – sie wollte meine Meinung hören. Sie war ein Mannweib: Sie befahl und schrie wie ein Mann, aber sie kannte sich aus mit Wein und Handel. Man sah, dass sie – anders als andere – etwas von ihrem Fach verstand.

Giacomo Anselma
genannt *Giacolin*
Geboren 1915
Zwischenhändler und
Wirt in Serralunga d'Alba

Die großen Barolo-Weine aus Serralunga – Vigna Rionda, Parafada, Gabutti – benötigen Zeit, um zu reifen. Anfangs sind sie verschlossen, aber mit einem gewissen Alter brauchen sie keinen Vergleich mehr zu scheuen. Die Leute müssen nur etwas Geduld haben und diese Weine zum richtigen Zeitpunkt trinken. Hier in meiner Osteria fanden oft Versammlungen statt, in denen über die Zukunft des Barolo-Gebiets diskutiert wurde. Selbst die Cavalieri del Tartufo kamen anfangs zu Gesprächen in die Osteria, denn ihr Vorsitzender, Dottor De Giacomi, wollte den Sitz der Cavalieri in die Burg von Serralunga verlegen. (*Sommer 1990*)

Wir pflanzten noch Getreide zwischen den Reben

Aldo Canale
Geboren 1913
Weinbauer
in Serralunga

Früher gab es nicht so viele Weingärten wie heute. Auf vielen Feldern bauten wir Getreide und Mais an. Trauben gab es wenige, auch von Nebbiolo. Die Rebzeilen hatten große Abstände, dazwischen säten wir immer eine Zeile Weizen. Bei der Ernte brachte jede Zeile drei, vier Stapel mit 20 Garben. Ich möchte nicht großspurig klingen, aber in Serralunga haben wir schon gute Lagen – deswegen zahlen sie uns auch mehr für die Nebbiolo-Trauben als anderswo.

Tota Virginia Ferrero hatte einen schönen Weinkeller, sie hatte eigene Weinberge und kaufte noch Trauben hinzu. Sie war ein richtiges Mannweib, groß und breit, immer finster dreinblickend. "Was denn, ihr wollt jetzt schon Geld sehen?", fragte sie jeden, der ihr Trauben verkauft hatte. Aber wir verkauften an die Gebrüder Lurgo aus Alba.

Seinerzeit wurde der Wein größtenteils in Korbflaschen verkauft, es wurde wenig in Flaschen abgefüllt, und vor dem Verkauf ließ man den Wein höchstens zwei Jahre reifen. Ich hingegen bin erst vor einem Monat damit fertig geworden, den 1986er Barolo abzufüllen. Das war ein Jahr, in dem wenig produziert wurde: Am 28. Mai hagelte es fürchterlich. Wir mussten die Reben zweimal schneiden. Wenn es vor der Färbung der Beeren hagelt, tragen die übrig gebliebenen Reblinge Trauben. (*Frühjahr 1990)*

Trauben und Trüffeln

Die Trüffelsuche ist meine Leidenschaft! Seit 78 Jahren gehe ich Trüffeln suchen. Als ich zehn war, war ich ein- oder zweimal mit meinem Vater unterwegs und sah, wie unsere Hündin sie suchte und fand. Eines Tages nahm ich unseren Hund und ging allein auf Trüffelsuche: In einer Haselnusspflanzung fing sie an zu scharren, fand eine Trüffel und dann noch mehr. Ich hab' mir beide Taschen voll gestopft, und als ich an der Schule vorbeikam, meinte meine Lehrerin Signora Servetto: "Da sieh' mal einer an, statt zu lernen, gehst du also Trüffeln suchen." Ich wusste nicht mehr, was ich tun sollte, meine Taschen waren voll mit Trüffeln, und ich traute mich nicht, sie ihr zu zeigen. Jetzt gibt es nicht mehr so viele. Einmal fand ich in einer einzigen Nacht einen, der 650 Gramm und einen, der ein halbes Kilo wog. Die Trüffeln gab ich alle Giacomo Morra [siehe eigenen Beitrag]: Ich war nämlich sein Freund. Die Trüffelsuche von früher und heute unterscheidet sich wie Tag und Nacht. Früher brachte man vier oder fünf Kilos heim, heute findest du vielleicht noch 200 Gramm. Warum wohl kosten 100 Gramm 200 000 Lire? Weil es kaum noch welche gibt. Ich hatte immer gute Hunde, und drei Monate lang (so lange dauerte eine Trüffelsaison) ging ich abends um elf Uhr los und kam morgens um sechs Uhr zurück, Nacht für Nacht. Ich war zwar immer erledigt, tagsüber die Arbeit in den Rebzeilen und um elf Uhr nachts los, aber die Trüffeln halfen uns zu überleben. Zum Glück gab es sie, denn früher herrschte vor allem eins: Elend, viel Elend. 1931 habe ich geheiratet und am Sonntag, den 31. August, spielte ich gerade Faustball in Barolo, als ein Gewitter aufzog: nur Wind und Staub. Gleichzeitig hagelte es aber in Cerretta. Als ich gegen Mitternacht nach Hause kam, war keine einzige Traube mehr da – eine Katastrophe. In jenem Jahr pilgerten alle zum Bricco Cerretta – so etwas hatten sie noch nie gesehen. Das folgende Jahr war sehr trocken, und die Ernte fiel dürftig aus. Wir mussten mit der Hand umgraben, und die Hilfsarbeiter mussten auch bezahlt werden. Also ging ich die ganze Nacht auf Trüffelsuche, und die Hilfsarbeiter bezahlte ich mit dem Geld für die Trüffeln. In Cerretta, in der Nähe von unserem Zuhause, hatte *Tota* Virginia [zu Virginia Ferrero siehe *Große Namen der Vergangenheit*] ein Gut, das zehn Piemonteser Tagwerk [fast vier Hektar] Land umfasste. Zwei Jahre lang haben wir uns darum gekümmert. Im Herbst arbeitete ich über Jahre hinweg in der Kellerei von *Tota* Virginia: Wir schickten Karren mit Korbflaschen zum Bahnhof von Alba, von dort wurden sie mit der Eisenbahn weitertransportiert. Cappellano [siehe *Große Namen der Vergangenheit*] oder *Tota* Virginia Trauben zu bringen war schlimmer, als eine Prüfung abzulegen. Sie ließen uns die Trauben abends pflücken, weil es morgens feucht war, und dann hieß es, Traube für Traube, Beere für Beere zu säubern ... Ganz anders als heute! *Tota* Virginia kaufte eine Menge Trauben und ließ sich Zeit mit der Bezahlung, sie ließ einen ganz schön herumfahren, bis man an sein Geld kam. Die hatte vielleicht einen Charakter ... Hin und wieder bekam sie einen Wutanfall, und danach war wieder Schönwetter. Wenn wir unter ihrer Terrasse die Korbflaschen ausspülten, kommandierte sie und schrie herum wie eine Verrückte. Die hatte vor niemandem Angst, machte alles allein: Buchhaltung, Verkauf ... Blöd war sie nicht! (*Sommer 1990)*

Alberto Germano
Geboren 1902
Weinbauer
in Serralunga

Wein und Brot

Mein Vater war Bäcker in Verduno, und 1920 wurde er gebeten, auf das Gut Fontanafredda zu ziehen, wo es eine Bäckerei und reichlich Arbeit gab. Die ganze Familie ist umgezogen, wir waren zu siebt, ich war damals acht, und meine beiden älteren Brüder, Bastianin und Domenico, haben Arbeit in der Kellerei gefunden.

Sie füllten den Wein in Flaschen um und wuschen die Flaschen aus – Maschinen gab's dafür ja damals noch keine, man musste alles von Hand machen. Die Flaschen wurden nicht weggeworfen, sondern gesammelt und dann ausgewaschen. Ich erinnere mich noch, dass sich draußen vor dem Betrieb die Flaschen so hoch stapelten ... und alle trugen sie das Wappen der Grafen Mirafiore und waren schwarz. In diesen Flaschen entwickelt sich der Wein besser.

In der Ortschaft gab es viele Kinder; meine Schwester Cecilia ist dort geboren, und ihr Taufpate war der Cavalier Mollo, ein hohes Tier auf Fontanafredda.

Die Grafen waren umgängliche Leute, ab und an kamen sie in die Bäckerei und hielten ein Schwätzchen mit meinem Vater. Die Gräfin spielte begeistert Tennis, und ich war ihr Ballmädchen. Die Bauern der umliegenden Dörfer brachten ihr Brot zum Backen. Wer in der Kellerei arbeitete, kaufte es dagegen bei meinem Vater.

Margherita Ravinale
Geboren 1912
Weinbäuerin
in Serralunga

Ein paar Jahre später kam es zur Krise und die Backstube wurde geschlossen. Die ganze Familie ist nach La Morra gezogen, und dort hat unser Leben als Halbpächter im Weingarten Ca' Nere begonnen. Das Leben der Halbpächter war hart, die Gutsbesitzer machten nie halbe halbe, für uns blieb immer ein bisschen weniger. Man war überhaupt nicht abgesichert, und wenn der Besitzer sein Land verkaufte, saßt du auf der Straße. Am Martinsfest wechselte man den Hof. Es war ein trostloses Leben, ich weiß nicht, ob ich es noch einmal leben wollte. (*Sommer 1990)*

Wir fürchten niemanden

Wir haben hier einen Wein, den man richtig lange lagern kann, den Dolcetto zum Beispiel: der hält sich neun oder zehn Jahre lang. Vor ein paar Jahren kam einmal ein Professor aus Alessandria, der eine Versammlung im Haus des Pfarrers abgehalten hat. Der hat gesagt, dass wir in Serralunga besonderes Glück haben, weil wir ein Salz in der Erde haben, das für Geschmack, Bukett und lange Haltbarkeit unserer Weine sorgt, und andere Dörfer haben das nicht.

Wir sind hier 414 Meter hoch, und obwohl es für die Leute von den umliegenden Hügeln so aussieht, als ob wir in einem Loch liegen, ist die Erde von guter Qualität und sie wärmt gut.

Einmal hat mich ein Halbpächter der Opera Pia di Barolo von einem Hof, der zum Gemeindegebiet von Serralunga gehört, gesehen und mir gesagt: "Die Goldmedaillen, die wir für den Barolo bekommen haben, die haben wir immer mit den Weinen von hier gewonnen."

Wir aus Serralunga fürchten niemanden. (*Frühjahr 1990)*

Giuseppe Boasso
Geboren 1910
Weinbauer in Serralunga

Ein Leben im Laden

Ich bin in Serralunga geboren und wohnte im Dorf. Als ich dann geheiratet habe, sind wir nach Cerretta gezogen und 30 Jahre lang dort geblieben. Im Ort kam man gut miteinander aus, nur hin und wieder gab es kleine Streitereien, vor allem im Herbst, wenn wir die Hühner in den Stall sperren mussten, weil sie sich sonst über die Trauben fremder Weingärten hermachten.
Im Winter versammelten wir uns alle im größten Stall und spielten Bingo, aber höchstens um einen oder zwei Soldi. Wir waren 15 oder 20 Leute, die spielten und die Nacht im Stall verbrachten. Unter der Woche strickten die Frauen, sonntags spielten alle Bingo. Wir halfen uns gegenseitig; ich erinnere mich noch an eine zwölfköpfige Familie, deren Mutter krank war: Wir Frauen aus den anderen drei Familien machten für sie die Wäsche und bereiteten alle zusammen das Mittagessen vor.
Es ist mir schon schwer gefallen, Cerretta zu verlassen, aber 1960 haben wir den Lebensmittelladen in Serralunga übernommen, so eine Gelegenheit wäre nie wieder gekommen. Als ich hierher gezogen bin, wohnten noch mehr Leute im Ort, und jeder Weiler im Umland war bewohnt. Jetzt stehen sie alle leer und keiner wohnt mehr da. In Cerretta lebten 40 Leute, in Collaretto 35 oder 36. Heute verbringen nur noch ein paar ihren Urlaub hier.
Am Anfang meiner Arbeit im Laden gab es noch Halbpächter, die in einem kleinen Buch anschreiben ließen. Eine Halbpächterfamilie hat uns mal gefragt: "Könnt ihr uns Kredit geben?" Wir konnten selbst keine großen Sprünge machen, aber wir waren einverstanden. Im nächsten Jahr haben sie bezahlt, und wir hatten immer ein gutes Verhältnis zu ihnen. Heute geht es der Familie gut, alle haben Arbeit. Seinerzeit gab es viel Elend in der Gegend hier, aber dann ging es mit der Arbeit in den Fabriken von Ferrero und Miroglio bergauf. Wenn einer oder zwei aus der Familie in der Fabrik arbeiten, dann kann man ganz gut leben mit dem, was sie verdienen und was die Arbeit zu Hause bringt. Das große Problem heutzutage ist, dass keiner mehr auf dem Feld arbeiten will. Ich weiß auch nicht, wo das noch hinführen soll. (*Sommer 1990*)

Fiorina Mascarello
Geboren 1913
Händlerin
in Serralunga

BAROLO

Verduno

Den "blühenden Hügel" von Verduno – abgeleitet vom keltischen *verdum* – erreicht man von Bra aus über Pollenzo und die Provinzstraße nach La Morra oder von Alba aus über Roddi und die Provinzstraße nach Barolo. Der erste Vorposten des Ortes ist der Hügel von Monvigliero, das historische Anbaugebiet von Verduno direkt an der Grenze zur Gemeinde Roddi. Der Hügel, der vom warmen Meerwind profitiert, ist einer der bekanntesten Weinberge, dessen Ruhm nicht zuletzt darauf zurückzuführen ist, dass der von dem legendären Commendator Burlotto gekelterte Barolo 1900 mit der Nordpolexpedition des Herzogs der Abruzzen den Weg ins ewige Eis antrat. In der Nähe des alten Ortskerns mit den wichtigsten Bauwerken erstrecken sich die Grünflächen des Belvedere, ein ruhiger, schattiger Ort, der jedoch mit dem weit berühmteren Belvedere des Nachbarortes La Morra nicht konkurrieren kann. Von hier überblickt man ein ausgedehntes, fast völlig mit Rebstöcken bedecktes Gebiet. Verduno wird der "Wachposten der Langhe" genannt, auch weil es das erste Dorf jenseits des Tanaro ist, das von blühenden Weinbergen umgeben ist.

Verdunos Sehenswürdigkeiten finden sich fast alle an der Piazza Castello, die vom Rathaus, der Burg und der Pfarrkirche umrahmt wird.

Von der Festung, die sich einst auf diesem Glacis erhob, ist nichts erhalten geblieben. Die in der Mitte des 18. Jahrhunderts nach einem Entwurf von Juvarra für den Marchese Luigi Caisotti wieder aufgebaute Burg wurde im 19. Jahrhundert von König Karl Albert erworben und war eine der beliebtesten Residenzen der Savoyer. In ihr befand sich auch die beispielhafte Kellerei des önologisch äußerst beschlagenen Generals

Staglieno, dem einer der ersten Barolo-Weine der Geschichte zu verdanken ist. Als die Savoyer ihren Sitz nach Pollenzo verlegten, wurde die Burg nur noch als Sommerresidenz genutzt; lediglich Oddone, der kränkliche Sohn von Viktor Emanuel II., lebte hier noch bis kurz vor seinem Tod (1861 in Genua).

Auch die spätbarocke Pfarrkirche ist vom Baustil der Schule Juvarras geprägt: ohne jeden Prunk und durchdrungen von der für das 17. Jahrhundert typischen düsteren, schwermütigen Atmosphäre. Im Innenraum wird eine Ikone von Sebastiano Valfré aufbewahrt, der in der ersten Hälfte des 17. Jahrhunderts in Verduno geboren wurde und, hier vermischen sich Wahrheit und Legende, aufgrund verschiedener geistlicher und weltlicher Heldentaten selig gesprochen wurde. Als Kaplan am Hof des Königs Viktor Amadeus II. tat er sich 1706 während der französischen Besetzung Turins dadurch hervor, dass er das Volk und die Truppen zum Widerstand anstachelte. Die Einheimischen verehren ihn jedoch hauptsächlich dafür, dass er aus Saluzzo die Rebsorte mitbrachte, die zum Symbol für Verduno werden sollte: Pelaverga. Nicht nur aus religiösen Gründen wurde daher 1940 an der Stelle seines Geburtshauses ein kleines Heiligtum errichtet.

Eine weitere Berühmtheit, die in Verduno das Licht der Welt erblickte, ist der Oberleutnant Giovanni Battista Laneri, ein Mitstreiter von Santorre di Santarosa und Guglielmo Moffa di Lisio in den Aufständen des Jahres 1821. Er hatte das Pech, zusammen mit dem Capitano Garelli di Genova tatsächlich am Galgen zu enden, während seine Kameraden fliehen konnten und nur in effigie hingerichtet wurden: Da man ihrer nicht habhaft werden konnte, henkte man Bilder von ihnen.

Die Weinberge

Im Vergleich zu den anderen Gemeinden des Barolo-Gebiets sind in Verduno sehr viele Winzer Mitglieder der Genossenschaft Cantina Terre del Barolo.

Im Hinblick auf die Bodenqualität kann man das Gemeindegebiet in zwei Bereiche unterteilen: einerseits die guten Lagen auf der Roddi und Grinzane Cavour zugewandten Seite und andererseits das gipshaltige Gelände in der Nähe des Ortes Rivalta, der zur Gemeinde La Morra gehört.

Wir beschreiben sechs Einzellagen, allen voran den großen Weinberg Monvigliero. Das Gebiet von Verduno macht nur einen sehr kleinen Teil der DOCG Barolo aus (kaum mehr als vier Prozent), doch diese kleine Fläche braucht den Vergleich mit anderen nicht zu scheuen.

Der Barolo aus Verduno besitzt weder die Eleganz seines Vetters aus La Morra noch die Fülle und Großzügigkeit der Verwandtschaft aus Serralunga, doch er zeichnet sich durch eine große Alterungsfähigkeit und einen klaren, nachhaltigen Duft aus, in den besten Jahrgängen mit Noten von Trüffeln und Unterholz.

DOC und DOCG	Rebfläche in Hektar	Anteil an der Gesamtrebfläche der Gemeinde	Anteil am DOC-Bereich
Barolo	**54,0911**	**47,53%**	**4,33%**
Dolcetto d'Alba	31,5411	27,72%	1,69%
Barbera d'Alba	15,1387	13,30%	0,88%
Verduno Pelaverga	8,4900	7,46%	98,02%
Weitere DOC-Weine	4,5400	3,99%	
GESAMT	113,8009	100,00%	
Weitere DOC-Weine			
Langhe Chardonnay	2,1400	1,88%	0,83%
Langhe Rosso	0,6900	0,61%	0,98%
Langhe Bianco	0,6000	0,53%	2,25%
Langhe Favorita	0,5000	0,44%	0,50%
Nebbiolo d'Alba	0,3600	0,32%	0,09%
Langhe Freisa	0,1500	0,13%	0,25%
Piemonte Grignolino	0,1000	0,09%	0,61%

Eine Besonderheit dieser Gemeinde ist, dass der Wein hier bereits im 19. Jahrhundert in Flaschen abgefüllt wurde, als überall sonst in den Langhe noch Ballons und Fässer üblich waren. Zu diesem Entwicklungsvorsprung trugen wohl auch die Beziehungen zum savoyischen Königshaus bei, welches diese Weine sehr goutierte.

Einen großen Teil ihres Ruhms verdanken die Weine aus Verduno zweifellos der Person Giovan Battista Burlottos, ein Pionier des modernen Weinbaus, dem ein eigener Beitrag in diesem Buch gewidmet ist.

Die Weinproduktion im Überblick

57 Erzeuger, die auf insgesamt 54 Hektar jährlich 3029 Hektoliter Wein produzieren; dies entspricht vier Prozent der Produktion des gesamten Barolo-Gebiets.

DIE WEINBERGE

BRERI

MASSARA

MONVIGLIERO

PISAPOLLA

RIVA

SAN LORENZO

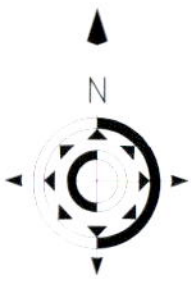

BAROLO-GEBIET

BEDEUTENDE LAGEN

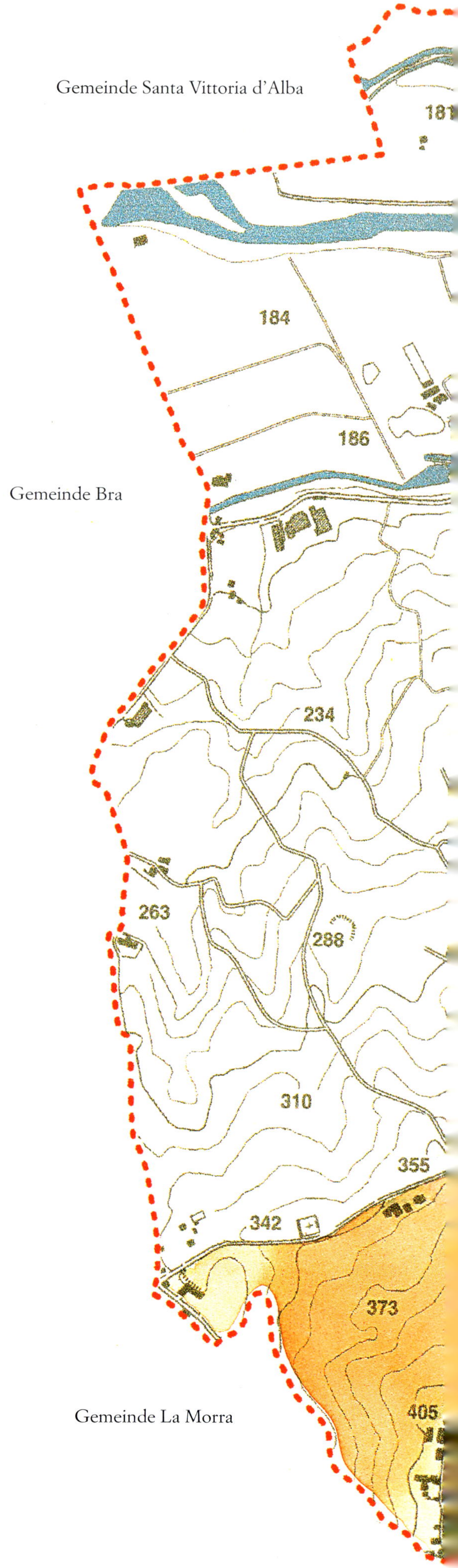

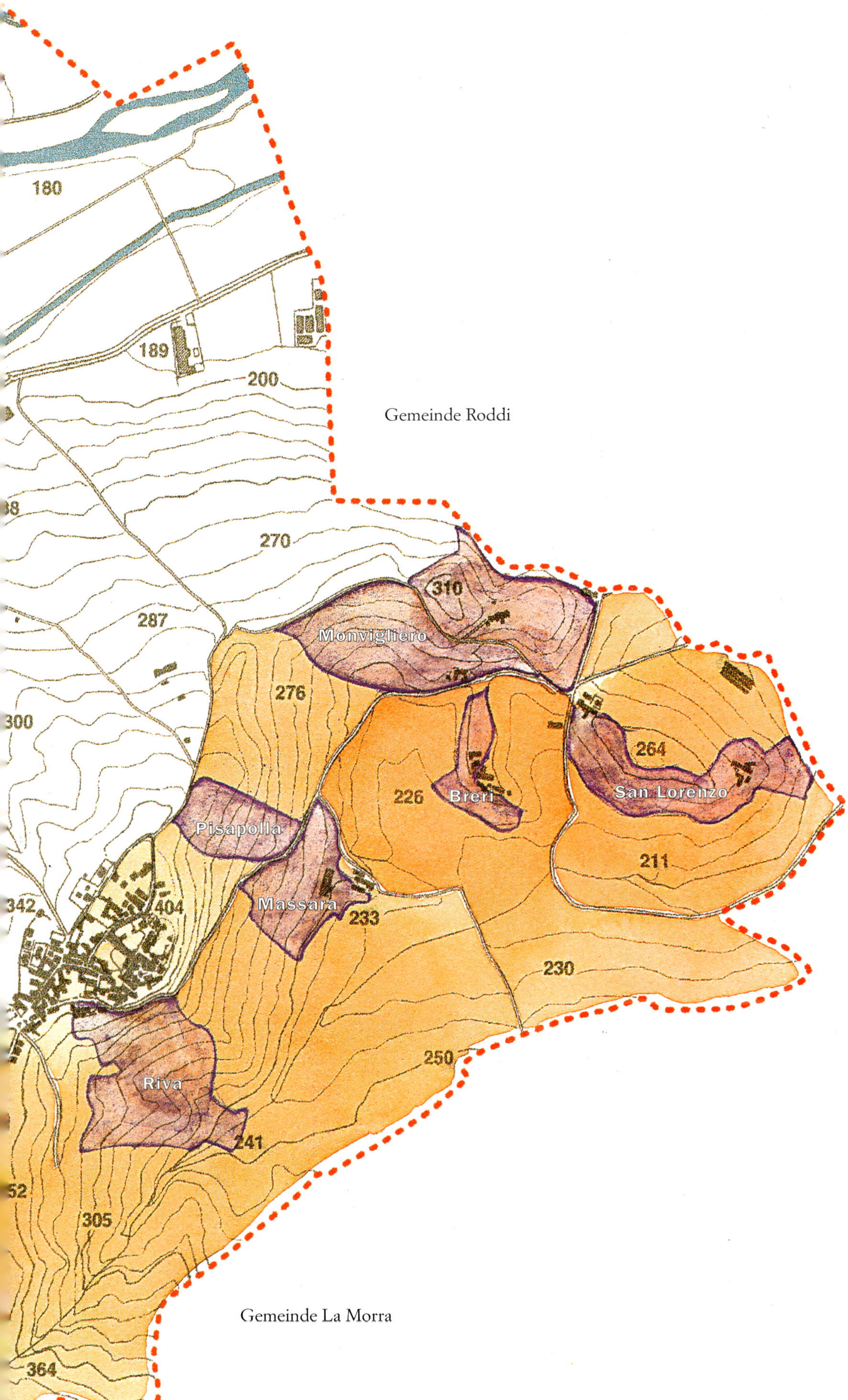
180
189
200
Gemeinde Roddi
270
287
310
Monvigliero
276
300
264
San Lorenzo
226
Breri
Pisapolla
211
Massara
342
404
233
230
250
Riva
241
305
Gemeinde La Morra
364

Massara

Breri

Dieser Weinberg liegt unterhalb der Straße von Appiano gegenüber von Monvigliero auf einer Höhe von 250 Metern und schließt den Weiler Breri ein. Die Nebbiolo-Rebfläche befindet sich unterhalb des Ortes in einer von Südwesten nach Südosten wechselnden Ausrichtung; das Gebiet umfasst etwa neun Piemonteser Tagwerk (gut drei Hektar) und ist auf wenige Besitzer verteilt.

Früher wurden hier vor allem Dolcetto- und Barbera-Reben angebaut, deren Wein fast ausschließlich an Privatleute und die Osterien jenseits des Tanaro verkauft wurden. Aufgrund der Nähe zu den kleinen Städten der Ebene war diese Art des Vertriebs in Verduno, im Gegensatz zu den anderen Dörfern der Langhe, sehr verbreitet.

Heute werden die hier geernteten Nebbiolo-Trauben zum größten Teil von der Cantina Terre del Barolo in Castiglione Falletto gekeltert.

Die wichtigsten Weine

*Barolo Breri – Bel Colle, Verduno

Massara

Diese Lage ist im Gegensatz zu den anderen hier beschriebenen Gebieten von Verduno nicht auf eine Vielzahl von Besitzern verteilt: Die zehn Tagwerk (knapp vier Hektar) gehören zwei Winzern, Erben des Commendator G. B. Burlotto, der den Weinberg 1910 zusammen mit der Burg von den Savoyern erwarb.

Das Gebiet, das das gleichnamige Gut einschließt, liegt unterhalb von Pisapolla und ähnelt diesem hinsichtlich der Exposition und der Qualität; außer Nebbiolo wird hier auch die seltene Pelaverga-Rebe angebaut.

Der Hang ist das, was die Bauern der Langhe als *sorì d'la matin* bezeichnen, das heißt, er ist der Morgensonne zugewandt.

Die wichtigsten Weine

*Barolo Vigna Massara – Castello di Verduno, Verduno

*Barolo Cascina Massara – Fratelli Burlotto, Verduno

Monvigliero

Monvigliero liegt nordöstlich von Verduno und schließt die Güter Monvigliero, Fava und Marzio ein.

Der Weinberg wird im Norden durch den Hügelkamm, im Süden durch die Strada Comunale di Appiano, die von Verduno nach Roddi führt, und im Osten durch die Straße zwischen dem Gut Mosca und dem Gut Monvigliero begrenzt; im Westen kann man das Ende da ansetzen, wo die Exposition des Hangs wechselt.

Der ganz nach Süden ausgerichtete Hügel von Monvigliero liegt auf etwa 300 Meter Höhe und erstreckt sich über 30 Piemonteser Tagwerk (elf Hektar), die auf ein Dutzend Besitzer verteilt sind. Von der über die Hügelspitze verlaufenden Straße hat man einen herrlichen Blick auf die Langhe und das Roero.

Aufgrund der Bodenbeschaffenheit und der Hanglage wurde diese Lage schon immer als besonders geeignet für den Anbau von Nebbiolo für Barolo eingeschätzt, wie zahlreiche Aussagen bestätigen: “Bei Monvigliero gibt es keinen Zweifel, die Alten haben immer gesagt, er sei der Beste.” (Sabino Grasso) – “Die Alten in Barolo und Verduno haben sich immer darum gestritten, ob Cannubi oder Monvigliero die bessere Lage sei.” (Giovanni Laneri)

Der Boden dieser Lage besteht aus feinem, weißen Mergel. Ein Zeichen für ihre Qualität ist die Tatsache, dass schon vor 100 Jahren der einzige Erzeuger der Gegend, der Commendator Burlotto, für seinen Barolo Nebbiolo-Trauben fast ausschließlich aus Monvigliero, zum Teil auch aus dem nicht weit entfernten Weinberg San Lorenzo verwendete.

Die wichtigsten Weine

*Barolo Vigna Monvigliero – Castello, Verduno

*Barolo Vigneto Monvigliero – Commendator G. B. Burlotto, Verduno

*Barolo Monvigliero – Bel Colle, Verduno

*Barolo Monvigliero – Fratelli Alessandria, Verduno

*Barolo Monvigliero – Mauro Sebaste, Alba

*Barolo Monvigliero – Cantina Terre del Barolo, Castiglione Falletto

Pisapolla

Pisapolla liegt in der Nähe des Dorfs zwischen dem Hügelkamm und der Straße von Appiano; die Fläche erstreckt sich über etwa drei Hektar und wird von einem Dutzend Besitzer bewirtschaftet.

Die fast ausschließlich mit Nebbiolo bestockten Hänge sind nach Osten ausgerichtet; die Höhe beträgt etwa 300 Meter. Auch hier wurde früher hauptsächlich Barbera angebaut; das sagt jedoch nichts über die Qualität der Nebbiolo-Reben aus.

Damals wurde einfach sehr wenig Barolo getrunken, und deshalb verkauften sich Barbera und Dolcetto besser: “Wenn man Nebbiolo-Trauben hatte, musste man sie unter die Barbera-Ernte mischen, um sie loszukriegen.” (Mario Valfré)

Die wichtigsten Weine

*Barolo Vigna dei Pola – Ascheri, Bra

Riva

Riva liegt unterhalb des Dorfs am Rande der Barolo-Rebflächen von Verduno; nach Südwesten hin wird der Boden so gipshaltig, dass er nicht mehr für den Anbau von Nebbiolo geeignet ist.

Dennoch ist der Weinberg Riva bei den örtlichen Winzern sehr geschätzt und verdient Beachtung.

Die zehn Piemonteser Tagwerk (knapp vier Hektar) sind auf ein Dutzend Besitzer verteilt. Dies ist vielleicht der Grund dafür, dass das Gebiet trotz der günstigen Südhanglage nicht vollständig mit Reben bepflanzt ist.

Die wichtigsten Weine

*Barolo Riva – Claudio Alario, Diano d’Alba

Monvigliero

San Lorenzo

Ein weiteres, für den Nebbiolo-Anbau besonders geeignetes Gebiet ist San Lorenzo. Es liegt auf dem gleichen Hügelabschnitt wie Breri südöstlich von Monvigliero und schließt im Westen an das Gut Mosca und im Osten an die Grenze zur Gemeinde Roddi an.

Der Hang ist fast vollständig nach Süden ausgerichtet; die Höhe ist geringer als die von Monvigliero.

Die Fläche umfasst 20 Tagwerk (gut sieben Hektar) und ist auf ein Dutzend Besitzer verteilt.

In Jahrgängen mit normalem Klimaverlauf ist die Parzelle Bricat die beste Lage; in dem Bereich nahe des Talbodens sind die Bedingungen im Allgemeinen weniger günstig.

Üblicherweise ist es in San Lorenzo wohl ein paar Grade wärmer als in Monvigliero, doch der Wein von hier verfügt nicht über die gleichen Geschmacks- und, vor allem, Geruchsqualitäten.

Empfohlene Adressen

Einwohner: 486
Höhe: 381 Meter

AUSKÜNFTE

Rathaus (Municipio)
Via Roma, 2
Tel. 0172/470121

DIE ERZEUGER

Fratelli Alessandria
Via Beato Valfré, 59
Tel. 0172/470113
Gian Alessandria führt zusammen mit seinem Sohn Vittore den auf die Barolo-Produktion spezialisierten Familienbetrieb. Jedes Jahr kommen 15 000 bis 20 000 Flaschen auf den Markt: drei Crus, San Lorenzo, Monvigliero und Riva, sowie ein normaler Barolo, für den verschiedene Trauben des Betriebs verwendet werden.

Bel Colle
Frazione Castagni, 56
Tel. 0172/470196
Der Betrieb, an dessen Spitze seit etwa zehn Jahren der Önologe Paolo Torchio steht, ehemals technischer Leiter in der Kellerei Carretta in Piobesi, spezialisiert sich immer mehr auf die Produktion von herben Weinen, wie sie für diese Gegend typisch sind. Der Barolo wird aus Trauben der Lage Monvigliero gekeltert; nächstes Jahr soll außerdem ein Barolo Breri herauskommen. Die Kellerei erzeugt auch kleine Mengen einer Barbaresco-Auslese.

Commendator G. B. Burlotto
Via Vittorio Emanuele, 28
Tel. 0172/470122
Die Kellerei mit der längsten Geschichte in Verduno – ehemals Lieferantin des Königshauses – wird

heute von Giuseppe Alessandria, Marina Burlotto und ihrem Sohn Fabio geführt. Die Produktion baut gleichermaßen auf Tradition wie auf Kreativität, aber das beste Pferd im Stall ist nach wie vor der Barolo: Monvigliero und Cannubi di Barolo sind die Crus der Familie.

Castello di Verduno
Via Umberto I, 9
Tel. 0172/470284
Seit der Hochzeit von Franco Bianco und Gabriella Burlotto hat sich das Produktionsspektrum um einen der wichtigsten DOC-Weine der Langhe erweitert: den Barbaresco. Barolo Monvigliero, Barolo Massara, Barbaresco Rabajà und Barbaresco Faset sind die Crus, die diese Kellerei berühmt gemacht haben.

ÜBERNACHTUNGSMÖGLICHKEITEN

Real Castello di Verduno
Via Umberto I, 9
Tel. 0172/470125
Zwei Sterne; von März bis November geöffnet.
Das Hotel ist in einem Flügel der ehemaligen Residenz des Königs Karl Albert untergebracht. Im passenden Stil eingerichtete, sehr schöne Zimmer; herrlicher, vor allem im Sommer angenehm kühler Park.

SPEISELOKALE

Real Castello di Verduno
Via Umberto I, 9
Tel. 0172/470125
Die drei Schwestern Lisetta, Gabriella und Lilli managen Küche und Service. In einem schönen Saal aus dem 19. Jahrhundert oder in dem daran anschließenden lang gestreckten Raum genießt man Zunge in lauwarmem Gartengemüse, Hirn in Sauce, die einheimische Suppe *bate 'l gran* (nach Schnitterart), Rinderschmorbraten und zum krönenden Abschluss eine nach einem alten Rezept zubereitete wunderbar mürbe Haselnusstorte. Gute Karte mit Weinen aus Alba und natürlich den Gewächsen aus der eigenen Kellerei.

John Falstaff
Via Commendatore Schiavino, 1
Tel. 0172/470244
Ausgezeichnete kreative Küche aus sorgfältig ausgewählten heimischen Zutaten. Es lohnt sich ein Gang in den kleinen Keller unter dem Lokal, in dem viele der besten Crus aus der Gegend lagern. Der Wirt hat internationale Erfahrung – auch deshalb ist das Lokal besonders bei ausländischen Gästen sehr beliebt.

Giovan Battista Burlotto

1842-1927

Mehr als 100 Jahre ist es nun her, dass der Cavaliere Ufficiale und Commendatore [Komtur] Giovan Battista Burlotto seinen Wein, den er in halb Europa vertrieb, selbstbewusst mit einem extravaganten Etikett versah, auf dem der Schriftzug *Chateau* prangte. Während um ihn herum das neue Italien entstand, hatte es der aus armen bäuerlichen Verhältnissen stammende Winzer und Kaufmann schon 1881, dem Jahr seiner ersten Goldmedaille, zu Wohlstand und Grundbesitz in den besten Lagen gebracht. Wie ihm dies gelungen war, verliert sich im Dunkel der Geschichte. Die Weinkeller des Commendatore im schönen herrschaftlichen Haus in Verduno mit eigener Privatkapelle gingen damals wie heute auf das Tanarotal hinaus. Von dort aus konnte man an klaren Tagen jenseits des Flusses dem Treiben der Arbeiter des neuen Werks von Enrico Cinzano zusehen, einem Wermuthersteller, der im

Jahr 1867 von der Königsfamilie den Betrieb Azienda Moscatella in Santa Vittoria d'Alba erstanden hatte. Unterstützt wurde der Cavaliere von seinen Brüdern Giuseppe und vor allem Francesco, dessen Enkel und Urenkel den Namen Burlotto bis in die heutige Zeit weitergetragen haben. Eine Anekdote berichtet von einer Begebenheit zu Beginn des Jahrhunderts, als König Viktor Emanuel III. nach Pollenzo gereist war und sich, kaum dass er der Kutsche entstiegen war, an Burlotto mit den Worten wandte: "Wie steht's denn um Ihr Schloss?", was für reichlich Verwunderung unter des Königs Gefolge sorgte. Erst 1910 sollte das Geheimnis gelüftet werden, als der Commendatore sich endlich seinen Traum erfüllen und das Schloss von Verduno kaufen konnte, das bereits König Karl Albert gehört und in dessen Weinkellern General Staglieno die ersten Versuche zur neuen Weinerzeugung in den Langhe aufgenommen hatte. Daneben war der Commendatore offizieller Lieferant des Königshauses und rüstete 1899/1900 die Nordpol-Expedition des Herzogs der Abruzzen aus, der ihm am 7. März 1901 schrieb: "Der Wein hat nichts von seiner Qualität eingebüßt."

Von der Terrasse seines Hauses, an dessen Fassade noch heute zahlreiche Medaillenfresken prangen, erteilte Burlotto seine Weisungen für den Tag oder die Woche, wenn er zu einer seiner zahlreichen Geschäftsreisen aufbrach. An den Wänden des Gangs, der zu den Weinkellern führte, hingen insgesamt 32 Goldmedaillen und Diplome, die er bei Ausstellungen in Mailand (1881), Turin (1884), Paris (1885) und anderen Städten erhalten hatte. Der Commendatore wusste sehr wohl, dass nur Weinberge in guten Lagen Qualitätsweine hervorbringen können. So kaufte er nach und nach die sonnigsten Flächen des Bricco Monvigliero in Verduno, ganz in der Nähe des Guts Massara, das er bereits mit dem Schloss erworben hatte. Er kaufte sogar einen kleinen Hof im Weingarten Cannubi in Barolo, während er sich von den Lagen, die er nicht besaß, die besten Trauben sicherte. Seine Barolo-, Pelaverga- und Barolino-Weine waren hervorragende Botschafter der Langhe. Der bereits 1894 mit einer Goldmedaille ausgezeichnete Barolino, der bis zur Einführung der DOC Barolo bereitet wurde, bestand aus bereits abgezogenem Dolcetto-Wein, der auf den noch tropfnassen Nebbiolo-Trester gegossen wurde. Cavalier Burlotto war ein großer Verehrer der Pelaverga, und seiner Beständigkeit und Hartnäckigkeit ist es zu verdanken, dass es auch heute noch Spitzenwein von dieser Rebsorte gibt. Giovan Battista Burlotto starb im Jahr 1927.

Als Frauen noch auf der Gepäckablage reisten

Giuseppina Burdese
Geboren 1917
Ladenbesitzerin
aus Verduno

Im Januar gingen die Leute zum Fest des Seligen, das in der Kirche gefeiert wurde. Abends gab's eine Theateraufführung im Rathaus, aber getanzt wurde nicht. Schauspieler von auswärts kamen keine, es spielte die Dorfjugend. Die Stücke waren normal, es ging um nichts Religiöses. Dieses Jahr haben sie wieder etwas aufgeführt, weil der Saal renoviert worden ist. Am 8. September wurde das Fest zu Ehren der kleinen Madonna gefeiert: Die Prozession ging von der Pfarrei bis zur Kapelle, und im Hof der Osteria von *Felicin* Aimasso wurde der Tanzboden aufgestellt. Die andere Osteria gehörte Marengo. Nachdem Aimasso geschlossen hatte, ist das Circolo eröffnet worden.

Früher herrschte Rivalität in Verduno, zwischen der einen Gruppe und der anderen, aber geprügelt wurde sich nie. Nach Kriegsende gab es die "Nelke" und die "Margherite". Die eine Gruppe ging ins Circolo, die andere zu Marengo. Jetzt hat sich alles verändert, aber ein bisschen Rivalität ist geblieben. Rivalität gab's auch mit dem Gemeindeteil Rivalta: In Verduno hat's schon immer zwei Läden gegeben, aber die hatten nur wenig zu bieten, und so gingen die Leute zum Einkaufen nach Rivalta. Als wir den Laden in Rivalta übergeben haben, hat die Kundschaft der neuen Inhaberin gesagt: "Luciana, ändere ja nichts, lass' alles so wie bei *Ghitina*", also mir. Selbst eine Nadel ist zu etwas gut, denn niemand traut sich, nur eine Nadel zu kaufen.

Früher fuhr der Omnibus nicht über Verduno, sondern über Rivalta, wo die Post war. Die Leute kamen hierher, um zur Post zu gehen und den Bus zu nehmen, und so machten sie ihre Einkäufe hier, zumal sie in Verduno keine Näh- und Klöppelsachen oder andere wichtige kleine Dinge bekamen. Mein Vater hat drei Jahre lang in Amerika auf den Feldern gearbeitet, und als er heimkam, hat er für 400 Lire den Laden übernommen. Als er zurückkam, war er so etwas wie ein Millionär für uns, er hat sich ein Pferd gekauft und ist damit am Freitag nach Bra, wo er auf dem Markt die Besorgungen für den Laden erledigte und Tabakwaren kaufte. Der Omnibus damals hatte keine Glasscheiben in den Fenstern, nur Vorhänge. Er fuhr morgens in La Morra los, gezogen von einem Ochsengespann. Die Gepäckablage war oben, und wenn der Wagen voll war, kletterten die Leute eben auf das Dach, auch die Frauen. (*Herbst 1989)*

Aber der Commendatore schlief im Hotel

Andrea Burlotto
Geboren 1911
Weinbauer in Verduno

Der Karren unten vor dem Tor hat schon so manchen Kilometer zurückgelegt, vor allem die Strecke nach Bra und Turin. Wir beluden ihn entweder mit 14-*brenta*-Fässern [eine *brenta* entspricht etwa 50 Litern] oder aber mit 60 Korbflaschen [je etwa 54 Liter]. Drei schöne Pferde zogen den Karren, bis kurz vor 1939 der Lastwagen aufkam. Am Montagmorgen ging es los in Richtung Turin, und nach einer Pause in Sommariva Bosco kam man gegen Abend in Moncalieri an. Hier band man die Pferde los, damit sie sich über Nacht ausruhen konnten. Der Bursche wollte sie für mich striegeln, doch ich herrschte ihn an: "Nein!" Sollte er sich doch um die Pferde der anderen kümmern. Es waren ziemlich viele, die im Ausspann übernachteten, ich war der Jüngste und wurde von den anderen *Burlotin* genannt. Am frühen Morgen wartete mein Großvater, der Commendator Burlotto, bereits am Zoll von Moncalieri auf uns. Er hatte am Vorabend den Zug in Bra genommen und in einem Hotel in Turin übernachtet. Mein Großvater kümmerte sich um die Papiere und zahlte. Im Lauf des Tages füllten wir den Wein in die Fässer oder Korbflaschen der Restaurants und der Herrschaften um. Flaschen transportierten wir nicht auf dem Karren.Wir hatten Angst, sie könnten kaputt gehen. Wir ließen sie per Eisenbahn befördern. Aber einmal musste ich Flaschen bis nach Racconigi bringen: Man hatte uns angerufen, der König gebe ein Fest auf der Burg und bräuchte dringend Barolo und Barolino.

Ich habe sieben Kinder, fünf davon sind Jungen. Vier von ihnen führen den Hof weiter, für den anderen habe ich eine Bar eröffnet. Einer kümmert sich um die Viehzucht, der andere um die Weinberge, einer um den Keller, also Arbeit ist genug da! Sehen Sie dieses Ackerland? Dort wollen wir die Favorita-Rebe pflanzen [weiße Traube aus dem Roero]. Und meine Söhne meinen, in dieser Lage müsste sie ordentlich wachsen. *(Frühjahr 1990)*

Die Geburtsstunde der Ökologie

Früher kelterten wir die Nebbiolo-Trauben am Abend vor dem Fest des Seligen, gegen Ende Januar. Nach der Ernte waren die Trauben in Bottiche gefüllt und dann nur gemaischt worden. Wir legten Bretter oben drauf und ließen sie bis Januar so stehen. Dann stachen wir den Most ab und kelterten mit den Füßen die noch gut erhaltenen Trauben. Den ganzen Tag lang stampften wir im Bottich herum, bis zehn Uhr abends, gegessen oder geraucht wurde nicht.

Es war immer dieselbe Truppe, die zum Commendator Burlotto ging. Ich war damals noch ein Kind. Diese Kellerei macht noch heute einen Teil ihrer Nebbiolo-Ernte auf diese Weise zu Wein.

Inzwischen gibt es die Weinbautechniker für die kontrollierte Schädlingsbekämpfung, die uns sagen, wie wir den Boden in den Weingärten bearbeiten sollen. Am Anfang haben wir ihnen nicht geglaubt, als es hieß, der Traubenwickler sei kein Problem, und dass wir nichts gegen ihn tun sollten. Wir haben erst stellenweise, dann überall etwas getan und so zwar den Traubenwickler kaputt gekriegt, aber dann wurden die Stöcke von Spinnmilben und Zikaden befallen. Es schien kein Ende zu nehmen. Das hab ich mir hinter die Ohren geschrieben. Und als der Getreidehändler mich mal gefragt hat: "Hast du schon das Zeug gegen den Traubenwickler gespritzt?", da hab' ich geantwortet: "Das benutze ich nicht mehr. Die Techniker waren hier und haben gesagt, man soll das lassen." "Die reden nur Mist", meinte er. "Du erzählst nur Mist, weil ich dafür nur einen Haufen Geld ausgebe und meine Reben vergifte. Seit zwei Jahren spritze ich nicht mehr!"

Der Graf von La Morra meinte, dass eigentlich die Kellermeister die Nebbiolo-Weine machen, weil sie nur die besten Trauben kaufen und die Bauern so aufhören würden, beim Rebschnitt zu viele Knospen übrig zu lassen. Früher ließ man viele übrig: Der Rebstock lief über die Kordone mehrere Meter von einem Pfahl zum anderen, und ein Rebstock griff in den nächsten. Die Rebzeilen bestanden aus einem Wust von Reben. Aber sie trugen weniger Trauben. Gedüngt wurde nicht, aber zwischen die Rebzeilen säten wir Saubohnen, Mais, alles Mögliche. Es gab nur halb so viele Trauben wie heute; wir gaben Kupfersulfat und zu viel Kalk, der die Trauben verbrannte. So gab es nur wenige Trauben mit hohem Zuckergehalt. *(Herbst 1989)*

Giovanni Laneri
Geboren 1931
Weinbauer in Verduno

Als noch an Weihnachten gekeltert wurde

Mario Valfré
Geboren 1920
Weinbauer aus Verduno

Der tuffhaltige Boden sorgt für die guten Trauben. Burlotto kaufte vor 50 Jahren die besten Lagen. Die aus der Ebene und aus den Bergen kauften Barbera-Trauben. Hier bei uns taten wir uns leichter mit dem Verkaufen, wegen der Nähe zu den Dörfern der Ebene: Sie kamen mit dem Pferd aus Sommariva Bosco, Carmagnola und Moncalieri und luden die Trauben in einem Tag auf. In Sommariva gab es eine Gruppe von Gasthäusern, die alle zusammen kauften. Blöd waren sie nicht, die machten Flaschenwein, der in den Gasthäusern verkauft wurde, und dann noch Weine zweiter Wahl für die Fuhrleute. Aus Bra kamen Maté Ascheri und Manzone – Maté war in Diensten der Regierung, er kümmerte sich darum, dass die Soldaten zu trinken hatten. Nebbiolo-Trauben kelterten wir nur an Weihnachten – der Wein war wie Likör und kristallklar! Wir lagerten ihn ein, und nach zwei Jahren war er zu einem erstklassigen Barolo herangereift. Die Trauben stabilisierten den Wein und blieben bis Weihnachten in der Maische. Als ich noch Wein gemacht habe, hatte ich einen Kunden aus Villanova Mondovì, den ich bei einer Veranstaltung der Christdemokraten in Cuneo kennen gelernt hatte. Diesen Sommer hat er mich besucht, zwei Korbflaschen hatte er dabei, und wollte noch einmal den Barbera, den ich ihm früher verkauft hatte! Wein zu bereiten hat mir Spaß gemacht, und es brachte was ein. Wer Wein machte, verdiente gut und zahlte nichts drauf, denn wenn du 600 oder 1000 Myriagramm Trauben hast, die niemand haben will, dann kauft der Händler nur, wenn der Preis für ihn stimmt. Im Jahr 1958, als die Genossenschaftskellerei gerade erst entstand, sind wir zu Prunotto aus Alba gegangen. Der sagte: "Ich glaube nicht, dass du noch gute Trauben zu verkaufen hast, das sind die übrig gebliebenen. Wir haben keine Fässer mehr. Bring sie mir, wenn sie mehr als 19 Grad haben." Im Jahr darauf ist er wieder vorbeigekommen: "Wenn du zu viel hast, bring' sie mir", aber ich war schon Mitglied in der Genossenschaftskellerei. Es ist einfach einträglicher, Wein zu machen, wenn die Trauben 500 Lire wert sind und dir der Händler nur 300 bietet. *(Frühling 1990)*

Mist ist der beste Dünger

Sabino Grasso
Geboren 1928
Weinbauer aus Verduno

Die Trauben wurden in den Bottich geworfen, kurz angepresst, dann ließ man sie 15 bis 20 Tage lang vor sich hin blubbern [gären]; dann wurde der Wein abgezogen, der Trester richtig ausgepresst und schließlich der Wein wieder eingefüllt. Barolo, der so bereitet wird, schmeckt wie früher, als die Reben noch von hier stammten und keine Amerikanerreben als Unterlagen hatten. Heute schmeckt der Wein nach Wildgewächsen, früher war er weniger sauer, nicht so herb. Und da soll mir keiner erzählen, dass der Boden nicht gehackt zu werden braucht, und dass kein Mist in die Rebzeilen gehört! Ich hab' noch nie Guano hergenommen, denn Mist ist der beste Dünger. Nach 1929 gab es zwei, drei Jahre lang keinen Regen, und die Stöcke haben ganz kurze Reblinge angesetzt, die sahen aus wie Böhnchen. Und wenn es weiter nicht schneit, sieht's dieses Jahr nicht anders aus. Letztes Jahr habe ich den am besten gelegenen Weingarten bewässern müssen, weil die Stöcke welkten. Meine Stöcke stehen auf Tuff, die vertragen keine Trockenheit. Wenn's nicht regnet, entwickeln die Trauben keinen Zuckergehalt und die Kellerei nimmt sie einem kaum ab. (*Winter 1990)*

Barbaresco

DIE GEBURT DES BARBARESCO

Wie aus dem Kapitel über die Geschichte der Rebsorte Nebbiolo hervorgeht, dauerte es einige Jahrhunderte, bis aus dem Wein, der nach seiner Rebe schlicht Nebbiolo hieß, der Wein namens Barbaresco geworden war. In der zweiten Hälfte des 19. Jahrhunderts wurden die Nebbiolo-Trauben aus diesem Gebiet auch häufig zu Barolo verarbeitet, da die beiden Weine noch nicht konsequent voneinander unterschieden wurden.

Die aktuelle Bezeichnung erhielt der Barbaresco erst 1894, als Domizio Cavazza die Cantina Sociale di Barbaresco gründete. Etiketten, auf denen der Name Barbaresco stand, gab es auch schon vorher (einige sind im Museum des Wein-

guts Drago in San Rocco Seno d'Elvio zu bewundern), aber da die Bezeichnung handschriftlich eingetragen war, kann man nicht davon ausgehen, dass sie bereits offiziell eingeführt und gebräuchlich war. Die Entscheidung, einen Wein mit eigenem Charakter unter einem eigenen Namen zu erzeugen, wurde von den weitsichtigsten der Winzer dieses Gebiets gefällt, da die Erzeuger in Barolo sich weigerten, einem Zusammenschluss der beiden Gebiete zuzustimmen und damit die Ebenbürtigkeit der Hügel westlich und östlich von Alba anzuerkennen.

Cavazza und seine Mitstreiter zielten darauf ab, einen eleganteren und weniger anspruchsvollen Wein als Barolo zu erzeugen. Keinesfalls jedoch sollte er süß sein oder qualitativ schlechter als jener: Cavazza selbst beklagte sich darüber, dass einige unseriöse Abfüller unter dem Namen Barbaresco Weine zum Kauf anboten, die mit dem "wahren Barbaresco" nichts gemein hatten.

Das Image eines Weins, der "etwas leichter, weniger hart, trinkbarer und weniger tanninhaltig" als Barolo ist, hat der Barbaresco bis in jüngste Zeit beibehalten. Das zeigen auch die Produktionsbestimmungen für Barbaresco, die wie eine geringfügig nach unten korrigierte Version der Qualitätsanforderungen für Barolo anmuten: Die Grenzwerte für den Säuregehalt (5 Promille) und den Trockenextrakt (mindestens 23 Gramm pro Liter) sind die gleichen; statt drei Jahre muss Barbaresco jedoch nur zwei Jahre altern, davon ein Jahr im Holzfass, und der Mindestalkoholgehalt beträgt 12,5 statt 13 Prozent. Sogar ein farblicher Unterschied ist vom Gesetzgeber vorgeschrieben: Dem kräftigen "Granatrot" des Barolo steht das weniger intensive "Orangerot" des Barbaresco gegenüber.

Viele Erzeuger akzeptierten in den frühen Siebzigerjahren diese gewisse Unterlegenheit, was dazu führte, dass das Image des Barbaresco als "kleiner Bruder des Barolo" sich verfestigte.

Dann kam Gaja. Und er bewies, dass Barbaresco aus Spitzenlagen dem Barolo in keiner Weise nachstehen muss, weder in der Struktur noch in Geruch und Geschmack. Dennoch vergingen Jahre, bis eine ganze Generation von Erzeugern die Produktion der wenigen Barbaresco-Spitzenweine (neben den Auslesen von Gaja auch der S. Stefano von Bruno Giacosa und der Bricco Asili von Ceretto) zu ihrer gemeinsamen Sache machte. Dies wurde erst in den letzten zehn Jahren erreicht.

Dennoch gilt der Barbaresco in weiten Kreisen immer noch als "Barolo in klein": Gerade die Piemontesen, vor allem die Turiner, beharren darauf, dass der Barbaresco ein deutlich gefälligerer Wein als der Barolo ist.

Bei den Rebsortenvarianten hat sich auch hier inzwischen Lampia durchgesetzt; daneben wird auch Michet angebaut, die Variante Rosé wurde dagegen vollkommen verdrängt.

Barbaresco

Die Produktionsbestimmungen

Als DOC-Wein wurde Barbaresco per Erlass vom 23. 4. 1966 eingestuft, es folgte das DOCG-Siegel mit Erlass vom 3. 10. 1980. Folgende Anforderungen sind damit gesetzlich vorgeschrieben:

- Als Rebsorte ist nur Nebbiolo in den drei Varianten Michet, Lampia und Rosé zugelassen; die Trauben müssen in dem unten spezifizierten Gebiet angebaut werden.
- Der Ertrag an Trauben darf maximal 80 Doppelzentner pro Hektar umfassen; die Menge des produzierten Weins darf nach der vorgeschriebenen Reifezeit 65 Prozent des Traubengewichts nicht überschreiten.
- Der Wein muss im Herkunftsgebiet der Trauben gekeltert und abgefüllt werden; unter gewissen Umständen sind auch Kellereien in den Provinzen Cuneo, Asti und Alessandria zugelassen.
- Der Wein muss mindestens zwei Jahre reifen, davon ein Jahr im Eichen- oder Kastanienholzfass, und darf erst ab dem 1. Januar des dritten Jahres nach der Ernte vertrieben werden.
- Es darf maximal 15 Prozent Barbaresco aus anderen Jahrgängen als dem auf dem Etikett angegebenen zugesetzt werden.
- Der Alkoholgehalt muss mindestens 12,5 Prozent, der Säuregehalt mindestens fünf Promille und das Trockenextraktgewicht mindestens 23 Gramm pro Liter betragen.
- Die Angabe von Ortsbezeichnungen aus dem Herkunftsgebiet und von Herstellernamen ist zulässig.

Gemeinde	Eingetragene Betriebe	Rebfläche (ha)	Zulässige Traubenproduktion (DZ)	Zulässige Weinproduktion (hl)	Anteil am DOCG-Bereich
Barbaresco	105	226,5124	18.120,99	12.684,69	47,16%
Neive	167	137,4059	10.992,47	7.694,73	28,61%
Treiso	77	93,7778	7.502,22	5.251,56	19,53%
San Rocco Seno d'Elvio	14	22,5700	1.805,60	1.263,92	4,70%
GESAMT	363	480,2661	38.421,29	26.894,90	100%

Jahr	Tatsächliche Traubenproduktion (DZ)	Tatsächliche Weinproduktion: 65% der Traubenproduktion (hl)	durchschnittlicher Ertrag	Flaschen (max. 3.329.845)
1994	20.223	13.145	52,63%	1.652.667
1995	22.946	14.915	59,72%	1.988.667
1996	27.771	18.051	72,28%	2.406.800
1997	31.575	20.524	82,18%	2.736.533
1998	32.991	21.444	85,87%	2.859.200

Eckdaten der Produktion in den Gemeinden des Barbaresco-Gebiets (Stand: 1998)

Im Verzeichnis der Erzeuger, die Nebbiolo für Barbaresco verarbeiten, waren 1998 363 Kellereibetriebe mit einer Rebfläche von insgesamt 480 Hektar (durchschnittlich 1,32 Hektar pro Betrieb) eingetragen; im gleichen Jahr wurden 32 991 Doppelzentner Trauben geerntet und 21 444 Hektoliter Wein erzeugt. 1998 wird sich die Barbaresco-Produktion schätzungsweise auf 2 859 200 Flaschen belaufen (gegenüber 1 752 667 im Jahr 1994, 1 988 667 im Jahr 1995, 2 406 800 im Jahr 1996 und 2 736 533 im Jahr 1997).

Jahr	Im Verzeichnis eingetragene Rebfläche (ha)	Tatsächliche Produktion (Flaschen)	Ertrag an Wein (hl/ha)
1967	190,21	1.215.067	47,91
1968	190,21	1.184.933	46,72
1969	232,96	1.330.533	42,84
1970	305,11	1.768.533	43,47
1971	326,28	1.506.266	34,62
1972	374,91	0	-
1973	404,03	2.696.733	50,06
1974	441,53	2.927.066	49,72
1975	454,55	2.379.066	39,25
1976	453,85	1.681.733	27,79
1977	468,98	1.671.733	26,73
1978	471,84	1.928.733	30,66
1979	471,78	3.099.866	49,28
1980	471,98	3.142.400	49,93
1981	495,04	2.563.067	38,83
1982	492,53	2.824.800	43,01
1983	520,22	2.986.534	43,06
1984	511,75	1.305.467	19,13
1985	504,56	2.471.867	36,74
1986	508,18	2.475.467	36,53
1987	496,99	2.393.560	36,12
1988	489,76	2.361.467	36,16
1989	488,48	2.173.867	33,38
1990	484,29	2.333.600	36,14
1991	484,23	2.236.533	34,64
1992	482,55	2.008.133	31,21
1993	477,05	2.024.133	31,82
1994	477,78	1.752.667	27,51
1995	479,62	1.988.667	31,10
1996	483,74	2.406.800	37,32
1997	483,48	2.736.533	42,45
1998	480,27	2.859.200	44,65

Die Rebfläche des Barbaresco-Gebiets

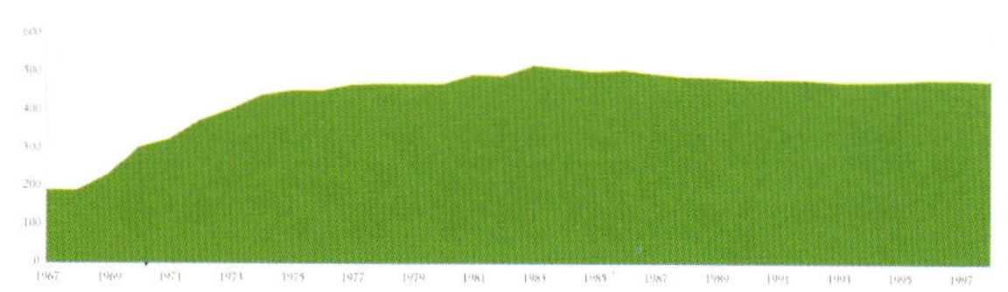

Die Barbaresco-Produktion

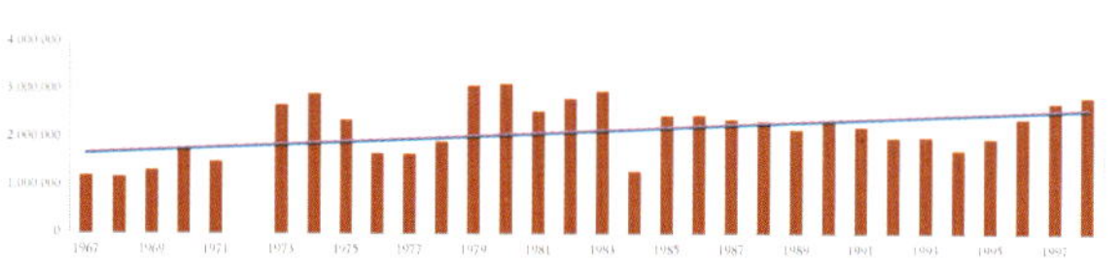

Die Ertragsleistung im Barbaresco-Gebiet

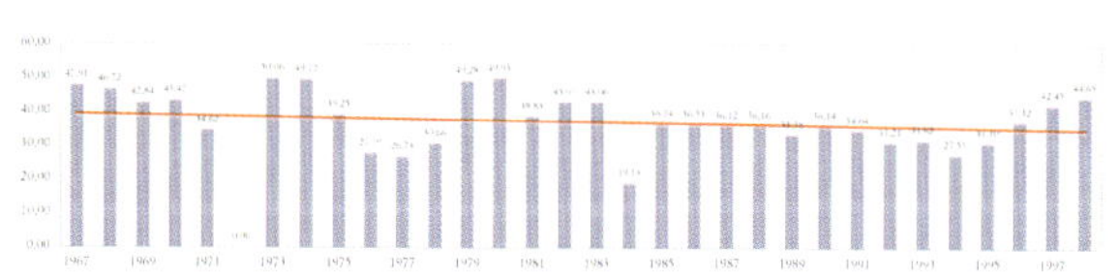

Anteile der Gemeinden am DOCG-Bereich Barbaresco

BARBARESCO

Barbaresco

Die Hügel von Barbaresco erstrecken sich ein gutes Stück parallel zur Staatsstraße Alba–Asti. Man erreicht sie, indem man gleich hinter Alba an der Kreuzung von Baraccone rechts abbiegt. Barbaresco liegt hoch über dem Tanarotal in einem geologisch interessanten Gebiet, dem durch die Erosion des Flusses freigelegten Tortonium. Der mineralreiche tonige Mergel des Bodens ist dank seiner guten Durchlässigkeit fast immer feucht und bietet daher äußerst günstige Bedingungen für den Weinbau. Schon seit der Römerzeit genießt der Wein dieser Gegend eine durch die Jahrhunderte unverändert hohe Wertschätzung. Der österreichische General Melas soll sich zur Feier seines Sieges in Genola 1799 ein *carrà,* etwa fünf Hektoliter, Barbaresco in sein Lager in Bra bestellt haben.

Die ehemalige ligurische Siedlung Barbaresco ist entweder nach den "barbarischen" Sarazenen benannt, die im 10. Jahrhundert die Langhe eroberten, oder nach einem Waldgebiet namens *Barbarica Sylva,* in das die Ligurer vor den vorrückenden Römern flüchteten, welche ja bekanntlich alle fremden Völker als "Barbaren" bezeichneten.

Das Wahrzeichen Barbarescos, der Torre del Bricco, spielte im Mittelalter als Teil eines über das ganze Roero verteilten Verbunds von Wehr- und Wachtürmen, die der Verteidigung und der Übermittlung von Nachrichten dienten, eine strategisch wichtige Rolle. Der mit einem Seitenmaß von neun und einer Höhe von 36 Metern noch heute mächtigste Turm im Piemont war jahrhundertelang ein Zankapfel zwischen Alba und Asti: oft umkämpft, doch nie eingenommen. Sein Dach wurde 1821 abgetragen, als die Gemeinde auf der Spitze des Turms ein großes Freudenfeuer zur Begrüßung von König Viktor Emanuel I. und seiner Frau Maria Teresa

entzündete, die ihren Einzug auf die Burg Govone nahe Alba hielten. Die Begeisterung über die Rückkehr der habsburgischen Herrscher kostete das wunderschöne Bauwerk also seinen Kopf und machte es in der Folgezeit sehr viel anfälliger für Wetterschäden.
Die Johannes dem Täufer geweihte Pfarrkirche wurde zwischen 1719 und 1728 nach einem Entwurf des Architekten Giovanni Maria Castelli aus Cuneo erbaut; im Innenraum finden sich ein Chor mit Intarsien und Sitzen aus Nussbaumholz sowie ein prächtiger Altar aus vielfarbigem Marmor. Die zwei Häuserreihen, die die Pfarrkirche halbkreisförmig umgeben, grenzen an ihrem unteren Ende an die kleine Kirche San Donato aus dem 19. Jahrhundert, in der heute die Enoteca Regionale del Barbaresco ihren Sitz hat. Ein Stückchen weiter hat man von der Straße, die zum Bahnhof führt, einen großartigen Blick auf die am Fuße des Dorfs liegende Senke mit den Weinbergen von Asili und der Einzellage Rabajà, auf deren einen Seite man das Gut Martinenga, die ehemalige *Villa Martis,* erblickt; hier erstreckte sich früher der Wald, den die Ligurer dem – aus der etruskischen Mythologie entlehnten – Gott Mars geweiht hatten. Ganz in der Nähe entspringt eine der zahlreichen Salsen der Gegend, Mineralquellen, aus denen sich die Hausfrauen im Zweiten Welkrieg mit der Mangelware Salz versorgten. Außerdem soll hier Publius Elvius Pertinax geboren sein, römischer Kaiser für 87 Tage; er hat in den Ortsnamen Spuren hinterlassen: Der Monte Elvio, der Fluss Seno d'Elvio und der Ortsteil Pertinace zwischen Barbaresco und Treiso sind nach ihm benannt.
Barbaresco grenzt im Osten an die Gemeinde Neive, im Süden an Treiso und im Westen an Alba, Guarene und Castagnito.

Die Weinberge

In der Gemeinde Barbaresco wird auf ungefähr 60 Prozent der Rebflächen Nebbiolo angebaut, Dolcetto auf etwa 15 Prozent, Barbera und Chardonnay auf jeweils etwa sechs Prozent. Insgesamt sind 383 Hektar in das Verzeichnis der Weinlagen eingetragen. Obwohl Barbaresco über weniger Rebfläche verfügt als Neive und Treiso, wird fast die Hälfte des Weins des DOC-Gebiets hier erzeugt, ein Zeichen dafür, wie eng die Geschichte der Gemeinde mit dem Anbau der Nebbiolo-Rebe verknüpft ist.

Die 24 Lagen, insgesamt mehr Südwest- als Südosthänge, sind über die längs verlaufende zentrale Hügelkette (Ovello, Casotto-Loreto, Morassino und Ronchi, die größtenteils der Provinzstraße Alba–Acqui von der Vicenziana bis nach Rabajà folgen) und die quer verlaufenden Hügelketten (Montefico und Montestefano, Secondine, von Pagliuzzi nach Martinenga, dann Roccalini, Roncaglie, Roncagliette und Montaribaldi) verteilt; wo sie aufeinander stoßen, fin-

DOC und DOCG	Rebfläche in Hektar	Anteil an der Gesamtrebfläche der Gemeinde	Anteil am DOC-Bereich
Barbaresco	**226,5124**	**59,04%**	**47,16%**
Dolcetto d'Alba	62,9969	16,42%	3,37%
Barbera d'Alba	26,2242	6,84%	1,52%
Langhe Chardonnay	23,9366	6,24%	9,33%
Langhe Rosso	19,1777	5,00%	27,27%
Langhe Freisa	9,6279	2,51%	16,05%
Langhe Bianco	6,7653	1,76%	25,36%
Langhe Nebbiolo	4,0100	1,05%	16,04%
Weitere DOC-Weine	4,3800	1,14%	
GESAMT	383,6310	100,00%	
Weitere DOC-Weine			
Nebbiolo d'Alba	0,9700		0,23%
Piemonte	0,8000		4,37%
Langhe Favorita	0,1100		0,11%
Piemonte Grignolino	1,3600		8,29%
Langhe Arneis	1,1400		2,76%

Pora

den sich Täler mit amphitheaterförmigen Rebflächen (wie Cole, Moccagatta, Pajé und Trifolera). Diese nach Süden in Richtung Treiso verlaufenden Täler werden nach und nach breiter und unterliegen aufgrund der wechselnden Intensität kühler Luftströme verschiedenen mikroklimatischen Bedingungen.
Barbaresco ist nicht nur der Namensgeber für den DOC-Bereich; auf seinem Gebiet liegen auch einige der berühmtesten Weingärten, nicht zuletzt jene von Angelo Gaja.

Die Weinproduktion im Überblick

105 Erzeuger, die auf insgesamt 226 Hektar jährlich 12 684 Hektoliter Wein produzieren; dies entspricht 47 Prozent der Produktion des gesamten Barbaresco-Gebiets.

DIE WEINBERGE

ASILI
BRICCO ODER BRICCO LEMONDO
CASOTTO-LORETO
CAVANNA
COLE
FASET
MARTINENGA
MOCCAGATTA
MONTARIBALDI
MONTEFICO
MONTESTEFANO
MORASSINO
OVELLO
PAGLIUZZI
PAJÉ
PORA
RABAJÀ
RIO SORDO
ROCCALINI
RONCAGLIE
RONCAGLIETTE
RONCHI
SECONDINE
VITALOTTI

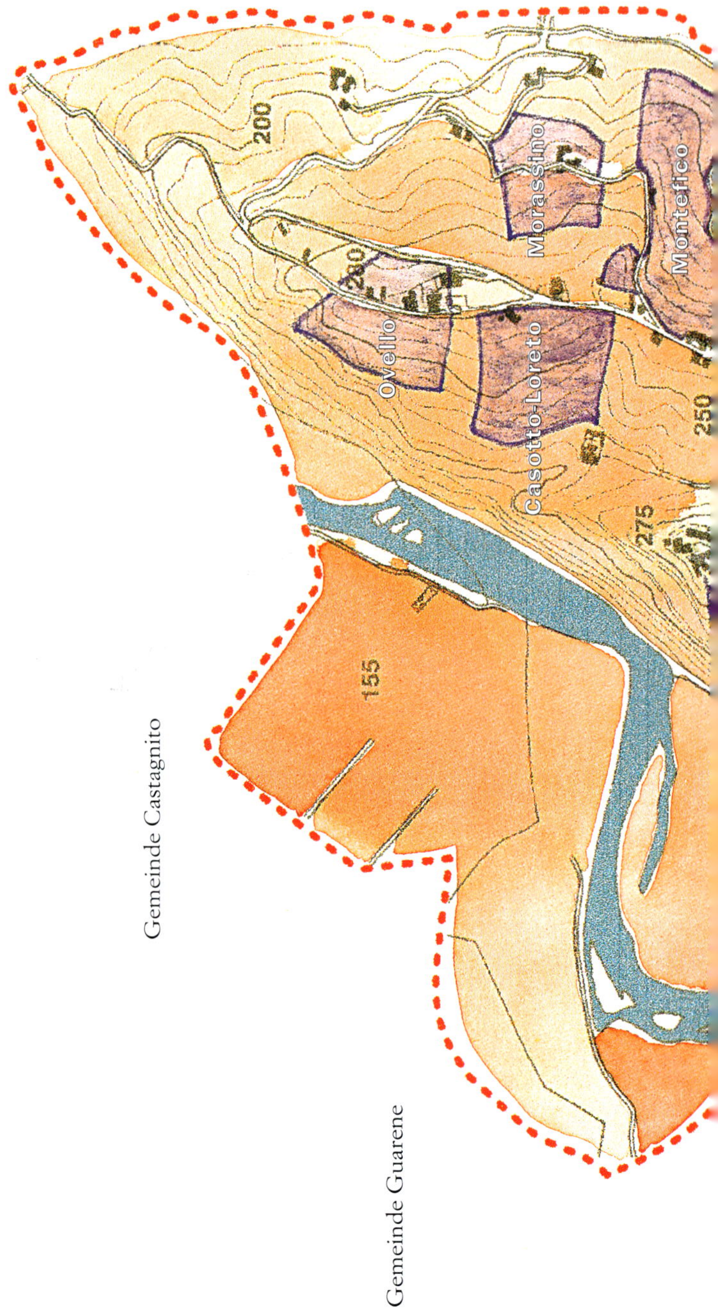

BARBARESCO-GEBIET

BEDEUTENDE LAGEN

N
Gemeinde Neive
Gemeinde Alba
Gemeinde Treiso
Montestefano
Cole
Ronchi
Vitalotti
Bricco
Pajè
Secondine
Mocagatta
Rabajà
Martinenga
Asili
Faset
Pora
Pagliuzzi
Rio Sordo
Montaribaldi
Roncagliette
Roncaglie
Roccalini
291
274
200
235
250
300
205
158

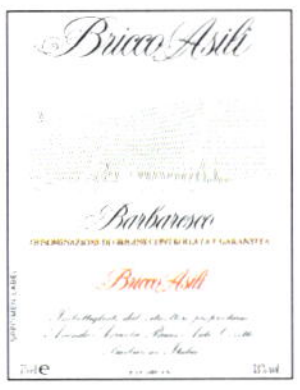

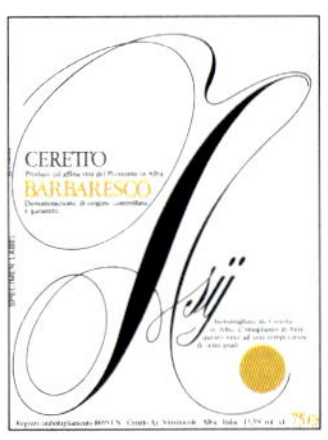

Asili

Ausgezeichnete Lage, auf der der Barbaresco Eleganz, Finesse und Anmut gewinnt. Die Weine sind im Vergleich zu denen des nahen Rabajà weniger farbintensiv, entfalten jedoch mit der Zeit die charakteristischen Merkmale ihres *terroir*. Ihre Bekanntheit verdankt die Lage vor allem der Cantina dei Produttori del Barbaresco, die sie seit 1971 auf dem Etikett angibt, und den Brüdern Ceretto, die mit ihrem Bricco Asili den Barbaresco international durchgesetzt haben.

Der Weinberg bedeckt den ganzen Hügel; der Name rührt von einem am Westhang gelegenen Weiler her.

Im Westen grenzt Asili an die Faset-Senke und den Pora-Hügel, im Osten schließt sich Rabajà, im Süden Martinenga an, und im Norden bildet die Hügelkuppe die Grenze, jenseits derer in frischeren Lagen andere Reben als Nebbiolo angebaut werden.

Die Höhe beträgt 200 bis 270 Meter. Die Hänge sind in dem an Faset angrenzenden Teilstück Valdrappo nach Westen, zwischen dem Ort und der Lage Gaiun in Martinenga nach Südwesten und am Rande von Rabajà nach Süden ausgerichtet.

Die wichtigsten Weine

*Barbaresco Bricco Asili – Bricco Asili, Barbaresco
*Barbaresco Asili – Ca' del Baio, Treiso
*Barbaresco Asij – Ceretto, Alba
*Barbaresco Asili – Michele Chiarlo, Calamandrana
*Barbaresco Asili di Barbaresco – Bruno Giacosa, Neive
*Barbaresco Asili – Luigi Giordano, Barbaresco
*Barbaresco Vigneti in Asili – Produttori del Barbaresco, Barbaresco

Bricco (oder Bricco Lemondo)

Der Weinberg in der Nähe des Ortes ist in Barbaresco unter dem Namen “Bricco” bekannt, wird jedoch nach der ihn im Osten begrenzenden Straße “Giro del Mondo” auch “Bricco Lemondo” genannt.

Im 19. Jahrhundert gehörte er zum Ortsteil Lemondo und war im Besitz von Domizio Cavazza; heute ist er Eigentum der Familie Gaja.

Die herrliche Südlage auf einer Höhe von 230 bis 290 Metern ist seit Ende der Siebzigerjahre fast ausschließlich mit Cabernet Sauvignon bepflanzt; hier entsteht der einzigartige Darmagi di Gaja.

Früher wurden in diesem Weinberg allerdings Nebbiolo-Reben angebaut, und zwar, wie die Alten erzählen, die schönsten im Dorf – deshalb haben wir Bricco unter den Barbaresco-Lagen aufgeführt, obwohl man heute keinen aus dieser Lage stammenden Barbaresco mehr verkosten kann.

Asili

Casotto-Loreto

Die Herkunft des Namens und die genaue Ausdehnung dieses schönen, wenn auch wenig prominenten Weingartens, der allerdings sehr gutes Nebbiolo-Traubengut liefert, sind aus geschichtlichen und geographischen Gründen schwer zu bestimmen. Schon in den napoleonischen Verzeichnissen war das Gut Casotto aufgeführt, dessen Rebland sich auf beide Hänge des Hügels rechts und links der nach Barbaresco führenden Provinzstraße Alba–Acqui erstreckte; im Ort selbst wurde der Weinberg jedoch seit jeher "Loreto" genannt (vielleicht nach den Grafen von Loreto, den um das Jahr 1000 herrschenden Lokalfürsten). Eigentlich ist Loreto nur der untere Teil und *Casot* die Lage an dem zum Tanaro hin abfallenden West- beziehungsweise Südwesthang direkt neben dem gleichnamigen Gut. Deshalb fassen wir hier beide Namen zusammen und lassen den Ost- und Nordosthang des Hügels, wo sich die Distilleria del Barbaresco befindet, beiseite.
Das in etwa 280 Meter Höhe gelegene Weingut war mitsamt dem umliegenden Rebland im 19. Jahrhundert im Besitz des Rechtsanwalts Carlo Rocca und wurde Anfang des 20. Jahrhunderts von Professor Domizio Cavazza erworben; heute wird es von mehreren Erzeugern bewirtschaftet.

DIE WICHTIGSTEN WEINE

*Barbaresco Vigna Casot – Carlo Boffa, Barbaresco

*Barbaresco Vigneto Loreto – Albino Rocca, Barbaresco

*Barbaresco Bricco Loreto – Franco e Mario Scrimaglio, Nizza Monferrato

*Barbaresco Sorì Loreto – Rino Varaldo, Barbaresco

Cavanna

Wenn man auf der Provinzstraße Baraccone–Rondò in Richtung Neive fährt, sieht man rechter Hand Barbaresco mit seiner Burg am Hang des Tanarotals liegen.

Die Lage Cavanna ist von hier aus zwischen den Felsen (im Süden) und den Häusern des Dorfs (im Norden) gut auszumachen. Sie liegt in einer engen Mulde mit steilen, unterschiedlich ausgerichteten Hängen.

Die Flächen hinter Secondine weisen nach Norden und Nordosten; deutlich geeigneter für den Anbau von Nebbiolo ist der Westhang. Die Höhe beträgt 220 bis 280 Meter.

Die wichtigsten Weine

*Barbaresco Cavanna – Luigi Giordano, Barbaresco

Cole

Cole ist ein Weinberg in steiler Ost-/Südostlage auf einer Höhe von 240 bis 280 Metern und sozusagen die Verlängerung von Montestefano; er wird erst seit wenigen Jahrzehnten von dem Gut Moccagatta der Brüder Minuto bewirtschaftet. Im 19. Jahrhundert wurde eine zum Ortsteil Montestefano gehörende Lage namens "Colla" ausgewiesen; in den darauf folgenden Jahren wurden die Reben dieser Lage unter dem bekannteren Namen Montestefano vertrieben. Seit 1985 geben die Brüder Minuto die Lage Cole auf dem Etikett an; auch Donato Giacosa produzierte einen Barbaresco Cole, jedoch nur in diesem Jahrgang. Der Barbaresco Cole ist recht herb, kraftvoll, sehr strukturiert (auch in geringeren Jahrgängen) und langlebig wie der benachbarte Montestefano, der ihm jedoch im Hinblick auf Fülle und Duft überlegen ist. Der westliche Teil trägt den Namen "Collaretto" und schließt an den Ostteil von Bricco Lemondo an.

Die wichtigsten Weine

*Barbaresco Vigneto Cole – Moccagatta, Barbaresco

Faset

Der Weinberg gehörte im 19. Jahrhundert den Grafen Cocito in Neive und ist heute unter vielen kleinen Erzeugern aufgeteilt. Er umfasst ein stark in die Länge gezogenes, dem Sordotal zugewandtes Gebiet, das den oberen Teil der Senke zwischen den Hügeln Pagliuzzi und Pora sowie das ebenfalls muldenförmige Stück, das hinter Pora an Asili angrenzt, umschließt. Da die Hügelkette unregelmäßig verläuft, ist die Exposition unterschiedlich: An der

Grenze zu Pagliuzzi ist der Hang nach Südosten ausgerichtet, im mittleren Teil, auf der Höhe von Bricco Faset, nach Süden und Südwesten, in der Nähe des Guts Faset nach Westen und an der Grenze zu Asili nach Südosten und Süden. Aufgrund dieser Vielfalt und der beträchtlichen Ausdehnung des Gebiets sind die Eigenschaften der Nebbiolo-Weine von Faset schwer auf einen Nenner zu bringen. Sie brauchen in jedem Fall warme Jahrgänge, um die ihnen eigene Eleganz zu entfalten, erreichen jedoch nicht die Finesse und die Vielschichtigkeit der Gewächse vom benachbarten Asili. Die Höhe beträgt 250 bis 270 Meter.

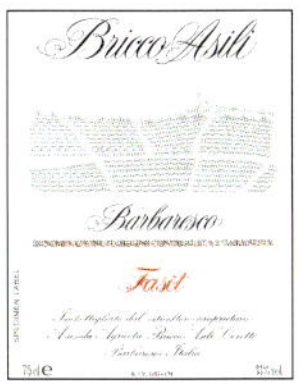

DIE WICHTIGSTEN WEINE

*Barbaresco Vigna Faset – Marziano e Enrico Abbona, Dogliani
*Barbaresco Fasêt – Bricco Asili, Barbaresco
*Barbaresco Bricco Fasèt – Pietro Berutti, Barbaresco
*Barbaresco Vigna Faset – Castello di Verduno, Verduno

Martinenga

Der herrliche amphitheaterförmige Weinberg ist einer der schönsten des ganzen Barbaresco-Gebiets. Der graublaue Kalkboden, die vornehmlich nach Südwesten ausgerichteten Hänge und die Höhe von 220 bis 280 Meter bieten so optimale Bedingungen für den Anbau von Nebbiolo, dass noch bis vor 30 Jahren der Preis der Martinenga-Trauben alle anderen Preise auf dem Markt in Alba bestimmte.
Der Name "Martinenga" geht vermutlich auf die Villa Martis zurück, in der der römische Kaiser Publius Elvius Pertinax geboren wurde; heute gehört das gesamte Gebiet den Cisa Asinari di Gresy, die es im 19. Jahrhundert von den Grafen Deabbate erwarben.
1967 war ein wichtiges Datum für diese Lage, denn in jenem Jahr erschien ihr Name zum ersten Mal auf dem Etikett einer von der Cantina dei Produttori ausgewählten Reihe von Weinen.
Der Weinberg schließt im Westen und Nordwesten an Asili, im Nordosten an Rabajà an und wird im Süden von der Eisenbahnlinie im Sordotal begrenzt. Er ist in zwei verschiedene Lagen aufgeteilt: *Gaiun*, ein fast dreieckiges Gelände am Südhang des Hügels von Asili, und *Camp Gros*, im östlichen Teil des Weinbergs unterhalb von Rabajà in südwestlicher Ausrichtung.

DIE WICHTIGSTEN WEINE

*Barbaresco Camp Gros Martinenga – Tenute Cisa Asinari dei Marchesi di Gresy, Barbaresco
*Barbaresco Gaiun Martinenga – Tenute Cisa Asinari dei Marchesi di Gresy, Barbaresco
*Barbaresco Martinenga – Tenute Cisa Asinari dei Marchesi di Gresy, Barbaresco

Moccagatta

Diese Lage ist nach der Familie Moccagatta benannt, der im 19. Jahrhundert das Weingut und das unterhalb davon gelegene, nach Westen in Richtung Pajé gewandte Rebland gehörten; heute ist das Gut und ein Teil der Rebfläche im Besitz der Brüder Minuto von der Kellerei Moccagatta.

Der Weinberg grenzt im Norden an Vitalotti, im Osten an die Provinzstraße Alba Acqui, im Süden an den Hang von Rabajà und im Westen an die Strada Comunale della Stazione. Obwohl seine Exposition nicht überragend ist (Nordosthanglage unterhalb von Rabajà), haben die Nebbiolo-Weine von Moccagatta in den letzten Jahren ein verlässliches Qualitätsniveau erreicht. Dies ist wahrscheinlich einerseits auf die günstigen Bodenbedingungen zurückzuführen – Moccagatta liegt auf dem gleichen Hügel wie Rabajà und Martinenga – und andererseits auf die geschützte Lage unterhalb des Hangs, am Grund eines nicht allzu breiten und sehr warmen Tals. Die Höhe beträgt 270 bis 310 Meter.

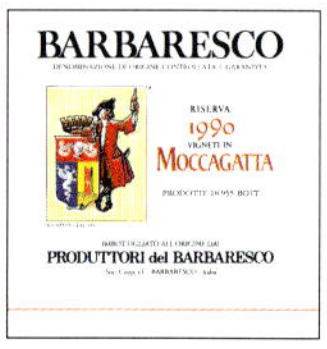

Die wichtigsten Weine

*Barbaresco Vigneti in Moccagatta – Produttori del Barbaresco, Barbaresco

Montaribaldi

Der schmale Geländestreifen wird im Norden von dem nach Nordwesten ausgerichteten Teil von Roncaglie sowie der Provinzstraße Alba–Acqui bei Tre Stelle und im Süden von der alten Römerstraße begrenzt, die einst zum Monte Aribaldo am Rande des Gemeindegebiets von Treiso führte, heute aber nicht mehr benutzt wird.

Der Weinberg schließt im Westen auf einer Höhe von etwa 180 Metern an das Gut Cencio an und zieht sich in östlicher Richtung über die Hügelkette, die bis zur Lage Pajoré in Treiso reicht, umgibt das Gut Quinto und endet auf etwa 300 Meter Höhe am Ort Niccolini. Ein Nachteil ist die beträchtliche Höhendifferenz, die die Trauben im oberen und unteren Teil unterschiedlich reifen lässt. Dafür ist die Südost-, Süd- und Südwesthanglage außerordentlich vorteilhaft. Erst seit wenigen Jahren wird aus den Reben ein Einzellagenwein gekeltert – mit unerwartet großem Erfolg.

Die wichtigsten Weine

*Barbaresco Sorì Montaribaldi – Montaribaldi, Barbaresco

Montefico

Der Weinberg beginnt hinter dem Gut Morassino, verläuft links der Strada Vicinale del Bernino bis zu deren Einmündung in die Provinzstraße Alba–Acqui und endet auf der Höhe des Guts Nuova: ein s-förmiger

Hügel, der vom Gut Montefico zur Strada Comunale del Patricone hin abfällt.

Inmitten dieser Spitzenlage Barbarescos liegt ein fast genau nach Süden ausgerichteter Hang – der seinerzeit den Rechtsanwalt Carlo Rocca und Professor Domizio Cavazza veranlasste, das Gebiet zu erwerben.

Durch die Neigung des Hügels verändert sich die Exposition der Rebstöcke nach und nach: Auf dem ersten Stück, dem ehemaligen Besitz Canova, sind sie nach Südosten und Osten ausgerichtet, an der Neive zugewandten Seite nach Südwesten und Westen; an diesen Hängen gedeihen zwar noch gute Nebbiolo-Reben, aber sie gehören sicher nicht mehr zur historischen Montefico-Lage.

Vor der Einmündung in die Provinzstraße Alba–Acqui erhebt sich rechts der Strada Vicinale del Bernino ein Hang, der auf der anderen Seite an einen zwischen Morassino und Casotto liegenden Weinberg anschließt (den wir nicht als Lage aufführen); dieses Stück gehört auf jeden Fall zu Montefico, weil es auf dem gleichen Hügel liegt.

Der in der Gegend unter dem Namen *"Bric Mentina"* bekannte Weinberg verfügt über eine hervorragende Süd-/Südwesthanglage; die Trauben liefern von jeher so gute Ergebnisse, dass ein örtlicher Erzeuger sie zu einem Wein mit Lagebezeichnung keltert.

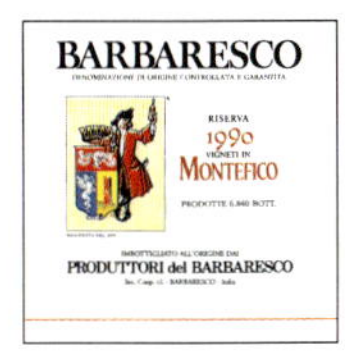

Die wichtigsten Weine

*Barbaresco Bric Mentina – La Ca' Növa, Barbaresco
*Barbaresco Montefico – La Ca' Növa, Barbaresco
*Barbaresco Montefico – Carlo Giacosa, Barbaresco
*Barbaresco Vigneti in Montefico – Produttori del Barbaresco, Barbaresco
*Barbaresco Bric Mentina – Valfieri, Costigliole d'Asti

Montestefano

Montestefano liegt wenige hundert Meter südlich von Montefico auf der sich anschließenden Hügelkette und ähnelt diesem Weinberg in seiner Form, Ausrichtung und Höhenlage.

Dennoch entwickeln die dort angebauten Nebbiolo-Trauben ganz andere Eigenschaften: Der Barbaresco Montestefano gerät immer strukturierter, nachhaltiger, langlebiger und farbintensiver als der Montefico, sodass wir ihn den "Barolo unter den Barbaresco-Weinen" nennen möchten.

Montestefano war einer der ersten Weinberge, von dem Einzellagenweine gekeltert und auch auf dem Etikett namentlich ausgewiesen wurden; 1961 brachte Beppe Colla von der Kellerei Prunotto den ersten Montestefano heraus, 1967 zog die Cantina dei Produttori nach.

Spitzenjahrgänge (etwa 1971 und 1982) dieses Weins zeichnen sich auch nach 20 oder 30 Jahren noch durch ein unverwechselbares *terroir*

Montestefano

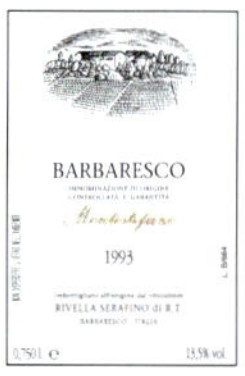

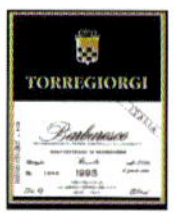

mit ausgeprägten, herben Leder-, Tabak- und Trüffelnoten aus. Das Herz des Gebiets ist ein steiler, genau nach Süden ausgerichteter Hang, der bei dem Ort Montestefano beginnt und weiter unterhalb auf halber Höhe in das Tal zwischen Ronchi und Cottà mündet; im östlichen Teil liegt der Weinberg nach Osten, im Westen schließt er an Cole an – die Grenze ist seit Jahren umstritten. Wir setzen die Trennlinie dort an, wo die Hanglage wechselt, rechnen also die Südostlage zu Cole und die Südhänge zu Montestefano.

Die wichtigsten Weine

*Barbaresco Vigneti in Montestefano – Produttori del Barbaresco, Barbaresco

*Barbaresco Montestefano – Luigi Giordano, Barbaresco

*Barbaresco Montestefano – La Ca' Növa, Barbaresco

*Barbaresco Montestefano – Serafino Rivella, Barbaresco

*Barbaresco Montestefano di Barbaresco – Accademia Torregiorgi, Neive

*Barbaresco Vigna Montestefano – Mauro Sebaste, Alba

*Barbaresco Montestefano – Prunotto, Alba

Morassino

Wenn man von der Strada Vicinale del Bernino in Richtung Barbaresco hinauffährt und das Gut Vacca passiert, erreicht man nach einer engen Linkskurve Morassino. Die mit Nebbiolo bepflanzte Fläche erstreckt sich rechts und links über das gleichnamige Gut (die Kellerei von Mauro und Roberto Bianco) hinaus bis fast an die Grenze zu Montefico. Da Morassino im 19. Jahrhundert zu Ovello gehörte, ist die Bezeichnung der Lage nicht immer einheitlich: Nicht selten kamen aus hiesigen Trauben gekelterte Weine als "Barbaresco Ovello" auf den Markt.
Die Hänge sind vorwiegend nach Osten ausgerichtet; privilegiert sind die Rebstöcke unterhalb des Guts Morassino und in höherer Lage, nahe der Grenze zu Montefico, wo der Hang in Richtung Süden liegt – aus diesen Trauben werden ausgesprochen runde und harmonische Weine bereitet.

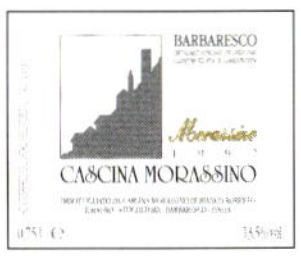

Die wichtigsten Weine

*Barbaresco Cascina Morassino – Cascina Morassino, Barbaresco

Ovello

Der nach dem ursprünglichen Gutsnamen "Aloello" benannte, an die Lage Casotto-Loreto anschließende Weinberg Ovello ist über die Provinzstraße Alba–Acqui erreichbar, die ihn im Osten begrenzt. Er gleicht Casotto-Loreto hinsichtlich seiner Exposition (West- und Südwesthang) und Höhe (220 bis 280 Meter). In den alten Verzeichnissen wurde auch der Neive zugewandte Osthang zu Ovello gerechnet; wir berücksichtigen jedoch nur die dem Tanaro zugekehrte Seite, weil ihre Trauben nach Aussagen der älteren Dorfbewohner deutlich besser sind als die des Osthangs. Der Barbaresco Ovello zeichnet sich gewöhnlich durch frische Obstnoten im Bukett und einen leichten Tanningehalt aus, der nur in guten Jahrgängen die Fülle und Abrundung anderer Crus erreicht.

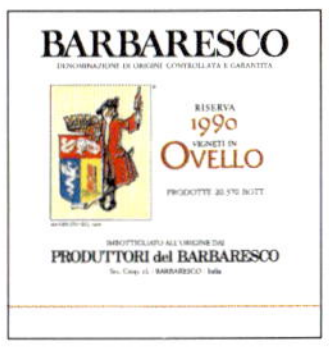

Die wichtigsten Weine

*Barbaresco Vigneto Ovello – Cascina Morassino, Barbaresco
*Barbaresco Vigneto Ovello Ventimesi – Cascina Morassino, Barbaresco
*Barbaresco Vigneti in Ovello – Produttori del Barbaresco, Barbaresco

Pagliuzzi

Der Ingenieur Giovanni Pagliuzzi war 1894 eines der Gründungsmitglieder der ersten Genossenschaftskellerei in Barbaresco und besaß zu jener Zeit das Gut jenseits des Sordo, das Saatland entlang des Talbodens und die Weinberge um den

runden Hügel herum. Noch heute heißt dieser Hügel Pagliuzzi, und einige seiner Lagen werden als sehr wertvoll eingeschätzt; dennoch erschien der Name Pagliuzzi nie auf einem Flaschenetikett. Grund dafür ist, dass die Trauben dieses Weinbergs noch immer nicht von den Besitzern selbst gekeltert werden, sondern die Cantina dei Produttori del Barbaresco sie nach alter Tradition mit denen des nahen Pora verschneidet und somit die Identifizierung einer Einzellage Pagliuzzi unmöglich macht. Auch verwaltungstechnisch fasst die Gemeinde Barbaresco das gesamte Gebiet zwischen dem Sordo und der Lage Faset, einschließlich des Hügels Pagliuzzi, als Pora zusammen. Wir möchten mit unserer Erwähnung der geschichtlichen Bedeutung des Gebiets Rechnung tragen und hoffen, dass dieser Weinberg in naher Zukunft auch als Einzellage Anerkennung findet.
Innerhalb des Weinbergs Pagliuzzi liegt auf einer Höhe zwischen etwa 200 und 270 Metern die Parzelle Cittadella: ein herrlicher, dreieckiger Südhang, größer als die Lage Gaiun in Martinenga, ihr in Form, Exposition und Höhe jedoch sehr ähnlich.

Pajé

Kleiner Weingarten an der Stelle, wo sich die Hügelkette von Moccagatta und Rabajà mit der von Secondine kreuzt: ein fast völlig mit Reben bedecktes "Amphitheater" auf einer Höhe von 220 bis 260 Metern, begrenzt von der Strada Comunale del Porto und der Strada Comunale degli Asili. Wir zählen zu dieser Lage nur den Süd- und Südwesthang unterhalb des Guts Paglieri der Familie Roagna, die viel zum guten Ruf des Weinbergs beigetragen hat.
Die Nebbiolo-Trauben von hier verleihen dem Barbaresco Sprödigkeit durch die harten Tannine, aber auch eine Finesse und Eleganz, die an die Asili- und Rabajà-Weine erinnern.

Die wichtigsten Weine

*Barbaresco Vigneti in Pajé – Produttori del Barbaresco, Barbaresco
*Barbaresco Crichët Pajé – I Paglieri, Barbaresco

Pora

Das Gut Pora und das umliegende Rebland gehörten im 19. Jahrhundert zunächst Carlo Rocca und danach Domizio Cavazza; heute ist diese Spitzenlage des Barbaresco unter vielen verschiedenen Erzeugern aufgeteilt. Der erste Wein mit dem Lagennamen Pora wurde 1967 von der Cantina dei Produttori herausgebracht, die Pora schon damals zu den Weinbergen zählte, von denen in den besten Jahrgängen Einzellagenweine gekeltert werden sollten.

Der an den Flanken des gleichnamigen Hügels zwischen Pagliuzzi, Faset und Asili gelegene Weingarten bietet optimale Bedingungen für den Anbau von Nebbiolo. Mit Ausnahme des unteren Teils am Grund des Sordotals, wo Weißweinreben wachsen, und einiger schmaler Parzellen unterhalb der Senke von Faset sind die Hänge nach Westen, nach Süden und an der Grenze zu Asili nach Südosten ausgerichtet.
Nebbiolo-Weine von Pora sind wie die von anderen Barbaresco-Spitzenlagen eigenwillig und rassig; sie müssen einige Zeit reifen, bevor sich ihre Qualitäten voll entfalten und die gebotene Harmonie erreicht wird.

Die wichtigsten Weine

*Barbaresco Vigneti in Pora – Produttori del Barbaresco, Barbaresco

*Barbaresco Vigneto Pora – Gigi Bianco, Barbaresco

*Barbaresco Pora – Walter Musso, Barbaresco

Rabajà

Herrliche Lage, die sich mit einer gewissen Gleichförmigkeit vom höchsten Hügel in Barbaresco (311 Meter) bis zu einem Graben am Ende der Martinenga-Parzelle Camp Gros (ein Teilstück des historischen Rabajà) erstreckt, sich dann leicht nach Westen wendet und zu einem Gebiet namens Trifolera hin abfällt, wo sich die Exposition ändert und die Böden zunehmend ungünstigere Bedingungen für den Anbau von Nebbiolo bieten. Der überwiegend nach Südwesten und teilweise nach Süden ausgerichtete Weinberg grenzt im Norden an Moccagatta, im Osten an die Provinzstraße Alba–Acqui, im Süden an Trifolera und im Westen an Martinenga und Asili.
Auf alten Karten ist das heutige Gut Rabajà (Sitz der Kellerei von Bruno Rocca) als Gut Rabagliato verzeichnet, vielleicht nach dem Namen eines ehemaligen Besitzers.
Rabajà ist zweifellos eine der bekanntesten und geschätztesten Lagen von Barbaresco; ein nicht unbeträchtlicher Teil dieses Ruhms ist unserer Ansicht nach dem Engagement von Guido Alciati zu verdanken. Der renommierte Gastronom aus Costigliole d'Asti führte in den Siebzigerjahren den Rabajà in Liebhaberkreise ein, indem er große Mengen von der Cantina dei Produttori aufkaufte und sie in seinem Restaurant anbot. Nicht ganz unbeteiligt waren natürlich auch all jene Erzeuger, die in den letzten Jahren die Bedeutung von Einzellagenweinen erkannten und förderten. Der Rabajà ist ebenso elegant wie kraftvoll, fein und rassig, langlebig, aber auch als junger Wein reizvoll; ein großer Wein, dessen Stärke in seiner Ausgewogenheit liegt.
In letzter Zeit häufen sich die Diskussionen zwischen Erzeugern, der Gemeindeverwaltung und Journalisten über die genaue Ausdehnung des Gebiets. Wir lassen uns (wie aus der Karte ersichtlich) hauptsächlich von unserem gesunden Menschenverstand leiten, wobei wir sowohl die Aussagen der Alten im Dorf und die Situation vor Ort als auch die Geschichte und die Entwicklung der Weine in den letzten Jahren berücksichtigen. Langer Rede kurzer Sinn: Von einer einzigen

Rio Sordo, Asili, Rabajà

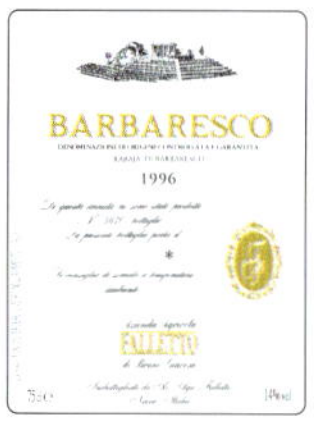

"Großlage" auszugehen, die vom Fuße des Bricco Lemondo bis nach Trifolera reicht, scheint uns insofern nicht gerechtfertigt, als es sich zwar um ein und denselben Hügel handelt, Exposition und Bodenqualität jedoch sehr unterschiedlich sind. Außerdem wäre es bedauerlich, wenn die Eigenheiten der einzelnen Lagen und Weine, wie sie sich in den letzten Jahren herausgebildet haben, durch die einheitliche Bezeichnung Rabajà verloren gingen. Der Begriff des Cru würde dadurch geradezu ad absurdum geführt.

Die wichtigsten Weine

*Barbaresco Rabajà – Fratelli Barale, Barolo
*Barbaresco Rabajà – Cascina Luisin, Barbaresco
*Barbaresco Vigna Rabajà – Castello di Verduno, Verduno
*Barbaresco Rabajà – Michele Chiarlo, Calamandrana
*Barbaresco Rabajà – Giuseppe Cortese, Barbaresco
*Barbaresco Rabajà – Bruno Giacosa, Neive
*Barbaresco Vigneti in Rabajà – Produttori del Barbaresco, Barbaresco
*Barbaresco Rabajà – Rabajà di Bruno Rocca, Barbaresco

Rio Sordo

Im zweiten Tal des Barbaresco-Gebiets, das von den Weinbergen Pagliuzzi, Pora und Rabajà gesäumt wird, erhebt sich ein kleiner Rücken mit zwei Hängen: einem Martinenga und Rabajà zugewandten Nordosthang, der für den Anbau von Nebbiolo kaum geeignet ist, und einem Südwesthang gegenüber der Ortschaft Niccolini, der sehr günstige Bedingungen bietet, nämlich Rio Sordo, um dessen Trauben sich die Einkäufer der besten Kellereien der Langhe streiten. In der von uns definierten Ausdehnung beginnt die Lage hinter den Kurven der Strada Vicinale Rio Sordo unterhalb der Casa Bruciata, verläuft zunächst längs der Straße und dann entlang des Hügelkamms bis fast an die Gebäude des Guts Rio Sordo heran. Den Alten im Dorf zufolge finden sich die besten Lagen im oberen Teil des Kerngebiets, dessen Süd- und Südwesthänge auf einer Höhe von 200 bis 240 Metern zusammen mit der Beschaffenheit des Bodens optimale Voraussetzungen für die Erzeugung eines erstklassigen Barbaresco bieten.

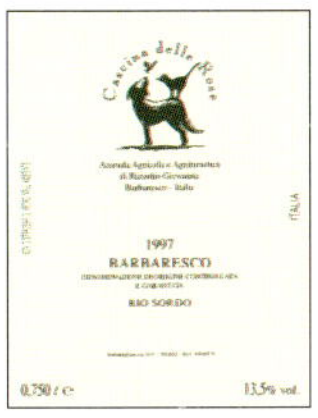

DIE WICHTIGSTEN WEINE

*Barbaresco Rio Sordo – Brovia, Castiglione Falletto

*Barbaresco Rio Sordo – Ca' Romé, Barbaresco

*Barbaresco Rio Sordo – Cascina delle Rose, Barbaresco

*Barbaresco Rio Sordo – Giacosa Fratelli, Neive

*Barbaresco Bricco Rio Sordo – Walter Musso, Barbaresco

*Barbaresco Vigneti in Rio Sordo – Produttori del Barbaresco, Barbaresco

Roccalini

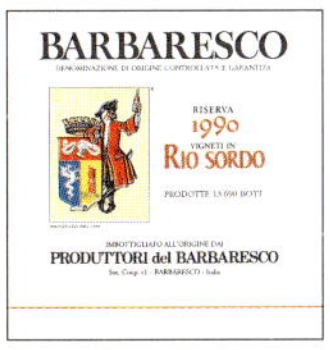

Der südwestlich der Gemeinde Barbaresco gelegene Weinberg Roccalini ist aus verschiedenen Gründen bei Weinliebhabern nahezu unbekannt. Erstens haben von allen Winzern der Gegend nur die Brüder Giacosa aus Neive jemals Einzellagenweine von hier produziert, und das auch nur bis 1988; danach wurden die Trauben für die Erzeugung von Barbaresco ohne Lagebezeichnung verwendet. Zweitens liegt der Weinberg versteckt und weit ab von viel befahrenen Straßen. Um ihn in seiner gesamten Ausdehnung zu überblicken, muss man von Pertinace di Treiso aus auf der Provinzstraße Alba–Acqui in Richtung Barbaresco fahren; hinter dem Gut Roncaglie geht in einer weiten Rechtskurve noch vor Angelo Gajas Gut Roncagliette eine kleine Straße ab, die zu den Gütern Roccalini und Rocca sowie nach Villa Como führt: Von dieser Kreuzung aus kann man den amphitheaterförmigen Weinberg Roccalini direkt unterhalb des Weilers einsehen. Die großartigen Süd- und Südwesthänge liegen auf einer Höhe von 180 bis 250 Metern und wurden unter dem Namen "Como" bereits Ende des 19. Jahrhunderts von Fantini unter den schönsten Weinbergen Barbarescos aufgeführt.

Roncaglie

Roncaglie liegt im Süden der Gemeinde Barbaresco am Anfang der Hügelkette, die sich von Barbaresco in Richtung Montaribaldi und Pajoré bis nach Treiso hinzieht. Die Höhe variiert von 190 Meter (in der Nähe des gleichnamigen Guts) bis 280 Meter im oberen Gebiet, das an die Lage Sorì Tildin der Kellerei Gaja und oberhalb an das Gut Sucré grenzt. Außer diesem letztgenannten Teilstück wird der ganze Weinberg von den beiden Abschnitten der Provinzstraße Alba–Acqui bei Tre Stelle eingeschlossen. Die Hänge sind zunächst nach Westen, dann nach Süden und schließlich wieder nach Westen ausgerichtet. Trotz des guten Rufs der hiesigen Nebbiolo-Trauben bei den Einkäufern der großen Langhe-Kellereien wird erst seit wenigen Jahren ein Einzellagenwein gekeltert, und zwar von der Kellerei Colla, die einen Großteil der Rebfläche erworben hat.

DIE WICHTIGSTEN WEINE

*Barbaresco Tenuta Roncaglia – Poderi Colla, Alba

*Barbaresco Roncaglie – Bel Colle, Verduno

Roncagliette

Der nach dem gleichnamigen Gut benannte, zwischen Roncaglie und dem nördlichen Teil von Roccalini gelegene Weinberg Roncagliette verdankt seine Bedeutung Angelo Gaja, der die beiden besten Parzellen des ganzen Gebiets "Sorì Tildìn" und "Costa Russi" nannte und mit Weinen von diesen Lagen dem Barbaresco zu internationalem Ruhm verhalf.

Roncagliette kann in der von uns zugrunde gelegten Ausdehnung in vier Teilstücke aufgeteilt werden: erstens Costa Russi unterhalb der Kurve, in der die Straße nach Roccalini abzweigt, auf einer durchschnittlichen Höhe von 200 Metern mit einheitlicher Ausrichtung nach Süden und Südwesten; zweitens ein – von Gaja bewirtschaftetes – an Roncaglie angrenzendes schleifenförmiges Stück zwischen den beiden Abschnitten der Provinzstraße Alba–Acqui auf einer Höhe von 240 Metern mit Süd- und Südwesthanglage; drittens das legendäre Sorì Tildin zwischen dem Hügelkamm und der Straße auf einer durchschnittlichen Höhe von 270 Metern. Aus den Trauben des letzteren Gebiets, seit 1967 im Besitz der Familie Gaja, wird seit 1970 ein Einzellagenwein gekeltert; es ist weniger einheitlich als die voran genannten Parzellen: Entlang des Hügelrückens finden sich sowohl amphitheaterförmige Mulden als auch kleine, längliche Erhebungen.

Das vierte Teilstück von Roncagliette ist dreieckig, liegt unterhalb des Guts Berchialla und oberhalb von Sorì Tildin und ist in der Nähe des Gipfels ebenfalls nach Südwesten ausgerichtet.

Ronchi

Der auf der Ostseite der zentralen Hügelkette, die die Gemeinde Barbaresco längs durchschneidet, gegenüber von Tetti und Cottà di Neive gelegene Weinberg ist zweifellos einer der ausgedehntesten Weinberge des gesamten Gebiets. Die Exposition ist wie der Boden nahezu gleichförmig (Osthang mit gelegentlicher Südostausrichtung); der für den Anbau von Nebbiolo am besten geeignete Teil ist jedoch die Hochlage unterhalb der Provinzstraße Alba–Acqui, während die unteren Hänge vornehmlich mit anderen Reben bepflanzt sind. In jüngerer Zeit wurden aus den Trauben dieser Lage sehr interessante Barbaresco-Weine hergestellt, die sich durch ein reiches Bukett und eine hervorragende Struktur auszeichnen und damit den besten traditionellen Crus in nichts nachstehen. Die Höhe beträgt beim Gut Ronchi 200 Meter und steigt beim Hügel Vitalotti auf bis zu 300 Meter an.

DIE WICHTIGSTEN WEINE

*Barbaresco Ronchi – Alfonso Rocca, Barbaresco

*Barbaresco Vigneto Brich Ronchi – Albino Rocca, Barbaresco

Secondine

Die Bezeichnung des Guts und des umliegenden Reblands leitet sich möglicherweise von dem Namen des ehemaligen Besitzers, Secondo, ab. Der Weinberg Secondine liegt hinter dem Dorf Barbaresco, dem kurzen Tal zugewandt, das vom Tanaro über die Senke von Pajé nach Moccagatta führt.

Die Familie Gaja erwarb 1964 das mittlere Stück dieses Gebiets, auch unter dem Namen *Masué* bekannt, als es dort noch wenige Weinberge und viele Getreidefelder gab; der erste Jahrgang des Barbaresco Sorì San Lorenzo, wie die Parzelle genannt wurde, war 1967.

Secondine kann in drei Teilstücke unterteilt werden: erstens das Gebiet hinter den Felsen, das auch den Namen Sorì Secondine trägt, mit Süd- und Südwesthanglage.

Jenseits einer ehemaligen Gemeindestraße liegt das zweite Stück mit der Parzelle Sorì San Lorenzo, hinter der sich der Hang nach Westen neigt.

Das dritte Stück erstreckt sich unterhalb des Guts Ghiga gegenüber von Vitalotti und dem nördlichen Teil von Pajé; dieser nach Südosten ausgerichtete Hang wurde bereits von Fantini wie auch von Renato Ratti zu den Spitzenlagen für Nebbiolo in Barbaresco gezählt. Die Höhe beträgt 200 bis 270 Meter.

Vitalotti

Vitalotti, nach dem Gut benannt, das bereits im 19. Jahrhundert im Besitz der Familie Bianco war (Castello di Verduno), grenzt im Nordosten an Bricco Lemondo, im Osten an Ronchi, im Süden an Moccagatta und im Westen an Pajé. Ein Teil des Weinbergs wird von einigen Erzeugern unter der Bezeichnung Rabajà geführt, weil der Ortsteil Rabajà früher sowohl das Gebiet Rabajà als auch das Gebiet Moccagatta umfasste, welches damals bis zum mittleren Teil der hier beschriebenen Lage reichte; wir hielten es jedoch für angemessener, diesen Weinberg mit dem Namen des Guts zu bezeichnen. Er kann in drei Teilstücke aufgeteilt werden, die sich hinsichtlich der Exposition (Südwest- und Westhang) gleichen, während die Höhe zwischen 220 und 300 Metern variiert: Das erste Stück fällt von Bricco Lemondo bis zur alten Strada Comunale del Porto zum Talgrund hin ab und geht dann in einen Hang über, der, nach unserer Definition, hinter Pajé liegt. Das zweite, zwischen der Kreuzung der Strada Comunale degli Asili mit der Provinzstraße Alba–Acqui und der Lage Moccagatta gelegene Gebiet bildet das historische Kernstück des Weinbergs. Der dritte Teil erstreckt sich jenseits der Provinzstraße auf etwa 300 Meter Höhe dicht an der Hügelkuppe auf der Rückseite von Ronchi.

Die wichtigsten Weine

*Barbaresco Vigna Vitalotti – Carlo Boffa, Barbaresco

Pajè

Ronchi

Empfohlene Adressen

Einwohner: 645
Höhe: 274 Meter

AUSKÜNFTE

Rathaus (Municipio)
Via Torino, 5
Tel. 0173 635234

Enoteca Regionale del Barbaresco
Via Torino, 8/A
Tel. 0173/635251

DIE ERZEUGER

Bricco Asili
Località Asili
Tel. 0173/282582
Dieser Betrieb gehört zu den Glanzstücken im Besitz der Firma Ceretto und ist die Hauptproduktionsstätte der edelsten Barbaresco-Weine des Hauses. Seit 1974 wird der Barbaresco Bricco Asili nun schon als Einzellagenwein gekeltert, sodass sich die natürliche Eleganz und Raffinesse des Cru ungehindert entfalten können, wie dies in den denkwürdigen Jahrgängen 1978, 1985, 1989 und 1996 der Fall war. Der Faset kann sich ebenfalls sehen lassen, erreicht jedoch nicht denselben Rang. Seit 1997 werden die Trauben eines weiteren geschichtlich bedeutsamen Weinbergs verarbeitet: Bernardot di Treiso.

Ca' Romé Romano Marengo
Via Rabajà, 36
Tel. 0173/635126
Die Gesamtproduktion von Barbaresco und Barolo beläuft sich auf jährlich 20 000 Flaschen. Auf der gegenüber der Kellerei in der südlichsten Ecke von Rabajà gelegenen Rebfläche wachsen die Trauben für den Barbaresco Maria di Brun. Der von jeher größtenteils aus Reben von der Lage Rio Sordo gekelterte normale Barbaresco wird ab dem Jahrgang 1998 auch als Rio Sordo etikettiert. Der Betrieb erzeugt auch zwei Barolo-Weine aus dem zum Besitz

gehörenden Rebland in Serralunga d'Alba: Cerretta und Rapet.

Cascina Luisin
Via Rabajà, 23
Tel. 0173/635154
Seit dem Eintritt des jungen Roberto Minuto hat diese Kellerei einen großen Sprung nach vorne gemacht und bietet nun Weine an, die ohne Zweifel zu den besten der Langhe zählen. Zum Produktionsspektrum gehören zwei Barbaresco-Weine: Der Sorì Paolin vom Weinberg Basarin ist in jungen Jahren eleganter und reizvoller; der zweite heißt aus historischen Gründen Rabajà, stammt jedoch aus dem Weinberg Vitalotti und zeichnet sich durch großartige Struktur und Langlebigkeit aus.

Tenute Cisa Asinari dei Marchesi di Gresy
Via Rabajà, 43
Tel. 0173/635222
Das Weingut Cisa Asinari, seit mehr als zwei Jahrhunderten im Besitz der Familie der Marchesi di Gresy, verfügt über eine der reizvollsten Lagen des gesamten Gebiets. Obwohl die Trauben von Martinenga seit jeher zu den besten in Barbaresco zählen, wurde erst 1973 ein Einzellagenwein erzeugt. Von wenig mehr als zwölf Hektar Nebbiolo-Rebfläche werden 50 000 Flaschen Barbaresco gewonnen, und zwar drei verschiedene Gewächse: Martinenga, der normale Barbaresco des Betriebs, hält die Waage zwischen dem duftenderen und gefälligeren, wenn auch weniger vollen Gaiun aus dem unteren Teil von Asili und dem strengen, kraftvollen und langlebigen Camp Gros, der vom anderen Ende des amphitheaterförmigen Weinbergs direkt unterhalb der Spitzenlage Rabajà stammt.

Giuseppe Cortese
Via Rabajà, 35
Tel. 0173/635131
Auf etwa drei Hektar Nebbiolo-Rebland am südlichen Rand von Rabajà erzeugt die Familie Cortese an die 16 000 Flaschen eines Barbaresco, dem seine Lage eine ausgeprägte Tanninstruktur und Herbe mit auf den Weg gibt und der daher einige Jahre altern muss, bevor er die nötige Trinkreife erreicht.

Gaja
Via Torino, 36/A
Tel. 0173/635158
Wer von Barbaresco spricht, kommt an Angelo Gaja nicht vorbei. 1961 trat er in den väterlichen Betrieb ein, der schon damals einer der angesehensten Erzeuger von Spitzenweinen der Langhe war. Von über 50 Hektar mit Nebbiolo bepflanzter Reb-

Ronchi

fläche kommen Weine von internationalem Ruf: Barbaresco, Barbaresco Costa Russi, Barbaresco Sorì San Lorenzo, Barbaresco Sorì Tildin, Barolo Sperss. Der Barbaresco (etwa 110 000 Flaschen jährlich) wird aus den Trauben von 14 verschiedenen Weinbergen gekeltert, darunter auch die berühmte Lage Pajoré, die für Struktur und Fülle sorgt. Der Costa Russi aus Roncagliette, der 1978 zum ersten Mal erzeugt wurde, ist der weichste und duftendste; der Sorì Tildin, seit 1970 produziert, stammt auch aus Roncagliette, verfügt jedoch über mehr Kraft und Fülle. Die Trauben für den Sorì San Lorenzo, der 1967 zum ersten Mal als Einzellagenwein herauskam, werden in Secundine angebaut; die Lage sorgt für so starke Tannine, dass er als junger Wein geradezu spröde ist. 1988 erwarb Gaja in Serralunga d'Alba fast 30 Hektar weitgehend mit Nebbiolo bepflanztes Rebland in den Lagen Marenca und Rivette: Hier wurde der kräftige und volle Barolo Sperss geboren.

Die Namen dieser Weine werden sich in den nächsten Jahren wohl ändern, denn Angelo Gaja will die Verwendung der DOCG-Klassifikation für seine Weine überdenken.

I Paglieri – Alfredo Roagna
Via Rabajà, 8
Tel. 0173/635109

Alfredo Roagna ist die richtige Adresse, wenn man auf kraftvolle, langlebige Barbaresco- und Barolo-Weine aus ist, die mehrere Jahre reifen müssen, bevor die harten Tannine genussfähig werden und die einzigartige Samtigkeit erreicht wird. Der Barrique-Ausbau war hier schon vor 20 Jahren Usus; doch ansonsten bleiben sowohl die Weine als auch ihr Erzeuger von modernen Trends unberührt.

Neben einem Barbaresco aus gemischtem Rebgut erzeugt der Betrieb den Crichët Pajé, der nach fast 20 Jahren Tafelweinexistenz ab dem Jahrgang 1996 wieder ein Barbaresco ist. Seit einigen Jahren keltert Roagna einen Barolo La Rocca e La Pira, der die typische Sprödigkeit eines Barolo aus Castiglione Falletto aufweist.

Moccagatta
Via Rabajà, 24
Tel. 0173/635152 – 635228

Der Betrieb der Brüder Franco und Sergio Minuto umfasst etwa elf Hektar Rebfläche, die zu 40 Prozent mit Nebbiolo für Barbaresco bepflanzt ist. Inzwischen produziert die Kellerei drei Crus. Der seit 1982 hergestellte Basarin ist aufgrund der Bodenbe-

dingungen immer noch der kargste unter den dreien; der ebenfalls seit 1982 erzeugte Cole ist grob und rau, wurde jedoch durch den seit einigen Jahren praktizierten Barrique-Ausbau etwas gezähmt. Der Bric Balin, dessen Reben aus der Einzellage Moccagatta stammen, ist das Aushängeschild des Unternehmens: Er reift ausschließlich in größtenteils neuen Barriques und gerät daher sehr dicht und samtig.

Cascina Morassino
Via Ovello, 32
Tel. 0173/635149
Roberto Bianco ist der führende Kopf des kleinen Betriebs, der insgesamt fünf Hektar Rebfläche innerhalb des großen, vielfältigen Unterbereichs Ovello besitzt. Er produziert etwa 10 500 Flaschen Barbaresco: 6000 Flaschen des rauen Barbaresco Morassino, dessen Weinberg unterhalb des Guts liegt, und 4500 Flaschen Barbaresco Ovello, dessen Trauben aus dem gleichnamigen Unterbereich, genauer aus dem oberhalb des Guts gelegenen Weinberg Albano-Morassino stammen.

Walter Musso
Via D. Cavazza, 5
Tel. 0173/635129
Walter Musso hat das Glück, fast fünf Hektar Nebbiolo-Rebfläche in zwei der besten Lagen Barbarescos zu besitzen, nämlich in Pora und in Rio Sordo. Weine von dort sind vielschichtig und gut strukturiert, der Pora zusätzlich nachhaltig und dicht.

Produttori del Barbaresco
Via Torino, 52
Tel. 0173/635139
Die von Celestino und Duccio Vacca geführte Genossenschaftskellerei ist die würdige Nachfolgerin der vor mehr als einem Jahrhundert von Domizio Cavazza begründeten Kellerei. Mit seinen 60 Mitgliedern, die fast 110 Hektar mit Nebbiolo bestocktes Rebland für Barbaresco bewirtschaften, was 22 Prozent des gesamten DOCG-Gebiets entspricht, kann der Betrieb mehr als 300 000 Flaschen Barbaresco im Jahr erzeugen: 60 Prozent normale und 40 Prozent Riserva-Weine, deren Trauben in den neun berühmtesten Lagen der Gemeinde (Asili, Rabajà, Rio Sordo, Ovello, Montestefano, Pajé, Moccagatta, Montefico und Pora) angebaut werden – hier bietet sich die seltene Gelegenheit, die Unterschiede zwischen den einzelnen Spitzenlagen Barbarescos kennen zu lernen.

Albino Rocca
Via Rabajà, 15
Tel. 0173/635145
Obwohl er nicht über herausragende Lagen verfügt, bringt Angelo Rocca jedes Jahr große Weine hervor: Sein Rezept sind die strenge Kontrolle der Erträge und ausgefeilte Kellertechniken. Auf fast fünf Hektar Nebbiolo-Rebfläche entstehen zwei Crus: der Brich Ronchi, dessen Trauben auf dem Südosthang unterhalb des Guts wachsen, und der Loreto, der von einem dem Tanarotal zugewandten Südwesthang stammt. Ersterer, der in teilweise neuen Barriques ausgebaut wird, zeichnet sich durch eine explosive Mischung aus Weichheit und vollen Tanninen aus, die ihn zu einem großen Wein machen; der Zweite, der auch in großen Fässern reift, hat normalerweise weniger Kraft, aber eine ausge-

Moccagatta

prägtere aromatische Vielschichtigkeit, die für frühe Genussfähigkeit sorgt.

Bruno Rocca
Via Rabajà, 29
Tel. 0173/635112
Bruno Rocca ist zwar noch relativ jung, doch sein Name ist bereits untrennbar mit der qualitativen Renaissance des Barbaresco verknüpft. Er hat den Ruf seines 1978 vom Vater übernommenen Unternehmens nicht nur bewahrt, sondern durch großes Engagement im Weinberg und im Keller noch ausgebaut. Natürlich bot ihm die Lage im Herzen von Rabajà eine gute Ausgangsposition; sein Rabajà, der dank einer deutlichen Verringerung des Ertrags und eines vernünftigen Einsatzes neuer Barriques Struktur und Weichheit in sich vereint, kann sich jedenfalls sehen lassen. Seit dem Erntejahr 1995 produziert der Betrieb einen zweiten Barbaresco namens Coparossa, dessen Rebgut aus den Lagen Fausoni und Pajoré stammt. Bruno Rocca ist überzeugt, dass, wenn der Weinberg erst einmal das notwendige Alter erreicht hat, auch der Coparossa sich als erstklassiger Wein erweisen wird.

Rino Varaldo
Via Secondine, 2
Tel. 0173/635160
Die Kellerei von Rino und Michele Varaldo ist noch nicht sehr bekannt, doch ihre beiden Barbaresco-Weine, insgesamt 10 500 Flaschen, sind ein klarer Beweis für Qualität. Der in Fässern aus slawonischer Eiche gereifte Sorì Loreto di Barbaresco weist eine ausgeprägte Herbe auf; der Bricco Libero di Neive von den Lagen Gallina und Albesani, der in der Barrique ausgebaut wird, ist weicher. Der Betrieb erzeugt auch einige Flaschen Barolo Vigna di Aldo.

Cantina del Pino
Via Ovello, 15
Tel. 0173/635147
Der Betrieb der Familie Vacca hat 1997 zum ersten Mal einen Barbaresco herausgebracht. Doch mit den von drei Hektar Rebfläche in einzelnen Parzellen der Lage Ovello (Loreto und Albano) stammenden, in Barriques ausgebauten rund 15 000 Flaschen Barbaresco Ovello hat die junge Kellerei schon beachtliche Erfolge erzielt.

Carlo Giacosa
Via Ovello, 8
Tel. 0173/635116
Dieser Betrieb erzeugt zwei Arten Barbaresco guter Qualität: seit 1993 9000 Flaschen Montefico, der in großen Fässern reift, was die komplexen

Geruchseigenschaften der Rebsorte hervorhebt, und 9000 Flaschen Narin aus den Lagen Asili, Cole und Canova, so benannt nach dem Großvater Donato. Dieser in der Barrique ausgebaute Wein ist weicher im Geschmack. Bis Anfang der Neunzigerjahre wurde außerdem ein Sorì Secondine produziert, der dann durch den Montefico abgelöst wurde.

La Ca' Növa
Via Ovello, 1
Tel. 0173/635123
An einem halten die Brüder Pietro, Giulio und Franco Rocca fest: Barbaresco muss in großen Fässern aus slawonischer Eiche reifen, damit er das typische Bukett entwickelt. Daher zeichnen sich ihre vier Weine (normaler Barbaresco sowie die Crus Montefico, Bric Mentina und Montestefano) durch aromatische Vielschichtigkeit und kraftvolle Tannine aus. Der Montestefano, dessen Rebgut lange Zeit an Prunotto verkauft wurde, wird seit 1995 wieder in der eigenen Kellerei vinifiziert.

Montaribaldi
Via Rio Sordo, 30
Frazione Tre Stelle
Tel. 0173/638220
Aus der herrlichen, aber weitgehend unbekannten Einzellage Montaribaldi gewinnen die jungen Brüder Luciano und Roberto Taliano etwa 6000 Flaschen hervorragenden Barbaresco, der seine ausgeprägte Fruchtigkeit und geschmackliche Fülle auch einem bedachtsamen Ausbau in teilweise neuen Barriques verdankt. Auf die weitere Entwicklung des viel versprechenden jungen Betriebs kann man gespannt sein.

Ronchi
Via Rabajà, 14
Tel. 0173/635156
Giancarlo Rocca, ein Cousin von Angelo Rocca, bewirtschaftet die drei Hektar Nebbiolo-Rebfläche, die die Familie in der Einzellage Ronchi besitzt. Da er jedochs, sondern vielmehr noch am Anfang steht, wird nur ein Teil der Produktion (etwa 5000 Flaschen) abgefüllt; der Rest wird en gros verkauft. Die Stärke dieses teilweise in der Barrique ausgebauten Barbaresco liegt nicht so sehr in der Eleganz des Buketts in der geschmacklichen Fülle.

ÜBERNACHTUNGSMÖGLICHKEITEN

Vecchio Tre Stelle
Frazione Tre Stelle
Via Rio Sordo, 13
Tel. 0173/638192
Drei Sterne, acht Doppelzimmer. Das einfache,

Rio Sordo

gemütliche Hotel ist ein guter Ausgangspunkt für Ausflüge ins Barbareso-Gebiet. Eigenes Restaurant mit einheimischer, saisonaler Küche. Mehr als faire Preise.

Cascina delle Rose
Località Tre Stelle
Via Rio Sordo, 17
Tel. 0173/638292 – 638322
Agriturismo-Betrieb mit wenigen komfortablen Zimmern in reizvollem Ambiente mit Blick auf die Hügel von Barbaresco und Roero. Die ausgezeichnete eigene Produktion von Obst, Gemüse und Barbaresco aus der Einzellage Rio Sordo wird den Gästen gerne angeboten. Kein Restaurant, aber man kann sich das Frühstück in einem Gemeinschaftsraum mit Kochnische selbst zubereiten.

SPEISELOKALE

Antica Torre
Via Torino, 8
Tel. 0173/635170
Das von der Familie Albarello geführte Lokal bietet erstklassig zubereitete piemontesische Gerichte, neben den Klassikern auch etwas ausgefallenere Speisen wie Schweinskopf in süßsaurer Sauce. Viele ausgewählte Weine, darunter nahezu das gesamte Spektrum an Barbaresco. Etwa 50 000 Lire ohne Wein.

Antiné
Via Torino, 34 a
Tel. 0173/635294
Nicht nur Ambiente und Einrichtung sind modern, auch die Küche dieses Restaurants bietet zeitgemäße leichte Gerichte. Angeboten werden unter anderem die klassischen Ravioli *al plin, tajarin*-Bandnudeln und Kaninchen in Barbaresco. Auf der guten Weinkarte hauptsächlich Barbaresco. Man zahlt nicht mehr als 60 000 Lire ohne Wein.

Rabajà
Via Rabajà, 9
Tel. 0173/635223
Das Lokal mit rustikalem, aber gepflegtem Ambiente liegt mitten im Weinberg, direkt unterhalb von Rabajà und nicht weit entfernt von Pajé. Traditionelle, saisonale Küche. Die Weinkarte bietet etwa 300 Gewächse, hauptsächlich Langa und Roero.

EINKAUFSMÖGLICHKEITEN

Distilleria del Barbaresco
Via Bricco Albano, 3
Tel. 0173/635251
Hier lassen die Erzeuger aus dem ganzen Barbaresco-Gebiet ihren Grappa destillieren.

Domizio Cavazza

1856-1913

Das Wappen der Familie Cavazza zeigt eine Weinrebe, die von zwei starken Ulmenzweigen gestützt wird – eine einst weit verbreitete Technik im Weinbau der Emilia, die als Wappenzierde richtungweisend für das Werk von Domizio Cavazza werden sollte.

1856 kam er in Concordia sul Secchia zur Welt, einem großen Dorf in der Nähe von Modena. Seine Mutter Anna stammte aus dem Geschlecht der Barone Zanoli, sein Vater Luigi, der Gemeindenotar, aus einer alteingesessenen und angesehenen Familie, die jedoch keine Aufnahme ins offizielle Register der Adelsfamilien gefunden hatte. Der Großvater war diplomierter Pharmachemiker, sein Onkel Mediziner und sein Vater Jurist – zu jener Zeit eine wahrlich überdurchschnittliche, großbürgerliche Intellektuellenfamilie. 1878 bestand Domizio in Mailand seinen Universitätsabschluss in Agronomie und Landvermessung mit Auszeichnung und besuchte anschließend Fortbildungskurse in Versailles und Montpellier. Dort lehrten die beiden Koryphäen Viala und Foëx, die sich des jungen Doktors annahmen und ihn dem italienischen Landwirtschaftsminister empfahlen. Domizio bot sich die Gelegenheit, die verheerenden Auswirkungen der Reblaus zu studieren, die in Frankreich bereits gewaltige Verwüstungen angerichtet hatte, sowie den Befall durch den Falschen Mehltau, den Professor Planchon aus Montpellier in jenen Jahren an Jaquez-Reben entdeckt hatte. So verfügte Domizio bereits über ungewöhnlich profunde Kenntnisse und Erfahrungen in seinem Fach, als er einem Ruf des Ministeriums folgte und 1881 die Weinbauschule Scuola Pratica di Viticoltura ed Enologia in Alba gründete.

Auf Cavazzas außerordentlich einflussreiches und effizientes Wirken in der Schule, deren erster Rektor er auch war, wird in diesem Buch in dem Beitrag über die Weinbauschule von Alba näher eingegangen.

Er heiratete Amalia Vitali, eine "weise, gebildete und fromme Frau" aus dem Piemont, was auch als Beleg für seine aufkeimende Liebe zu diesem Landstrich gesehen werden darf. Ein besonderes Anliegen Cavazzas war der Barbaresco-Wein, dessen Potenzial er bei weitem nicht ausgeschöpft sah. Er machte sich daran, die eher schlechte wirtschaftliche Situation zu verbessern. "Die Verschwörung von Zwischenhändlern und Käufern", schrieb im Jahr 1898 der Erzpriester Del Pero, "hatte dem Barbaresco Schaden zugefügt, denn die Preise der Trauben und der Weine wurden zum Schaden der ganzen Gegend künstlich niedrig gehalten. Zudem hatten die begrenzten Produktionsmengen ... viele Händler dazu verleitet, minderwertigere Weine als Barbaresco zu verkaufen."

Zwischenzeitlich hatte Cavazza vom Anwalt Oscar Rocca aus Alba Ländereien und Bauernhöfe in Barbaresco erstanden, darunter den Pora-Hof, das Gut Casotto und schließlich die Burg. Gestärkt durch seine ersten Erfahrungen als Weinerzeuger beschritt er mutig völlig neue Wege und ließ sich von fortschrittlichen Techniken inspirieren, die aus Ländern jenseits der Alpen stammten. Vor diesem Hintergrund und im Verbund mit Cavazzas Organisationsgeschick, Großzügigkeit sowie pädagogischem Sachverstand entstand eine der ältesten Genossenschaften Italiens, die Cantina Sociale del Barbaresco. Ende September 1893 berief Cavazza gemeinsam mit dem Cavalier Guido Rocca aus Neive im Bürgersaal eine

öffentliche Versammlung der interessierten Weinbauern und Landbesitzer unter dem Vorsitz des Grafen Cesare Cocito ein. Man stimmte der Analyse Cavazzas über den Zustand der Reben und des Weins in Barbaresco zu und beschloss die Gründung der Cantina Sociale. So darf das Jahr 1893 zugleich auch als Geburtsjahr des Barbaresco-Weins gelten. Unter der Führung Cavazzas unternahm die Genossenschaft fortan zahlreiche Anstrengungen zur Qualitätsverbesserung des Barbaresco.

In der Zwischenzeit hatte Cavazza zunächst die Leitung der Weinbauschule in Conegliano Veneto übernommen, später besetzte er in Bologna den Wanderlehrstuhl für praktischen Unterricht auf dem Land sowie den Posten eines Direktors des Landwirtschaftsamts der Provinzregierung. Auch hier konnte er sich durch seinen Unternehmungsgeist und seine Kompetenz profilieren, etwa bei seinen Forschungen über Pappeln, die Selektion von Getreide oder die Regeneration des Pfirsichbaums. Doch mit seinen Gedanken und seinem Herzen weilte Cavazza stets bei den Barbaresco-Reben, zu denen er alljährlich im Herbst zurückkehrte – nicht zuletzt auch deswegen, weil er nach wie vor der Genossenschaftskellerei vorstand, die mittlerweile in die Burg umgezogen war.

Im Jahr 1911 erlitt Cavazza in Bologna einen schweren Gehirnschlag, und trotz rascher ärztlicher Hilfe blieben ihm bei wechselndem Gesundheitszustand nur mehr 29 Monate zu leben. Wenigstens war es ihm vergönnt, sich auf seine Burg in Barbaresco zurückzuziehen und dort am 9. August 1913 in vertrauter Umgebung zu sterben. In seinen letzten Lebenstagen waren die Langhe von verheerenden Hagelschauern heimgesucht worden, und noch wenige Stunden vor seinem Tod klagte er dem Freund Teobaldo Calissano seinen Schmerz über diese Zerstörung – bis zum letzten Moment blieb er eng mit dem Land des Barbaresco und seinen Reben verbunden.

Gaja

In dem von der Gemeinde herausgegebenen Buch *Immagini per una storia di Barbaresco* [Bilder aus der Geschichte von Barbaresco] finden sich zwei Fotografien, die die Geschichte der Familie Gaja besser als jede Biographie dokumentieren: Das erste Bild von 1902 zeigt den Großvater Angelos, auch er ein Angelo, mit Hut und mächtigem Schnauzer neben seinem Maultier. Auf dem zweiten von 1958 sieht man den Vermessungstechniker Giovanni, wie er seine erste offizielle Rede nach der Wahl zum Bürgermeister hält. Diese beiden Schnappschüsse sind nicht nur Zeugnisse zweier weit auseinander liegender Epochen, sondern auch zweier völlig verschiedener Welten. Großvater Angelo ist ein wohlgeratener junger Mann, keck und aufgeweckt – doch er trägt schwere Stiefel und Arbeitshosen, und die Jacke scheint ihn ziemlich zu stören. Vater Giovanni dagegen macht man sofort unter seinen Mitbürgern aus: den eleganten, gut geschnittenen Mantel, das blütenweiße Hemd, den fesch sitzenden Borsalino-Hut, das schmale Gesicht und die ausladende, gebieterische Gestik – ein Vollblutpolitiker eben.

Giovanni Gaja war es denn auch, der den Grundstein für die rasante Entwicklung des Familienbetriebs legte, der in jüngster Zeit weltweit als eine der führenden Kellereien Italiens bekannt geworden ist. Entstanden war die Firma 1859, als es dem Urgroßvater Giovanni, einem wohlhabenden Fuhrunternehmer, gelungen war, durch seiner Hände Arbeit den fünf Söhnen und zwei Töchtern je einen Bauernhof zu vererben. Drei seiner Söhne verloren, wie es in den Langhe fast schon Tradition hatte, den Hof auch gleich wieder beim Glücksspiel. *Barba Cit*, also "kleiner Onkel", wie der Jüngste genannt wurde (er war fast zwei Meter groß), schaffte es sogar, die beiden Bauernhöfe, die seine reiche Frau mit in die Ehe gebracht hatte, gleich mitzuverspielen. Der zweitjüngste, unser Angelo mit dem Maultier, war von ganz anderem Charakter, "der läuft mit dem Rosenkranz in der Hand herum", sagten die Leute. Er heiratete Clotilde Rey, eine strenge, unnachgiebige Frau, die in Chambéry den Beruf der Volksschullehrerin erlernt hatte. In Barbaresco wurde sie nur *Madame* genannt – allein den engsten Verwandten war die Koseform Tildin vorbehalten. Sie wusste genau, was gute Qualität und gute Arbeit bedeuteten und übernahm sogleich im familieneigenen Gasthaus Osteria del Vapore und im Weinkeller das Regiment. Die Kinder studierten in Alba, und der 1908 geborene Giovanni wurde Vermessungstechniker, bevor er in den elterlichen Betrieb einstieg. Er war ein unternehmungslustiger Mann mit ausgeprägtem Geschäftssinn, der sich nicht nur mit Wein, sondern auch mit Immobilien und anderen Maklertätigkeiten beschäftigte. In jener Zeit war der *Geometra* eines Dorfs ebenso Wirtschaftsberater, Schlichter bei den heftigen Auseinandersetzungen, die immer wieder zwischen Erben oder Nachbarn stattfanden, wie auch Mittelsmann bei Verkäufen – kein Wunder, dass der Vermessungstechniker, dem ja alle wirtschaftlichen Informationen zur Verfügung standen, auch selbst beste Geschäfte machte. Einen Mann wie ihn zog es natürlich auch in die Politik. Während des Faschismus wurde er Vorsteher in Lequio Beria und Parteisekretär in Barbaresco; von 1958 bis 1983 amtierte er als Bürgermeister in Barbaresco. Er war beliebt, denn trotz seiner faschistischen Vergangenheit wurde er weder von den Partisanen belangt, noch ließen es sich seine Mitbürger nehmen, ihn Jahr für Jahr aufs Neue zu wählen.

Giovanni hatte sein Büro in Alba und betreute während der Jahre des Baubooms gemeinsam mit einer Turiner Firma die Baustellen fast des gesamten Piemonts. Die Gewinne investierte er in seine Weingärten.

Die 1944 verwitwete Großmutter Tildin war es, die währenddessen die Zügel in der Kellerei in der Hand hielt. Sie verkaufte hauptsächlich Wein an Privatleute, darunter so berühmte Familien wie die Somaini aus Mailand, die Zegna und die Nasi – allesamt Familien mit einem *maître* als Küchenchef und einem Weinkeller voller französischer Grand-Cru-Weine. In diesen Kreisen wurde der Barbaresco aus den Korbflaschen in Weinflaschen umgefüllt und als Tafelwein gereicht. Da der Wein in den Korbflaschen bis zu zehn Jahre aufbewahrt werden konnte, bestand beim Verkauf keine Eile, doch legte Großmutter Tildin bereits damals großen Wert auf Qualität.

Als Angelo Gaja 1961 seine Arbeit in dem Betrieb aufnahm, war er in der beneidenswerten Situation, bereits über einen in Italien berühmten Namen und 33 Hektar ausgezeichneter Barbaresco-Weingärten zu verfügen. 1965/66 drängte es ihn in die Spitzengastronomie, für die er die passenden Weine bereits liefern konnte. Es folgten die Einzellagenweine, angefangen 1967 mit dem San Lorenzo aus dem Weingarten Secondine, dessen Trauben schon Vater Giovanni für die besten im Barbaresco-Gebiet gehalten hatte. 1970 stieg der Weinbautechniker Rivella in den Betrieb ein; im gleichen Jahr entstand der Sorì Tildin, 1978 dann der Costa Russi. Doch dies ist bereits jüngste Geschichte, die Angelo Gaja derzeit mit seinen Weinen noch schreibt und auf die das Buch *Sorì San Lorenzo* von Edward Steinberg (1996 von Slow Food herausgegeben) ausführlich eingeht. Auch diese Geschichte wird ganz sicher mit einer Fotografie Aufnahme in den Bildband von Barbaresco finden: Nach dem Mann neben dem Maultier und dem Bürgermeister, der zu seinen Mitbürgern spricht, ist nun die Stunde des Unternehmers mit der Weltkarte in der Hand gekommen.

Professoren auf Reblaus-Suche

Luigi Bianco
Geboren 1910
Winzer in Barbaresco

Als die von Cavazza gegründete Winzergenossenschaft in die Burg zog, gehörten wir zu den wenigen, die hier in Barbaresco Wein erzeugten.
Ich habe noch einen Zeitungsartikel über diesen Tag, und da steht unser Name, schwarz auf weiß. Einer hat mal gemeint, das war Werbung. Von wegen Werbung! Damals wussten wir nicht einmal, was das sein sollte. Tatsache ist, dass hier alle Trauben verkauft wurden: Es kamen Calissano, Gancia und Pio, die wussten genau wohin und kauften fast alles auf. 1922 gab es einen denkwürdigen Hagelsturm, und ich erinnere mich, dass ich auf dem Weg zurück vom Maifest in Alba auf den Straßen einen halben Meter Hagel vorfand. Ich übertreibe nicht, es sah so aus, als hätte es geschneit. Und in der Gegend von Neive war nicht ein Hagelkorn gefallen. Wir hatten keine einzige Traube mehr an den Reben und mussten welche kaufen. Und zahlten 33 Lire – eine Unsumme! Im Jahr danach war der Preis wieder auf neun Lire gefallen, und wir hatten den teuren Wein im Keller – unmöglich, ihn loszuwerden! Zum Glück verkaufte uns der Commendator Calissano alles nach Amerika: Er ließ uns den Wein in neue Korbflaschen zu zehn Litern umfüllen und schickte ihn dann los. Wir kamen zwar nur mit plus minus Null aus der Sache heraus, aber uns fiel ein Stein vom Herzen.
Es waren schwierige Jahre, und die Reblaus richtete großen Schaden an. Ich war noch sehr jung, doch Professor Ferraris von der Weinbauschule in Alba ließ mich zweimal die Woche zur Schule gehen, wo ich das Veredeln lernen sollte. Zu Fuß ging ich durch die Weinberge, folgte den Leitungen des Elektrizitätswerkes und kam immer pünktlich. Ab und zu begleitete ich ihn in die Weinberge. Zu dritt – alles Professoren – suchten sie die Reblaus. Einige Bauern ließen sich nicht überzeugen, sie behaupteten, ihre Weinstöcke seien kerngesund. Und so war bei ihnen im nächsten Jahr alles völlig verdorrt.
Hier bei uns in Barbaresco hat es die Nebbiolo-Rebe schon immer gegeben, nicht wie in Treiso, wo sie zwei- oder dreimal angebaut und dann wieder weggelassen wurde. Eigentlich wurde sie einfach nur dahin gepflanzt, wo nichts anderes wuchs. Die sonnigen Südhänge, die so genannten *sorì*, eignen sich allgemein nicht für den Anbau von Mais oder Saubohnen: zu sonnig und zu trocken. Und so haben unsere Vorväter eben Nebbiolo gepflanzt – das sind inzwischen die berühmtesten Lagen, die Crus. Aber das waren keine großen Flächen! Jetzt wollen sie das ganze Gebiet entlang der Strada Rabajà auch Rabajà nennen, aber das stimmt nicht. Rabajà ist ein kleines Stück Rebfläche rings um den gleichnamigen Hof. Alle Crus im Barbaresco tragen den Namen wichtiger Ortschaften oder Höfe. *(November 1995)*

Ein Hundeleben

Wir verkauften unsere Trauben an Calissano, Fontanafredda, Gancia. Nach Alba brachten wir sie nie – wir hatten Zwischenhändler, die zu uns kamen. Terranino aus Neive zum Beispiel, und Musso, den Vater des jetzigen Winzers Musso. Wir waren vom ersten Jahr an, also 1958, in der Winzergenossenschaft dabei. Von da an ging's bergauf. Vorher brachten wir kaum etwas zuwege.

Die besten Lagen waren dieselben, die auch heute berühmt sind: Paglieri, Pagliuzzi und Martinenga, allesamt großartig. Von Pagliuzzi spricht nie jemand, weil der Hof tief unten im Tal liegt, im Norden. Aber die Weinberge sind herrlich, beste Lage. Cascina Pora ist am Ende von Cittadella. Pora gehört fast ganz den Manzones, wirklich tüchtige Leute, bis auf den Teil von Musso. Der von Gaja heißt seit jeher Bricco, dort wurden eigentlich immer Nebbiolo-Reben angebaut, aber jetzt ist es Cabernet Sauvignon.

Einmal hatten wir alle Trauben geerntet und brachten sie einfach nicht an den Mann. Zum Glück waren die Halbpächter hier oben ihre Trauben auch nicht losgeworden, weil sie schlecht waren, und so sind sie gekommen und haben unsere gekauft: neun Lire. Aber es war ein mieses Leben, ein richtiges Hundeleben. Die Winzergenossenschaft hat uns aus diesem Schlamassel herausgeholfen. Heute kauft sie nach Mostgewicht.

Luigi Giordano

Geboren 1915

Winzer in Barbaresco

War früher zwischen den Rebzeilen ein bisschen Platz, pflanzten wir Kichererbsen, ein Gemüse, das in 100 Tagen reif ist. Nach der Reblauskatastrophe haben wir angefangen, die Erde umzugraben. Wir gruben bis zu 1,5 Meter tief.

Die Stöcke, die senkrecht zum Hangverlauf stehen, sind praktisch für die Traktoren, aber eine Qual für jeden, der mit seinen Händen daran arbeitet. Bei der Arbeit ist ein Bein immer angewinkelt. Wissen Sie, wer die so pflanzt? Wer nicht selbst im Weinberg arbeitet, sondern arbeiten lässt! *(November 1995)*

Aber der Krieg war noch schlimmer

Das Leben war hart, als ich jung war, aber der Krieg war noch schlimmer: Ich bin 1940 eingezogen worden und hab' zwei Jahre Russland überstanden. Und obwohl ich bei der Artillerie war und mich um die Tiere, sprich Maultiere und Pferde, kümmerte, hab ich den Rückzug zu Fuß antreten müssen – denn als der Rückzug begann, hatten wir die Maultiere und Pferde schon aufgegessen. Genau genommen wir und die Gefangenen, denn unser Kommandant wollte, dass alle gleich viel bekamen. Ein Freund von mir hatte da mehr Glück: Er hatte sich einen schweren Mantel mit einem schönen Pelzkragen "organisiert", und als er sich eines Tages beim Oberleutnant zum Rapport meldete, sagte der: "Wenn du mir den Mantel gibst, schick' ich dich nach Hause." Und so ist er ganz gemütlich auf Lastern heimgekommen, während ich 2000 Kilometer zu Fuß abreißen musste. Vier Monate lang war ich unterwegs. Der schlimmste Moment war, als wir den zugefrorenen Dnjepr überquert haben: 1200 Meter pures Eis. Kaum sind wir drüben, geht auch schon das Bombardement los: Die Bomben zersprengten das Eis und ich sah, wie tagwerkgroße [also riesige] Eisplatten in die Luft schossen. Ein beeindruckendes Schauspiel, aus heutiger Sicht richtig schön, aber damals ... wir hatten fürchterliche Angst!

Als ich 1945 heimkehrte, ging's langsam aufwärts. Wenn ich daran denke, dass mein Urgroßvater den Wein noch mit dem Ochsenkarren, dem *Rabel*, nach Turin schuf ... zwei Tage lang war er unterwegs. Er fuhr mitten in der Nacht los und hielt auf halber Strecke zum Schlafen an, aber das Heu für die Tiere und das Essen für sich nahm er von zu Hause mit, weil er jeden Soldo umdrehen musste. Ein Säckchen mit Nüssen und eins mit Brot, und natürlich Wein – das war auch schon der ganze Proviant für die zwei Tage und zwei Nächte dauernde Reise. *(November 1995)*

Mario Minuto

Geboren 1910

Weinbauer in Barbaresco

Erinnerungen eines Künstlers

Ich habe die ersten vier Jahre der Grundschule hier in Barbaresco besucht. Dann kam eine Lehrerin aus Alessandria, auf deren Anraten ich auch das fünfte Jahr absolviert habe, in der Abendschule. Schon mit acht oder neun Jahren machte ich Holzschnitzereien. Die Lehrerin hatte ein Museum eingerichtet; die Mädchen brachten Stickereien, die Jungen Schlitten und Stühle, und ich stellte dort meine erste Arbeit aus, ein Joch. Niemand aus meiner Familie war Bildhauer. Mein Onkel stellte Hackenstiele und Messer her. Ich bin mit Francesca Pellissero vom Crosa-Hof verheiratet, der Schwester von Pasquale, dem Winzer in Neive. Als ich zwölf war, ging die 18-köpfige Familie auseinander. Mein Vater und der eine Onkel hatten je fünf Kinder, während der andere Onkel noch nicht verheiratet war. Der mit den Kindern ist 1921 nach Neive gezogen. 1925 haben wir für 100 000 Lire Casotto gekauft, mit neun Tagwerk. Das liegt im Weingarten Ovello, und wie überall gibt es dort gute und schlechte Lagen. Da sind wir im Bernino, und es geht bis Montefico. Als wir uns getrennt haben, musste ich mit der Maschine schwefeln. Ich hab' noch gesehen, wie mit kleinen Säckchen geschwefelt wurde, aber ich hab' schon die Maschine benutzt. Mein Urgroßvater war schon hier, aber seine Eltern kamen wohl aus Mango. Mein Großvater war einer der Mitbegründer der Winzergenossenschaft von Cavazza, ich war dann 1958 bei den Produttori del Barbaresco dabei.

Francesco Vacca
Geboren 1913
Bildhauer
aus Barbaresco

Früher gab es einen besonderen Ahornbaum, der so ähnlich wie ein Buchsbaum war: hart wie Marmor und ohne Maserung, völlig glatt und nicht so rau wie ein Nussbaum, an dem sich die Tiere verletzten. Wirklich einzigartig. Ich hab' nachts gearbeitet, immer nachts, bevor ich Soldat wurde. Die schönen Sachen hab' ich 1950 gemacht ... Reptilien, Schnecken, Frösche; dann Vögel, Gemüse, Obst, *Brusabec*-Feigen, Weizen, Mais, bis zur Brücke, dem Zug, dem Haus und den Autos ... alles Unikate. Aus dem Ahornbaum hab' ich in Castiglione acht Joche gemacht. Dafür habe ich zwei bis drei Jahre gebraucht, immer nachts. Arbeitsjoche hab' ich bestimmt Hunderte gemacht. Einige waren mit Hundeköpfen oder Vögeln verziert ...

Einmal sollte ich für jemanden aus Castelrotto ein kaputtes Joch reparieren. Die muss man mit Wachs oder Öl bearbeiten und nicht mit Lack, damit sich keine Kruste bildet. Als ich also hingehe, sagt er mir: “Ich habe es an jemanden aus San Remo verkauft.” Ein 50 Jahre altes Stück, das war vom Gebrauch schon ganz dünn. Drei Millionen hatte er dafür bekommen.

Auch in Carmagnola, Mussotto und Agliano habe ich Joche gemacht. Von sieben oder acht besonders schönen weiß ich, dass sie noch im Umlauf sind. Das war so wie mit den Autos heute – die Wichtigtuer damals wollten verzierte Joche mit Abbildungen, heute wollen sie Luxuswagen.

Meine ersten Büsten habe ich zusammen mit Großvater Giuseppe gemacht: In Turin hatte man mir Knetmasse gegeben, und ich hab's versucht, aber viel ging nicht zusammen. Meine erste richtige Büste habe ich für Vacca vom Bahnhof gemacht. Bevor er starb, hat er zu seinen Kindern gesagt: “Ich möchte eine Büste von *Cichin.*” Das ist jetzt bestimmt 20 Jahre her. Wir haben sie gegen dieses Sofa hier getauscht.

Früher machte ich 20 Zentimeter hohe Statuen, die noch heute im Heimatmuseum von Turin stehen. Sie waren nicht signiert, deshalb hat man kleine Metalltäfelchen drangemacht. Mein Enkel sieht sie während eines

Schulausflugs und berichtet uns natürlich darüber – ich selbst habe sie nie dort gesehen – und sagt: "Schade, dass die Pietà schon Risse hat." Da fiel mir ein, dass sie von Anfang an Risse gehabt hatte. Ich habe sie bei Lenci gemacht, denn nachdem es mit der Keramik nichts geworden war, wollten sie, Carluccio und Anna, auf Sakralkunst setzen. Ich arbeitete dort also von Montag bis Samstag bis zum Krieg. Dann war Schluss, weil nun Uniformen genäht wurden. Nach dem Krieg sollte ich wieder bei ihnen arbeiten, aber ich habe abgelehnt. Ein anderes Joch war so gut, dass alle sagten: "Zeig's in der Akademie, lass' es anschauen", und mir gefiel's ja auch – da bin ich hingegangen, und alle haben's angeschaut. Dann sollte ich einen Christus machen, den ich teils bei Lenci und teils bei mir gefertigt habe.
Dann wurde ich einberufen. Ich war nicht sonderlich tauglich. Am 8. September komme ich nach Hause zurück, und die Deutschen nehmen mich als Geisel: Hätte es einen toten Deutschen gegeben, wäre ich erschossen worden. Bis nach Turin ins Torino Cavalleria auf dem Corso Unione Sovietica haben sie mich geschleppt, wo plötzlich ein Hauptmann der Schwarzhemden aus Barbaresco erscheint. Den kannte ich gut, weil ich früher bei ihm die Apfelbäume veredelt hatte – er hat mich heimgeschickt.
Ich habe drei Diplome für die Veredelung in der Tasche, von Professor Ferraris. Mein Gott, wie viele Reben hab' ich nach dem Krieg veredelt: Es wurden Wildreben gepflanzt von Asti bis Serravalle, die ich im Frühling oder im August veredelt habe. Im Carretta beispielsweise hab' ich alles gemacht, 5000 Stück. Ich kenne das ganze Gebiet. Die Nebbiolo-Trauben geben wir der Genossenschaft. Einst wurden wir gar nicht alles los, so viel wurde produziert. Doch in den letzten Jahren ist nicht einmal mehr das, was wir machen, genug. *(November 1995)*

BARBARESCO

Neive

Die schönste Strecke nach Neive ist die Straße, die entlang herrlicher Weinberge von Alba aus über Tre Stelle und Barbaresco verläuft. Im Spätsommer hat man von dort einen atemberaubenden Blick auf die Dolcetto-, Barbera- und Nebbiolo-Weinberge, die je nach Hanglage und Sonneneinstrahlung in ganz verschiedenen Farbtönen leuchten.
In der Antike gehörte der Ort (dessen Name sich vom lateinischen Nevio ableitet, vielleicht der Dichter des 2. Jahrhunderts v. Chr., von dem eine Erzählung in Versform und mehrere Komödien überliefert sind) dem Stamm der *Camillia*. Im Mittelalter wurde es von germanischen Eindringlingen besetzt, war später zwischen Alba und Asti umkämpft und geriet im Lauf der Zeit unter die Herrschaft verschiedener Adelsgeschlechter. Napoleon besetzte das Dorf in seinem ersten italienischen Feldzug und musste es bei seiner Verbannung nach Elba an die Savoyer abgeben.
Neive hat zwei Gesichter: Borgonuovo ist das Geschäftszentrum, eine ehemalige Zwischenstation der Fuhrwerke auf dem Weg nach Alba mit vielen Gasthöfen und Ställen für die Pferde, die dort ausgewechselt wurden. Das Unterdorf ist in den Siebzigerjahren des 20. Jahrhunderts planlos gewachsen; der historische Ortskern auf der Spitze des Hügels blieb jedoch erhalten, seine Palazzi aus dem 17. und 18. Jahrhundert wurden von gewagten Umbaumaßnahmen und dem Abriss verschont.
So hat sich das alte Neive unverändert in unsere Zeit hinübergerettet; nach wie vor scharen sich die Häuser hoch oben um den Glockenturm, der 1224 von Asti zur Ergänzung der Befestigung errichtet wurde. Um das Jahr 1000 hatten die Herren von Neive die Burg, die später zerstört wurde, und die Stadtmauern gebaut, um

das Dorf vor den Übergriffen der Sarazenen zu schützen. Über die beiden Tore wachen Kapellen aus dem 16. Jahrhundert, die den Schutzheiligen gegen die Pest, San Rocco und San Sebastiano, geweiht sind; von dort wurden die Toten vom Erzbischof in einer Prozession zur Pfarrkirche geleitet. Auf der steilen Straße, die hier und dort noch gepflastert ist, gelangt man auf den Hauptplatz, wo die Casa del Comune aus dem 16. Jahrhundert und das moderne Rathaus einen reizvollen Kontrast bilden. Wenig weiter erhebt sich die spätbarocke Pfarrkirche Santi Pietro e Paolo mit reichen Stuckverzierungen und einem schönen, 1731 nach einem Entwurf von Francesco Gallo errichteten Glockenturm. Ein weiteres Beispiel für piemontesischen Barock ist das Kloster San Michele, in dessen Oratorium eine Orgel aus dem 18. Jahrhundert steht; das Portal ist ein Meisterwerk von Giovanni Busso, einem Schreiner aus Neive.

Besichtigenswert ist in jedem Fall der ganze historische Ortskern mit den Adelspalästen (Palazzo Cotto, Palazzo Borgese, Palazzo Bongioanni, Palazzo Cocito, Casaforte Cotto), den eindrucksvollen Steinhäusern, den liebevoll restaurierten Holztoren und der Straße, die an gepflegten Gärten vorbei führt und eine herrliche Aussicht auf das Umland bietet.

Im Ortsteil Borgonuovo stößt man an der Straße nach Mango auf die ehemalige Sakristei der Abtei Santa Maria del Piano (12. Jahrhundert) beziehungsweise auf das, was von ihr übrig geblieben ist: eine Seitenwand und der fünfstöckige Glockenturm, dessen kleine Rundbögen und Mauerstruktur klar auf die romanische Entstehungszeit hinweisen.

Neive grenzt im Norden und Osten an die Gemeinde Castagnole Lanze, im Südosten an Mango, im Süden an Neviglie und Treiso und im Westen an Barbaresco.

Die Weinberge

Neive ist die größte Gemeinde im Barbaresco-Gebiet, doch nur gut 20 Prozent der im Verzeichnis der Reblagen eingetragenen Anbaufläche ist mit Nebbiolo bepflanzt; die meistvertretene Rebsorte ist zurzeit Moscato, danach kommen Nebbiolo, Barbera und Dolcetto.

Die 18 Weinberge sind auf den Hängen von sieben Hügeln kranzförmig um die Altstadt von Neive herum angeordnet; von Norden nach Süden sind dies die Hügel Serracapelli, Starderi, Bordini und Balluri, Albesani und Gallina und schließlich Basarin und San Cristoforo.

Ein weiteres für den Anbau von Nebbiolo geeignetes Gebiet, der so genannte Bricco di Neive, liegt im Osten der Gemeinde, jenseits der Bahnlinie. Es erstreckt sich über Serraboella, Bricco und Canova, drei fast parallele Hügel, deren Böden in Richtung Castagnole Lanze immer sandiger werden. Nebbiolo wächst hauptsächlich auf Hängen mit Südost-, Süd- und Südwestausrichtung, Moscato und Dolcetto finden sich dagegen an den Nordhängen, auf den fast ebenen Flächen und

DOC und DOCG	Rebfläche in Hektar	Anteil an der Gesamtrebfläche der Gemeinde	Anteil am DOC-Bereich
Moscato d'Asti	208,0378	32,90%	5,02%
Barbaresco	**137,4059**	**21,73%**	**28,61%**
Barbera d'Alba	133,2189	21,07%	7,73%
Dolcetto d'Alba	105,0868	16,62%	5,62%
Langhe Chardonnay	20,2816	3,21%	7,90%
Langhe Arneis	9,7680	1,54%	23,69%
Weitere DOC-Weine	18,5244	2,93%	
GESAMT	632,3234	100,00%	
Weitere DOC-Weine			
Langhe Freisa	3,3205	0,53%	5,53%
Piemonte Grignolino	2,7050	0,43%	16,49%
Langhe Favorita	2,5658	0,41%	2,57%
Piemonte Brachetto	2,5300	0,40%	20,78%
Piemonte	2,1200	0,34%	11,58%
Langhe Nebbiolo	2,0543	0,32%	8,22%
Piemonte Cortese	1,3188	0,21%	10,24%
Langhe Rosso	0,9600	0,15%	1,36%
Langhe Bianco	0,3500	0,06%	1,31%
Piemonte Chardonnay	0,3400	0,05%	10,62%
Piemonte Moscato	0,2600	0,04%	1,78%

in den Teilstücken, in denen die Erde aufgrund des Tongehalts und der höheren Fruchtbarkeit eine rötliche Färbung annimmt.
Auch wenn Fantini die Gemeinde Neive in seiner Monographie über den Weinbau in der Provinz Cuneo nicht berücksichtigte, verfügt sie über einige hervorragende Lagen, unter anderem Santo Stefano, dessen Trauben Bruno Giacosa zu einem erstklassigen Wein verarbeitet.

Die Weinproduktion im Überblick

167 Erzeuger, die auf insgesamt 137 Hektar jährlich 7695 Hektoliter Wein produzieren; dies entspricht 28,6 Prozent der Produktion des gesamten Barbaresco-Gebiets.

DIE WEINBERGE

ALBESANI
BASARIN
BORDINI
BRICCO
BRICCO MONDINO
CANOVA
COTTÀ
CURRÀ
FAUSONI
GAIA PRINCIPE
GALLINA
MARCORINO
MESSOIRANO
SAN GIULIANO
SANTO STEFANO
SERRABOELLA
SERRACAPELLI
STARDERI

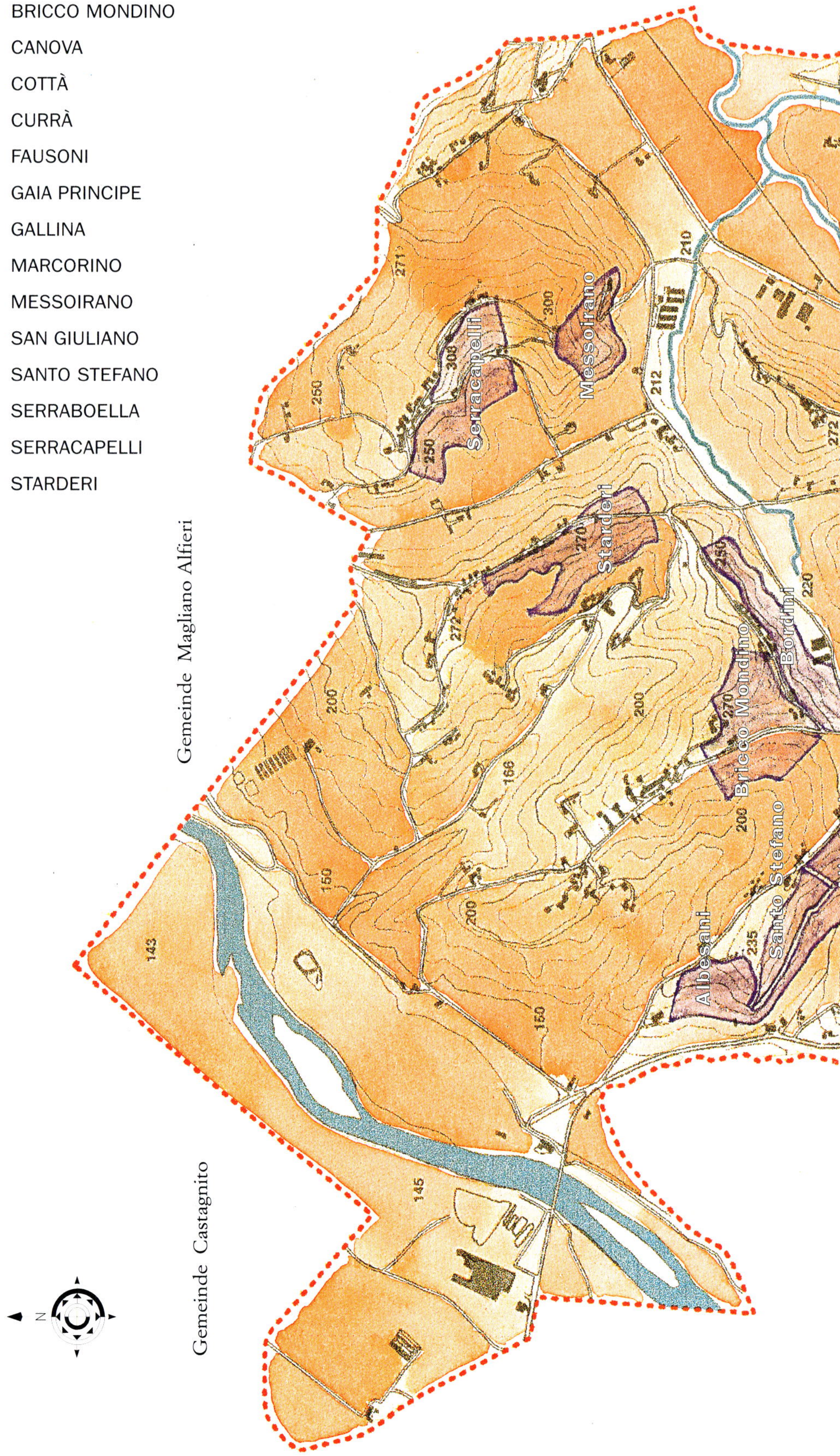

BARBARESCO-GEBIET

BEDEUTENDE LAGEN

Albesani

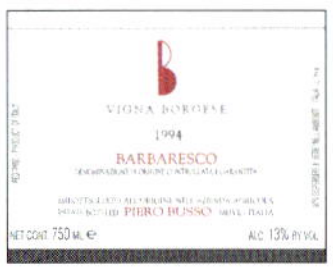

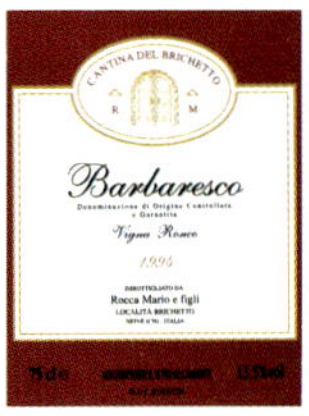

Der Hügel von Albesani liegt zwischen Balluri im Norden und Gallina im Süden. Die gleichnamige Straße, die auch zum Friedhof führt, läuft am Kamm entlang und markiert die Grenze zwischen der Balluri zugewandten Seite, die aufgrund ihrer Nordausrichtung geringe Bedeutung besitzt, und dem Gallina zugekehrten Hang, der eine deutlich günstigerer West- und Südwestlage aufweist. Der hier beschriebene Weinberg Albesani wird am oberen Rand zwischen dem Gut *Ronchi* (wo sich die Kellerei von Bernardino Gastaldi befindet) und dem Gut Bricchetto durch ebendiese Straße begrenzt; im Süden folgt er der Provinzstraße Rondò–Baraccone bis zum Gut Santo Stefano und von dort aus der gedachten Linie zwischen diesem Gut und dem Gut Bricchetto (die zu diesem Gebiet gehörende Lage Santo Stefano wird auf Grund ihrer Besonderheit einzeln aufgeführt). Der Weinberg zwischen Santo Stefano und dem Gut Bricchetto heißt *Borgese*; seine Trauben werden seit einigen Jahren mit Erfolg von Piero Busso vinifiziert.

Die wichtigsten Weine

*Barbaresco Vigna Borgese – Piero Busso, Neive

*Barbaresco Vigna Ronco – Cantina del Brichetto, Neive

Basarin

Obwohl Basarin über eine große Ausdehnung und eine äußerst günstige Exposition verfügt – viele Hänge sind genau nach Süden ausgerichtet –, können es die dort angebauten Nebbiolo-Trauben nicht mit denen der Spitzenlagen aufnehmen; der Weinberg liefert jedoch Dolcetto und Barbera für ausgezeichnete Weine. Den Aussagen der Alten im Dorf zufolge ist das niedrige Qualitätsniveau auf die Beschaffenheit des Bodens – zu sandig für Nebbiolo – zurückzuführen, auf die große Höhe des Hügels San Cristoforo und allgemein auf den Wind, der aus Nordosten durch das Tal des Flusses Tinella bläst. Basarin stößt im Westen, in der Nähe der Lage *Vanotu* von Giorgio Pelissero, an das Gebiet der Gemeinde Barbaresco, im Norden wird er durch den Kamm, jenseits dessen der Weinberg Cottà liegt, und die Strada Vicinale San Cristoforo abgeschlossen; die Grenze verläuft dann bis zum Gut Zocco, folgt dem Fluss Tinella und schließlich der Provinzstraße Tre Stelle–Valgrande–Borgonuovo.

Die wichtigsten Weine

*Barbaresco Vigneto Basarin – Moccagatta, Barbaresco

*Barbaresco Vanotu – Giorgio Pelissero, Treiso

Bordini

Der nach dem gleichnamigen Gut benannte Hügel Bordini verläuft quer durch den unteren Teil von Balluri und Starderi; der eine Hang liegt nach Südosten, der andere, weniger interessante, nach Norden (die Lage Bricco Mondino am

Schnittpunkt mit Balluri wird einzeln aufgeführt). Bordini ist eine herrliche (und in der Gemeinde Neive seltene) Morgensonnenlage, nämlich nach Südosten ausgerichtet, der Altstadt von Neive zugewandt. Der Ortsteil Bordini liegt auf 280 Meter Höhe, von dort fällt der Weinberg bis auf 220 Meter ab. Hinter den Häusern liegen einige Südhänge. Der helle Boden und die steile Hanglage bieten günstige Voraussetzungen für die Produktion feiner, schön strukturierter Weine.

Die wichtigsten Weine

*Barbaresco Sorì di Burdin – Fontanabianca, Neive

Bricco

Dieser Weinberg liegt am Südwesthang des gleichnamigen Hügels zwischen Serraboella und Canova auf 300 bis 350 Meter, also in einer Höhe, auf der der Anbau von Nebbiolo gerade noch möglich ist. Wie in vielen Bereichen der Gemeinde Neive wurden auch hier in der Vergangenheit andere Rebsorten gepflanzt, die dem Gebiet keinen großen Ruhm eintrugen; doch seit einigen Jahren bringen die Nebbiolo-Trauben des Bricco ordentliche Weine hervor, die sich, vielleicht auf Grund des sandigen Bodens, eher durch Eleganz als durch Struktur auszeichnen. Der dem Nordhang von Serraboella zugewandte Weinberg beginnt an den ersten Kurven der Straße nach Bricco Spessa ein Stück oberhalb des Ortsteils Bricco di Neive und verläuft unterhalb des Kamms bis über den Weiler Moniprandi hinaus, wo der Hügel mit wenig geeigneten Nordwest- und Nordosthängen abschließt.

Die wichtigsten Weine

*Barbaresco Bricco di Neuveis – Dante Rivetti, Neive

*Barbaresco Bricco – Cigliuti, Neive

Bricco Mondino

Der auf einer Kuppe gelegene kleine Weinberg, durch dessen Mitte die Straße nach Balluri verläuft, wird im Süden durch die Straße nach Bordini und im Norden durch das Gut Mondino begrenzt. Von 280 Meter Höhe fällt der Weinberg bis auf 240 Meter zum Possatal hin ab; auf Grund der leichten Westausrichtung des Hangs ist er bis zum späten Abend der Sonne ausgesetzt. Nebbiolo-Rebgut vom Gut Mondino waren bei Traubeneinkäufern immer sehr gefragt.

Die wichtigsten Weine

Barbaresco Bricco Mondino – Piero Busso, Neive

Canova

Der schöne Hügel, dessen Südwesthang den Weinberg Canova umschließt, liegt parallel zu Serraboella und ist die östlichste Erhebung der Gemeinde Neive an der Grenze zur Gemeinde Castagnole Lanze in der Provinz Asti.

Canova ist keine traditionelle Nebbiolo-Lage für Barbaresco, aber die günstige Exposition einiger Abschnitte und die für diesen Teil von Neive relativ geringe Höhe (280 bis 350 Meter) machen ihn für den DOC-Bereich interessant.

Der ausgedehnte Weinberg ist nach Südwesten gerichtet und liegt unterhalb der Straße, die entlang des Hügelkamms nach Bricco Spessa führt, zwischen dem Gut Nova, nach dem er benannt ist, und dem Gut Caloglio.

Die wichtigsten Weine

*Barbaresco Canova – Cascina Vano, Neive

Cottà

Der im äußersten Westen der Gemeinde Neive, fast an der Grenze zur Gemeinde Barbaresco gelegene Weinberg Cottà ist nach dem gleichnamigen Weiler benannt. Gegenüber erstrecken sich die Weingärten von Moccagatta über Ronchi bis Montestefano. Von dem Gut Ronchi in Barbaresco aus sind die Grenzen von Cottà gut zu erkennen: im Süden die Häuser des Weilers, im Osten die Straße nach *Tetti* auf dem Hügelrücken und im Westen der Feldweg, der vom Gut Maté dei Sottimano bis zum Ort Tetti führt. Der Hang fällt von 300 Meter Höhe sanft auf 240 Meter am Talboden ab und ist bis zum späten Nachmittag der Sonne ausgesetzt.

Die wichtigsten Weine

*Barbaresco Cottà Vigna Brichet – Sottimano, Neive

*Barbaresco Masseria – Vietti, Castiglione Falletto

*Barbaresco Tettineive – Scarpa, Nizza Monferrato

Currà

Benannt ist dieser relativ kleine Weinberg wahrscheinlich nach einem ehemaligen kirchlichen Besitzer (*curato*). Er grenzt im Westen an Cottà, im Osten an San Cristoforo und im Norden an Gaia Principe. Wenn man auf der Provinzstraße Tre Stelle–Rondò in Richtung Neive fährt, kann man ihn zur Linken überblicken: Er erstreckt sich unterhalb der Straße von den Häusern des Guts Pastura bis zur Rechtskurve, wo die Ausrichtung des Hangs so ungünstig wird, dass er sich nicht

Currà

mehr für den Nebbiolo-Anbau eignet. Zwischen diesen beiden Punkten fällt der Südwesthang sanft ab: am einen Ende bis zum Gut Rio unterhalb des Ortes Currà und am anderen bis zu einem Wäldchen an dem Feldweg, der unterhalb der Häuser des Guts Pastura beginnt. Die Höhe beträgt zwischen 220 und 300 Meter.

Die wichtigsten Weine

*Barbaresco Currà Vigna Masué – Sottimano, Neive

*Barbaresco Vigneto Curà – Cantina del Glicine, Neive

Fausoni

Der winzige Weinberg liegt zwischen der Altstadt von Neive und dem Hügel Gaia Principe unterhalb eines auf dem Gipfel liegenden Fleckens, der nach seinen beiden Gütern Fausoni Cadetto heißt. Von der Kreuzung zwischen der Provinzstraße Tre Stelle–Rondò und der Strada Vicinale Gaia überblickt man den hinter den Häusern sanft ansteigenden Hang in seiner gesamten Ausdehnung. Er ähnelt dem Weinberg Gaia Principe hinsichtlich der Exposition (Südwest) und der Höhe (230

bis 270 Meter) und wird seit kurzem von der Kellerei Sottimano bewirtschaftet, der die Parzelle Vigna del Salto gehört.

Die wichtigsten Weine

*Barbaresco Fausoni Vigna del Salto – Sottimano, Neive

Gaia Principe

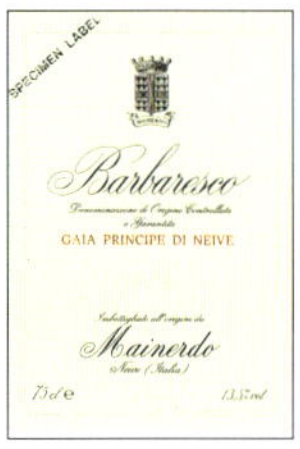

Der Hügel des Weinbergs Gaia Principe auf der Höhe des Guts Slizza gliedert sich in zwei Hänge: der eine ist nach Nordosten in Richtung Gallina ausgerichtet, der andere liegt nach Südwesten, dem Ort Tetti zugewandt. Dieser Hang ist mit einer Höhe von 230 bis 280 Metern für den Nebbiolo-Anbau geeignet, und zwar insbesondere das Stück, das im Osten durch die Provinzstraße Tre Stelle–Rondò, im Süden durch den Feldweg, der zum Hügel von Currà führt, im Westen durch die Strada Vicinale Gaia begrenzt wird und im Norden in der Nähe des Guts Principe endet.

Die wichtigsten Weine

*Barbaresco Prinsi – Prinsi, Neive

*Barbaresco Gaia Principe – Mainerdo Fratelli, Neive

Gallina

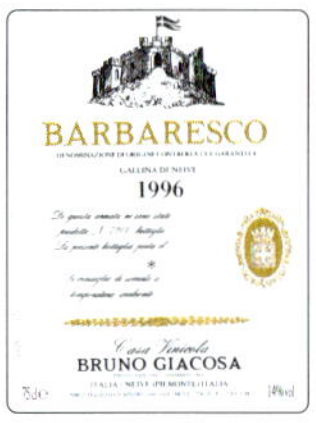

Wenn man von der Provinzstraße Baraccone–Rondò nach Neive hineinfährt, erblickt man linker Hand den lang gestreckten Hügel von Gallina, der bis in die Nähe der Altstadt von Neive reicht; der von dieser Stelle einsehbare Hang bietet günstigere Bedingungen als die Albesani zugewandte, genau nach Norden ausgerichtete Seite. Gallina ist zweifellos der bekannteste Weinberg der Gemeinde Neive; er war einer der ersten, die von renommierten Erzeugern wie Parroco di Neive oder Bruno Giacosa auf dem Etikett angegeben wurden. Dies ist auf zwei Faktoren zurückzuführen: zum einen auf die erstklassige Qualität der Trauben, die dem Wein Tiefe und Eleganz verleihen, und zum anderen auf die große Ausdehnung der Rebfläche, die eine Auslese der hochwertigsten Trauben ermöglicht.

Die beste Lage erstreckt sich über einen breiten Streifen unterhalb der Straße, die durch den Ort Gallina führt; sie reicht von der ersten Kurve in der Nähe des Guts Rigo bis zu den Häusern auf der Höhe des Friedhofs und fällt dann bis fast zur Provinzstraße hin ab. Auf Grund des uneinheitlichen Verlaufs des Hügels und einiger kleiner Buckel auf dem Hügelrücken wechselt die Ausrichtung beständig zwischen Südwesten und Süden. Die Höhe schwankt dagegen nur zwischen 250 Metern beim Ort Gallina und 200 Metern beim Gut Rigo. Auf diesem Hügel wurden neben Nebbiolo immer auch Barbera-Reben angebaut, von denen einige der vielschichtigsten und vollsten Weine der Langhe gewonnen werden.

Die wichtigsten Weine

*Barbaresco Gallina di Neive – Bruno Giacosa, Neive
*Barbaresco Vigneto Gallina Vürsù – La Spinetta, Castagnole Lanze
*Barbaresco Gallina – Ugo Lequio, Neive
*Barbaresco Gallina – Giuseppe Negro, Neive
*Barbaresco Gallina – Prinsi, Neive
*Barbaresco Vigneto Gallina – San Michele, Neive
*Barbaresco Gallina di Neive – Mainerdo, Neive

Marcorino

Kleiner Weinberg, der von der Provinzstraße Rondò–Baraccone, in Höhe der auf 250 Metern gelegenen Kellerei von Bruno Giacosa, ansteigt bis zur Hügelspitze auf etwa 300 Meter, Richtung Neive Alta. Die Nebbiolo-Reben im oberen Teil, deren Ertrag seit Jahren von der Cantina del Glicine verarbeitetet wird, sind nach Südwesten ausgerichtet; weiter unten, in der Nähe der Häuser, auf dem Borgonuovo zugewandten Südosthang werden dagegen andere Rebsorten wie Arneis und Dolcetto angebaut.

Die wichtigsten Weine

*Barbaresco Marcorino – Cantina del Glicine, Neive

Messoirano

Der Hügel des Weilers Serracapelli verläuft jenseits des Guts Monteoberto nach Süden bis zur Strada Comunale Valledoglio, wo er von einer wunderschön gleichmäßig runden Erhebung abgeschlossen wird. Vom Gut Valdoglio aus kann man gut erkennen, dass die Hanglage von Südwesten nach Südosten wechselt und ein Stück links des Guts Montebertotto genau nach Süden ausgerichtet ist. Die Höhe beträgt 300 Meter im obersten Teil in der Nähe des Guts Messoirano (in dem einst die Schnitter, *messori*, wohnten) und 220 Meter im untersten Teil an der Straße.

Die wichtigsten Weine

*Barbaresco Vigneto Messoirano – Cantine del Castello, Neive

San Giuliano

Der kleine, aber feine Weinberg schließt im Süden an das Endstück von Gallina an und steigt links des Friedhofs bis fast zum Gut *Crosa* hin an. Die Höhe beträgt zwischen 240 und 280 Meter. Die Exposition ist günstig: Im ersten Stück nahe des Friedhofs ist der Hang nach Südosten, in der Nähe des Hügels nach Osten ausgerichtet; danach neigt sich der Hang nach Nordosten, und es wird kein Nebbiolo mehr angebaut. Das Nebbiolo-Rebgut aus San Giuliano wurde von den Kellereien der Gegend immer mit Nebbiolo aus anderen Gebieten vermischt, sodass die Eigenheiten der Einzellage bisher nicht zur Geltung kamen.

Die wichtigsten Weine

*Barbaresco Cascina Crosa – Pasquale Pelissero, Neive

Santo Stefano

Angesichts ihrer Bedeutung für die Barbaresco-Produktion verdient die nach dem oberhalb liegenden Gut benannte Lage Santo Stefano einen eigenen Eintrag in der Übersicht über die Weingärten der Langhe, obwohl sie streng genommen ein Teil des Weinbergs Albesani ist. Wahrscheinlich gründet sich das Renommee dieser Lage auf das Zusammentreffen dreier Faktoren: die günstige Höhe (200 bis 230 Meter), die herrliche Lage an einem Südhang und die Beschaffenheit des Bodens. Unserer Meinung nach ist der Erfolg aber vor allem einer Person zu verdanken, nämlich Bruno Giacosa, der sich seit fast 40 Jahren in ganz besonderer Weise um Santo Stefano bemüht, obwohl er nicht der eigentliche Besitzer ist. Der Barbaresco Santo Stefano ist das, was man in Frankreich als *Grand cru* bezeichnet: ein kräftiger, voller und tiefgründiger Wein mit würzigen, erdigen Aromen, die sich mit einer gewissen Beständigkeit in jedem Jahrgang äußern. Der ganze Weinberg und die oberhalb und unterhalb angrenzenden Bereiche gehören der Familie Stupino von den Cantine del Castello in Neive, die die Trauben seit Jahren an die Kellerei von Bruno Giacosa verkaufen.

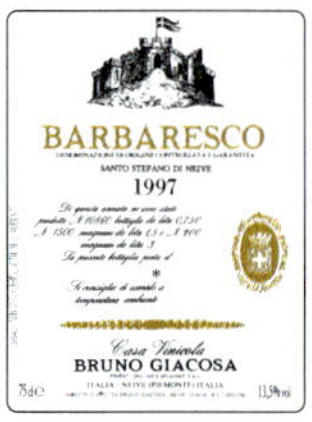

Die wichtigsten Weine

*Barbaresco Santo Stefano di Neive – Bruno Giacosa, Neive

*Barbaresco Santo Stefano – Cantine del Castello, Neive

*Barbaresco La Rocca di Santo Stefano – Cantine del Castello, Neive

Serraboella

Der bekannteste und bedeutendste Weinberg in Bricco di Neive, dem östlichen Teil der Gemeinde Neive, verdankt seinen Erfolg nicht zuletzt Renato Cigliuti, dessen Name seit Jahrzehnten eng mit dem Schicksal des Barbaresco Serraboella verknüpft ist. In diesem Teil des Gemeindegebiets wird erst seit relativ kurzer Zeit Nebbiolo angebaut, weil auf dem Markt lange andere Rebsorten wie Dolcetto und Moscato gefragter und höher dotiert waren und man schließlich glaubte, die Weinberge von Bricco seien für den Nebbiolo-Anbau ohnehin wenig geeignet. Die Barbaresco-Weine aus diesem Gebiet haben jedoch eine überdurchschnittliche Qualität entwickelt: Sie verfügen über eine gute Struktur, robuste Tannine und eine große Alterungsfähigkeit. Der Weinberg erstreckt sich auf dem Neive zugewandten Hang unterhalb der auf dem Hügelkamm verlaufenden Via Serraboella vom Gut Cigliuti im Norden bis unmittelbar hinter die Kellerei *Paitin* im Süden. Der Hang ist nach Westen und Südwesten ausgerichtet; die Höhe beträgt zwischen 250 und 320 Meter.

Die wichtigsten Weine

*Barbaresco Serraboella – Fratelli Cigliuti, Neive

*Barbaresco Sorì Paitin – Paitin, Neive

Serracapelli

Wir befinden uns am nördlichen Rand des DOC-Bereichs Barbaresco; auf dem Gebiet der angrenzenden Gemeinde Castagnole Lanze werden nur noch Moscato und Barbera angebaut.
Der nach dem Weiler Serracapelli benannte, auf dem Hügelkamm in einer Höhe von 310 Metern gelegene Weinberg beginnt unterhalb der Ortsdurchfahrt zwischen dem Gut Monteoberto und den letzten Häusern, fällt zum Talboden hin auf eine Höhe von 240 Metern ab und endet an den ersten Haselnusshainen.
Trotz der günstigen Südwestlage und des guten Bodens ist das Potenzial dieses Gebiets noch nicht völlig ausgeschöpft, vielleicht auch, weil sich keine Kellerei der Reben dieser Lage besonders annimmt.
Die Bezeichnung Serracapelli wurde bisher noch auf keinem Etikett erwähnt.

Starderi

Der Flecken Starderi, eine Ansammlung kleiner Landhäuser, in denen die Städter ihre Wochenenden verbringen, liegt auf dem Kamm des gleichnamigen Hügels, der im Osten an Balluri, im Westen an Serracapelli und im Süden an Bordini grenzt; im Norden neigt er sich sanft zum Tanaro hin. Die günstigsten Bedingungen für die Barbaresco-Produktion bietet die Lage, die unterhalb der ersten Häusergruppe, sozusagen im Rücken des Weilers Pellisseri, steil zum Talgrund hin abfällt. Der Hang ist nach Südwesten ausgerichtet; die Höhe beträgt zwischen 200 und 270 Meter. Die Trauben dieses Weinbergs werden seit 1996 mit ausgezeichnetem Erfolg von der Kellerei La Spinetta der Brüder Rivetti vinifiziert.

Die wichtigsten Weine

*Barbaresco Vigneto Starderi Vürsù – La Spinetta, Castagnole Lanze

*Barbaresco Starderi – Giuseppe Traversa, Neive

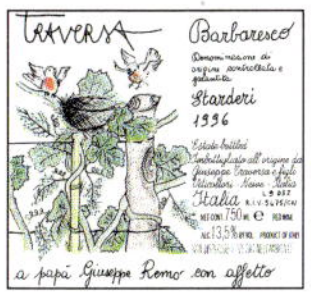

Empfohlene Adressen

Einwohner: 2937
Höhe: 308 Meter

AUSKÜNFTE

Rathaus (Municipio)
Piazza Italia
Tel. 0173/67004 – 67110

Bottega dei Vini di Neive
Piazza Italia
Tel. 0173/67004

DIE ERZEUGER

Piero Busso
Borgata Albesani, 8
Tel. 0173/67156
Dieser kleine Betrieb hat es sich zum Ziel gesetzt, moderne, unmittelbar ansprechende Weine zu produzieren und aus jedem Jahrgang das Beste herauszuholen, ohne dabei vom traditionellen Stil und Geschmack abzuweichen. Das Spektrum umfasst zwei Barbaresco-Weine, den Vigna Borgese und den Bricco Mondino; daneben Dolcetto, Barbera und einen strukturierten Weißwein aus Chardonnay und Sauvignon blanc, den Bianco di Busso.

Cantina del Glicine
Via Giulio Cesare, 1
Tel. 0173/67215
Die von der unermüdlichen Adriana Marzi geführte Kellerei im historischen Ortskern von Neive produziert mittlerweile seit zehn Jahren, und zwar einen delikaten Roero Arneis, den typischen Dolcetto d'Alba, einen ungewöhnlichen Barbera d'Alba "Nebbiolata" sowie die Barbaresco-Weine Marcorino und Vigneto Curà.

Cascina Crosa
Borgata Crosa, 56
Tel. 0173/67376
Pasquale Pelissero ist so etwas wie eine Institution in Neive; seine Weine zeichnen sich durch eine enge Verbundenheit mit dem Herkunftsgebiet aus. Die Produktion beschränkt sich auf den angenehmen Dolcetto d'Alba und den herben Barbaresco Cascina Crosa, dessen Trau-

Santo Stefano

ben aus dem Weinberg San Giuliano in der Nähe des Friedhofs stammen.

Cascina Vano
Via Rivetti, 9
Tel. 0173/677705
Bruno Rivetti und sein Vater Beppe scheuen keine Mühe, um den Ruf der Weine aus Bricco di Neive jenseits des Tinella hochzuhalten. Die Cascina Vano erzeugt zurzeit nur einen normalen Barbaresco; demnächst soll jedoch der Barbaresco Canova des Jahrgangs 1998 herauskommen.

Castello di Neive
Via Castelborgo, 1
Tel. 0173/67171
Die herrliche Burg, auf der einst die Grafen Riccardi residierten, ist jetzt im Besitz der Familie Stupino. Auf den etwa 25 Hektar Rebfläche entstehen der Barbaresco Santo Stefano und in manchen Jahren der Rocca di Santo Stefano und der Messoirano.

Fratelli Cigliuti
Località Serra Boella, 17
Tel. 0173/677185
Renato Cigliuti ist für die jungen Erzeuger in Neive wie ein großer Bruder, von dem man immer etwas lernen kann. Im Weinberg Serraboella gedeihen die Trauben für Dolcetto, Barbera und Barbaresco; aus Bricco stammt dagegen ein Großteil des Leseguts für den Briccoserra, ein Verschnitt aus Nebbiolo und Barbera, und für den seit dem Jahrgang 1997 bereiteten Barbaresco.

Fontanabianca
Frazione Bordini, 15
Tel. 0173/67195
Das junge Unternehmen von Aldo Pola und Bruno Ferro hat mit seinen modernen, eleganten und feinen Weinen einen ausgezeichneten Start hingelegt. Neben Dolcetto und Chardonnay kommen von den zehn Hektar Rebland insgesamt 50 000 Flaschen Barbaresco Surì Burdin und normaler Barbaresco.

Gastaldi
Via Albesani, 20
Tel. 0173/677400
Bernardino Gastaldi stellt hohe Ansprüche an seine Produktion. Seine Weine zählen in manchen Jahrgängen zu den besten in den Langhe. Der Barbaresco wird zurzeit aus den Trauben zweier Weinberge, Serraboella und Starderi, bereitet. Sehr erfolgreich ist auch der Rosso Gastaldi, ein vornehmlich von Nebbiolo gekelterter kraftvoller, reifer Wein. Vor kurzem wurde eine kleine Parzelle im Barolo-Gebiet, in der Lage Le Coste in Monforte d'Alba, erworben.

Bruno Giacosa
Via XX Settembre, 52
Tel. 0173/67027
Bruno Giacosa ist ein Monu-

ment des Weinbaus in den Langhe. Seine Barbaresco- und Barolo-Weine werden von vielen als die besten Nebbiolo-Gewächse schlechthin angesehen, und wenn man diese Weine nach der angemessenen Reifezeit verkostet, weiß man warum. Zurzeit füllt Giacosa einen normalen Barbaresco sowie die Crus Santo Stefano, Gallina und Asili ab; seit dem Erntejahr 1996 vinifiziert der Betrieb darüber hinaus Trauben aus seinem Besitz in der legendären Lage Rabajà. Aus dem Barolo-Gebiet stammen dagegen der Villero und der Falletto. Nicht unerwähnt bleiben sollte auch das Engagement Bruno Giacosas für die Barolo-Weine aus Serralunga; der bis 1993 produzierte Collina Rionda ist der beste Beweis für die Qualität der Lagen in dieser Gemeinde.

Fratelli Giacosa
Via XX Settembre, 64
Tel. 0173/67013
Paolo und Maurizio Giacosa sind die vierte Generation in dieser vor mehr als 100 Jahren gegründeten Kellerei in Neive. Die Produktion umfasst mehr als 300 000 Flaschen; die besten Weine sind der Barbaresco Rio Sordo, der Barolo Bussia und der Barolo Vigna Mandorlo.

Ugo Lequio
Via del Molino, 10
Tel. 0173/677224
Da Ugo Lequio keine eigenen Weinberge besitzt, kauft er die besten Trauben auf dem Markt, um sie dann mit großem Sachverstand zu vinifizieren. Hervorragend fällt oft der Barbaresco Gallina aus.

Paitin – Pasquero Elia
Via Serra Boella, 20
Tel. 0173/67343
Valerio und Giovanni produzieren mithilfe ihres Vaters Secondo ungefähr 50 000 Flaschen von den zehn Hektar ihres Besitzes im Weinberg Serraboella. Angeführt wird die Reihe ihrer Weine von dem Barbaresco Sorì Paitin und dem Langhe Rosso Paitìn aus Nebbiolo, Barbera, Cabernet Sauvignon und Syrah.

Sottimano
Località Cottà, 21
Tel. 0173/635186
Der an der Grenze zwischen Neive und Barbaresco gelegene, von der engagierten Familie Sottimano geführte kleine Betrieb hat in den letzten Jahren beeindruckende Erfolge erzielt. Sohn Andrea geht seinem Vater Rino im Weinberg und in der Kellerei zur Hand und liefert Ideen für die Kreation neuer Weine. Ausgezeichnet sind die Barbaresco-Gewächse Cottà, Currà, Fausoni und Pajoré der letzten Jahrgänge.

ÜBERNACHTUNGSMÖGLICHKEITEN

Locanda La Contea
Piazza Cocito, 8
Tel. 0173/67126
Die Betreiber des bekannten Restaurants bieten gleich nebenan einige wenige ruhige, komfortable Zimmer in einem alten Adelspalast direkt an der hübschen Piazza Cocito.

SPEISELOKALE

La Cantina del Rondò
Frazione Rondò
Località Fausoni, 7
Tel. 0173/679808
Francarlo Negro hat seine Cantina del Rondò ganz im Stil einer Osteria gehalten, so wie man sie früher vorfand: gemütliches Ambiente,

dazu viel Sorgfalt in der Küche, wo nur erstklassige Zutaten verarbeitet werden. Im Angebot finden sich komplette Menüs, aber auch so genannte *merende sinoire* (üppige Imbisse, die fast ein Abendessen ersetzen können) aus Wurst, Käse und Sardellen. Neben verschiedenen Flaschen werden einige große Weine der Gegend auch offen serviert. 50 000 Lire pro Person ohne Wein.

La Contea
Piazza Cocito, 8
Die Räume des hübschen Lokals sind mit Möbeln aus dem 19. Jahrhundert eingerichtet, die Decken mit Fresken verziert. Claudia und Tonino Verro bieten Ravioli und *tajarin*-Bandnudeln, Rinderkeule, Lamm aus dem Ofen, geröstetes Kaninchen sowie Pilze und Trüffeln in der Saison. Reiche Käseauswahl und umfassende Weinkarte mit einem beachtlichen Sortiment an Barolo und Barbaresco. Zwischen 80 000 und 100 000 Lire ohne Wein.

La Luna nel Pozzo
Piazza Italia, 23
Tel. 0173/67098
Gemütliches Lokal mit geschmackvoll neu interpretierter klassischer piemontesischer Küche: Das rohe Fleisch, das Kalbfleisch in Thunfischsauce, die Ravioli *al plin*, die Bandnudeln und der Schmorbraten mit Barolo sind sehr gut. Karte mit den besten Weinen der Gegend. Etwa 70 000 Lire ohne Wein.

EINKAUFSMÖGLICHKEITEN

Romano Levi
Via Borgo Stazione
Romano Levi hat mit seinem Grappa, dessen Flaschenetiketten er selbst im surrealistischen Stil gestaltet, Neive und die Langhe in der ganzen Welt bekannt gemacht. Besuch ist immer willkommen, aber um ein paar Flaschen mitnehmen zu dürfen, muss man Überzeugungsarbeit leisten: Romano trennt sich ungern von seinen Kreationen.

Al Nido della Cinciallegra
Piazza Cocito
Tonino Verro vom Restaurant Contea bietet in seiner Enoteca eine hervorragende Auswahl von Weinen, hauptsächlich Barbaresco. Außerdem gibt es Grappa, Robiola-Käse aus Alba, Torrone, Schokolade und in der Saison Trüffeln. Wurst, Wein und Grappa auch aus eigener Produktion.

L'Aromatario
Piazza Negro, 4
Rita Pastura bietet eine Auswahl lokaler Weine, Haselnusstorte, Torrone, Teigwaren aus Mais, Konfekt und Gewürze. Im oberen Stock zwei Doppelzimmer mit Bad (50 000 Lire pro Person).

Die Pfarrpfründe

Don Giuseppe Cogno
Geboren 1923
Pfarrer in Neive

Ich kam 1961 in die Pfarrei, als bereits eine gewisse Aufbruchstimmung im Weinbau von Neive herrschte. Die ersten Zeichen des Umbruchs waren schon damals spürbar, Zeichen, die zum Beispiel der Graf von Neive, Guido Riccardi Candiani di Castelborgo, nicht erkannte. So verkaufte er genau in jenen Jahren seine gesamten Besitztümer, etwa zehn Bauernhöfe samt der Burg, an "diesen Wurstwarenhändler von Porta Palazzo", wie ihn die Gräfinnen Cocito nannten (hier in Neive haben wir immer viele Adlige gehabt, und die waren alle miteinander ziemlich blasiert). Der "Wurstwarenhändler", das ist der Onkel von Marcarino, dem heutigen Besitzer der Kellerei Punsèt. Für 80 Millionen gehörte alles ihm: Zwei Höfe behielt er, den Rest – auch die Burg – verkaufte er.

Damals gab es viele Wiesen. Der Barbaresco-Hügelzug zum Beispiel, der nach Neive (Bernino) blickt, war eine einzige Wiese. Und dann fingen sie ganz langsam an, hie und da Wein zu pflanzen. Die Pfarrei besaß schon damals dieselben Grundstücke wie heute: Es genügt ein Blick in das Kataster von 1755, das wir hier in der Pfarrei aufbewahren, um einen vollständigen Überblick über die Weinberge von damals zu bekommen. *(November 1995)*

BARBARESCO

S. Rocco Seno d'Elvio

San Rocco Seno d'Elvio ist der nördlichste Ortsteil von Alba und gleichzeitig der Südzipfel des kleinen, dreieckigen Barbaresco-Anbaugebiets: nicht viel mehr als eine Piazza, ein paar niedrige Häuser und eine Osteria.

Das Umland sieht noch gar nicht wie ein Weinanbaugebiet aus. Auf den Hängen klammern sich alte Haselnusssträucher, Pappeln, Schilfrohr und Pinien an die Tuffsteinwände.

Wenn man sich vorher anmeldet, kann man das Museo del Drago im gleichnamigen Gut besuchen und die von dem Apotheker De Giacomi gesammelten Exponate aus mehreren Jahrhunderten Landwirtschaftsgeschichte bewundern, unter anderem zwei Pressen aus dem 17. Jahrhundert, Kupferdestillierkolben aus dem 18. Jahrhundert und Geräte für die Herstellung von Spumante vom Anfang des 20. Jahrhunderts. Eine Reise in die Vergangenheit dieses Gebiets könnte zum Beispiel hier vor den ersten drei Flaschen Barbaresco aus dem Jahr 1870 – mit handgeschriebenen Etiketten – beginnen und sich im nahen Alba fortsetzen, in der wegen seiner Lage in der Ebene irgendwie unpassend wirkenden Hauptstadt dieses Hügellands namens Langhe, das sich wie ein Amphitheater zur Stadt hin öffnet.

Alba wirkt wie ein Schiff, das zwischen dem Kräuseln des Roero und den Wogen der Langhe in eine plötzliche Flaute geraten ist – der einzige wirkliche Wasserweg, der Fluss Tanaro, fließt träge hinab Richtung Asti.

Die Industrie Albas beliefert die ganze Welt mit Süßwaren (Ferrero), Stoffen (Miroglio), Druck-Erzeugnissen (San Paolo) und Gummi (Mondo Rubber); bekannt ist die Stadt jedoch vor allem für ihre

großen Weine, die weißen Trüffeln und ihre Küche. Die Altstadt gehört zu den schönsten im unteren Piemont. Die noch erhaltenen Wahrzeichen der einstigen "Stadt der 100 Türme" umkränzen den Domplatz, zu Zeiten der Römer das Forum von *Alba Pompeia* und heute pulsierendes Herz der Stadt. An der linken Seite des Platzes steht der auf römischen Resten erbaute Palazzo Comunale, in dessen Inneren bedeutende Gemälde aus dem Mittelalter und der Renaissance zu besichtigen sind, zum Beispiel im Konzilssaal das herrliche, Mattia Preti zugeschriebene *Concerto* und an den Wänden der Haupttreppe die interessanten Fresken aus der gotischen Kirche San Domenico, die vor kurzem restauriert und zum Ausstellungs- und Konzertraum umgestaltet wurde.

Beherrscht wird der Platz durch die schöne Ziegelfassade des Doms San Lorenzo. Er wurde nach einem Entwurf des Bischofs Novelli zwischen 1486 und 1517 errichtet, in den folgenden Jahrhunderten jedoch mehrfach umgebaut und ergänzt.

Vom Domplatz zweigt die Via Vittorio Emanuele II ab, die hier Via Maestra genannt wird und die gesamte Altstadt durchquert. Entlang der Gebäude, die von mittelalterlicher Architektur bis zum Jugendstil alles bieten, machen die Einheimischen ihren Nachmittagsspaziergang. Besichtigenswert ist außer der Chiesa della Maddalena in der Via Maestra auch die Kirche San Giovanni Battista auf der Piazza Elvio Pertinace; im Innenraum finden sich zahlreiche Kunstwerke, darunter das Tafelbild von Barnaba da Modena aus dem 14. Jahrhundert und das Altarbild aus der Werkstatt des Macrino, eine Darstellung der *Jungfrau mit dem Kind zwischen dem Heiligen Augustinus und der Heiligen Lucia*.

Die Weinberge

Wenn vom Barbaresco die Rede ist, wird leicht übersehen, dass auch die Gemeinde Alba mit einem Teil ihres Gemeindegebiets zu dieser DOCG gehört. Allerdings machen die 22 Hektar Rebfläche des nach dem dort geborenen römischen Kaiser Publius Elvius Pertinax benannten Ortsteils San Rocco Seno d'Elvio nur fünf Prozent des gesamten Bereichs aus. San Rocco Seno d'Elvio markiert die Südwestgrenze des Barbaresco-Gebiets. Wenn man von Altavilla in Richtung Barbaresco fährt, zweigt vor dem Ortsteil Pertinace rechts eine kleine Straße nach San Rocco Seno d'Elvio ab. Hinter dem Ort verläuft diese Straße parallel zum Tal des Flusses Seno d'Elvio und endet wenige Kilometer südlich beim Gut Castellengo. Alle Weinberge auf der linken Seite dieser Straße, also im Osten, sind Teil des DOCG-Bereichs, während diejenigen rechter Hand schon außerhalb liegen. Auch auf den Barbaresco-Flächen wird indes aufgrund des kühlen Mikroklimas des Tals und der steilen Hanglage wenig Nebbiolo angebaut; die älteren Winzer

DOC und DOCG	Rebfläche in Hektar	Anteil an der Gesamtrebfläche der Gemeinde	Anteil am DOC-Bereich
Dolcetto d'Alba	230,4025	30,89%	12,33%
Moscato d'Asti	210,3816	28,20%	5,07%
Barbera d'Alba	187,5514	25,14%	10,88%
Nebbiolo d'Alba	34,7370	4,66%	8,36%
Langhe Chardonnay	24,3600	3,27%	9,49%
Barbaresco	**22,5700**	**3,03%**	**4,70%**
Weitere DOC-Weine	35,9650	4,82%	
GESAMT	745,9675	100,00%	
Weitere DOC-Weine			
Langhe Arneis	8,8100	1,18%	21,37%
Langhe Freisa	8,6000	1,15%	14,34%
Langhe Favorita	5,6350	0,76%	14,34%
Langhe Rosso	3,8500	0,52%	5,47%
Piemonte	2,9800	0,40%	16,27%
Piemonte Cortese	1,9300	0,26%	14,99%
Langhe Bianco	1,4400	0,19%	5,40%
Piemonte Brachetto	1,1700	0,16%	9,61%
Piemonte Moscato	0,8600	0,12%	5,88%
Piemonte Barbera	0,3800	0,05%	0,71%
Piemonte Grignolino	0,3100	0,04%	1,89%

Rizzi

bevorzugen Moscato oder Dolcetto. Die geeigneten Weinberge liegen am Ende der Hügel, die von Treiso zum Tal hin abfallen; sie gehören gewissermaßen zu den Einzellagen des westlichen Teils von Treiso, nach denen sie im Übrigen auch benannt sind (Rizzi, Basso, Montersino, Meruzzano und andere). Aus diesem Grund werden die Lagen von San Rocco Seno d'Elvio im Kapitel über die Gemeinde Treiso beschrieben.

Die Weinproduktion im Überblick

14 Erzeuger, die auf insgesamt 22,5 Hektar jährlich 1263 Hektoliter Wein produzieren; dies entspricht fünf Prozent der Produktion des gesamten Barbaresco-Gebiets.

Empfohlene Adressen in Alba

Einwohner: 29 700
Höhe: 172 Meter

AUSKÜNFTE

Fremdenverkehrsamt
(Ente Turismo Alba Bra Langhe e Roero)
Piazza Medford, 3
Tel. 0173/35833

Touristeninformation
(Ufficio turistico)
Via Vittorio Emanuele, 19
Tel. 0173/362807

Tourismus in den Langhe
Associazione Turistica Arci Nova
Via Cavour, 16
Tel. 0173/364030

DIE ERZEUGER

Silvano e Elena Boroli
Frazione Como, 34
Tel. 0173/35865
Die Borolis haben nach dem Weingut Bompè in Alba nun Brunella in Castiglione Falletto erworben, vor allem aber einen beträchtlichen Anteil am hervorragenden Cru Villero. Sehr gut gelungen ihr Dolcetto und Moscato, außergewöhnlich der erstmals erzeugte Barolo. Auf die weitere Entwicklung darf man gespannt sein.

Ceretto
Località San Cassiano, 34
Tel. 0173/282582
Die herrliche Tenuta della Bernardina ist seit vielen Jahren Produktions- und Vertriebszentrum des Unternehmens der Brüder Ceretto, vor allem was die neuen Weinkreationen angeht (Arneis Blangé, Spumante Brut und Weine aus internationalen Rebsorten). Doch hier werden auch der Barolo Zonchera und der Barbaresco Asij gekeltert, die Basiserzeugnisse der beiden DOCG-Bereiche.

Lano
Strada Basso, 38
Tel. 0173/286958
Gianluigi Lano übernahm 1992 den Familienbetrieb und bewirtschaftet seitdem seine sechs Hektar Rebfläche ohne Verwendung von Chemikalien. Für den Barbare-sco, der zur Entwicklung einer harmonischen Tanninstruktur einige Jahre braucht, werden Nebbiolo-Trauben aus

Montersino

Treiso und San Rocco Seno d'Elvio verwendet.

Pio Cesare
Via Cesare Balbo, 6
Tel. 0173/440386
Dieser historische Betrieb der Langhe hat sich einst mit der traditionellen Produktion von Barolo und Barbaresco aus Trauben verschiedener Weinberge einen Namen gemacht. Doch die Zeiten haben sich geändert, und heute liefern zwei herrliche Weingüter die Trauben für Pio Boffas wichtigste Weine: Ornato in Serralunga d'Alba und Bricco in Treiso. Außerdem ist das Unternehmen im Besitz der Lage Colombaio in Serralunga, die ideal für Barolo wäre, aber für den Anbau von Barbera und Chardonnay genutzt wird. Vor kurzem wurden weitere Rebflächen im Gebiet Roncagliette di Santa Maria in der Gemeinde La Morra, unterhalb der Burg von Grinzane und in Treiso erworben.

Poderi Colla
Frazione San Rocco
Seno d'Elvio, 82
Tel. 0173/290148
Die Kellerei der Poderi Colla befindet sich in den Räumen des ehemaligen Guts Drago, das bereits außerhalb des Barbaresco-Gebiets liegt. Nachdem er sich – gemeinsam mit seinem Bruder Beppe – lange bei Prunotto engagiert hatte, bemüht sich Tino Colla nun auf diesem Gut um die Nebbiolo-Spitzenlagen der Langhe und wird dabei von seiner Nichte Federica unterstützt. Im Vordergrund stehen die Finesse und die olfaktorische Komplexität der Rebsorte; doch auch die beachtlichen Tannine kommen zum Ausdruck, wie der Barbaresco des Guts Roncaglia in Barbaresco und der Barolo Bussia Dardi Le Rose aus Monforte d'Alba zur Genüge beweisen.

Prunotto
Regione S. Cassiano, 4/G
Tel. 0173/280017
Alfredo Prunotto, der in diesem Buch mit einem eigenen Beitrag gewürdigt wird, gründete in den Zwanzigerjahren eine der hervorragendsten Kellereien des Piemont. Der später von den kompetenten Brüdern Colla übernommene Betrieb verdankt seine internationale Reputation seinen Barolo- und Barbaresco-Weinen, für die seit 1961 die Herkunftslage auf dem Etikett angegeben wird.
Die wichtigsten Weine, die auch dem neuen Besitzer, der Firma Antinori, zur Ehre gereichen, sind der Barolo Cannubi und der Barolo Bussia. Der

großartige Barbaresco Montestefano wird leider nicht mehr produziert. Mit dem Jahrgang 1996 kam zu dem normalen Barbaresco neu der Barbaresco Bric Turot heraus. Ebenfalls von Nebbiolo, allerdings aus dem Roero, wird einer der erfolgreichsten Weine des Betriebs gekeltert: der Nebbiolo d'Alba Ochetti.

Francesco Rinaldi e Figli
Via Sacco, 4
Tel. 0173/440484
Der Betrieb hat seinen Sitz in Alba, Produktionsstätte ist jedoch das Gut Palazzo im Gebiet Cannubi in Barolo. Luciano Rinaldi, in dessen Familie der Weinbau seit 1870 Tradition hat, erzeugt von jeher erstklassigen Barolo aus seinem zehn Hektar umfassenden Besitz in bedeutenden Weinbergen wie Cannubi (von dort stammt der Barolo Cannubbio) und Brunate (wo seine Parzelle in bester Lage an die von Giuseppe Rinaldi grenzt).

ÜBERNACHTUNGS-MÖGLICHKEITEN

I Castelli
Corso Torino, 14
Tel. 0173/361978
Vier Sterne, drei Suiten, 84 Zimmer. Komfortables, nicht weit vom Zentrum Albas entfernt gelegenes Hotel mit sehr gutem Frühstück und behindertengerechter Ausstattung.

Motel Alba
Corso Asti, 5
Località Rondò
Tel. 0173/363251
Drei Sterne, 94 Zimmer. Das an der Staatsstraße nach Asti am Stadtrand gelegene komfortable Motel Alba ist besonders zu empfehlen, wenn man das umliegende Barbaresco-Gebiet bereisen möchte.

Savona
Via Roma, 1
Tel. 0173/440440
Drei Sterne, 99 Zimmer. Historisches Hotel mitten im Zentrum, gut zu erreichen. Komfortable Zimmer.

SPEISELOKALE

Il Vicoletto
Via Bertero, 6
Tel. 0173/363196
Das elegante und gemütliche Lokal ist eine der stilvollsten Adressen in der Hauptstadt der Trüffel. Die Küche bietet regionale Gerichte in modernem Gewand aus hervorragenden Zutaten. Reiche Käseauswahl und leckere Desserts. Etwa 100 000 Lire.

Osteria dell'Arco
Piazza Savona, 5
Tel. 0173/363974
Herzlicher Empfang, ausgezeichnet zubereitete Gerichte und faire Preise, auch was den Wein angeht, den man aus einer gepflegten Karte mit den besten Gewächsen der Langhe, hauptsächlich Barolo und Barbaresco, auswählt. Nicht mehr als 50 000 Lire ohne Wein.

Osteria Italia
Frazione San Rocco
Seno d'Elvio, 8
Tel. 0173/441547
Die nette Osteria liegt an der kleinen Piazza in San Rocco Seno d'Elvio, sozusagen am Eingang zum DOCG-Gebiet Barbaresco. Man kann dort einen kleinen Imbiss mit Wurst und Käse oder eines der traditionellen Gerichte zu sich nehmen. Kleine, aber fei-

ne Auswahl lokaler Weine. 30 000 bis 45 000 Lire.

Osteria Lalibera
Via Pertinace, 24/a
Tel. 0173/293155
Der ausgezeichnete Service und die erstklassigen Zutaten sprechen für dieses kleine Lokal mitten in der Altstadt. Gute Weine und faire Preise.

ENOTECHE

Burdese
Via Vittorio Emanuele, 13

Drogheria Carosso
Via Vittorio Emanuele, 23

Enolibreria
I Sapori del Gusto
Via Vittorio Emanuele, 23

Enoteca del Centro
Via Roma, 8

Enoteca Fracchia
Via Vernazza, 9

Enoteca I Castelli
Corso Torino, 14/c

Enoteca Terra Gentile
Via Cavour, 5/a

Grandi Vini
Via Vittorio Emanuele, 1/a

'I Crotin
Via Cuneo, 3

Peccati di Gola
Via Cavour, 11

Alba ist einer der Hauptanziehungspunkte für Weinliebhaber und Gourmets im unteren Piemont.
Die in jüngster Zeit stark gestiegene Nachfrage nach Wein und Delikatessen brachte innerhalb der Stadt viele neue Enoteche hervor.
Wir haben uns erlaubt, diese Geschäfte unkommentiert aufzulisten, denn bei allen Eigenheiten haben sie doch alle eines gemeinsam: ein ausgezeichnetes Angebot an Weinen und typischen Produkten aus der Gegend.

Luciano de Giacomi

1921-1995

Luciano de Giacomi war ein Mann, der keine Umschweife machte – eine Art Gottfried von Bouillon, der den ersten Kreuzzug gegen die Ungläubigen anführte, entschlossen mit seinen Getreuen ins Heilige Land zog und die Muselmanen aus Jerusalem vertrieb. Wie der wackere Ritter war auch Luciano ein Mann der Tat, der keinen Widerspruch duldete, ein Mann, der seine Sicht der Dinge rücksichtslos durchsetzte. De Giacomi zu widersprechen oder ihm gegenüber eine andere Auffassung zu vertreten – das war ein unverzeihlicher Affront, das war Verrat. Selbst engsten Gefährten kündigte er in einem solchen Fall die Freundschaft. Kurzum, er war ein schwieriger Charakter. Nicht ganz zufällig hatte er die mittelalterliche Bruderschaft Cavalieri del Tartufo e dei Vini d'Alba gegründet, als deren Großmeister er selbst firmierte und in die nur ausgezeichnet beleumundete Personen in einem Mantel- und Degen-Zeremoniell Aufnahme fanden, zu dem bunt kostümierte Pagen die Hörner erklingen ließen. Eine Art Initiation, mit der man sich praktisch der Bruderschaft auf Gedeih und Verderb verschrieb. Natürlich gab es auch die entsprechenden Uniformen: smaragdgrüne Gewänder, rote Kardinalsumhänge, byzantinische Federturbane, eine bunt gemischte, etwas karnevaleske und doch effektvolle Kleiderkammer. Nach ihrer Investitur hatten die Cavalieri eigentlich nur einer Sache zu dienen: dem Schutz der Weine und der traditionellen Küche des Hügellands der Langhe, diesem grünen Meer aus endlos dahinwogenden Reben auf knorrigen Rebstöcken, in dessen tiefen Wäldern sich das zweite Juwel des Landstrichs verbirgt, die Trüffel. Auf diesen Hügeln reifen die Trauben für Barolo-, Barbaresco-, Nebbiolo-, Barbera-, Dolcetto-, Freisa-, Moscato-Weine und andere, weniger bekannte Tropfen heran, die zu den nationalen Spitzengewächsen Italiens zählen.

Heutzutage sind die Rebflächen für jene Weine auf Herkunftsgebiete beschränkt und per Gesetz durch Produktionsvorschriften geschützt. Doch Luciano De Giacomi, der wenig auf Gewährleistungen gab, die er nicht selbst kontrollieren konnte, beschloss zusammen mit seinen Cavalieri, eine eigene Auswahl der Langhe-Weine zu treffen, die nach jahrelanger, verbissener Arbeit von der Bruderschaft im Schloss von Grinzane Cavour präsentiert wurde. Hier, wo einst der junge Graf Cavour, damals noch kein Minister des Königshauses, selbst Weinbau betrieben hatte, ist heute der Sitz des Ordens, und hier fand auch die gestrenge Auswahl der Weine statt, die Aufnahme in die Enoteca fanden. Noch heute kennt die Enoteca von Schloss Grinzane keine Konkurrenz in Sachen Qualitätsweine. Sie ist die wichtigste Anlaufstelle für Rat suchende und womöglich unschlüssige Weinfreunde auf der Suche nach dem Tropfen, der zu ihnen passt. Das Restaurant, das De Giacomi im Schloss

eröffnete, wurde schon bald zu einem Treffpunkt für Feinschmecker. Zu seinen Spezialitäten zählen einfache, mitunter schlichte Speisen, allesamt aus dem Vermächtnis armer Familien von Halbpächtern und Landarbeitern, wie zum Beispiel *Bagna caoda* und *Lasagne al sangue*, die von fantasiereichen Spitzenköchen ihre Würde zurückerhielten und an die Bedürfnisse unserer heutigen Zeit angepasst wurden.

Luciano wusste auch in Sachen Küche mitzureden, er verabscheute die heutige Hektik beim Essen und verbrachte viel Zeit damit, in alten Kochbüchern und abgegriffenen Rezeptsammlungen von Hausfrauen und Großmüttern herumzustöbern. Er wollte die Vergangenheit bei Tisch wieder aufleben lassen, selbst in scheinbar überholten Details, wie zum Beispiel jenem, dass die Bandnudeln wie früher in Wasser aus dem Brunnen und nicht aus dem Wasserhahn zu kochen haben – unverständlich für viele, unabdingbar für ihn.

Einige Unternehmungen führten De Giacomi und seine Cavalieri auch ins Ausland. So gelangten sie eines Tages mit Weinflaschen und riesigen Körben voller Lebensmittel bewaffnet nach Paris. In einem Lokal auf den Champs-Elysées harrten ihrer bereits Feinschmecker, Liebhaber der französischen *cuisine*, Schriftsteller, Journalisten, Schauspieler und Künstler – allesamt arrogant und skeptisch, versunken in die wohlbekannte französische *grandeur*. Doch kaum war der Wein ausgeschenkt und die gehobelten weißen Trüffeln aus Alba sacht auf dem Käsefondue gelandet, erhob sich nicht enden wollender Applaus, und die Schlacht war gewonnen. Eine andere Reise führte die Cavalieri ins ferne London. De Giacomi charterte eine DC-9, die er bis oben hin voll laden ließ mit Weinflaschen, piemontesischen Teigtaschen *agnolotti col plin*, Knoblauch und Korbflaschen voll Olivenöl aus Ligurien, Kardendisteln und Peperoni, piemontesischen Rinderkeulen, hausgemachter Tomatensauce, Nusstorten, Rosmarin und anderen wichtigen Zutaten für ein denkwürdiges piemontesisches Abendessen. Erneut begegneten ihnen zurückhaltende, kühl beherrschte Gäste, und erneut brach schon beim ersten Gang, einem ganz und gar ungewöhnlichen Sardellengericht mit grüner Sauce, tosender Beifall aus – Gottfried von Bouillon hatte also auch die Themse überschritten.

De Giacomis Leben stand ganz im Zeichen des Weins und einer gepflegten Küche, es hatte jedoch nichts gemein mit gargantuesken Fress- und Saufgelagen. Unzweifelhaft war Luciano ein Feinschmecker, doch sein Gaumen beherrschte so viele Akkorde wie ein gut gestimmtes Klavier, und er war ganz vernarrt in die Weine seiner Heimat, einen Schatz, der Gefahr lief, in Vergessenheit zu geraten. "Die Trauben und die Trüffeln hier bei uns", sagte er, "gab es vielleicht schon zu Zeiten der Dinosaurier. Sie sind ein kostbares Erbe, und wir haben die Pflicht, es zu bewahren." Gewiss wäre De Giacomi noch heute mit seinen getreuen Cavalieri auf Kreuzzug, hätte er nicht eines Tages im Jahr 1995 in seiner Apotheke in Alba einen Kollaps erlitten. Im Alter von 74 Jahren verstarb dieser unermüdliche Streiter für die Sache der Langhe.

BARBARESCO

Treiso

Das kleine Dorf der Bassa Langa liegt zwischen den Flüssen Tinella und Seno d'Elvio auf einer Anhöhe, auf der fünf Hügelrücken zusammenlaufen. Man gelangt dorthin, wenn man von Alba aus auf der Staatsstraße 231 fährt und dann in Richtung Barbaresco und Neive abbiegt. Oben im Ort hat man einen herrlichen Blick über die Hügel der Langa del Barolo und des Roero, die im Dunst mit den fernen Alpen zu verschwimmen scheinen. Von der 5000-jährigen Geschichte Treisos zeugen drei Steine aus dem Neolithikum, die im Ortsteil Pertinace gefunden wurden. In Dokumenten des Altertums werden die Namen *Trayso, Trasio, Tresio* oder *Traizo* häufig erwähnt, da die Siedlung am dritten Meilenstein der von Alba ausgehenden römischen Straße lag: Hier wurden die Pferde der von Savona kommenden römischen Truppen ausgewechselt. Treiso war in den Auseinandersetzungen zwischen Alba und Asti Schauplatz blutiger Schlachten; 1617 kam es an Savoyen und teilte fortan das Schicksal des Ortes Barbaresco, bis es 1958 eine eigenständige Gemeinde wurde.

Die Piazza, einst Mittelpunkt des bäuerlichen Lebens, wird von der mächtigen Pfarrkirche beherrscht; die rote Ziegelfassade des klassizistischen Bauwerks mit barocken Ornamenten ist mit drei Heiligenstatuen verziert, die 1773 von Unia di Racconigi gestaltet wurden. Um etwa die gleiche Zeit schafften die Rinderhirten aus Treiso die 1767 von Traversa ausgeführte Hauptglocke aus Turin heran; der leicht geneigte Glockenturm – der wohl interessanteste Teil des Bauwerks – wurde ein Jahrhundert später in den Kirchenmauern verankert, um ihn vor dem Einsturz zu bewahren.

Das Kloster der Confraternita dei Battuti gegenüber der Kirche ist eine architektonisch weniger geglückte bunte Mischung verschiedener Baustile: neben der klassischen Fassade mit Tympanon finden sich Säulen und Spitzbogenfenster. Da die beiden Ortsteile Cravero und Borgonuovo sich nicht einigen konnten, auf wessen Gebiet das Kloster errichtet werden sollte, musste der Bischof einen Vermittler entsenden, der die Distanz zwischen den beiden Ortschaften abschritt und genau in der Mitte den Bauplatz auswies.

In der Nähe von Treiso ist durch Erosion ein beeindruckender Krater in Form eines Amphitheaters entstanden; um den Ursprung dieses *Rocche dei sette fratelli,* Felsen der sieben Brüder, genannten Naturdenkmals rankt sich eine Legende mit religiösen Motiven: Auf die große Wiese, die sich hier einst erstreckte, kamen sieben Brüder, um das Gras zu mähen. Als am späten Vormittag ihre Schwester das Essen brachte, das, weil es Freitag war, kein Fleisch enthielt, erzürnten sich die Brüder und lästerten die göttlichen Gesetze. Sie wetterten und fluchten noch immer, als eine Prozession etwas entfernt vorbeizog: Im Dorf war es Sitte, dass der Pfarrer, mit einem weißen Gewand und einem violetten Umhang bekleidet, in Begleitung des Küsters und der Dorfbewohner den Kranken die Sterbesakramente brachte. Plötzlich tat sich ein Abgrund auf und verschlang die sieben gottlosen Brüder; die Schwester blieb unversehrt.

Während des Zweiten Weltkriegs mussten in dieser Gegend tatsächlich viele junge Männer unter dramatischen Umständen ihr Leben lassen: Sie kämpften als Partisanen gegen das faschistische Regime.

Die Weinberge

Wenn vom Barbaresco die Rede ist, werden fast immer die Gemeinden Barbaresco und Neive genannt: Barbaresco verfügt über eine Reihe erstklassiger Lagen und hat dem DOCG-Bereich seinen Namen gegeben; in Neive gibt es hervorragende Winzer, die einigen der Spitzenlagen zu ihrem verdienten Erfolg verhalfen. Treiso bleibt häufig unberücksichtigt, obwohl es ein viel älteres Recht als Neive geltend machen kann: Bereits Ende des 19. Jahrhunderts zählte Fantini in seiner *Monografia sulla viticoltura ed enologia nella provincia di Cuneo* zahlreiche Weinberge der Gemeinde Treiso zu den besten Lagen. Wahrscheinlich ist das geringe Interesse für Treiso darauf zurückzuführen, dass ein Großteil des Gemeindegebiets auf mehr als 400 Meter über dem Meeresspiegel liegt, das heißt in einer Höhe, in der Nebbiolo-Trauben nicht mehr vollständig reifen. Auf Grund dieser Tatsache und wegen des geringen Marktwerts, den der Barbaresco in den Fünfzigerjahren hatte, sahen sich viele Winzer dazu veranlasst, auf populärere Rebsorten wie Moscato und Dolcetto umzusteigen und so eine neue Tradition für diese Trauben in Treiso zu begründen.

DOC und DOCG	Rebfläche in Hektar	Anteil an der Gesamtrebfläche der Gemeinde	Anteil am DOC-Bereich
Moscato d'Asti	158,8419	37,28%	3,83%
Dolcetto d'Alba	112,9630	26,51%	6,04%
Barbaresco	**93,7778**	**22,01%**	**19,53%**
Barbera d'Alba	27,2409	6,39%	1,58%
Langhe Chardonnay	22,2430	5,22%	8,37%
Weitere DOC-Weine	10,9900	2,58%	
GESAMT	426,0566	100,00%	
Weitere DOC-Weine			
Langhe Favorita	2,69	0,63%	2,70%
Langhe Rosso	1,91	0,45%	2,72%
Langhe Nebbiolo	1,80	0,42%	7,20%
Langhe Freisa	1,08	0,25%	1,80%
Piemonte	0,90	0,21%	4,92%
Piemonte Pinot Nero	0,79	0,19%	10,15%
Piemonte Cortese	0,71	0,17%	5,51%
Langhe Bianco	0,55	0,13%	2,06%
Piemonte Grignolino	0,36	0,08%	2,19%
Piemonte Barbera	0,2000	0,05%	0,38%

Rocche dei Sette Fratelli

Glücklicherweise hat die steigende Nachfrage nach Barbaresco dafür gesorgt, dass in den sonnigsten Lagen wieder Nebbiolo angebaut wird; die etwa 94 Hektar Nebbiolo-Rebfläche machen immerhin gut 19 Prozent des gesamten DOCG-Bereichs aus.

Von der Mitte des auf etwa 420 Meter über dem Meeresspiegel liegenden Dorfs breitet sich ein Fächer aus Hügelrücken aus, die mit Weinbergen bedeckt sind: Am besten geeignet sind die zum Tanaro hin abfallenden Hänge mit den Ortsteilen Tre Stelle und Pertinace (Pajoré, Valeriano und Rizzi). Die Sonnenseiten dieser Hügel im Norden des Gemeindebereichs bieten durch ihre geringe Höhe ideale Bedingungen für Nebbiolo. Im östlichen und südlichen Teil der Gemeinde, an der Grenze zu Neviglie und Trezzo Tinella, herrscht dagegen aufgrund der höheren Lage und der lang gestreckten Täler – in denen die Luft stärker zirkuliert – ein kühleres Mikroklima, in dem die Nebbiolo-Trauben schlecht reifen; diese Hänge sind daher günstiger für den Anbau von Moscato und Dolcetto.

Die Weinproduktion im Überblick

88 Erzeuger, die auf insgesamt 94 Hektar jährlich 5191 Hektoliter Wein produzieren; dies entspricht 19 Prozent der Produktion des gesamten Barbaresco-Gebiets.

DIE WEINBERGE

BERNARDOT ODER BERNARDOTTI
BORDINO
BRICCO
CASOT
CASTELLIZZANO
MANZOLA
MARCARINI
MONTERSINO
NERVO
PAJORÉ
RIZZI
ROMBONE
VALEIRANO

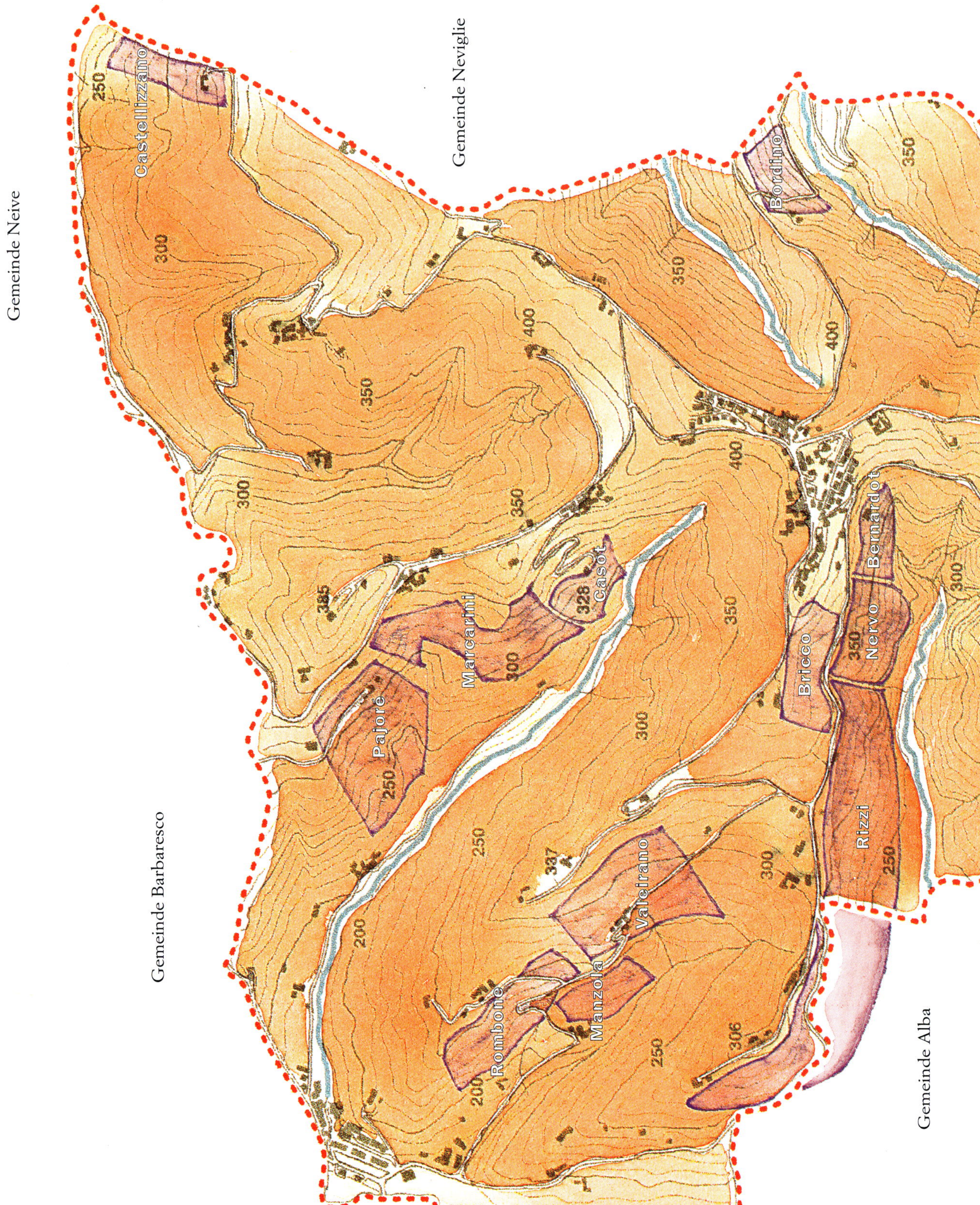

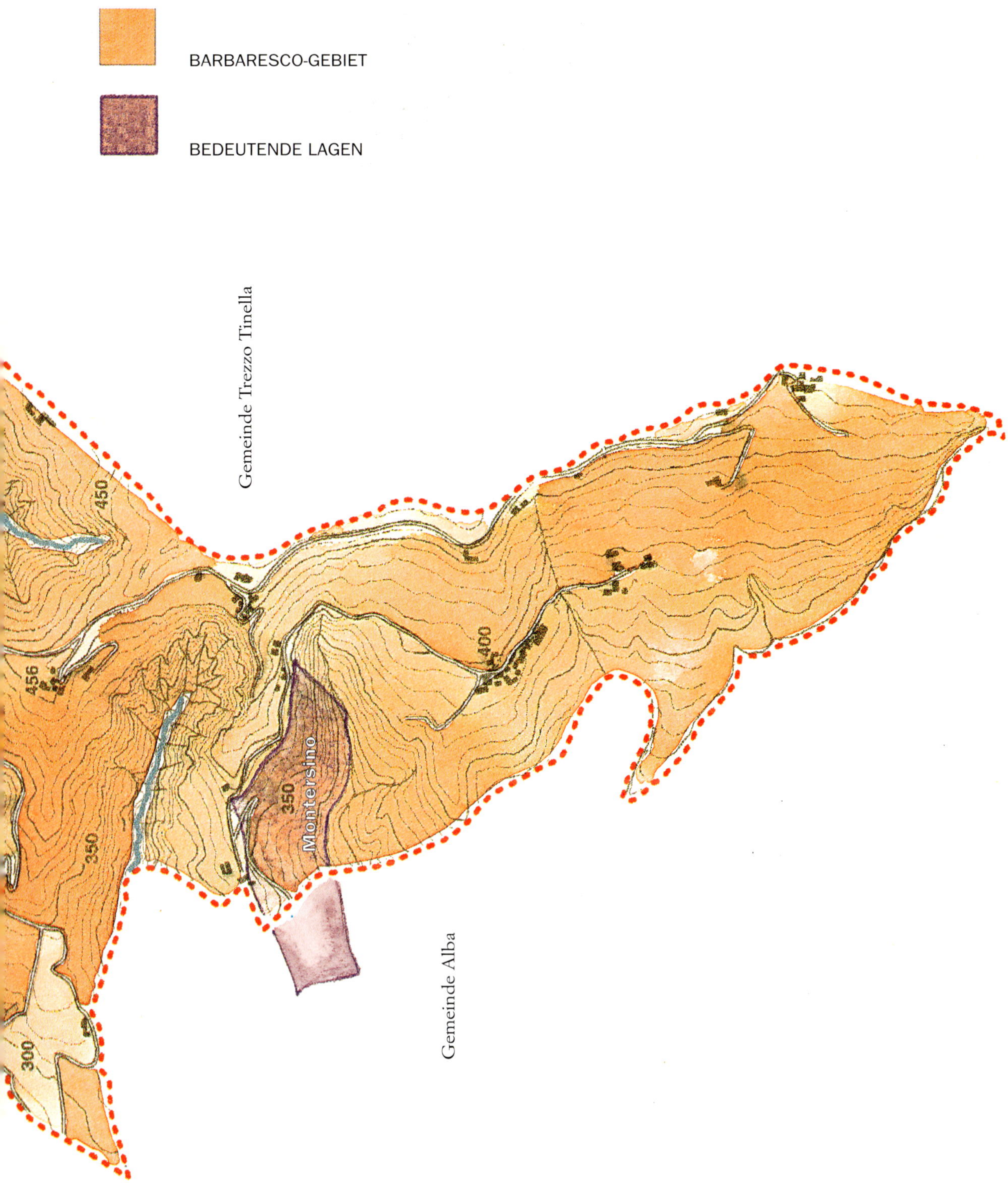
BARBARESCO-GEBIET
BEDEUTENDE LAGEN
Gemeinde Trezzo Tinella
Gemeinde Alba
Montersino
450
456
350
300
400
350

Bernardot (oder Bernardotti)

Wenn man von Treiso in Richtung Pertinace hinabfährt und an der ersten rechts herum führenden Haarnadelkurve nach links auf die Strada Basso abbiegt, hat man nach wenigen Metern rechter Hand einen guten Blick auf Bernardot. Dieser relativ kleine Weinberg zählt seit mehr als einem Jahrhundert zu den besten der Gemeinde, auch wenn er heute nur wenigen Eingeweihten bekannt ist.

Die Reben wachsen unterhalb des gleichnamigen Guts gut geschützt in einer engen amphitheaterförmigen Mulde, was die Höhenlage von 350 bis 400 Meter über dem Meeresspiegel klimatisch wieder wettmacht. Bernardot ist die natürliche Verlängerung von Nervo und gleicht diesem, zumindest auf dem ersten Stück, in Exposition und Bodenbeschaffenheit; der östliche Teil des Weinbergs folgt dagegen dem Verlauf des Hügels, der sich nach Südwesten neigt. Bernardot ist die letzte in der Reihe von Spitzenlagen auf den Hügeln von Rizzi und Nervo.

Die wichtigsten Weine

Barbaresco Bernardot – Bricco Asili, Barbaresco

Bordino

Der südlich von Ferrere und Castellizzano gelegene Teil von Treiso hält für die Liebhaber des Barbaresco einige angenehme Überraschungen bereit. Der von dem Gebiet namens *Bongioan* eingeschlossene Weinberg Bordino ist nach dem Gut benannt, das bis vor einigen Jahren – heute ist nichts mehr davon zu sehen – über seine Rebzeilen wachte.
Hier sind die Böden heller und lockerer als in Castellizzano, und die schönen Südosthänge bringen, auch dank der Höhe zwischen 300 und 360 Metern, elegantere, aber weniger robuste Weine hervor. Wie die anderen Lagen am südöstlichen Rand des DOCG-Bereichs verfügt Bordino über sehr steile Hänge.

Die wichtigsten Weine

*Barbaresco Cascina Bordino – Tenuta Carretta, Piobesi d'Alba

Bricco

Kurz vor dem Ort Treiso erhebt sich linker Hand der von Rizzi kommenden Provinzstraße der eindrucksvolle Bricco di Treiso. Das auf dem Gipfel 410 Meter über dem Meeresspiegel liegende Gut ist der höchste Punkt im nördlichen Teil der Gemeinde. Nur die nach Süden ausgerichteten Hänge sind für den Nebbiolo-Anbau geeignet; die Rebfläche ist daher begrenzt. Die Weingärten des Bricco liegen mit 340 bis 410 Metern ziemlich hoch und sind aufgrund der freien Lage dem Wind verstärkt ausgesetzt; aber die durch keinerlei Schatten von anderen Hügeln beeinträchtigte Sonneneinstrahlung auf der Südseite kompensiert diese Nachteile vollständig.
Der im Osten zwischen dem Bricco und dem Dorf gelegene interessante Weingarten Cravero – im Dialekt *Cravé* genannt – kann angesichts der übereinstimmenden Eigenschaften als Teil der Lage Bricco betrachtet werden.

Die wichtigsten Weine

*Barbaresco Il Bricco – Pio Cesare, Alba

Casot

Seine Qualität und vor allem seine geschichtliche Bedeutung verleihen diesem relativ kleinen Weinberg einen besonderen Rang in der Gemeinde Treiso. Denn wie der alte Meinardi – einer der Ersten, die in Treiso Barbaresco kelterten – berichtet, kamen in den Zeiten, in denen auf dem Gemeindegebiet vornehmlich Dolcetto und Moscato angebaut wurden, viele Händler aus Alba nach Casot und Marcarini, weil sie dort auch ausreichende Mengen Nebbiolo vorfanden.

Der Weinberg mit einheitlicher Südwestausrichtung erstreckt sich von der Grenze zu Giacosa über den Ort Casot hinaus in Richtung Tal. Die windgeschützte Lage in einer Höhe zwischen 290 und 330 Metern ist fast ideal; die oberhalb anschließenden Flächen von Giacosa liegen trotz der günstigen Exposition dagegen fast ein bisschen zu hoch, als dass die Nebbiolo-Trauben jedes Jahr vollständig reifen könnten.

Die wichtigsten Weine

*Barbaresco Poderi Casotto – Giuseppe Nada, Treiso

Castellizzano

Die Gebiete im Osten von Treiso, die an Neviglie und weiter südlich an Trezzo Tinella grenzen, blicken gewiss nicht auf eine so lange Tradition zurück wie das westliche Gemeindegebiet. Dennoch erschließen sich dem aufmerksamen Beobachter dort einige beachtenswerte Lagen, allen voran Castellizzano. Trotz der tiefen, rötlichen Böden und der nicht immer optimalen Exposition (Ost bis Südost in einer Höhe von 260 bis 350 Metern) bringt dieser Weinberg kraftvolle und langlebige Weine hervor, die anderen Barbaresco-Gewächsen in wasserarmen Jahrgängen häufig überlegen sind.

Bedauernswerterweise gehören die besten Teilgebiete des Weinbergs, die steilen Lagen auf der anderen Seite des Tinellatals, zur Gemeinde Neviglie und daher nicht mehr zum DOCG-Bereich Barbaresco.

Die wichtigsten Weine

*Barbaresco Vigneto Castellizzano – Cantina Vignaioli Elvio Pertinace, Treiso

Manzola

Der wohl kleinste Weinberg der Gemeinde Treiso liegt eingezwängt zwischen Rombone im Norden, Valeriano im Osten und dem Rio Manzola im Westen, und das sichert ihm eine besondere Bedeutung. Fantini erkannte bereits Ende des 19. Jahrhunderts die hervorragenden Bedingungen dieser Lage, nämlich vor allem die einheitliche Südwestausrichtung und die relativ geringe Höhe (zwischen 210 und 250 Metern), die erstens für ein wärmeres Mikroklima sorgt und zweitens die Lage vor zu starker Luftzirkulation schützt. Leider schmälern die nur sanfte Hangneigung und der Schattenwurf des Hügels von Rizzi die Intensität und Dauer der Sonneneinstrahlung.

Marcarini

Der Weinberg Marcarini ist die natürliche südliche Verlängerung von Pajoré, unterscheidet sich jedoch in einigen Aspekten von diesem.
Zum einen steigt der Hügel zum Ort Treiso hin an, die Rebflächen liegen also etwas höher (zwischen 290 und 360 Metern), zum anderen ändert sich die Hangausrichtung langsam, zunächst nach Südwesten und dann nach Westen.
Außerdem ist dieser Teil des Hügels ebenso wie die nahen Weingärten Casot und Giacosa bei starkem Regen besonders erdrutschgefährdet; daraus erklärt sich auch die uneinheitliche Neigung des Hangs.
Nicht zu der hier beschriebenen Lage gehören die Weinberge oberhalb der von Tre Stelle nach Treiso führenden Straße, also das gesamte Gebiet des Monte Aribaldo unterhalb des Guts Marchesi Di Gresy, das aufgrund der Höhenlage nur für den Anbau von Dolcetto geeignet ist.

Die wichtigsten Weine

*Barbaresco Vigneto Marcarini – Cantina Vignaioli Elvio Pertinace, Treiso

Montersino

Wie viele Gebiete im Süden der Gemeinde Treiso zeichnet sich Montersino durch eine relativ hohe Lage aus, die in weniger warmen Jahren die vollständige Reifung der Nebbiolo-Trauben gefährden kann.
Deshalb werden hier nur die besten Südhänge für deren Anbau genutzt: Direkt unterhalb des auf 400 Meter über dem Meeresspiegel liegenden Guts Montersino erstreckt sich ein schöner Weinberg mit einem Höhenunterschied von knapp 120 Metern, der hervorragende Trauben liefert.
Die Barbaresco-Lagen in Montersino gehören wie die in Rizzi und Meruzzano teils zur Gemeinde Treiso und teils zur Gemeinde Alba.
Die Lage Montersino von San Rocco Seno d'Elvio in der Gemeinde Alba verfügt über eine besonders günstige Exposition.

Die wichtigsten Weine

Barbaresco Vigna Montersino – Orlando Abrigo, Treiso

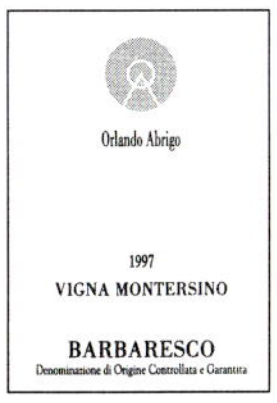

Nervo

Wenn man von Rizzi nach Treiso hinauffährt, erstreckt sich rechts der Provinzstraße, auf der Höhe des Guts Fornace, der Weinberg Nervo.
Er erfüllt alle Voraussetzungen, um zu den geeignetsten Lagen des Barbaresco-Gebiets gerechnet zu werden.
Zum einen ist er ideal nach Süden ausgerichtet und liegt, wie fast alle berühmten Crus der Langhe, auf einer Höhe zwischen 230 und 350 Metern.
Zum anderen lässt die beträchtliche Hangneigung (die natürlich gleichzeitig die Bewirtschaftung erschwert) Regenwasser gut abfließen und setzt die Reben besser der Sonneneinstrahlung aus.
Auch die Beschaffenheit des Bodens ist günstig: Der karge, helle Mergelboden verleiht den Weinen Finesse und Kraft.

Die wichtigsten Weine

*Barbaresco Vigneto Nervo – Cantina Vignaioli Elvio Pertinace, Treiso

Pajoré

Der an die zur Gemeinde Barbaresco gehörenden Lagen Roncaglie und Montaribaldi anschließende Weinberg zählt zu den anerkanntesten Crus der Langhe. Die Qualität des Weins, den Enrico Giovannini Moresco 1971 aus den Trauben seiner Lage in Pajoré bereitete, soll Angelo Gaja dazu veranlasst haben, diesen Weinberg einige Jahre später zu erwerben.
Von der kleinen Straße, die von der Dorfmitte zum Gut der Familie Molino führt, hat man einen herrlichen Blick auf den Hügel von Giacosa; unterhalb der Straße Tre Stelle–Treiso liegt auf der Höhe der Linkskurve der steile Weinberg Pajoré. Sein Herzstück profitiert nicht nur von einer fast perfekten Höhenlage (von 300 Metern beim Gut Pairolero auf etwa 230 Meter hinunter; das restliche Stück bis zum Gut Chirella liegt schon fast zu tief), sondern auch von einer herrlichen Süd-/Südwestausrichtung und sehr kargen Mergelböden.

Die wichtigsten Weine

*Barbaresco Pajoré Vigna Lunetta – Sottimano, Neive

Rizzi

Wenn man von Alba aus über Altavilla Pertinace ansteuert und rechts nach Treiso abbiegt, fährt man an dem prächtigsten Rebberg von Treiso entlang, auf dem viele berühmte Lagen des Barbaresco-Gebiets (Garassino, Boito, Rizzi, Fratin, Nervo und Bernardot) liegen.

Aufgrund ihrer großen Ausdehnung variieren Höhe und Exposition innerhalb der Einzellage Rizzi. Das erste Stück, das etwas nördlich des Guts Boito beginnt und dessen beste Parzelle von der Provinzstraße (auf etwa 220 Meter Höhe) bis zum oben genannten Gut (bei 295 Metern) ansteigt, ist nach Westen und Südwesten ausgerichtet. Kurz vor dem Gut Rizzi wechselt die Exposition auf genau südlich. Dieser steile Hang in einer Höhe zwischen 200 und 300 Metern ist das Herzstück von Rizzi; die Rebzeilen unterhalb der Provinzstraße gehören bereits zum Ortsteil San Rocco Seno d'Elvio der Gemeinde Alba.

Die wichtigsten Weine

*Barbaresco Rizzi – Rizzi di Ernesto Dellapiana, Treiso

Rombone

Die besten Flächen dieses auf Etiketten bisher kaum ausgewiesenen Crus können zu den Spitzenlagen der Gemeinde Treiso gerechnet werden, auch wenn sie nicht auf eine so lange und bewegte Geschichte zurückblicken wie andere Weinberge. Nebbiolo wird in diesem Gebiet seit den Vierzigerjahren angebaut, als die Familie Nada sich hier ansiedelte. Das Gut Rombone im hinteren Teil des Hügels, der im Nordwesten an den Ortsteil Pertinace grenzt, ist auf allen Seiten von Weingärten umgeben; Nebbiolo findet sich jedoch nur in einem Teil davon. Die dem minder hochwertigen Teil des Hügels von Rizzi zugewandten Flächen, die von dem auf 260 Metern gelegenen Gut Rombone bis auf 200 Meter abfallen, sind von außerordentlich hoher Qualität. Wie fast alle Einzellagen der Gemeinde verfügt Rombone über eine einheitliche Südwestausrichtung und ist somit bis in die Abendstunden der Sonne ausgesetzt.

Die wichtigsten Weine

Barbaresco Rombone – Fiorenzo Nada, Treiso

Valeirano

Dieser Weinberg weist Eigenschaften auf, die ihn ohne Zweifel zu einer der Spitzenlagen der Gemeinde Treiso machen – was auch Lorenzo Fantini bereits vor mehr als einem Jahrhundert in seiner *Monografia sulla viticoltura ed enologia nella provincia di Cuneo* so einschätzte. Der recht einheitlich auf einer Höhe zwischen 250 und 300 Metern gelegene, gleichmäßig geneigte Weingarten erstreckt sich über einen länglichen Gebietsstreifen, in dem auch der Ort Valeirano liegt. Die Südwestausrichtung ist typisch für die berühmtesten Lagen des nördlichen Teils von Treiso, die Mergelböden sind mäßig fruchtbar. Unter den Besitzern ist die Familie Rivetti aus Castagnole Lanze zu nennen, die hervorragende Weine aus den Trauben dieser Lage erzeugt.

Zu diesem Gebiet muss auch das kleine Teilstück des Weinbergs Ausario gerechnet werden, das vom Gut Magallo bis Valeirano hin abfällt, weil es abgesehen von der höheren Lage (zwischen 300 und 340 Metern) ähnliche Bedingungen aufweist wie Valeirano.

Die wichtigsten Weine

*Barbaresco Valeirano – Ada Nada, Treiso

*Barbaresco Vigneto Valeirano Vürsù – La Spinetta, Castagnole Lanze

Rombone

Empfohlene Adressen

Einwohner: 756
Höhe: 410 Meter

AUSKÜNFTE

Rathaus (Municipio)
Piazza Italia
Tel. 0173/67004

DIE ERZEUGER

Orlando Abrigo
Frazione Cappelletto, 5
Tel. 0173/630232
Der heute von Gianni Abrigo geführte Betrieb ist, auch aufgrund seiner isolierten Lage am südlichen Rand des Barbaresco-Gebiets, nicht allzu bekannt. Dennoch zeichnen sich die etwa 20 000 Flaschen Barbaresco (die Produktion soll bald auf 25 000 Flaschen steigen) aus Montersino und Rongallo – zwei parallele Hügel mit der gleichen Hang- und Höhenlage – durch die für diese Gegend typische Finesse aus.

Ca' del Baio
Via Ferrere, 33
Tel. 0173/638219
Die Kellerei der Familie Grasso liegt in Treiso, ihre Barbaresco-Weine stammen jedoch bisher von der berühmten Lage Asili in der Gemeinde Barbaresco. Der Cru wird in zwei Varianten angeboten: ein vielschichtigerer, in großen Fässern reifender und ein weicherer, in der Barrique ausgebauter Wein. Seit dem Jahrgang 1998 erzeugt man einen neuen Cru aus dem Rebgut der Nebbiolo-Lagen im Bereich Valgrande in Treiso.

Ada Nada
Località Rombone
Tel. 0173/638127
Giancarlo Nada hat zwar nicht so viel Erfahrung wie sein Cousin Bruno, seine beiden Barbaresco-Weine, deren Produktion sich auf etwa 16 000 Flaschen im

Bricco

Jahr beläuft, können sich aber dennoch sehen lassen. Der Valeirano (12 000 Flaschen) wird in kleinen (neuen und nicht neuen) Holzfässern ausgebaut, während der Cichin (weniger als 4000 Flaschen), dessen Trauben aus Rombone stammen, in einem größeren Gebinde reift.

Fiorenzo Nada
Località Rombone
Tel. 0173/638254
Bruno Nada ist trotz seiner jungen Jahre einer der alten Hasen der Barbaresco-Produktion in Treiso. Alles Nebbiolo-Rebgut für seinen Barbaresco stammt von den Flächen auf dem Hügel Rombone, die sein Weingut umgeben, doch erst seit kurzem werden gut 4000 Flaschen Barbaresco auch als Cru etikettiert: Mit dem Jahrgang 1997 hat Nada begonnen, neben seinem normalen, aus Trauben verschiedener Lagen verschnittenen Barbaresco den Barbaresco Rombone zu produzieren, für den nur ausgelesene Trauben dieser Einzellage Verwendung finden. Der in neuen kleinen Holzfässern ausgebaute Rombone ist ansprechender als der normale Barbaresco, der in größeren Behältern reift und einige Zeit braucht, bis sich seine Ecken und Kanten abgeschliffen haben. Ab dem Erntejahr 2001 wird eine Fläche von etwa einem Hektar in der Lage Manzola in die Produktion einbezogen; wenn die Ergebnisse den Erwartungen entsprechen, könnte daraus der dritte Barbaresco des Betriebs entstehen.

Pelissero
Via Ferrere, 19
Tel. 0173/638136 – 638430
Giorgio Pelissero ist einen anderen Weg gegangen als die meisten Winzer der Langhe: Entgegen der piemontesischen Tradition, Trauben aus verschiedenen Lagen gemeinsam zu vinifizieren, erzeugt sein Betrieb von jeher einen Barbaresco von einem einzelnen Weinberg. Der Wein aus dem Randgebiet von Basarin an der Grenze zwischen den Gemeinden Treiso, Neive und Barbaresco wurde im Gedenken an den Großvater "Vanotu" genannt – eine piemontesische Kurzform des Namens Giovanni. Der relativ sandige und kalkhaltige Boden verleiht dem Wein weiche Tannine, die den Ausbau in neuen Barriques gut vertragen. Seit dem Jahrgang 1994 wird neben dem Vanotu ein Barbaresco erzeugt, dessen Trauben auf den tonhaltigeren Böden der Lagen Ferrere und San Stunet wachsen und der nur zum Teil in neuem Holz reift. Vor kurzem haben Giorgio und Luigi weitere Nebbiolo-Rebstöcke in Casot angepflanzt.

Vignaioli Elvio Pertinace
Località Pertinace, 2
Tel. 0173/442238
Die von dem jungen Cesare Barbero mit Erfolg geführte Genossenschaftskellerei ist eine wichtige Adresse für viele Winzer aus Treiso und für viele Kunden im Piemont. Neben dem relativ preisgünstigen normalen Barbaresco bietet der Betrieb drei Auslesen an: Castellizzano, Nervo und Marcarini. Der Barbaresco Casot wird seit einigen Jahren nicht mehr erzeugt.

Montersino

ÜBERNACHTUNGS-MÖGLICHKEITEN

Il Ciliegio
Via Meruzzano, 21
Tel. 0173/630126 – 638267
Drei Zimmer mit je vier Betten und Bad sowie vier Appartements mit je vier Betten, Bad und Esszimmer mit Kochnische. Preise: Zimmer mit Frühstück 45 000 Lire pro Person; Appartement 700 000 Lire pro Woche für zwei Personen, 800 000 Lire für vier Personen.
Der Agriturismo-Betrieb ist ideal für einen Urlaub auf dem Land und ein geeigneter Ausgangspunkt für Ausflüge in die Weinberge der Umgebung, Wanderungen und Radtouren. Der Betrieb verkauft Wein, Obst, Gemüse, Hühner und Kaninchen.

Ada Nada
Via Ausario, 12
Località Rombone
Tel. 0173/638127
Das mitten in den Weinbergen gelegene, schön restaurierte Landgut aus dem 18. Jahrhundert bietet fünf gemütliche Zimmer mit Blick auf die Hügel des Barbaresco-Gebiets. Üppiges Frühstück mit eigenen Erzeugnissen: Brot, Marmelade, Kuchen, Wurst, Käse und Gemüse mit Würzsauce.

Villa Ile
Strada Rizzi, 18
Tel. 0173/362333
Ileana Cordini, hauptberuflich Winzerin, vermietet drei gemütliche Zimmer. Ihre Weine (Barbaresco und Garassino) sind ausgezeichnet; daneben verkauft der Betrieb auch Obst und Gemüse. Bald sollen außerdem einige Appartements zur Verfügung stehen.

SPEISELOKALE

La Ciau del Tornavento
Piazza Baracco, 7
Tel. 0173/638333
Maurilio, der sich seine Sporen im "Ciau" in Pinerolo verdiente, hat sich auch in den Langhe schnell einen Namen gemacht. Bei dem regionalen Menü kann man zwischen traditionellen Gerichten wie den mit Kartoffeln gefüllten Agnolotti und dem Barolo-Risotto mit Wachteln wählen. Das andere Menü bietet etwas modernere Kreationen. Reiche Käseauswahl und Karte mit den besten Weinen der Gegend. 80 000 bis 100 000 Lire ohne Wein.

Osteria dell'Unione
Via Alba, 1
Tel. 0173/638303
Das Slow-Food-Restaurant von Pina Bongiovanni und Beppe Marcarino, eine historische Osteria, bietet nach allen Regeln der Kunst zubereitete gehaltvolle und schmackhafte traditionelle Gerichte. Gute Auswahl von Weinen aus den Langhe. 50 000 Lire ohne Wein.

Felice Bonardi

(1861-1946)

Der Kreis der Weinerzeuger, der gegen Ende des 19. Jahrhunderts den Trauben- und Weinmarkt der Langhe beherrschte, ist derart unverwechselbar und in seiner Weise faszinierend, dass er ein eingehenderes Studium verdient. Anfangs nannten sie sich Negozianti, Weinkaufleute, nach den französischen Négociants, ein damals allgemein gebräuchlicher Titel. Erst später kam der Begriff Commerciante, Händler, auf. Das wichtigste Merkmal von Persönlichkeiten wie Pio, Bonardi und Serafino war ihr außergewöhnliches Gespür für Geschäfte. Sie "handelten mit allem", wie man in den Langhe zu sagen pflegte. So kauften sie Höfe, die sie dann an Vertrauenspersonen weiterverkauften, eröffneten ein Restaurant oder Hotel mit Ausspann, um ihren Wein an den Mann zu bringen, handelten mit Seidenkokons in den Sommermonaten, wenn die Weinkeller leer waren, oder kauften für ihre Schankweine süditalienische Weine hinzu – allesamt typische Geschäfte für einen Kaufmann jener Zeit.

Felice Bonardi verkörperte diese Rolle überzeugend. Er stammte aus Bra, wo auch die ersten auf Barolo-Weine spezialisierten Kellereien entstanden waren. Die Bonardi waren *cartoné*, Fuhrleute, die regen Handel mit dem benachbarten Ligurien trieben: Ganze Karawanen zogen zu jener Zeit über den Hügel Nava, um landwirtschaftliche Produkte und Weine aus dem Piemont gegen Fisch und Olivenöl aus Ligurien einzutauschen.

Bereits im Jahr 1890 handelte Felice Bonardi mit Wein. Er war nach Fossano gezogen, wo er kleinere Traubenmengen vinifizierte und Trauben aus dem Saluzzese bezog, einer nicht sonderlich hochwertigen, aber früher sehr produktiven Weinregion. In Costigliole Saluzzo wurde beispielsweise Moscato angebaut. Im Jahr 1911 fasste Bonardi den Entschluss seines Lebens: Er eröffnete eine eigene Kellerei in Alba. Er kaufte 20 Hektar Land, ließ das erste Gebäude aus Stahlbeton in Alba errichten und investierte hohe Summen in Pflanzungen sowie Fässer und andere Gebinde. Dem Weinkeller in Alba folgten weitere in Bra, Tonco, Correggio und im Jahr 1928 der Kauf des Weinguts Melini im Chianti-Gebiet. 1932 verkaufte er Melini zwar wieder, fasste aber zur gleichen Zeit endgültig in Alba Fuß und stieg hier zu einer der angesehensten Persönlichkeiten auf. Ihm wurde der Titel eines Cavaliere Ufficiale verliehen, und er übernahm den Posten des Vizepräsidenten der Weinbauschule, ein Amt, das ihm außerordentlich viel bedeutete.

Als alter und überzeugter Anhänger Giolittis trat er nie der faschistischen Partei bei und hielt sich Zeit seines Lebens aus der Politik heraus.

Bonardi pflegte seine Kundschaft, jeder Besuch wurde mit einem großen Zeitplan angekündigt und bis ins kleinste Detail durchdacht. Anfangs reiste er mit dem Zug, später ließ er sich mit dem Auto nach Turin, Genua und Mailand chauffieren. In Genua war Bonardis Wein in den exklusiven Konditoreien ebenso erhältlich wie in den Kneipen der Hafenarbeiter. In familiärer Hinsicht war er ein Patriarch, wie er im Buche steht, bärbeißig, aber großherzig. Vier Töchter hatte er mit seiner ersten Frau, die gegen Ende des 19. Jahrhunderts starb, danach heiratete er Caterina

Fissolo aus Levaldigi, die ihm weitere sieben Kinder schenkte, drei Jungen und vier Mädchen.
Bonardis Betrieb erlebte seine Blütezeit von den Dreißiger- bis zu den Fünfzigerjahren, und man kann ohne Übertreibung behaupten, dass sich zu jener Zeit kaum einer im Piemont mit der Kellerei Bonardi messen konnte. Felice Bonardi starb am 25. Juli 1946 im stolzen Alter von 85 Jahren; mit ihm verlor die Weinwelt eine weitere Persönlichkeit der alten Garde. Wie Pio Cesare, Burlotto und viele andere nahm er die Geheimnisse der besten Weinberge mit ins Grab, jener Lagen, aus denen die berühmten Weine dieser großen Erzeuger hervorgingen und auf denen auch heute noch und in Zukunft die Qualität und Unverwechselbarkeit der Weine der Langhe beruhen.

Moccagatta in Barbaresco

Luigi Calissano

(1830-1913)

Mit knapp 40 in nur wenigen Jahren vom Schmied zum Großindustriellen – was selbst heute noch wie ein Märchen klingt, ist nichts anderes als die Lebensgeschichte von Luigi Calissano. 1830 in Alba geboren, beschloss er eines schönen Tages, seiner Werkstatt den Rücken zu kehren und sich fortan gemeinsam mit seinen drei Söhnen Giovanni, Vincenzo und Pietro ganz dem Handel mit Weinen aus Alba zu widmen. 1872 (oder, wie andere schreiben, 1878, als er sich mit Domenico Vassallo zusammenschloss) entstand die Kellerei Luigi Calissano, und in der Via Macrino wurde seitdem mit Wein statt mit Eisenwaren gehandelt. 1879 schickte man die erste Partie nach Frankreich, während Calissano Mitglied des Gemeinderats wurde, dem er bis zu seinem Tod angehörte.

In jenen Jahren entstanden drei Verkaufsagenturen: eine in Turin unter der Ägide von Sohn Giovanni, eine in Mailand für Pietro und die letzte in Genua für Vincenzo. 1883 wagte Luigi Calissano den großen Schritt: Er erstand 2600 Quadratmeter Grund in der Strada Savona und ließ dort seine neue Niederlassung errichten, die 1897 eingeweiht wurde. 1891 trennte er sich von seinem alten Geschäftspartner und ging von da an völlig eigene Wege – die Geburtsstunde der Kellerei Luigi Calissano und Söhne, über die er jeden seiner Kunden am 10. August handschriftlich informierte. 1895 verließ Vincenzo die Firma und verkauft seine Anteile an Giovanni, der ein Ebenbild des Vaters an Geschicklichkeit und Intuition war.

Zu Beginn des 20. Jahrhunderts traten ganze Zugladungen von Fässern mit Barbera- und Dolcetto-Wein von Genua aus die Reise nach Amerika an – 1901 wurden 15 Waggons nach Argentinien verschifft. New York, wo die Calissanos eine auf Hochtouren laufende Abfüllanlage betrieben, wurde zur zweiten Heimat der Familie. 1908 wiesen die Geschäftsbücher einen monatlichen Umsatz von 200 000 Lire aus, eine wahrlich stattliche Summe, wenn man bedenkt, dass eine Flasche damals 30 bis 40 Centesimi kostete.

In der Folgezeit trat auch Enkel Luigi in die Firma ein, der Sohn von Vincenzo und Chemiker von Beruf. Er ging zunächst nach Frankreich, um die Schaumweinerzeugung nach der Champagnermethode zu erlernen. Das Ergebnis dieser Studien war der Duca d'Alba, ein trockener Spumante, der 1919 mit einem Jugendstil-Plakat beworben wurde, auf dem aus einer frisch entkorkten Flasche ein Bonvivant im Frack nebst einiger Bändchen in den italienischen Nationalfarben heraussprudeln. Der Vorläufer des Duca d'Alba, so heißt es, geht allerdings auf das Jahr 1879 zurück. Zu jener Zeit soll Luigi Calissano Informationen über Schaumwein und französische Weine von Domenico Rossano erhalten haben, dem Gutsverwalter der Grafen von Neive und Schüler des Önologen von Cavour, Oudart. Sicher ist, dass Calissano im Januar 1879 über 100 Hektoliter Wein an einen gewissen Terrier in Frankreich lieferte.

Sicherlich wäre es auch interessant zu erfahren, ob und inwieweit Teobaldo Calissano, seinerzeit Postminister in der Regierung Giolitti, seinen Cousin Lu-

igi damals protegierte. Der 1857 geborene liberale Anwalt Teobaldo zog 1897 mit den Stimmen der Katholiken aus dem Wahlkreis Cherasco ins Parlament ein – sie hatten der päpstlichen Forderung nach Stimmenthaltung keine Folge geleistet. Doch bisher ist nichts bekannt über das Verhältnis der Cousins Calissano, die beide 1913 verstarben.

Als nach dem Tod seines Gründers Sohn Giovanni die Leitung des Unternehmens übernahm, befand sich der Betrieb Calissano noch immer auf Expansionskurs, und nichts deutete auf das Unheil hin, das gegen Ende der Zwanzigerjahre über ihn hereinbrechen sollte. Nach Jahren blühenden Handels stürzten die Vereinigten Staaten 1929 in ihre schwerste Wirtschaftskrise, gleichzeitig wurden Einfuhr und Verkauf alkoholischer Getränke durch die Prohibition verboten. Für die Firma in Alba bedeutete dies den Anfang vom Ende: Eine ganze Weinladung wurde vor der Küste der Vereinigten Staaten ins Meer gekippt. Händeringend suchte man neue Teilhaber, und für eine Zeit lang fand sich sogar die Glashütte Vetreria di Savona, die aber schon bald wieder ausstieg. Man versuchte sogar, Traubensaft in Nordamerika zu verkaufen, doch der Most gärte und fiel so unter die Verbote der Prohibition.

Nach etwa 50 Jahren hellen Leuchtens über Alba und den Vereinigten Staaten, dem Land seines Aufstiegs und seines Niedergangs, verblasste der Stern der Kellerei Calissano nun rasch: Der Betrieb wurde an eine Firma aus Reggio Emilia veräußert, dann zu Beginn der Siebzigerjahre von dem Lebensmittelkonzern Winefood aufgekauft, der ihn noch ein Jahrzehnt lang am Leben erhielt – dann aber kam das endgültige Aus.

Pio Cesare

(1861-1919)

Pio Cesare kam am 30. September 1861 im Gemeindeteil Prassotere des kleinen Ortes Mango als Sohn armer Bauern zur Welt. Im Alter von gerade einmal neun Jahren verlor er beide Eltern durch eine Pockenepidemie. So war diesem Mann, der einer der ganz Großen des Weinbaus rund um Alba werden sollte, keine glückliche Kindheit beschieden, zumal die Lebensbedingungen in der Provinz Cuneo und in den Hügeln der Langhe mehr als armselig waren. Pio Cesare blieb nichts anderes übrig, als die Ärmel hochzukrempeln, seinem größeren Bruder Battista den elterlichen Hof zu überlassen und sich eine Beschäftigung als Geselle zu suchen, zunächst in Alba und dann in Bra.

In Bra lernte er auch, nicht einmal 20-jährig, seine spätere Frau Maria Rinaldi kennen, die ihm 1881 in Alba bei seinen ersten Schritten als Weinerzeuger zur Seite stand. Damals kaufte er von seinen Ersparnissen und einem Darlehen ein Haus in der Nähe der Porta Cherasca, in dem er eine geräumige Kellerei einrichtete und damit begann, Wein zu bereiten und in Fässer und große Korbflaschen abzufüllen.

Als braver Landmann sparte er sein erstes Geld, gründete eine Familie und zog drei Töchter (Luigina, Antonietta, Domenica) und den einzigen Sohn Giuseppe groß, der 1891 zur Welt kam.

Eine elegante, schön gestaltete Liste aus den frühen Jahren des 20. Jahrhunderts unterteilt die Produktion in drei große Gruppen: 1. Feinste, für die Flasche bestimmte Weine, die in Fässern und großen Korbflaschen geliefert werden [das Haus lieferte die Etiketten nebst einer Anleitung in den Grundregeln der Flaschenabfüllung mit]; 2. gehobene Tafelweine [der wohlbekannte Barolino und ein kurioser Dolcetto d'Alba namens Barberato]; 3. Flaschenweine in Kisten zu zwölf [Barolo und Barbaresco Extravecchio Classico sowie Asti Gran Spumante].

Mit dieser ebenso vielfältigen wie geschickt vermarkteten Produktpalette eroberte Pio Cesare die vielversprechendsten Märkte, etwa die Schweiz und Belgien, während er Fässer mit Moscato-Wein nach Frankreich verschickte.

Die Jahre 1900 bis 1910 standen im Zeichen steigender Verkaufszahlen und zunehmender Ehrungen, was zahlreiche Goldmedaillen unterstreichen: 1898 in Asti, 1902 in Turin, 1910 in Brüssel sowie in Cettigne in Montenegro.

Der Sohn armer Bauern aus Mango reiste nun kreuz und quer durch Europa, investierte in neue Hotels und Restaurants und sorgte dafür, dass dort ausschließlich seine eigenen Weine verkauft wurden. Auch Bahnhofslokale wurden wichtige Kunden, und schließlich gelang es ihm, das I Buoi Rossi, eines der größten Hotels mit Ausspann in Alba, zu kaufen. Damit war wohl endgültig der Grundstein für ein Vermögen gelegt, das ihm ermöglichte, seinen Betrieb mit gewaltigen Summen auszubauen und im Jahr 1910 eine Destillerie zu eröffnen. Wohlhabend, wie er war, konnte er es sich leisten, seinen Sohn Giuseppe ins Internat nach Rolle in der französischen Schweiz zu schicken – und das nicht nur, weil er diesem eine schönere Kindheit als seine eigene wünschte, sondern auch, um in fernerer Zukunft Handel mit dem reichen Ausland zu treiben. In der Blütezeit des Betriebs brach der Erste Weltkrieg aus. Pio Cesare, der ohne die Unterstützung seines zur Front einberufenen Sohns Giuseppe auskommen musste, wurde zusehends gebrechlicher. Doch willensstark, wie er war, fand er Zeit, in den Gemeinderat von Alba gewählt zu werden und im Jahr 1915 das Schloss seiner Geburtsstadt Mango für 26 000 Lire zu erwerben. Der unternehmungslustige Weinbauer konnte sich allerdings nur für kurze Zeit an dem Wahrzeichen der Marke "Pio Cesare", einem regelrechten Château, erfreuen – im Juli 1919 verstarb er im Krankenhaus Ospedale Mauriziano in Turin an einer schweren Herzkrankheit.

In jenen Tagen schrieb in Alba die *Bandiera*, eine Zeitung der Gegenpartei: "Wir, die wir stets offen und ehrlich den Aufstieg Pio Cesares in Gesellschaft und Politik bekämpft haben, nehmen heute dennoch mit tiefstem Bedauern und freundschaftlichen Gefühlen Abschied von diesem zähen Arbeiter, Abschied von einem Mann, der alles sich selbst, seinem Handeln, seiner Genialität und seinem Mut als Weinerzeuger zu verdanken hatte, und der es verdientermaßen zu Ruhm und Wohlstand in der industriellen Weinproduktion gebracht hat."

Das Werk von Pio Cesare führte fortan sein Sohn weiter, der den Ruf der Kellerei und die Qualität der Weine halten konnte. Heute, da die vierte Generation das Steuer übernommen hat, ist der Name Pio Cesare international bekannt und geschätzt.

Sorano in Diano d'Alba

Giacomo Morra

(1889-1963)

Im Jahr 1889 bewirtschaftete eine arme Halbpächterfamilie den Hof Manescotto in der Gemeinde La Morra, der den Marchesi Falletti aus Castiglione gehörte. In jenem Jahr wurde hier Giacomo Morra geboren, der später in aller Welt berühmt werden und der gesamten Wirtschaft von Alba seinen Stempel aufdrücken sollte. Streng genommen dürfte er vielleicht gar nicht im Kreis der großen Namen des Barolo und des Barbaresco vorgestellt werden, doch eingedenk seiner vielfältigen Aktivitäten steht es außer Frage, dass er mit seinem Lebenswerk den Werdegang der Weine aus den Langhe wesentlich mitgeprägt hat.

Bis zu seinem 19. Lebensjahr lebte Giacomo Morra auf dem elterlichen Hof, dann zog er mit seinen Brüdern Andrea, Giovanni und Matteo, die wie er auch Gastwirte werden wollten, nach Alba.

1923 ging Giacomo nach Turin. Er eröffnete im Corso Nizza gegenüber der Fakultät für Tiermedizin eine Trattoria mit Weinausschank, in der er Weine aus den Langhe anbot. Doch der unternehmungslustige Mann fühlte sich in der Großstadt nicht sonderlich heimisch und träumte schon bald von einer Rückkehr in seine Heimat. Als sich ihm daher Mitte der Zwanzigerjahre die Gelegenheit bot, das kurz vor dem Bankrott stehende Hotel Savona in Alba zu übernehmen, zögerte er keinen Augenblick. Morra wusste sehr wohl, dass das luxuriöse Savona möglicherweise etwas zu mondän für die kleine Hauptstadt der Langhe zu Beginn des Jahrhunderts war. Deshalb setzte er seine ganze Kraft dafür ein, das pompöse Gebäude in ein gemütliches Hotel zu verwandeln, in dem sich auch einfachere Leute wohlfühlen konnten. Zu diesem Zweck eröffnete er sofort das Café und gleich darauf den Billardsaal sowie die kleine Taverne. Binnen weniger Jahre wurde das Savona zum Treffpunkt von Alba, eine wichtige Anlaufstation nicht nur für die Gäste und Kunden der Familie Morra, sondern auch für alle am Weingeschäft Beteiligten, da auf der Piazza vor dem Hotel der Traubenmarkt stattfand. Am Markttag aßen die Weinproduzenten im Savona zu Mittag, hier trafen sich die Handelsvertreter, hier fanden die wichtigsten Bankette der Gemeinde Alba statt.

Die Organisation dieses Betriebs erforderte eine kontinuierliche Versorgung mit Nahrungsmitteln, was Giacomo dazu veranlasste, im Gorreto-Hof im nahe gelegenen Vorort Vaccheria eine Färsen- und Schweinezucht aufzunehmen. Daneben ließ er in jenen Jahren den Weinkeller ausbauen.

Gleichzeitig erahnte Giacomo Morra die zunehmende Bedeutung der Trüffel für die Gastronomie von Alba und schaffte es, die duftende Knolle mit der tatkräftigen Unterstützung einiger Freunde der schreibenden Zunft zu jenem Mythos hochzuloben, der auch heute noch Jahr für Jahr Zehntausende von Menschen aus aller Welt anlockt.

Die 1930 zum ersten Mal abgehaltene Trüffelmesse gewann rasch an Ansehen. Schon bald rollten Sonderzüge an, und im Savona wurden von über 100 Bediensteten bis zu 3000 Gerichte pro Tag zubereitet und serviert. Die meisten der Angestellten waren Bauern, die auf diese Weise ihr mageres Familieneinkommen aufbessern konnten.

Für Trüffeln aus Alba wurden schon bald Schwindel erregende Preise gezahlt, und Morra – der schon bald zum König der Trüffel aufstieg und an einem einzigen Tag bis zu drei Doppelzentner von Bauern seines Vertrauens aufkaufte – ließ eine Methode zur Konservierung der kostbaren Delikatesse entwickeln. Von den Dreißiger- bis zu den Fünfzigerjahren des 20. Jahrhunderts verwandelte sich Alba nach und nach in eine Hochburg der italienischen Gastronomie, und Giacomo Morra hatte – natürlich wieder als Erster – ein effizientes Catering-System auf den Weg gebracht. Hinter seinem eher zerbrechlichen Äußeren steckte ein feuriges Temperament und eine seltene Leutseligkeit. Er war von Natur aus großzügig, aber nie verschwenderisch. Bei seinem Tod im Jahr 1963 hinterließ er ein regelrechtes Imperium; die Marke "Tartufi Morra" ist für Feinschmecker auch heute noch eine feste Größe.

Grinzane Cavour

Alfredo Prunotto

(1881-1960)

Alfredo Prunotto war bereits 40 Jahre alt, als er begann, in eigener Regie Wein zu erzeugen. Der Erste Weltkrieg lag erst wenige Jahre zurück, und die Weinwirtschaft in Alba erholte sich von Tag zu Tag zusehends von diesem gewaltigen Einschnitt.

Prunotto verfügte schon über erhebliche Erfahrung auf diesem Gebiet, war er doch seit seiner Jugend in der Welt des Weins heimisch. Nach seinem Abschluss in der Weintechnikerschule von Alba fand er eine Anstellung in der Kellerei des Commendator Burlotto aus Verduno und kam sofort mit der Crème de la Crème des Weinbaus der Langhe in Berührung. Von dort aus ging es weiter zum Gut Fontanafredda, damals noch Cantina Mirafiore, wo er viele Jahre bleiben sollte. Seine letzte abhängige Beschäftigung war bei Pio Cesare in Alba, wo die große Wende in seinem Leben eintrat: Er lernte Luigina kennen, die Tochter des großen Pio, und heiratete sie.

Als Prunotto zu Beginn der Zwanzigerjahre die bankrotte ehemalige Winzergenossenschaft *Ai vini delle Langhe* kaufte und sich als Weinerzeuger selbstständig machte, veränderte sich die Beziehung zur Familie Pio nicht unerheblich – ein Teil der Kundschaft ging nämlich zu ihm über, und Kundschaft bedeutete zu jener Zeit ein wichtiges Gut. Restaurants und Gastwirte verließen sich zu Beginn des 20. Jahrhunderts meistens auf einen einzigen Lieferanten, was bedeutete, dass die Absatzmengen an jeden einzelnen Kunden beachtlich waren. Diese Geschäftsbeziehung machte zugleich aber deutlich, dass die Verbraucher keine allzu hohen Ansprüche stellten – der Wein sollte genießbar sein und wenig kosten, und die Kellereien kamen diesen Ansprüchen nach, indem sie bereits im Frühjahr die gesamte Produktion in Fässern und großen Korbflaschen auf den Markt brachten. Daraus erklärt sich wiederum, warum der größte Teil der Betriebe im Sommer dem Handel mit Seidenraupenkokons nachging.

Bereits zu Beginn der Dreißigerjahre war die Kellerei Prunotto zu einem recht wichtigen Betrieb aufgestiegen, der zunächst nach Südamerika exportierte, insbesondere nach Argentinien, wo viele piemontesische Auswanderer lebten, dann von 1936 bis 1940 in die italienischen Kolonien in Afrika. Die damalige Weinproduktion, soweit man sie anhand von Listen und Etiketten überhaupt zurückverfolgen kann, verdiente eine genauere Untersuchung, nicht nur aus statistischen Gründen, sondern auch, um die Veränderungen des Geschmacks und der Techniken im Weinkeller, die in jener Zeit stattfanden, nachzuvollziehen. Nur so könnte der Stellenwert von Weinen wie Barolino, Barberato, Nebbiolo Dolce, Barolo Extravecchio Classico und anderen mehr, die immerhin viele Jahre respektable Umsätze brachten, richtig eingeordnet werden. Auch bei der dritten Exportphase der Weine aus Alba, die diesmal in die Vereinigten Staaten ging, gehörte die Kellerei Prunotto neben Fontanafredda, der Opera Pia und Pio Cesare zu den wenigen beteiligten Betrieben.

Die Winzergilde, also Prunotto, Borgogno, Bonardi, Serafino, Calissano, Cappellano und einige wenige mehr, konnte man in Alba am Markttag im Hotel Savona antreffen. Ihr Verhältnis untereinander war, wie es sich für Piemonteser zumindest auf förmlicher Ebene gehört, von größter Herzlichkeit und gegenseitiger Wertschätzung geprägt. Nachdem sie allesamt bäuerlicher Herkunft waren, drehten sie jede Lira zweimal um und konnten sich an ihren Wohlstand einfach nicht gewöhnen. Zwischen den Zwanziger- und den Vierzigerjahren waren die Weinerzeuger von Alba ein ziemlich geschlossener Kreis.

Mit Ausbruch des Zweiten Weltkriegs begann für die Kellerei Prunotto der langsame Niedergang: Die plötzlichen Schwierigkeiten bei der Vermarktung während der Kriegsjahre, das Fehlen von Familienmitgliedern, die den Betrieb hätten voranbringen können (die drei Töchter schlugen einen anderen Weg als ihr Vater ein), und seine angeschlagene Gesundheit zwangen Alfredo Prunotto in der ersten Hälfte der Fünfzigerjahre zum Rückzug. In jenen Jahren begann der italienische Wirtschaftsboom, und die damit einhergehende Landflucht stürzte den Weinbau in eine tiefe Krise. Nach zwei oder drei vergeblichen Versuchen, seine Kellerei zu verkaufen, fasste Alfredo Prunotto schließlich den Entschluss, sie einfach zu schließen – 1955 hatte er nicht einmal mehr Wein erzeugt.

Durch eine glückliche Schicksalswendung jedoch wurde Beppe Colla, ein junger Weintechniker aus Santo Stefano Belbo, mit den greisen Eheleuten Prunotto bekannt. Sie machten ihm ein so günstiges Angebot, dass am 16. September 1956 schließlich doch noch ein neuer Steuermann das Ruder in der Kellerei Prunotto übernahm.

In den letzten Jahren vor seinem Tod im Frühjahr 1960 unterstützte Prunotto den neuen Eigentümer und führte ihn in den Kreis der Bauern ein, die ihn nach wie vor hoch achteten. Er zeigte ihm auch all jene kleinen Kniffe, die er sich im Laufe vieler Arbeitsjahre zu Eigen gemacht hatte – möglicherweise behielt der Betrieb eben deswegen seinen Namen und hält seinen Gründer so in respektvoller Erinnerung.

Neive

Glossar

Ampelographie Zweig der Botanik, der sich mit der Beschreibung und Einteilung der verschiedenen Rebsorten befasst.

Anthozyane Farbstoffe aus der Familie der Polyphenole, die sich vor allem in den Traubenschalen befinden. Sie sind für die Farbe des Rotweins verantwortlich.

Auge In der Blattachsel sitzende Knospe der Weinrebe, aus der sich ein neuer Spross entwickelt.

Beerenreifung Die Änderung der Farbe von grün in dunkelrot markiert das erste Stadium der Reifung der Weinbeeren.

Brenta Für den Transport oder das Umfüllen von Wein verwendetes Gebinde; als Maßeinheit entspricht 1 *brenta* etwa 50 Litern.

Bukett Französisch *bouquet*; bezeichnet, vor allem bei reifen Weinen, die Gesamtheit aller Sinnesreize, die durch die Nase wahrgenommen werden.

Cru Einzellage in einem Weinberg, deren Bodenbeschaffenheit, Mikroklima, Ausrichtung und andere – natürliche oder künstlich geschaffene – Faktoren den von ihr bereiteten Weinen eine charakteristische Eigenheit verleihen, sodass diese Weine sich von anderen, selbst nahe gelegenen oder benachbarten Lagen signifikant unterscheiden. Auch die Weine selbst werden als Crus bezeichnet.

DOC(G) Abkürzung für Denominazione di Origine Controllata (e Garantita), Anbaugebiet mit kontrollierter (und garantierter) Herkunftsbezeichnung. Die DOC und die darüber rangierende DOCG stellen nach dem italienischen Weingesetz die Spitze der Qualitätsweinerzeugung dar. Anbaugebiet, zugelassene Rebsorten, Mindestmostgewicht, maximale Ertragsmengen und andere Bestimmungen sind für die einzelnen Bereiche gesetzlich festgelegt und im Amtsblatt veröffentlicht.

Edelreis Trieb der *Vitis vinifera* mit einem oder mehreren Augen, der zur Veredelung auf eine Unterlagsrebe gepfropft wird.

Falscher Mehltau Rebenkrankheit, verursacht durch einen Pilzbefall, der Blätter und Triebe angreift. Trat im Barolo- und Barbaresco-Gebiet erstmals in den ersten Jahrzehnten des 20. Jahrhunderts auf und verursachte enorme Schäden. Hauptgegenmittel ist die so genannte Bordelaiser Brühe, eine Mischung aus Kupfersulfat, Kalk und Wasser.

Fruchtansatz Verwandlung der Blüten der Weinrebe in Trauben: Aus jeder befruchteten Blüte entsteht eine Beere.

Fruchtrute Einjähriger Trieb der Weinrebe, an dem sich die Trauben entwickeln.

Klon Durch vegetative (ungeschlechtliche) Fortpflanzung aus einer Mutterpflanze entstandene Rebe, oft durch Aufpfropfen erzeugt.

Klonenselektion Im Labor durchgeführte ungeschlechtliche Vermehrung aus einzelnen Exemplaren einer Rebsorte, die sich durch besonders gute Eigenschaften auszeichnen.

Maderisierung An Madeira oder Marsala erinnernde Geschmacksnote, die durch die sanfte Oxidation eines Weins über längere Zeit hervorgerufen wird. Tritt gelegentlich bei Barolo- und Barbaresco-Weinen auf, die über 30 Jahre alt sind, und wird bei diesen gemeinhin als Fehler betrachtet.

Massenselektion Im Freiland durchgeführte ungeschlechtliche Vermehrung von Reben einer Sorte, die bestimmte Eigenschaften aufweisen.

Mazeration Der Kontakt und die daraus resultierende Aufweichung der festen Bestandteile der Traube (Schalen und Kerne, selten auch Kämme) mit dem Most während der Maischung.

Mergel Graue bis bläuliche Lehm-Kalk-Mischung. Auf Mergelböden verzögert sich die

Reifung der Trauben, was den Säuregehalt relativ hoch hält.

Most Zur Weinbereitung bestimmter Traubensaft, in dem noch keine alkoholische Gärung eingesetzt hat, gegebenenfalls noch zusammen mit festen Bestandteilen wie Schalen und Kernen.

Myriagramm Ein Myriagramm entspricht 10 000 Gramm, das heißt 10 Kilogramm.

Olfaktorisch Den Geruchssinn betreffend.

Oxidation Durch Sauerstoffeinwirkung hervorgerufene natürliche Änderung von Farbe, Geschmack und Geruch eines Weins; im Allgemeinen als negativer Einfluss angesehen. Entsteht in Barolo- und Barbaresco-Weinen durch fehlerhafte Korken, falsche Lagerung oder zu hohes Alter.

Pfropfen Siehe Veredelung.

Polyphenole Gruppe chemischer Verbindungen, zu denen die in Rotweintrauben vorkommenden Anthozyane und Tannine gehören. Mit zunehmendem Alter oxidieren die Polyphenole im Wein und setzen sich ab.

Reblaus *Phylloxera vastatrix* befällt die Wurzeln der europäischen Weinrebe *Vitis vinifera* und bringt sie zum Absterben. Sie wird bekämpft, indem man europäische Edelreiser auf amerikanische Unterlagsreben, die gegen das Insekt resistent sind, aufpfropft.

Rebsorte Varietät (Unterart) einer bestimmten Art der Gattung *Vitis,* der Weinrebe.

Reduktion Das chemische Gegenstück zur Oxidation, setzt Sauerstoffabschluss voraus. Ein reduzierter Wein riecht unangenehm, kann durch Lüften aber wieder in Form gebracht werden.

Sand Bodenart aus kleinen Gesteinspartikeln. Sandböden können sich stark aufheizen und trocknen schnell aus, was sich förderlich auf Struktur und Duft der auf ihnen wachsenden Trauben auswirkt.

Sorì Piemonteser Ausdruck für eine besonders sonnige (Süd-)Hanglage.

Tagwerk Ursprünglich die Fläche Ackerland, die eine Person an einem Tag bearbeiten kann. Die Bezeichnung ist als Flächenmaß in den Langhe teilweise immer noch üblich; ein Piemonteser Tagwerk (*giornata piemontese*) entspricht 3810 Quadratmetern, das heißt, ein Hektar sind 2,624 Tagwerk.

Tannin Zu den Polyphenolen gehörige Substanzen, die in der Weintraube vor allem in Schalen, Kernen und Stielen enthalten sind. Tannine verleihen dem Wein eine adstringierende Note.

Terroir Das französische Wort bezeichnet die Gesamtheit aller geographischen, geologischen, klimatischen und biologischen Faktoren, die die Unverwechselbarkeit einer bestimmten Reblage und des daraus hervorgebrachten Weins ausmachen.

Tov (oder *tuv*)Piemonteser Dialektausdruck für weißlichen Mergelboden mit hohem Siliziumanteil.

Tresterhut Feste Teile der Maische (vor allem Schalen und Kerne), die bei der heftigen alkoholischen Gärung von Nebbiolo (und Rotweinen allgemein) dazu neigen, an die Oberfläche des Mostes aufzusteigen und einen "Hut" zu bilden.

Unterlagsrebe Rebstock mit Wurzelwerk, auf den bei der Veredelung ein Edelreis gepfropft wird.

Veredelung Beim Veredeln wird auf eine Unterlagsrebe, die den Wurzelstock bildet, ein Edelreis gepfropft, aus dem das Laub und die Trauben der aufgepfropften Rebsorte wachsen.

Verzeichnis Das Verzeichnis der Rebflächen (*albo dei vigneti*), die für die Produktion von DOC- und DOCG-Weinen zugelassen sind, kann in der Handelskammer jeder italienischen Provinz eingesehen werden.

VQPRD Vin de Qualité Produit dans les Régions Délimitées (Qualitätswein bestimmter Regionen) – die höchste offizielle Qualitätskategorie für Wein in der Europäischen Union. In Italien fallen Weine mit DOC- und DOCG-Status in diese Kategorie.

Zapfen Auf zwei bis drei Augen zurückgeschnittener Trieb der Weinrebe.